中華譯學館

莫言題

中华译学佐言佐字与

以中华为根 译与学并重
弘扬优秀文化 促进中外交流
拓展精神疆域 驱动思想创新

丁酉年冬月 许钧撰 罗卫东书

中華譯學館·中华翻译家代表性译文库

许 钧 郭国良 / 总主编

马君武 卷

张 旭 张鼎程 / 编

ZHEJIANG UNIVERSITY PRESS

浙江大学出版社

性的影响。严复的翻译之于思想、林纾的翻译之于文学的作用无须赘言,而鲁迅作为新文化运动的旗手,其翻译动机、翻译立场、翻译选择和翻译方法,与其文学主张、文化革新思想别无二致,其翻译起着先锋性的作用,引导着广大民众掌握新语言、接受新思想、表达自己的精神诉求。这条道路,是通向民主的道路,也是人民大众借助掌握的新语言创造新文化、新思想的道路。

回望中国的翻译历史,陈望道的《共产党宣言》的翻译,傅雷的文学翻译,朱生豪的莎士比亚戏剧翻译……一位位伟大的翻译家创造了经典,更创造了永恒的精神价值。基于这样的认识,浙江大学中华译学馆为弘扬翻译精神,促进中外文明互学互鉴,郑重推出"中华译学馆·中华翻译家代表性译文库"。以我之见,向伟大的翻译家致敬的最好方式莫过于(重)读他们的经典译文,而弘扬翻译家精神的最好方式也莫过于对其进行研究,通过他们的代表性译文进入其精神世界。鉴于此,"中华译学馆·中华翻译家代表性译文库"有着明确的追求:展现中华翻译家的经典译文,塑造中华翻译家的精神形象,深化翻译之本质的认识。该文库为开放性文库,入选对象系为中外文化交流做出了杰出贡献的翻译家,每位翻译家独立成卷。每卷的内容主要分三大部分:一为学术性导言,梳理翻译家的翻译历程,聚焦其翻译思想、译事特点与翻译贡献,并扼要说明译文遴选的原则;二为代表性译文选编,篇幅较长的摘选其中的部分译文;三为翻译家的译事年表。

需要说明的是,为了更加真实地再现翻译家的翻译历程和语言的发展轨迹,我们选编代表性译文时会尽可能保持其历史风貌,原本译文中有些字词的书写、词语的搭配、语句的表达,也许与今日的要求不尽相同,但保留原貌更有助于读者了解彼时的文化,对于历史文献的存留也有特殊的意义。相信读者朋友能理解我们的用心,乐于读到兼具历史价值与新时代意义的翻译珍本。

许　钧

2019 年夏于浙江大学紫金港校区

目　录

第三编　戏　剧

第四编　哲学社会科学著作

导　言

一、马君武简介

马君武(1881—1940)，原名道凝，字厚山，后更名同，留学日本后更名和，字贵公，号君武，后以君武行。曾用笔名有贵公、马贵公、马悔等。他是中国近现代著名的资产阶级民主革命者、杰出的教育家和政治家、卓越的翻译家和诗人。

马君武祖籍湖北蒲圻(今湖北赤壁)，出生于广西桂林。四岁发蒙，初入私塾，1899 年入桂林体用学堂，接受新式教育。后因撰文论朝政得失，被迫远赴新加坡。1900—1901 年在广州、上海等地求学，1901 年冬赴日，翌年在日本结识孙中山，1905 年参与组建中国同盟会。1907 年赴德留学，1913 年冬第二次留德，成为中国近现代获德国工学博士学位第一人。

二、马君武思想成就

从思想发展轨迹来考察，马君武最初尊崇传统的儒学士行，倾向于尊皇改制，力图强种强国；迨其留东获识孙中山先生，既经顿悟，遂由徐图变法维新的思想，转变为激进革命的言论，进而参加实际的革命行动。他思想先进，学识渊博，且其革命志行一致，未尝屈服于逆境。他一生成就众多，且分布于不同领域。

在政治上，1905 年马君武曾参与组建中国同盟会，并被推选为秘书长，是《中国同盟会章程》八位起草人之一；辛亥革命后，他回国参加中华民国临时政府组建工作，参与起草《中华民国临时约法》和《中华民国临时政府组织大纲》，旋即担任中华民国临时政府实业部次长；1912 年任袁世凯政府参议院议员、临时稽勋局名义审议；1917 年任孙中山大元帅府秘书长、中华民国军政府代理交通总长等要职；1921 年出任广西省省长；1925年任制宪政府司法总长，是中国国民党元老级人物。

在教育方面，马君武从教与办学数十年。最初任中国公学总教习兼理化教授（1906），自 1924 年起至 1940 年，他先后参与发起成立北京民国大学（1916），就任上海大夏大学校长（1924）、国立北京工业大学校长（1925）、中国公学校长（1930）、广州培桂中学校长（1936）；他创建了广西大学并两度出任该校校长（1928—1936、1939—1940），提出生产教育与劳工教育的办学方针，以"保卫中华，发达广西"为立校宗旨；他还创办了广西大学植物研究所，与李四光等共同筹建了桂林科学实验馆，为广西的教育和科学发展做出了卓越贡献。他在办学理念与办学实践中都突出地强调"实用"这一特点。他在当时的教育界与主张"兼容并包，思想自由"的蔡元培并称为"北蔡南马"。

在文学领域，确切地说是在诗歌领域，马君武的创作虽然不多，但在当时都留下较大影响。他国学修养甚高，尤精格律，曾与柳亚子、苏曼殊等齐名，是南社的重要成员。其诗作多收入《马君武诗稿》和《南社丛刻》，不少亦散见于当时报端。在诗学主张上，他反对拟古，强调独创。他提倡"须从旧锦翻新样，勿以今魂托古胎"①，明确提出与梁启超"诗界革命"所提倡的"熔铸新理想以入旧风格"不同的诗学主张，要求诗歌在形式上能翻新。在诗歌题材上，他延循了黄遵宪的表现手法，以"海外景物"入诗，

---

① 马君武.寄南社同人//广西纪念马君武先生诞生一百周年筹委会.马君武诗选.
 1981:28.

其所作《伊豆杂感》《京都寄宿舍》《拉沙儿》《劳登谷独居》《波恩》《乘电舟至格明》《多尔维》等,均给人耳目一新之感。在诗歌语言上,他的诗作不囿于传统,少用典(特别是僻典),多用西方故实、哲理、科学知识和新名词,如将"天演""物竞""地球""世界""卢骚""罗兰""摩西""但丁"等,大胆入诗,甚至还以外语译名为题。他的许多诗句通俗,尤近歌行体一类,明白易懂,几近口语。其诗或指陈时事,或直抒情思,以提倡新学思潮和爱国主义为特色,其中不乏传诵一时的佳作。

三、马君武翻译风貌

马君武一贯注重介绍西方思想理论,把新思想视作改造社会的根本。1915 年 5 月 7 日,他在德国致好友高天梅的一封信中写道:"世界战争,备极凶残,强者生存,世界公理。图强之真原因,为智识进步,科学文明。而新文明之输入,实吾国图存之最先着。"[1] 在他看来,"无改造社会之思想者,其人断不可谓之大豪杰","抱改造社会思想者之豪杰",即使生时不能为人理解,即使其目的"历数十世而达",[2] 终能被后人理解,受到尊重。于是他"发愿尽译世界名著于中国"[3]。数十年来,马君武在翻译领域笔耕不辍,不辞辛苦。从 1901 年开始执笔翻译,到 20 世纪 30 年代初期搁置译笔,前后历时三十余年。他通英、法、德、日四种外语,学问渊博,译作颇丰。其译作可以分为三类:自然科学译作、社会科学译作和文学译作。马君武是从翻译自然科学著作走上翻译道路的,先后翻译过《达尔文物种原始》《自然创造史》《自然哲学·说热》《酒类化学》《汽机重说》《矿物结晶学》《炼锑法》《结晶学》等。马君武的社会科学翻译涉及的内容十分广泛,涵盖历史、政治、哲学、经济、社会、民族心理等,先后翻译过《斯宾塞女权

① 马君武.与高天梅书//莫世祥.马君武集.武汉:华中师范大学出版社,2011:237-238.
② 马君武.俄罗斯大风潮.北京:少年中国学会,1902:序言 1.
③ 马君武.足本卢骚民约论.上海:中华书局,1918:1.

篇》《足本卢骚民约论》《唯心派巨子黑智儿学说》《弥勒约翰自由原理》《国际共同发展中国实业计划书》《斯宾塞社会学原理》等。在文学翻译中，又以诗歌翻译成就最大，先后翻译了《米丽容歌》《缝衣歌》《哀希腊歌》《重展旧时恋书之作》《临终之感想》《阿明临海岸哭女诗》等；戏剧翻译方面有《威廉退尔》；小说翻译方面有托尔斯泰的《绿城歌客》和《心狱》等。这些作品均在中国近现代翻译史上产生过重大影响。

关于马君武的翻译，王森然曾有过概括："马君武在一九一九年前，先后译有卢梭《民约论》，达尔文《物种原始》①，托尔斯泰之《心狱》，及拜伦之《哀希腊》②等，此又兼译西洋哲学小说与诗歌之人也。……其最要之工作，在其翻译哲学书。马译各书均简洁明达，且近直译；虽然译文之美，远不及林、严诸家。"③王森然的概括大致是准确的，但考虑到特殊的时代语境以及译作产生的影响，马君武的翻译可称得上是"名作名译"，值得今人重新审读。

在诗歌翻译方面，马君武的译诗虽然不是太多，以短诗为主，且多为选译，选用的又是文言，但是有几首影响甚大。1903 年至 1905 年间，马君武笔耕不辍，翻译了贵推的《米丽容歌》《阿明临海岸哭女诗》、虎特的《缝衣歌》、裴伦的《哀希腊歌》、嚣俄的《重展旧时恋书之作》和黎沙儿的《临终之感想》，其他译诗还有科学译作和戏剧译作中附带的译诗。由于马君武本人就是一位优秀的诗人，而诗人译诗常常有其过人之处，因此他翻译的外国诗歌尽管数量不多，但颇具特色，尤其是他译自裴伦的《哀希腊歌》，更是长期为人们津津乐道。正如当年田汉所言：

> 小时读中国人的译诗，最受感动的莫如马君武氏译的摆伦的《哀希腊》，我虽然后来同时读过苏曼殊的和胡适之的，但不管它正确的

---

① 此处指马君武所译《足本卢骚民约论》和《达尔文物种原始》。
② 此处指马君武所译《哀希腊歌》。
③ 王森然.近代二十家评传.北京：书目文献出版社,1987:101.

程度如何,总觉得以马先生的最富于感情,即最有激动力。①

李思纯也评论过马君武的译诗,说:

> 近人译诗有三式。一曰马君武式,以格律谨严之近体译之,如马氏译罢俄诗曰"此是青年红叶书,而今重展泪盈裾"是也;二曰苏玄瑛式,以格律较疏之古体译之,如苏氏所为《文学因缘》《汉英三昧集》是也;三曰胡适式,则以白话直译,尽驰格律是也。余于三式,皆无成见,争辩是非,特斯集所译,悉遵苏玄瑛式者。盖以马式过重汉文格律,而轻视欧文辞义;胡式过重欧文辞义,而轻视汉文格律;惟苏式译诗,格律较疏,则原作之辞义皆达,五七成体,则汉诗之形貌不失。然斯固偏见所及,未敢云当。苟以背逆时趋,辱承功诘,所甘受已。②

陈子展则说:

> 马君武译拜轮的《哀希腊》,系用七言古诗体译的,苏曼殊译此诗则用五言古诗体,胡适之译此诗则用《离骚》体。但我还是最爱读马君武的译文,以为以他的气魄译此等诗最为相称。③

马君武的译诗实系七言歌行体,这是在汉晋南北朝乐府诗的基础上发展起来的,其特点是句式、字数、平仄以及音节、格律一般比较自由,句式可用五言、七言、杂言等,并表现出很大的灵活性、自由度。其译诗在节奏上也再现了原作的气势,读来朗朗上口,具有中国七言诗的音韵美。仔细对照原诗,我们可发现,马君武译诗与梁启超译诗相比较,更显得"忠实"于原作,但马译仍有"豪杰译"的现象,这主要是为了照顾译诗的吟诵效果,而在原作的基础上加了一些词句;同时译诗与原作多少有失准确

---

① 田汉.文艺界杂话//田汉.田汉全集:第十八卷(文论).石家庄:花山文艺出版社,2000:517.
② 李思纯.仙河集·自序.学衡,1925(47):3.
③ 陈子展.中国近代文学之变迁.上海:中华书局,1929:147.

处。译者遵循意译的原则,这就注定他会对原诗的体制、章法、节奏、韵律、句式等诸方面有所突破,这样他在翻译中就会"不拘泥于原作的辞句,文字自然而畅达,并无翻译的拘束",其"诗句有感情与活力,足以表达拜轮原诗的精神"。① 难怪苏曼殊读到这首译诗时,仍觉有"粗豪"感;胡适读到这样的译诗时,不禁发出"颇嫌君武失之讹"②的感叹。其实,"与其说马君武的译诗'失之讹',不如说它是多了点再创造的成分。如果从汉语诗歌创作的角度来审视,这首诗仍堪称一首好诗"③。

至于马君武所译歌德诗歌之选段,杨武能曾做过认真的研究,他认为:

> 比较起来,《米丽容歌》的译文则完整而忠实,在相当程度上传达出了原诗的情调和意旨。作为歌德的作品甚至整个德国文学的第一篇真正中译(不是那种节述),这首译诗是非常珍贵的……在我国早期译诗者中,马君武被认为自成一家,备受文学史家们的称赞。④

在散文翻译方面,现能找到的唯一作品是他所译歌德的自然格言散文《自然》,该作直接译自德文。译作首刊于 1933 年 4 月 3 日《广西大学周刊》第 4 卷第 6 期。1935 年 9 月《自然创造史》出版时,马君武又将其放在该译本的首页。其译文为浅近的文言,文笔优美、简洁,算得上一篇上乘之作。在小说翻译方面,马君武先后翻译了俄罗斯著名小说家列夫·托尔斯泰的中、短篇小说各一篇。鉴于托尔斯泰曾"鼓舞中国革命"⑤,他的作品自然引起了马君武的注意。1914 年 9 月,马君武自德文转译节选了社会小说《心狱》,由中华书局初版。后于 1916 年 9 月出版了第 3 版,到 1933 年共出了 4 版,后又收入中华书局"小说汇刊"。《心狱》是托尔斯泰

---

① 柳无忌.苏曼殊与拜轮"哀希腊"诗——兼论各家中文译本.佛山师专学报,1985 (1):18,23.

② 胡适.哀希腊歌//胡适.尝试集.上海:亚东图书馆,1920:9.

③ 张旭.中国英诗汉译史论——1937 年以前部分.长沙:湖南人民出版社,2012:128.

④ 杨武能.歌德与中国.北京:生活·读书·新知三联书店,1991:98-99.

⑤ 阿英.晚清文学丛钞·俄罗斯文学译文卷:上册.北京:中华书局,1961:叙例 1.

长篇小说《复活》三部中的第一部,该书取材于真实事件,主要描写男主人公内希鲁引诱姑妈家女仆麻司奴,使她怀孕并被赶出家门。后来,她沦为妓女,因被指控谋财害命而受审判。男主人公以陪审员的身份出庭,见到从前被他引诱的女人,深受良心谴责。他为她奔走申冤,并请求同她结婚,希望能够赎罪。上诉失败后,他陪她流放西伯利亚。译文共有五十七章,本书节选了前四十七章。这尽管是一个删节译本,但仍然受到读者的热捧。尽管王森然认为"《心狱》又删节原文太多,亦不能视为成功之译品"①,但放在当时的语境中,《心狱》还是有其特殊价值的。故而阿英说,马君武 1914 年译《心狱》和林纾 1918 年译《现身说法》在当时堪称"名著名译"②。郭延礼认为,马君武的译本"基本上忠实于原著。就当时翻译水平来讲,《心狱》是值得肯定的一部译作"③。陈平原也视《心狱》为名译,因为"译者虽有删节,但能理解原作精华,不失原作韵味"④。

1915 年 7 月 20 日、8 月 20 日,马君武以文言自德文转译托尔斯泰的短篇名作《绿城歌客》,刊《大中华杂志》第 1 卷第 7、8 期。次年 8 月收入胡寄尘主编《小说名画大观》(上海文明书局)。《绿城歌客》今译《卢塞恩》或《琉森》,是托尔斯泰 32 岁时在瑞士一个名叫卢塞恩(德语名为 Luzern)的小城目睹一场"文明人"欺侮"下等人"的情景而创作的小说。小说讲述"我"傍晚入住绿城一家旅馆时所看到的人与人之间的冷漠关系,"为主张人道最力之书"⑤。王统照在读完此作之后,专门赋诗两首,题作《读马君武所译托尔斯泰之短篇小说〈绿城歌客〉感而赋此》,诗云:

> 魑魅世界拜金难,苦剧归来冷眼看。沧海扬尘同一哭,冰弦独作不平弹。

① 王森然.近代二十家评传.北京:书目文献出版社,1987:101.
② 阿英.晚清文学丛钞·俄罗斯文学译文卷:上册.北京:中华书局,1961:叙例2.
③ 郭延礼.近代西学与中国文学.南昌:百花洲文艺出版社,2000:219.
④ 陈平原.二十世纪中国小说史·第一卷(1897—1916).北京:北京大学出版社,1989:58.
⑤ 马君武.绿城歌客·译言.大中华杂志,1915,1(7):1.

此曲只应天上有,人间白雪和应难。绿城一夜明湖月,不照冰弦照峨冠。①

在戏剧翻译方面,1915 年 1 月至 6 月,马君武翻译德国著名戏剧家许雷的五幕剧《威廉退尔》,以"国民戏曲"为主题,连载于《大中华杂志》。该剧"实可作瑞士开国史读"②,马君武也以该戏剧的翻译开创了德语戏剧文学中译之先河。1925 年 12 月由中华书局推出单行本,此后多次再版。原作是席勒最后一部重要剧作,是他与歌德多次谈话后受到启示而创作的。该作以 13 世纪瑞士农民团结起来反抗奥地利暴政的故事为题材,以半传说、半真实的英雄威廉·退尔为原型,歌颂了瑞士人民反抗压迫、争取独立的英勇斗争精神。马译为一个增添删改写成的意译本,他更多"关注的是该剧本的政治价值,而不是其文学价值"③。1926 年 7 月 18 日,西谛(郑振铎)发表《介绍〈威廉退尔〉》,刊《文学周报》第 34 期。文中提到了中华书局出版的马君武译本,建议读者阅读。董问樵则认为:"我国最早翻译《威廉·退尔》这部席勒代表作的,是马君武。马氏译本于 1925 年由上海中华书局发行。……《威廉·退尔》是他用文言译的,虽然与原文出入颇多,然而文字简练,具有一定的历史价值。"④

除了从事文学作品的翻译外,马君武还翻译了其他著作,内容非常广泛,涉及历史、政治、哲学、经济、社会、民族心理等,这些无一不是为了提供改造社会之借鉴而翻译的。在历史著作方面,1902 年 8 月 15 日,他翻译的《法兰西近世史》由出洋学生编辑所编辑,上海作新社刊印发行。这是他去日本后翻译出版的第一部著作。原书题作《现代欧洲》(一作《现欧洲》),为日本福本诚自法文译成,马君武则据日译本转译。据马君武在译序中所称,他在一家日本书肆检得此书,觉得此书讨论法兰西近世最为详

① 王立鹏.王统照诗词注评.济南:山东师大学报发行组,1989:139.
② 马君武.威廉退尔.上海:中华书局,1925:译言 1.
③ 袁斌业.翻译报国 译随境变——马君武的翻译思想和实践研究.苏州:苏州大学出版社,2011:43.
④ 董问樵.席勒与中国//杨武能.席勒与中国.成都:四川文艺出版社,1989:18.

细,当时在中国还没有人写出缕述法兰西近世的书,也没有人翻译过细陈法兰西近世的书,同时他十分钟爱书中的内容,觉得对中国人甚有益处,故而将其翻译过来。

1902年11月,马君武还翻译了《俄罗斯大风潮》,由少年中国学会编辑,上海开明书店、文明书局和广智书局联合发行,1923年3月6日至13日北平《国风日报》副刊《学汇》第130—137期再次刊录。原作者是英国兑喀伯,译者署名为"独立之个人",实为马君武。这是一本介绍无政府主义历史的书,共分两部分:第一部分叙述无政府主义的起源、历史以及俄国无政府主义代表人物巴枯宁和克娄剖特京的生平与思想;第二部分叙述了俄国革命的历史。序言中就表现了马君武对法兰西的推崇和对俄国专制政府的痛恨。而这又与他痛恨专制统治、心向民主共和的思想相一致。马译该书的特点是译写相结合,译本中有较多的增删、改写、自由发挥、概括性翻译等。该书在中国最早比较系统地介绍了无政府主义学说,它对于开阔国人的眼界无疑具有重要的作用。

在政治文献方面,1902年11月,马君武翻译了《斯宾塞女权篇》,该篇与《达尔文物竞篇》合刻,以《达尔文物竞篇 斯宾塞女权篇》为名,由少年中国学会编辑。《斯宾塞女权篇》节译自英国19世纪著名社会学家斯宾塞的《社会静力学》,是极其重要的社会学著作之一,也是斯宾塞学术生涯中的第一部著作。《女权篇》为原书之第16章。原文共10节,译文亦为10节,译者在一定程度上对原作做了增添、删除、改写,并加入了译者自己的阐释。这是中国第一部关于西方女权思想的译著。

1903年2月,马君武又翻译了第二部政治文献,即《弥勒约翰自由原理》,由译书汇编社编辑,日本株式会社秀英舍出版,上海开明书店发行,收入"少年中国新丛书"。作者弥勒约翰(即约翰·穆勒)是英国著名哲学家、心理学家和经济学家,19世纪影响力很大的古典自由主义思想家。马君武的翻译参照了槐特氏的法文本和中村氏的日译本。同年4月至5月,马君武还撰写了《弥勒约翰之学说》,刊《新民丛报》第20、30、35号。该文从六个方面介绍了弥勒学说:"自由说""女权说""哲学""试验说""界说""证据"。其中"自由说"一节介绍的就是《弥勒约翰自由原理》的一部分内容。值得指出的是,同年严复已翻译此书,题作《群己权界论》,由上海商务印书馆出版。马君武的译文也像严译本一样为文言。他们也是最早将约翰·穆勒的作品介绍给中文世界的译者。

1918年2月,马君武翻译了法国启蒙运动思想家卢骚的《民约论》,题作《足本卢骚民约论》,由中华书局出版,收入"哲学丛书"。《民约论》原书共分四卷:第一卷论述社会结构和社会契约,第二卷阐述主权及其他权利,第三卷阐述政府及其运作形式,第四卷讨论几种社会组织。《民约论》曾被誉为"人类解放的第一个呼声,世界大革命的第一个煽动者"①,其中重主权在民的思想,是现代民主制度的基石,深刻地影响了欧洲的革命运动和英属北美殖民地的独立战争。早在1900年,杨廷栋就已据中江笃介的日译本翻译此书,题作《民约论》,在《译书汇编》上连载,后以《路索民约论》为书名出版单行本。据马君武介绍,杨译本所据日译本错误百出,杨译"更讹谬不能读"②。《足本卢骚民约论》则是马氏"居北京之暇,以法文原著与英文 H. J. Tozer 译本互证……共费八十日"③而译成的完本。"其内容是完整的,不负其'足本'之名。"④

最后,在哲学著作方面,早在1903年以前,马君武主要是用译写的方法介绍西方哲学的,这方面的成果包括《唯心派巨子黑智儿学说》《弥勒约翰之学说》《唯物论二巨子(底得娄、拉梅特里)之学说》,此后则以其翻译德国哲学家、生物学家、达尔文主义者代表赫克尔的《一元哲学》最为有名。《一元哲学》从人类学、心理学、宇宙哲学、自然科学诸方面全面阐述了进化论学说。马君武译文的前三节最初刊于1916年《新青年》第2、3、

① 郁达夫.卢骚的思想和他的创作//郁达夫文集:第六卷(文论).广州:花城出版社,1983:27.
② 马君武.足本卢骚民约论.上海:中华书局,1918:序1.
③ 马君武.足本卢骚民约论.上海:中华书局,1918:序1.
④ 邹振环.影响中国近代社会的一百种译作.北京:中国对外翻译出版公司,1996:137.

4、5 期,题作《赫克尔一元哲学》,译文据 1908 年修订版译出;1920 年由中华书局分上下册出版全书。马君武初时翻译实曾有脱漏的章节,但 1919 年 7 月续译时已经补正。今人叶隽曾对照德语原文发现,马译与原文意思没有出入,就语言之精练和感染力而言,马译《赫克尔一元哲学》甚至优于后来出版的译本。① 袁斌业在对照郑开琪、袁志英等后出的译文后,认为:"马君武的《赫克尔一元哲学》是一个内容基本忠实、表达流畅的译本。"②

当然,在马君武众多的翻译作品中,影响最大的还是他译英国学者查尔斯·达尔文的《物种原始》。该书的翻译历时最长,而且他反复修订,不断推出新版。1919 年 7 月 24 日,马君武花了一年的时间在广东省无烟火药厂重译出《物种原始》,并撰《达尔文物种原始·译序》。书稿 1920 年 9 月由中华书局初版。此后,1927 年 4 月出 7 版,1928 年 5 月出 8 版,1932 年 9 月出 10 版。曾收入"新文化丛书"。除将原译第 1 章至第 5 章详加重译外,并续译原书第 6 章至第 15 章。初版分 4 册装订,共 664 页。此外,马君武还翻译了达尔文的《人类原始及类择》。直至 1937 年 7 月 20 日,上海《大公报》"廿六年度特价书第二十次"还刊登了马君武译《人类原始及类择》之广告。略云:

> 《人类原始及类择》(汉译世界名著)马君武译达尔文《人类原始及类择》一书,与《物种原始》(*Origin of Species*)同为十九世纪科学界之巨著。《物种原始》一书,我国早有译本。《人类原始及类择》之译本,至今尚付阙如。本馆特请在译述界有权威之马君武先生亟为移译,可与达氏原著,共垂不朽。全书所论究之本旨,谓人类非为神造,乃由高等猿类进化而来。当时曾引起基督教之非难,及科学界激烈之辩论。本书即详述当时专门讨论之内容及最后之结论。③

---

① 叶隽.另一种西学——中国现代留德学人及其对德国文化的接受.北京:北京大学出版社,2005:79.
② 袁斌业.翻译报国　译随境变——马君武的翻译思想和实践研究.苏州:苏州大学出版社,2011:58.
③ 广告《人类原始及类择》.大公报,1937-7-20.

关于该书的情况,曾有过一些回忆文章。谢康回忆说:"马先生中西学术根柢都好,诗文词和书法也很有名,译著的书籍颇多,以民国八年出版,达尔文《物种原始》的翻译为最著名。"① 秦道坚则说:"1919 年,马先生出任广东省无烟火药厂厂长时,乃致全力将该书全部译出,名《达尔文物种原始》,由中华书局出版,分上下两册。该书文笔简洁,字句明晰,颇获读者欢迎,尤其畅销于各大学理学院、农学院及生物学系。"② 左舜生在《"五四"以后的中国出版界和教育》一文中回忆:"我还是发出了三四十封征求稿件的专缄,并请他们介绍宜于从事这类工作的其他朋友。大致不出两个月吧,我便从国内外收到了不少的回信,约定的稿件已有十几种之多,于是我便大吹大擂在上海各报发出了一个所谓新书的出版预告! 这个广告激动了一位多年从事译著的老将马君武先生,他很高兴地把他两部早已译好的稿子寄了来,其一为《达尔文物种原始》,其一为《赫克尔一元哲学》,声明愿意参加在我们这一套新书里面出版,并给我们提供了许多宝贵的意见,这实在鼓起了我不少的勇气。"③

不仅如此,马君武还时常利用讲学机会宣讲自己的译作,同时他在课堂上也常采用其中不少的译著作为教材,加之马君武在中国教育界和思想界拥有特殊地位,他也扮演了现代西方学者所说的那种集中型翻译赞助者的角色,这样也有助于扩大其翻译著作的影响。

四、编选说明

早前,国内曾出版过不少马君武文集或纪念集,顺带也收入其若干译文,而专门的译文集尚未有过,故本集有填补空白的意义。因限于篇幅,本卷只能收入马君武的代表性译文,其中短篇录全部译文,长篇则节选,

① 谢康.回忆马君武先生//马君武先生百年诞辰纪念特刊搜编委会.马君武先生百年诞辰纪念特刊.台北:1981:71.
② 秦道坚.忆恩师马君武先生.西江月,2014(4):21.
③ 左舜生.近三十年见闻杂记.香港:香港自由出版社,1954:22.

所选译文文类尽量多样化,以文学、历史学、哲学等为主,力求反映马君武翻译之概貌。

总的来说,马君武译文的最大特点是浅显的用词和平白、质朴的语言,同时在浅近的文言中又夹杂少量欧化语句。然而在社会发展的历史进程中,语言文字的使用也是在不断地发展变化的。马君武所处时代的语言文字的许多使用习惯到现在也已经有了不少改变。有许多表述,原先往往有两种甚至更多种可以随意通用的写法,例如,"像"和"象","哪"和"那","绝不"和"决不","身份"和"身分","至于"和"致于","唯一"和"惟一","精致"和"坚致","预算"和"豫算",等等。再如,"做"和"作"没有明显的区别;"的""地"和"得"的区别也不明显。虽然现在出于语言文字规范化的需要,对这些表述都有了取舍,但是在马君武的年代里,这些词语的使用还是相对比较随意的,因此在马君武的原译文中有许多当时并不存在问题而与当今的"规范"要求不尽相符的用词。关于这些词,多保留了原译文中的用法,一般不进行统一。

另外,马君武原来翻译时使用的一些人名和地名等专有名词和现代通行的译法也有较大差异,如"胡德""雨果""歌德""席勒""拜伦""萨福""西塞罗""马拉松""那不勒斯",在当时写作"虎特""嚣俄""贵推""许雷""裴伦""沙孚""希遂鲁""马拉顿""奈仆尔"。对上述词语和专有名词,考虑到原来的表述对当今读者的阅读理解并不会造成大的困难,但有助于读者更贴近当时的文化原貌,认识那一段离我们渐行渐远的历史,对于历史文献的存留更有着特殊的意义,所以我们对这些词语和专有名词基本上保留了原貌,但一般以编者脚注形式予以说明。

本次马君武代表性译文的编选参阅了《法兰西近世史》(上海作新社,1902 年)、《俄罗斯大风潮》(少年中国学会,1902 年)、《斯宾塞女权篇 达尔文物竞篇合刻》(少年中国学会,1902 年)、《马君武诗稿》(上海文明书局,1914 年)、《心狱》(中华书局,1914 年)、《绿城歌客》(《大中华杂志》,1915 年第 1 卷第 7 期、第 8 期)、《足本卢骚民约论》(中华书局,1918 年)、《达尔文物种原始》(中华书局,1920 年)、《威廉退尔》(中华书局,1925

年)、《人类原始及类择》(商务印书馆,1930 年)、《自然》(《广西大学周刊》
1933 年第 4 卷第 6 期)、《马君武集》(华中师范大学出版社,2011 年),校
订部分译文时也参照其他版本,如阿英编《晚清文学丛钞·俄罗斯文学译
文卷》(中华书局,1961 年),《中国近代文学大系 1840—1919 翻译文学集》
(上海书店出版社,1991 年),熊柱、李高南校注《马君武诗稿校注》(广西师
范大学出版社,2016 年),等等,特此致谢!

第一编

译　诗

米丽容歌①

[德]贵　推

君识此,是何乡? 园亭暗黑橙橘黄。

碧天无翳风微凉,没药沉静丛桂香。

君其识此乡? 归欤! 归欤! 愿与君,称此乡。

君识此,是何家? 下撑楹柱上檐牙。

石像识人如欲语,楼阁交错光影斜。

君其识此家? 归欤! 归欤! 愿与君,归此家。

君识此,是何山? 归马失途雾迷漫,

空穴中有毒龙蟠,岩石奔摧水飞还。

君其识此山? 归欤! 归欤! 愿与君,归此山。

据《马君武诗稿》,上海文明书局,1914 年

---

① 今译《迷娘曲》。这是 18—19 世纪德国著名诗人、剧作家和思想家贵推(Johann Wolfgang von Goethe,1749—1832,今译约翰·沃尔夫冈·冯·歌德)最早最有名的抒情诗之一,作于 1783 年 11 月之前,后收入《威廉·迈斯特的学习时代》。贝多芬、舒伯特、舒曼、柴可夫斯基等都为此诗谱过曲。马君武是歌德诗歌的第一个中文译者。——编者

缝衣歌①

[英]虎 特

　　美人蒙敝衣,当窗理针线。眼昏未敢睡,十指既已倦。不辞缝衣苦,饥穷可奈何！愿以最悲音,一唱缝衣歌。

　　缝衣复缝衣,鸡声起前厨。缝衣复缝衣,星光当窗帏。窃闻回教国,女罪不可赎。耶教复如何？为奴几时毕!

　　缝衣复缝衣,脑晕不自觉。缝衣复缝衣,眼倦不可药。一襟复一袖,一袖复一襟。低头入睡乡,缝衣未敢停。

　　人谁无姊妹？人谁无母妻？衣锦带丝罗,人命自不齐。缝衣复缝衣,饥寒兼垢秽。一针穿双线,缝衣更缝被。

　　缝衣无已时,人生几时死？死亦无所惧,吾身自应尔。吾尔自应尔,上帝其鉴此!血肉亦何贱,面包贵无比。

　　缝衣复缝衣,工价何所偿？黑面聊能饱,荐草盈一床。屋漏地板坏,几断足不稳。素墙无粉饰,夜深挂予影。

　　缝衣复缝衣,针线声飕飕。缝衣复缝衣,作工如罪囚。一袖复一襟,一襟复一袖。不信脑筋倦,其倦如双手。

　　缝衣复缝衣,冬风侵肌骨。缝衣复缝衣,夏日蒸炎燠。翩翩双飞燕,来集破檐底。薪燕已生羽,飞鸣示予喜。

---

① 　该诗是英国著名诗人虎特(Thomas Hood,1799—1845,今译托马斯·胡德)的代表作,表达了对缝衣女悲苦劳动命运的愤慨。——编者

颓垣生女萝,其香何馥郁。头上有青天,脚下蔓草绿。暂时停针线,悠悠生远心。不敢停针线,时刻即黄金。

暂时停针线,悠悠何所思?无爱复无望,百忧忽来罹。有泪不敢滴,泪痕盈眼窝。泪滴衣裳湿,恐碍针线过。

美人蒙敝衣,当窗理针线。眼昏未敢睡,十指既已倦。且唱缝衣歌,穷饿不须理。可惜此歌声,不至富人耳。

据《马君武诗稿》,上海文明书局,1914 年

三

哀希腊歌①

[英]裴　伦

此诗共十六章,梁启超曾译其二章于《新小说》。② 梁氏非知英文者,赖其徒罗昌③口述之。予以乙巳④冬归沪,一省慈母。雪深风急,茅屋一椽。间取裴伦诗读之,随笔移译,遂尽全章。呜呼! 裴伦哀希腊,吾今方自哀之不暇尔。

其　一

希腊岛,希腊岛,诗人沙孚⑤安在哉? 爱国之诗传最早。战争平和万

---

① 该诗出自英国伟大浪漫主义诗人裴伦(George Gordon Byron,1788—1824,今译乔治·戈登·拜伦)最重要的作品之一《唐璜》的第三章。诗中,一位游吟诗人向唐璜描述了希腊这块美丽的土地正饱受着土耳其的侵扰,并面临即将灭亡的厄运。——编者

② 梁启超是翻译《哀希腊歌》的第一人,但他只译得其中的第一节和第三节,见于1902年政治小说《新中国未来记》,初载《新小说》第1、2、3、7号,后收入1936年出版之《饮冰室合集》。——编者

③ 罗昌(1883—1956),字文仲,祖籍广东宝安,梁启超之著名弟子,康有为之女婿,康同璧之夫君。曾任北京大学教授。民国资深外交官、法学家和政府顾问。——编者

④ 即1905年。——编者

⑤ 今译萨福(Sappho),古希腊著名抒情女诗人。——编者

千术,其术皆自希腊出。德娄①飞布②两英雄,溯源皆是希腊族。吁嗟乎!
漫说年年夏日长,万般销歇胜(剩)斜阳。

其 二

莫说佉佴二族事,繁岁一夕尽消沈。万玉哀鸣侠子瑟。群珠乱落美
人琴。迤南海岸尚纵横,应愧于今玷盛名。侠子美人生聚地,悄然万籁尽
无声。吁嗟乎! 琴声摇曳向西去,昔年福岛今何处?

其 三

马拉顿③后山如带,马拉顿前横碧海。我来独为片刻游,犹梦希腊是
自由。吁嗟乎! 闲立试向波斯塚,宁思身为奴隶种。

其 四

有王危坐石岩倚,临深远望沙拉米④。海舶千艘纷如蚁,此国之民彼
之子。吁嗟乎! 白日已没夜已深,希腊之民无处寻。

其 五

希腊之民不可遇,希腊之国在何处? 但余海岸似当年,海岸沈沈亦无

---

① 今译得洛斯或提洛岛(Delos),位于爱琴海中,据传为阿波罗的诞生地。此处马君
武翻译有误,将原文中的 Delos 误认为是人。——编者
② 即阿波罗(Apollo),希腊神话中的太阳神。——编者
③ 今译马拉松(Marathon),指马拉松平原。公元前 490 年,希腊战争期间波斯和雅
典在此发生马拉松战役,雅典取得压倒性胜利。——编者
④ 今译萨拉米斯(Salamis),塞浦路斯古都。相传为特洛伊战争中的英雄、特拉蒙国
王的儿子托塞所建,并以其故乡命名。——编者

语。多少英雄古代诗,至今传诵泪犹垂。琴荒瑟老豪华歇,当是英雄气尽时。吁嗟乎! 欲作神圣希腊歌,才薄其奈希腊何?

其 六

一朝宫社尽成墟,可怜国种遂为奴。光荣忽傍夕阳没,名誉都随秋草枯。岂无国士生列岛,追念凤昔伤怀抱。我今漂泊一诗人,对此犹惭死不早。吁嗟乎! 我为希腊几颦蹙,我为希腊一痛哭。

其 七

止哭收泪挺身起,念汝高曾流血死。不信赫赫斯巴达①,今日无一忠义士。吁嗟乎! 三百勇士今何之? 退某倍黎②草离离。

其 八

不闻希腊生人声,但闻鬼声作嘲呜。鬼曰生者一人起,我曹虽死犹助汝。吁嗟乎! 希腊之人口尽喑,鬼声相答海天阴。

其 九

叩弦为君歌一曲,沙明③之酒盈杯绿。万枪齐举向突厥,流血死耳休

---

① 古希腊城邦之一,一度雄霸整个希腊,以其严酷纪律、独裁统治和军国主义而闻名。——编者
② 今译德摩比勒(Thermopylae),为一小隘口,又因附近有热涌泉,亦称温泉关。第二次希波战争中,斯巴达国王列奥尼达斯一世亲率300名勇士在此依托优势地形抵抗了3天,波斯军队付出了2万人死伤的惨痛代价。——编者
③ 今译萨摩斯岛(Samos Island),位于爱琴海东部,盛产葡萄酒。中世纪至近代,该岛相继为波斯、雅典、拜占庭、奥斯曼土耳其统治,1912年归属希腊。——编者

来复。吁嗟乎！愿君倾耳听我歌，君不应兮奈君何！

其　十

君今能作霹雳舞①，霹雳军阵今何处？舞仪军式两有名，军式已忘舞仪存。吁嗟乎！试读先人卡母②书，谁则教君今为奴？

其十一

且酌沙明盈酒杯，恼人时事不须提。当年政治从多数，为忆阿明克朗③诗。吁嗟乎！国民自是国权主，纷纷暴君何足数。

其十二

暴君昔起遮松里④，当时自由犹未死。曾破波斯百万师，至今人说米须底⑤。吁嗟乎！本族暴君罪当诛，异族暴君今何如？

其十三

劝君莫放酒杯干，白卡⑥之岸苏里岩。上有一线成海湾，斗李⑦之母

---

① 一种古希腊出征舞之名称。——编者
② 今译卡德摩斯（Ca dmus），希腊神话中的英雄，腓尼基的首领阿革诺尔（一说腓尼克斯）之子，底比斯的创建者，传说中将腓尼基字母传入希腊之人。——编者
③ 今译阿那克里翁（Anacreon），古希腊诗人。——编者
④ 意为半岛，此指欧洲土耳其西南延伸部分的加利波利半岛。——编者
⑤ 今译米提亚德（Miltiades），此指小米提亚德，古希腊雅典统帅，约公元前 524 年任执政官。希波战争中，他极力主张在马拉松平原与占优势的波斯军队作战，最终打败波斯。——编者
⑥ 今译帕尔加（Parga），希腊西海岸著名旅游城市，此处泛指海岸。——编者
⑦ 今译多利安（Dorian），古希腊主要部落之一，此处借指希腊。——编者

生其间。吁嗟乎！其间或布自由种,谁实获之希腊统?

其十四

劝君莫信佛郎克①,自由非可他人托。佛郎克族有一王,狡童心深不可测。可托惟有希腊军,可托惟有希腊刀。劝君信此勿复疑,自由托人终徒劳。吁嗟乎！突厥之暴佛郎狡,希腊分裂苦不早。

其十五

沙明之酒千钟注,天女联翩齐起舞。眼波如水光盈盈,但将光线射倾城。吁嗟乎！为奴之民孰顾汝,我窃思之泪如雨。

其十六

置身苏灵②之高山,四围但见绿波环。波声哭声两不止,一曲歌终从此死。吁嗟乎！奴隶之国非所庸,一掷碎汝沙明钟。

据《马君武诗稿》,上海文明书局,1914 年

---

① 即法兰克人,为 5 世纪时入侵西罗马帝国的日耳曼民族的一支。——编者
② 今译奥索尼岛(Othoni),希腊南端著名海角。——编者

四

重展旧时恋书之作①

[法]嚣　俄

此是青年有德书，而今重展泪盈裾。

斜风斜雨人增老，青史青山事总虚。

百字题碑记恩爱，十年去国共艰虞。

茫茫天国知何处，人世仓皇一梦如。

据《新民丛报》1903 年第 28 号，又刊《南社》1913 年第 81 期

---

① 法国大文豪雨果（Victor Hugo，1802—1885）的《重展旧时恋书》原题《啊！我的爱情书简》，全诗共 7 节 42 行，马君武将之压缩为短短的七言八句，最早见于 1903 年撰《欧学之片影》，刊同年 3 月 27 日《新民丛报》第 28 号。这是雨果诗歌最早的中文译本。——编者

五

临终之感想①

[菲律宾]黎沙儿

去矣！我所最爱之国，别离兮在须臾。国乎！汝为亚洲最乐之埃田兮，太平洋之新真珠。惨怛兮，舍汝而远逝，我心伤悲。我命甚短兮，不能见汝光荣之前途。（一解）

不迟疑，不傍徨，我国民奋勇兮赴生存竞争之战场。人苟为本国而流血兮，消柏桂之木影，暴原野之严霜，固不辞也。（二解）

夜色暗淡，如悲我之将逝兮，风萧萧而不长。晓日何时而复出兮？将沥我一腔之郁血以添其曙光也。（三解）

我年渐壮兮我心渐远，我愿未酬兮我命将斩。我最爱之国乎，太平洋之新真珠乎！我虽死不瞑目兮，以观汝扬光辉于六区也。（四解）

去矣！我最爱之国兮，我满腔之热情，与我身而永化。国乎！汝而终能得飞跃之自由兮，我戴汝之天以死，遂永托灵于此土，我何忧兮！（五解）

死矣，他日我坟墓之上，长一丛之荒草兮，开数枝可怜之花。国乎！

---

① 选自《茶余随笔》，原诗题作"Mi Ultimo Adios"，被译为英文时题名为"My Last Farewell"，又译《菲律宾爱国者黎沙儿绝命词》，系菲律宾爱国作家何塞·黎沙儿（José Rizal，今译何塞·黎萨尔，1861—1896）之绝命诗。黎萨尔是菲律宾近代著名作家、诗人，也是菲律宾反抗西班牙殖民统治、争取民族独立的战士和英雄。1896 年 12 月 30 日，他被西班牙殖民当局以所谓非法结社及文字煽动叛乱罪杀害。该诗是他在就义前一小时写就。马君武据英文版译出。——编者

汝之亲爱热情与我永不相遗。时往往于我墓上吹嘘其花草兮,我之神灵何有乎叹嗟也!(六解)

委我骨于我所最爱之国之原野,我心已足兮。况有安静之月,来相照映兮;温柔之风,来相披拂兮。娇好之鸟,来栖我之墓,唱和平之曲兮,此皆我国之慰我于死后者也。(七解)

男儿诚爱国,死则已矣,亦何为此嚣嚣?任我墓之荒废兮,以我墓十字之石标兮,饱农夫之锄犁。任我遗体之澌烬兮,混入本国之杂草兮,为田野之肥料。(八解)

我最爱之本国,我最爱之同胞!哀矣怨矣,其一听我临终之辞。留满幅之爱情于此土,我其逝矣。逆主乎,刽夫乎,贼吏乎,奴隶乎,其将以此真理之安宅为窟穴矣。(九解)

诸友乎,慈亲乎,兄弟乎,爱儿乎,我何忍离汝?我何忍离此最可爱之国?我何忍离此最可哀怜之国?!我生也劳,我死也乐,我人世之工已尽于此日兮。我同胞其勉尽未来之责任兮。我最爱之国方幼稚,我最爱之同胞方幼稚,前途之命运,尚未定兮。(十解)

据《茶余随笔》,《新民丛报》1903 年第 27 号

六

阿明临海岸哭女诗[①]

[德]贵 推

　　贵推为德国空前绝后一大文豪,吾国稍读西籍者皆知之。而《威特之怨》(*Die Leiden des jungen Werther*)[②]一书,实其自绍介社会之最初杰著也。沙娄(Charlotte)[③]既嫁,威特既见疑,不能常至其家,一夕,瞰其夫阿伯(Albert)之亡也,往焉。沙娄既爱阿伯,复怜威特,悄然曰:"威特不思沙娄之既嫁乎?"乃命仆持函往招二三女友来,所以释阿伯之疑,且速威特之去也。女友皆不能至,沙娄黯然。少顷,气忽壮,取比牙琴自操之,傍威特坐于安椅,曰:"威特不能为我歌一曲乎?"威特厉声曰:"无歌尔。"沙娄曰:"是篋内有《欧心之诗》(*Song of Ossing*),君所译也,予尚未读,若使其出于君之唇,则诚善矣。"威特笑取而视之,意忽动,坐而泪涔涔下。以最哀之声歌之。是阿明(Armin)哭其女初丧之词也。

　　其词曰:

> 莽莽惊涛激石鸣,溟溟海岸夜深临。
>
> 女儿一死成长别,老父余生剩此身。
>
> 海石相激无已时,似听吾儿幽怨声。

---

① 该诗是歌德名著《少年维特之烦恼》(马君武译作《威特之怨》)中的一个片段,是马君武翻译自歌德的第二首诗。该片段描述了威特在沙娄家中为她朗诵的场面。原诗无标题,为译者所加。——编者

② 今译《少年维特之烦恼》。——编者

③ 今译夏绿蒂(Charlotte),《少年维特之烦恼》女主人公。——编者

月色不明夜气暝,朦胧如见女儿影。

斜倚危石眠不得,风狂雨急逼人醒。

眼见东方初日升,女儿声杳不可闻。

有如晚风吹野草,一去踪迹无处寻。

死者含哀目未暝,只今独余老阿明。

阿明早岁百战身既废,而今老矣! 谁复论婚姻?

海波奔泻涌千山,怒涛飞起落吾前。

此时阿明枯坐倚危石,独望沧暝一永叹。

又见斜月灼耀明,又见女儿踯躅行。

儿声唧唧共谁语? 老眼模糊认不真。

女儿忽随明月去,不忆人间遗老父。

老父无言惟有愁,愁兮愁兮向谁诉?

  歌至此,沙娄大恸。威特掷纸于地,执沙娄之手,以己泪浣之。沙娄以一臂自倚,以一手执巾,自揾其泪,四目相视,各自怜也。沙娄欲起离去,悲甚不能行,乃勉止泪,劝威特复歌。威特愈甚,强起拾纸,续歌之,殆不能成声矣。

风若有情呼我醒,风曰:露珠覆汝,此非汝眠处。

噫! 吾命零丁复几时? 有如枯叶寄高枝。

或者明日旅人从此过,见我长卧海之湄。

吁嗟乎! 海岸寥空木叶稠,阿明死骨无人收!

        据《马君武诗稿》,上海文明书局,1914 年

七

冬日杂咏

[法]马　龙

小鸟啁哳将觅食兮，
严冬闭藏，糜所护兮，
翔集窗楹无所怯兮，
鸟兮飞来，此面屑兮。

八

人类原始及类择①

[英]达尔文

> 克鲁(Kurnus)养马牛,事事依定则,
>
> 选种贵强壮,取其能繁殖,
>
> 且能获利益,价格所不恤;
>
> 遂能得良种,优美无缺失。
>
> 至于本已事,乃为金钱役,
>
> 美女嫁恶汉,常为财所惑,
>
> 但有多钱财,即得贵子息:
>
> 万事皆混杂,贵贱无所别!
>
> 仪式与精神,坠落诚足惜,
>
> 不必更惊异,原由至明白,
>
> 结局至可悲,叹息终何益。

据《人类原始及类择》,上海商务印书馆,1930年

---

① 《人类原始及类择》,今译《人类的由来及性选择》,为英国科学家达尔文1871年出版的重要著作,是其继《物种起源》后,将进化论用于人类学的研究,并解开人类起源之秘的经典著作。马君武译于1928—1929年,1930年商务印书馆印行,收入王云五主编"万有文库·汉译世界名著"。——编者

第二编

散文、小说

自　然[①]

[德]歌　德

自然！吾侪为彼所包围所卷入，——自彼外出，无所有，深入彼中，亦无所有。彼取吾侪入彼舞蹈之轮回中，与吾侪俱进，至吾侪既倦，乃释其手，初不与请求及警告。

彼制造新形状无止期；现在所有为前此所未曾有，前此所曾有永不再来；一切皆新，然仍常为旧者。

吾侪于彼生活，而与彼不相识。彼与吾侪谈话不绝，而不显露其秘密。吾侪永久向彼加工作而权力不及相彼。

彼以一切皆向个体用力而由个体无所成，彼常建设，又常破坏，其工场乃不得其门而入。

彼之生活凭诸小儿；其母乃在何处？彼为单独之女美术家；由最简单物质造成最大反异；达于最大之完全，恰合之决定，似毫不费力，然表面则常现柔软，其每一种工作有其特别实质，其每一种现象，有其隔离意义，所为一切自成一体。

彼自演剧，其是否自见之，非吾侪所知，然彼乃为吾侪演剧，吾侪则立于此剧场之一隅。

_____

① 这是现在能发现的马君武翻译的唯一一篇关于自然格言的散文，译文为浅近的文言体，优美、简洁。首刊 1933 年 4 月 3 日《广西大学周刊》第 4 卷第 6 期，1935 年出版《自然创造史》时，马君武又将该译文放在译本的首页。——编者

彼中有一种无穷之生活存在及运动，而并不推进更远，彼变易无穷，而其中并无一息停止。彼对于停住无会悟，其疾走即系于静止之上。彼乃坚定；其步骤有准绳，其例外甚少，其诸定律乃不可变更。

彼曾深思且不断感觉；然非如一人类所为，乃自然所为。彼自具一种无所不包容之感觉，无人能举察之。

一切人类皆在彼中，彼亦在一切人类中。彼与一切人为善之游戏，人愈避之，则彼用以自喜。故彼与多人交接于隐藏中，其游戏已毕，人尚不觉。

即极不自然者，亦属于自然，若人不随处见之，亦无处真见之。

彼自爱，且永远具眼与心，多至无数，彼善自分别，以自享受，常使新享受发生，无厌足，以自告知。

彼以幻像自喜。凡破坏自己及他人之幻像者，彼罚之如最严厉之暴主，信而服从者，彼爱之如紧持小儿于心坎前。

彼有小儿无数，彼对之大概无所爱惜，然彼有特好者，对之多所糜费，且多所牺牲。彼保护所及者乃大多数。

彼于无所有之中发起诸生物，彼等自何处来，向何处去，皆无所言。彼等只须行走，其路途彼知之。

彼有少数发条，惟永不用损，常有工用，常甚复杂。

因彼常创造新观剧者，故所演剧亦常新。生命为彼最美丽之发明，为欲多得生命，乃以死为机巧。

因彼喜运动，故与以需要。此一切运动彼能以少许达到，故为神奇。每一种需要皆善举。满足甚速，发生亦甚速，与一种以更多，是即为快活之一新渊泉，然不久仍归于平衡。

彼使一切瞬息为最长之行动，而一切瞬息皆达其目的。

彼本身为虚幻，然吾侪认此为最大重要，则非虚幻。

彼任凡小儿向彼戏弄，彼任凡愚夫向彼安排。哑口由彼经过而无所见者以千计，彼对一切皆有快乐；在一切皆有账目。

人须欲反对其诸定律，而自服从之；人虽欲与彼反抗，而自与之合作。

彼制造一切,凡彼所与,皆为善举;因彼始造成其为不可缺乏,彼迟误,则人要求之;彼疾忙,人犹以为未足。

彼所语言,无演讲,然彼创造舌与心,借此以讲话,以感觉。彼之王冠为爱;人由爱可与彼接近,彼于一切物间作断岸然一切皆自相缠绕。彼隔离一切,以使一切结合。由爱杯吸饮数口,彼遂使生活之备极烦劳者皆无害。

彼即一切。彼自奖自罚,自乐自苦。彼亦粗暴亦温柔,亦可爱亦可惧,亦无力亦至有力。一切皆在彼中。彼不识过去与未来。现在即彼之无穷尽。彼甚性善。彼一切工作皆为予所赞美。彼甚聪慧而沈静。人于彼之身体不能有所取,彼所不愿与者,不能望彼有所赠送。彼虽狡猾而所向为良目的,最佳为不注意于其狡猾。

彼为整个者,然仍常不完全,如彼所经营,彼常经营之。彼向每一人现一种特殊形态彼自匿于数千姓名及名词中,然常为一物。

彼置予于其中,又引予出其外,予甚信赖之。彼或与予戏弄;彼不自憎恶其工作。予不愿就彼有所言;否,何为真者,何为假者;一切皆己自言之。一切皆彼之过失,一切皆彼之功绩。

据《广西大学周刊》1933 年第 4 卷第 6 期

绿城歌客①

[俄]托尔斯泰

译 言

此寥寥短篇,不过万言,盖托尔斯泰三十二岁时所著,光彩陆离,少年气盛时之文章也。此书虽记绿城一夕之事,而要为主张人道最力之书,呜呼! 人道! 此世界实无此物,汝终为字典上之一名词而已。

七月八日

予以昨夕至绿城,入"瑞士酒店",为此间旅店之最佳者。

慕雷有言:"绿城者,四府湖上一古郡,为瑞士国名都之一。其间有三大道,乘汽船行一小时至尼崎②,登山远眺,全世界在目前矣。"

其言之真否不可知,然其他旅行手册皆如是云。故世界各处游客皆

---

① 今译《卢塞恩》或《琉森》,副标题作"德·聂赫留朵夫公爵日记摘录"。这是托尔斯泰根据他在瑞士小城卢塞恩的生活而创作的短篇小说。故事讲述的是一男子(歌客)年轻时失去了父母,以当木匠为主,一次偶然的事故使他的手受伤致残不得不靠到酒店卖唱为生。但在1857年7月8日晚上,作者看到这名男子唱完歌后伸手向那些英国人讨钱时遭到了拒绝,实在看不下去,邀请这位歌客喝了葡萄酒,但遭到酒店服务员的嘲笑。本篇据德文转译。——编者

② 今译里吉山(Mount Rigi),欧洲最早的观光胜地之一。——编者

来集于绿城,尤以英国人为最多。

瑞士旅店共有五层,居湖岸边,其建筑尚未久。昔日其处有一木桥,木桥之旁,一小酒店耳。

因英国人来游者极众,挥霍多金,绿城之人,乃投其所好,毁木桥,于其处筑大道,其直如绳,道旁筑四角形之五层高楼,即今之瑞士旅店。

旅店之前栽菩提树两行,树间具座椅,涂以绿色,颇便步行者。英国妇人戴瑞士草帽,男子着坚致衣服,来往不绝,状态极自得。

此道路屋宇,此等菩提树,此等英国人,若在世界之他处,或能相称,而非所语于绿城。此间之天然景色,自具特妙也。

予上楼至所居室,开窗望湖,大受此湖边山水真美之感动,目为之眩,感情重叠,几欲与人相抱调戏,作痴顽之状,以发表之。

其时为午后七点钟,终日下雨,此际天色已全开朗,湖水艳碧,如热硫磺,豁然平静,列窗前如明镜。以绿岸为界,小舟来过其上,乃起叠纹,然旋即消灭焉。

湖水远处,已黑暗不可辨,其尽处山谷重叠,惟见云霞与雪峰耳。

湖之前面惟见湖岸净绿,有芦苇草地花园,及乡人屋宇,远处有森林及古昔堡垒之高塔。湖之后面有高山,作暗紫色,高峰上蔽以白雪,空气鲜洁,映湖水作碧色。欲坠之夕阳,以其暖光线来映射之。

无论山间水上或天际,殆无一单色,无一静点光景杂糅,奇诡百出,互相调和,以成全美。然在此窗前惟见一条直道,两旁菩提树,以木架支之,树下有绿色座几。此等穷拙之人工,曾不及远岸之乡屋废垒,尚足以点缀美景,其粗俗真不可言也。

予凝视久之,觉此直道愈不可耐,若依予意,直速废毁之,如去眼前鼻上之一黑痣也。然此直道仍在是,英国人仍来往不绝。予乃思避之不视,良久乃能。直至午餐时,予乃独居一隅,静享幽福。此天然之美,惟独处乃能觉耳。

七点半钟时,人呼予晚餐。餐室颇阔大,居最下层。室内有一长桌,可容百人。旅客入餐室,凡三分钟乃毕。妇人衣服行时有细声,步履极轻缓。侍者衣服华洁,时与旅客低语。男女旅客,莫不衣服丽都;亦有风致甚佳者。瑞士各处游客,皆以英国人为最多。餐室内亦大类英国风俗,严肃整齐,彼此不相关怀,不相通问,仅图一己便益,取足所需。

餐桌之四周,惟见白色线绣,白色衣领,其人之面貌,固有甚佳者,然各显自满之色。邻座之人,殆若于己无与,时以手整衣领,举酒杯,其精神上若不略受感动者。

其同一家族者,时或低声交语,谓其食品甚佳,某葡萄酒颇不恶,或语在尼崎所见风景。其单身之男女游客,则枯坐无一语,且彼此不一相视也。

此百游客中,间有一二交谈者,则不过云天气何如,尼崎山如何,刀叉之声,殆亦不可闻。餐桌上礼式颇严,乃至食果物亦以叉送诸口焉。

侍者亦善体客意,不敢多言,惟以低声问旅客需何种葡萄酒而已。

予每遇若是会食,极为难受,至终每觉极愁苦,若受刑罚。有如当予年幼时,因犯过牵坐一几上,禁不许动,血脉涌溢,静待诸姊妹之嘲笑者。若此之死面目,每对予起一种感化,予亦将变为死人,无复需要,无复感想,乃至不复知此室内更有何事。予初亦颇欲与邻座交语,然不能得一词。此等旅客,亦绝非钝铃无感觉者。此等死人之生活,或较予更复杂有趣味也。人类交际为此生最美之快乐,彼等何故遂放弃之?

巴黎旅舍中之生活乃大异是。同居者约二十人,国籍各不同,职业性质亦各不同,当会食时,人各自得,食桌一端之谈话,每自他一端应答之。或述古事,或为谑语,思想所及者,即以口宣之。吾侪自有哲学,自有审美学,不受一切拘束。食毕离桌为波尔加跳舞,亦不必中音节,至夜分乃散。此二十人者,不必尽为聪智笃实之人类,然亦人类也。

或为西班牙伯爵妇,有小说的历史者;或为意大利文学家,食后朗诵但丁之《欢神曲》①;或为美国博士,今日方游退勒里公园②;或为少年戏曲

---

① 今译《神曲》,意大利著名诗人但丁创作的长诗。——编者
② 旧时的法国王宫,今已改建为花园。——编者

家,长发覆额;或为女音乐家,方制成新舞曲,自许为世界上最佳者;或为不幸之美寡妇,手指上满戴指环。此其交际虽或为表面的,然是为人类朋友的交际,彼此皆留遗多少纪念也。

今在英国风俗之食桌上,见许多线绣指环,油腻之发,茧绸之衣服,世界上许多妇人皆依此等妆饰品,以获其幸福耳。

予又思世间有许多友朋及相爱者,每并几而坐,不交一词,而心曲间自以热诚相感应,但非所语。于此等英国人耳,予意气益恶,不可复耐,遂起离坐去,独行于绿城街市上。

街市极狭隘,无灯火,商店皆闭,时有沈醉工人来过,或妇人出户汲水,行步甚疾,是皆不能解予之沈闷,或反加添焉。

夜色昏黑,予嗒然复归旅店,欲遂就卧。然阴气来逼予魂,觉沈寂不可耐,若心有重忧者。凡人初至一新城市,每有此种感觉也。

迟迟吾行,已至瑞士旅店所在之大道,忽有稀奇优美之乐声,来至予耳。予此时乃复有生气,若灵魂骤遇光明,复快乐,复自由也。

是时予对于人类及物体之兴味,重复唤起,晚间湖上之美景,予已漠然置之者,复对予起一种魔力。予乃仰视黑暗之碧天,为初升之月色所照耀。净绿之湖水,反射所被光线,远山朦胧,为暗雾所遮。湖岸之他一边,闻蛙鸣声及击铎声。

予此时已行至乐声所起处,黑暗之街市上,有人群集成半圆形,作乐者为一短身躯着黑衣之男子。众人之后为教堂之二高塔,倒影于暗蓝夜天之下。

予复前行,乐声愈明晰,是为六弦琵琶(欧名为 Guitarre),乐声悠扬,远传昏夜空气中。间以歌声甚奇特,故行路者皆来集于是。

其乐声类马祖加舞曲,和美可爱,其声忽远忽近,忽高忽低,音有如提楼(Tyroler)①之歌,诸调错杂,予殊不能辨,惟心赞其美而已。此六弦琵琶,此可爱音调。此人之短小身躯,在黑暗湖水之旁,映以月色,立于双塔

---

① 奥地利西部的一个省。——编者

影之下,其景色颇希罕而美不可言。

当是之时,予忽念人生之可贵,予之灵魂,如受香花。片刻之前,予方以为世界上无一当意者。今乃爱情活泼,以为人生最乐,汝于是复何所求? 美景诗情皆自四方来相逼,汝有力,即可取而享受耳,一切皆属汝。人生之完全享福皆在是,汝复何所求?

予复前行,识此人为提楼产。彼立旅店之一窗前,前伸一足,昂头而歌,声调时不同,以手弹琵琶不绝。

此时予心柔软,若为此人所吸,然甚感之。此人着旧黑衣,发黑色颇短,头戴一旧小帽。

此人之面貌殊不似美术家,而举动若童稚,身体虽小,然状态颇能感人。

旅店之窗户间,观者充塞,男女游客,华衣照人。街市上观者聚成半圆形,菩提树下大道,侍者厨夫立焉,亦有幼女携手而过,皆若与予有同情,然同立歌者旁,静听其歌。歌声歇后,遥闻湖边蛙声与击铎声相应耳。

歌者立黑暗街上,唱一歌毕,复唱他歌,如夜莺之鸣,予立处去彼愈近,享受愈亲切。其歌声颇柔美,不同寻常,盖天赋特优也。

旅店楼上观者愈众,街市上立者愈多,有交谈者,其声低不可辨,然多默听不发一言者。

某厨夫若甚知音者,一歌甫毕,辄向某侍者点头称善,且以臂触之,若曰:“汝识此歌之佳否?”侍者耸肩应之,意若极快,若曰:“是甚佳,但予曾闻较此更佳者。”

歌者歌毕时,作咳嗽声,予乃问侍者:“此为何人? 常来此处否?”侍者言:“然彼每年约来此两次,是阿尔商①人,依此术乞食耳。”

“若是之歌者多来绿城否?”

侍者言:“若是者甚多。”彼初不了解予意,会复言曰:“否,今惟彼独来耳,歌者至绿城甚稀。”

---

① 即阿尔高(Aargau),瑞士北部的一个州。——编者

歌者既歌毕,手携琵琶,以德意志土音有所言,予殊不甚了解,观者皆笑。

予乃问:"彼何所言?"

立予前之侍者言:"彼言歌毕喉干,欲得饮葡萄酒。"

"彼好饮酒乎?"

"此等人皆好饮酒。"侍者言次复笑,以手指歌者。

歌者脱帽,手携琵琶,趋近旅店,仰首视楼沿之诸男女言曰:"男女诸君,若君等以予有所获,实误予直一穷鬼耳。"言次操法语,而杂意大利、德意志土音。

言毕静立良久,顾无人以一钱与之,彼复擎琵琶言:"男女诸君,予今愿为君等作尼崎之歌。"

旁观者无一言,惟立待其复歌,有笑者,因歌者状态稀罕,且无人以一钱相与也。

予以数生丁(瑞士小币名)与之,彼受之纳诸囊中,复戴其帽,作提楼之歌,即彼所谓尼崎歌者。此歌较前者尤佳,听者益众,自诸方面行来集其旁。歌毕后,复手擎琵琶脱帽就旅店言:"男女诸君……予直一穷鬼耳。"其言如前,顾举止颇失措,现童稚之状,其身躯短小,故形状尤为特别。

瑞士旅店之宾客,在辉煌之灯影中,衣光照人,尚立于楼沿窗下。诸男女有交谈者,其以此歌者为谈资无疑,歌者方伸手立于其下;亦有凝视此歌者之举动者;最近楼沿一少女,方顾此歌者大笑。街市上之人,讥笑声更高。

歌者复第三次发言如前,然其声愈低,以手擎帽出,顾即缩回,所言亦尚未毕。

此等衣服丽都之游客,数逾百人,皆出而听其歌,顾无一人以一铜币相与者,惟闻其无情之笑声耳。

此时短小之歌者若更短小,手擎琵琶,以小帽置头上,言:"男女诸君,予敬谢君等,且愿汝良夜。"

听者笑声复起,豪贵之男女游客,言语嘈杂,暂自楼沿向后退去。

大道之上,复有散步往来者,当歌声起时,几无一行人也。歌者去,复有数人随而笑之。予尚闻歌者启口有所言,顾声低不可辨,其形状若更显短小。疾步向城市去,随之行者尚笑不止。

此时予头脑颇乱,不审是一切皆何所指,立于黑暗之一隅,目送此短小歌客及其随行而笑者向城市去,心中若不胜羞愧者,为此歌者羞。为此听众羞,复为予羞。一若予自己曾向众人乞钱无所得,反受其嘲弄者。

无聊之极,乃疾步向旅店,欲归予室。予亦不知此际之感想如何,惟觉脑际颇受苦痛之压逼而已。予方入门,遇门丁,彼敬向旁立,复遇英国人一家族,其男子颇强大,面红具黑须,戴黑色帽,持贵重手杖,缓步与其妇交臂行。其妇着生丝衣,帽上具多丝带,一少女随之行,戴瑞士帽,上插鸵毛,帽下黄发蓬蓬,绕其雪白之面,其后复有一少女跃而行,年约十岁,白膝露出,着薄线绣衣。

当予行过时,此妇人言:"美哉良夜。"其声甚娇,英男子漫应曰:"然。"其生活极易,乃至发言亦不多也。

彼等之生活极便利,故其容貌举动如是,对他人毫不经意,虽遇门丁,毫不让避,彼固知门丁必鞠躬避于一旁也。此时归寝,床被必已收拾精洁,彼以为分所应得也。予乃念歌客此时必甚倦饿,为众人所笑,含羞而去,今夕不知栖息何所耳。

予念此脑际颇苦,觉此等人类,甚可憎恶,乃故意行过此英人之前,二次以臂撞触之,复降阶出,于黑暗中向城市行,欲觅得彼歌客。

于路上遇三行人,问以歌客所向,行人笑告予以彼所行处。彼方踽踽独行,听众已全散,彼行步犹甚疾,口中喃喃如有所言。予既追及彼,乃邀彼同行至一处,共沽葡萄酒饮之。

彼复行若不愿相顾,最后彼乃会予意,停立言:"此非予之所敢受,彼处有一小咖啡店,吾侪小人,只宜入此类酒店耳。"言次指前面一小酒店,尚未闭扉。

因彼言,乃触起予之感想,不当与彼入小咖啡店,必须至彼豪贵听歌者所居——华丽之瑞士旅店。

歌者闻此,颇局促不安,再四辞谢,以为瑞士旅店非彼之所当至。予固执不改,彼亦无如何,手擎琵琶,向瑞士旅店行。

当予与歌者交言时,有行人来就听,直随予二人行至瑞士旅店之门,若欲重闻此提楼人之新歌者。

入长廊,遇某侍者,予命其持葡萄酒来,侍者顾予笑,不答而去。予乃就侍者长,重申前命,彼意若甚惊异,以目视含羞之歌客,自首至足,语门丁引予二人至左边一室。

左边一室,乃以备寻常来客者,室之一隅有一瘘背侍女,方以水洗盘盂,桌几皆木制,无遮饰。

室内侍者见予二人来,复冷笑,以双手伸入衣袋,与瘘背之侍女交谈,其意以为歌客何人,乃亦至此,持酒献歌客,或一趣事耳。乃问予:是否需寻常葡萄酒?目视歌客,以手弄其所持食巾。

予故为庄严之态言:"可持最佳之香槟酒来。"然无论予貌如何庄严,无论所需者为香槟酒,侍者仍笑不止。复出金表视之,缓步出户去。

未几时,彼携酒偕二侍者来,偕侍女坐,笑视予二人,若父母之静视其小儿游戏者。惟此侍女对予二人无轻漫之意。

予甚不愿在侍者目前与予歌客饮,然强自制止,不欲复多事。在灯影之下视歌者更真,彼身躯短小,无须,发卷而黑,有哭相;双目黑大,睫毛甚长,状貌极良善,口颇小。

其须髭满腮,发剪短,所衣服已破敝,颇不洁。面受日光多,颇暗黑,盖于此生已多受折磨者。其状不似美术家,而甚似沿户售物者。惟其眼光口唇,颇能感人,年约四十五六岁,其实仅三十八岁耳。

彼为予言其生平,是阿尔商产,方其年幼时,已失父母,更无他亲类,亦无财产。乃学作木匠,至二十二岁,手病忽发,不能复作工。

一年复一年，彼乃漫游瑞士，若徐里希①、绿城、因特拉更②、沙木尼③诸名城，已十八次，复自卑伦哈④入意大利，自圣苟塔⑤或沙挂因⑥复归焉。

彼今方得目疾，是受寒所致。经久愈加，目光愈不良，口音亦渐弱矣。今将适因特拉更，经卑伦哈复入意大利，彼甚乐经此途。彼运命虽如是，顾无怨容。

予复问彼家中有房屋田产否。彼笑应曰："白糖颇佳，诸小儿皆嗜之。"言次以目瞪视旅店侍者。

予不审其言何指，而侍者笑不已。

彼复言："予无所有，然行路者，终乐归其家耳。"

彼复笑言："然，白糖终甚佳耳。"

此时旅店侍者状若甚快，时笑不止。惟某侍女以善意视此歌客，当其发言时，触其置几上之帽落地，此侍女急拾起之。

予每见歌客之属，每愿人呼之为美术家，惟此人颇不欲受此名。彼以此仅为觅食之一途耳。予复问彼所歌者是否为彼所自作，彼言所歌者皆提楼古歌。

予复问："尼崎歌如何？是似非古歌。"

彼言："是为五十年前之作，一德国人居巴兹⑦作之，其歌极佳，是为行路人歌者。"复为予述其歌词，当其歌时，曾以法语译之。其歌词如下：

> 与君适绿城，行李不须多。
>
> 高峰入青云，群鱼潜绿波。

---

① 今译苏黎世（Zurich），瑞士第一大城市。——编者
② 今译因特拉肯（Interlaken），瑞士一个因"欧洲脊梁"少女峰而闻名遐迩的小镇。——编者
③ 今译夏蒙尼（Chamonix），法国罗讷-阿尔卑斯大区上萨瓦省的一个小镇。——编者
④ 今译圣·伯纳德（St. Bernard），意大利和瑞士阿尔卑斯山地名。——编者
⑤ 今译圣·哥达（St. Gotthard），瑞士中南部艾罗洛附近列邦丁阿尔卑斯山地名。——编者
⑥ 今译萨伏依（Savoy），法国东南部和意大利西北部历史地区。——编者
⑦ 今译巴塞尔（Basel），瑞士第三大城市。——编者

湖水可浴身，新酒可止渴。

同登尼崎峰，世界入眼阔。

我登尼崎峰，遭逢美齐女。

赠以山玫瑰，怀之襟袖里。

良辰不再至，秋波屡相顾。

美齐虽云佳，予家自有妇。

述毕言："是歌诚佳。"侍者等似亦甚赏此歌，故行近予等。

予复问："谁则作乐？"

彼言："予自作之，为诸游客歌此，是易事耳。"

侍者持冰箱来。予乃以香槟酒献之。彼气忽壮，身体频摇动。予言："祝美术家寿。"彼饮尽半杯，低目若有所思，言："若是好酒，予不饮久矣。意大利之阿司帝酒①良佳，但此酒更美耳！乐哉意大利！"

予言："然彼处甚爱音乐，敬重美术家。"欲以解彼今日在瑞士旅店所受侮辱。

彼应曰："否，以音乐论，予所奏者殊不足言。意大利人多长音乐，世界无伦比。予每奏提楼歌，是彼处所罕有者。"

予复问："在意大利如何？人不吝于布施否？予料彼处必不如是，富人盈百居一旅店内，闻美术家唱歌，乃不以一钱相赠。"予言此料彼亦必有怨言。然彼对此等英国人，乃毫无恶意，反若自咎其术之不工，不能致听者之乐与施助，言："听者固不常以金钱相与，歌者时或音声不佳，或已甚倦。予今日已步行九点钟，终日唱歌，此等贵人，或不乐闻提楼歌也。"

予复言："惟不当毫无所与。"

彼未审予所言，谓："此间共和法律，不许唱歌乞钱。在意大利则否。此间视警察意如何，若彼不许且将牵入监狱耳。"

予言："是不可能。"

"诚如是，经一次告戒之后，若复为之，则直入牢内耳。予曾一次入

---

① 今译阿斯蒂酒（the d'Asti wine）。——编者

狱,居三月乃释出。"

予言:"此甚可异。"

彼言:"此间之新共和法律固如是,穷鬼亦须得食,若予非有疾病,固愿工作也。予仅唱歌耳,于世无碍。富人依其意为生活,然穷鬼如予,何从为生活。呜呼!共和法律,彼禁此,予诚不欲有此共和耳。君以予言为然否?予等何须有此共和法律?自然之法律最佳也!"

予复以酒一杯献之,问其何以不饮。

彼手执酒杯向予鞠躬为礼,复言曰:"予知君意,君欲我饮酒醉,观我作何状态耳,予良不愿如是。"言次以目斜视予,且以手指相逼。

予言:"予何故欲汝沉醉,惟愿汝饮此快乐耳。"

彼闻此意甚不安,起立牵予臂言:"否,予言此为谑戏耳。"彼复以言慰予良久,谓予实一好人。

予与歌客且饮且谈,历时甚久,侍者仍在旁睨视,若以为快,予意颇不怿。

一侍者忽起立至歌客前,视其首而笑。予今日已极不满意于瑞士旅店诸游客,今见诸侍者作此状,愈不可耐。门丁入此室,亦不脱帽,直傍予坐,以臂置案上,愈触予怒,不可复忍。

予终日所受之厌气,此时将触发。当予独行入门遇门丁,彼鞠躬为礼甚恭。今予偕歌客饮,彼乃敢来傍予坐,予实怒不可遏,乃跃起向侍者,言:"汝何故在此痴笑?"予言次面灰白,口唇亦紧缩。

侍者行远,言:"予未尝笑。"

予大呼:"然,汝笑此歌客。"复顾门丁言:"有客饮于此,汝何敢就此桌坐?汝尚敢久坐否?"

门丁口喃喃有所语,起立出门去。

"汝何敢笑予客?汝职在服役,何敢向吾侪坐?当前晚餐时,汝何故不向予笑?何故不傍予座?汝见予客衣服恶,在街头唱歌,遂敢如是乎?予客虽穷,然较汝不止善千倍,汝何敢侮之?"

侍者言:"予未敢侮彼,或彼不愿予坐于此耳。"

予之德语颇不佳,故侍者殊不明了。门丁欲助之,予复怒向门丁,彼亦装成糊涂,若不解予意者。女仆见予盛怒,起而助予,谓予有理,阻门丁发言,且劝予息怒。

歌者此时颇惊骇,若不解予何至盛怒如是,急切求去。予乃念大众对彼之嘲笑,闻其歌不与一钱,予怒愈不可遏。此时若侍者及门丁复有所言,予必痛击之,虽暴对此等英国人,亦所不辞。

予复问门丁:"汝何以引予及予客至此室内?"

言次以手握其臂,防其逸去。"汝因予客外观不扬,故引予等至此,不许予等至大餐室。游客以金购酒,岂有区别乎?无论共和国如是,全世界皆如是。平等之谓何?共和国不值一哂耳。汝何以不引英国人入此室?此等英国人,听歌不舍一钱,无异窃贼。汝何以对予等之服役如是?"

门丁言:"大餐室已闭。"

予谓:"此诳语耳!大餐室尚未闭。"

"汝知之较真乎?"

"予知汝善说诳。"

门丁以背向予,复言:"多言何所益?"

予谓:"予今非入大餐室不可。"

女仆复来劝,歌者亦求去,然予意不舍,偕予客直入大餐室。侍者长见予盛怒,不敢复有所言。门丁忽不见,故予不复能证其说诳。

大餐室实尚未闭,灯火辉煌,一英国男子偕一妇人坐桌前晚餐,侍者引予等就一特别桌,然予不欲,特与此英国人同桌,命侍者持予等尚未饮尽之酒瓶来。

此英国人怒向侍者有所言,时以手指予等。予念彼或来引予等出,喜而待之,念复当有泄怒之机会,然终无一人来,予颇失望。歌者前此饮酒不多,今乃尽饮瓶所有酒,欲速去,复以善言谢予,彼欲哭之眼,更显欲哭之色。言词极恭敬,谓人若待美术家皆如予,彼良幸且祝予福。

予偕彼出室,室外立侍者及门丁,彼等盖以予为狂夫也。予故深礼歌者,脱帽与之殷勤握手。诸侍者若故避不欲视,其中一人仍失口而笑。

　　歌者向黑暗中去。予复入吾室,急欲安眠,以忘此稀罕之激动。然盛怒之后,安眠颇不易,乃复出门,徜徉行街上,欲稍回复安宁,且或复遇侍者门丁或英国人,可痛数其不正之处。然门丁见予来,急避之。此外不复见一人。予乃于湖边往来独行。

　　此时予心稍安,独念曰:"是为诗曲之奇运,世人皆爱之求之。然真识其威力者何人,以世界上最美之物而无人识其价值致其崇敬也。"

　　"试问此瑞士旅店之游客,世界最美者为何物,予料其百人中之九十九人,必蹙额应曰:'黄金。'"

　　人或言:"此意或与汝之感想不同,然此世界之生活如是,惟有黄金者能得幸福。人固有时不能以己意范围世界也。"

　　呜呼!世界之幸福,求得汝者,不知几何人?汝诚不祥物也。汝等有祖国,有父母,有亲属,有职业,有金钱,汝等乃遗弃之,来此瑞士之绿城。汝等居楼沿上,静听乞儿歌声,虽家有巨万,乃不破一文,世界最美之物,如诗曲者,诚非汝等所能识。汝等皆人类,对于诗曲之感觉,或不尽泯没耳。

　　呜呼!诗曲乎!乃不免为汝辈之所嘲笑。爱好诗曲者,亦不免为汝辈之所嘲笑,以为是小儿常态。小儿所爱好,即人类所必当爱好者。小儿或知真幸福为何物。汝辈之生活,坠落紊乱,故对于所当爱好者,加以嘲笑,所当憎恶者,反切求之,汝辈良不幸也。

　　汝辈为坠落故,故不知汝辈对此提楼歌客之义务。彼以欢乐来赠,是汝辈所当感谢者。设有一贵爵来,汝辈自鞠躬致敬,局促不堪耳。是之谓愚,是之谓无思想。

　　予非惟今夕有此感触也,此等事亦予生所常见。此等游客,只知寻常生活必须之物,今夕所见,不过表其所具薄弱残酷之天性耳。自由之民族乎?汝辈皆人类,歌客为同人类之不幸者,特持纯洁之欢乐来,汝辈乃以无情之冷意答之,基督教徒之谓何?

　　此辈祖国,或有乞儿院以容留乞儿,故汝辈不须施与,对贫穷之人,不须有同情。然歌者之歌,即其所作之工与汝辈以欢乐。欲得汝辈用余之铜币，为其所作工之代价，汝辈乃以冷笑答之，盈百富人，不以一钱相与。

歌者不胜羞愧而去，无思想之听众，反随而笑骂之。彼等非笑骂歌者，笑骂汝等冷酷无耻耳！笑骂汝等有所享受而不知酬报，类窃贼所为耳！

历史家记之："一八五七年七月八日，居瑞士旅店之富客约百人。有贫歌客来唱歌，历半点钟久，自弹琵琶和之。听者逾百人，歌客乞钱三次，乃无一人以钱相与者，反嘲笑之。"

此非假造之事实也。凡七月八日曾居瑞士旅店，其名登于报纸后旅客单者，皆可证之。

此非小事也，历史家当笔之于书，是较之报章或历史寻常所载之事，更有大关系。有若英国人虐杀中国人盈千，因后者不愿以金钱买其鸦片故；有若法国人杀卡比伦人盈千，因非洲丰收，且战争不息，为练兵之好机会故；有若土耳其驻奈仆尔①公使不得为犹太人；有若拿破仑第三步行适卜龙比尔②，谓其为皇帝，因得民佑故。人皆谓为历史上之重要事实。至于七月八日绿城之事，至为稀罕，是与人类社会发达之时期有大关系，此不惟为人类行为历史之事实，实文明进步历史之重要事实也。

若是非人类之事，在德意志、法兰西、意大利之村落间，且无之，而独发现于绿城文明自由平等达于极点之所。开化之民族，多来游集于斯，终日侈谈人道，而无履行者。居华屋，集朋侣，纵谈居印度之中国人地位如何，或谋传基督教及欧洲文化于亚非利加洲，乃于人类与人类相处之自然感情尚为缺乏，除自私利外无一物。所谓爱重名誉，传播文化，皆虚语耳！呜呼！平等二字，世界为汝流许多血，汝乃仅为字典上一名词也。

法律前平等，人类终生为法律范围者几何？恐不及千分之一。世界上事，终为风俗及社会观感所范围耳。侍者之衣服，较歌客佳，则侮歌客，今社会固如是。

---

① 今译那不勒斯（Naples），意大利港市。——编者
② 今译普隆比耶尔莱班（Plombières-les-Bains），法国洛林大区孚日省城市。——编者

门丁自以为身分较予低,而较歌客高,及予与歌客在一处,则彼以为身分适皆相等,而现粗暴之状矣。及予盛怒向门丁,门丁复以为身分较予低。侍者任意嘲笑歌客,歌客遂自以为身分较侍者低。呜呼! 自由宪法之谓何? 市民为欲免饿死,于街市唱歌,是与他人无害,而亦有时入牢狱,此自由宪法之赐也!

世间最难解之问题,即善恶是也。数千年以来,人类每欲强分别善恶,一边为善,他一边为恶。然欲二者显然分明,置诸天秤之两盘,无所倾倚,是不知当更经几千年耳。人类之思想,间有真伪,大凡人类之思想多偏于一方,而不能得完全之真理,故伪;而其偏于一方者为真。善恶混淆之黑暗世界,殆无穷期,有如一大海洋,不能以界线划分截然为二也。

文明为善,野蛮为恶;自由为善,奴隶为恶,此其分别殆合于人类之本性矣。然谁则能言,何为自由? 何为专制? 何为文明? 何为野蛮? 是皆以何为界? 何人之脑际能详别善恶? 凡人生所遇,皆能详别而无所偏倚乎?

此世界惟有一神灵,引导世界一切人或一个人,向所当归着之处。树木向夏生长,向秋结实,为受此神灵引导之故。人心之当受其引导亦复如是。此唯一无误之神灵,实文明发达之基础。彼独能知孰为人类,孰为野蛮。彼英国贵人见歌客衣敝衣来,即怒离席去,虽闻其歌,亦不以其所有者百万分之一相与,此时或静坐室内,纵谈今年中国之战事,谓杀人甚多。彼辈固当死,彼短小歌客,与狱牢终日为邻,二十年来囊中无一佛郎。然无害于人,终年越山谷,为行旅,向人唱歌,献以欢乐,或时遭笑骂。今方饥倦蒙羞愧,或向小客舍去,仰卧败藁上。孰为人类乎? 孰为野蛮乎?

此时深夜沉静,遥闻琵琶声及歌声自城市来。

予此时复念予何必怒英国人,亦何必为歌客怨。此二人之灵魂内,不知谁有真正之快乐耳。彼此时或坐一污秽门间前,仰视碧天,见星光无数,乃唱歌以酬彼良夜,其心中坦然无怨悔,无忧愤也。

彼居华室内富人之灵魂如何? 彼等能知人生之真正快乐,淡然自足,如此歌客乎? 彼方横睨六合,享自然之真美,若夫蠕蠕微虫,终身蜷伏于罪恶法律之下者,乌足以知之! 乌足以知之!

三

心　狱[①]

［俄］托尔斯泰

第一章

阳春既至，彼聚居一小市内之人民，工作极其忙碌，修理道路，剪除树枝，草地茸茸，发现新绿，花萼亦含苞欲吐。阶沿墙脚，时有新草傍石而生。雀鸽之属，亦出而修葺其旧巢，或建新者。日光皎洁，时有蚊蚋，傍墙阴作营营之声。市上儿童皆欢然，喜春期复来。惟年长者殊无所感动，仍彼此用其欺诡，互相为仇，以权势相压；阳春平和亲爱之光景，彼等盖无所消受也。

府城之一狱舍中，仍保其阴沈黑暗之景象。春日载阳、万物昭苏之新世界，殆于彼无与。但闻前夜有公文来，命将三囚徒于四月二十八日朝九

[①]　该篇系马君武自德文转译俄罗斯著名小说家列夫·托尔斯泰（L. N. Tolstoi，1928—1910）的一部社会小说（节选），1914 年 9 月由中华书局初版，216 页，32 开。1916 年 9 月 3 版，到 1933 年共出 4 版。后收入中华书局"小说汇刊"。《心狱》是托尔斯泰长篇小说《复活》三部中的第一部，译文共有五十七章。该书封面有简介文字如下："书为俄国文豪托尔斯泰原著，原名《复活》，吾国马君武先生译述。东西两大文家成此巨制，思想之高尚，文笔之精美，洵可为珠联璧合，一时无两。内容系一少女被诱于贵族而失身，终身堕落陷于法网。此贵族适为陪审官裁判其狱，天良发现宛转乞恕以赎往日之罪。暮鼓晨钟，发人深省，有功社会之作，不仅作小说观也。"这尽管是一个删节译本，但仍然受到读者的热捧。

时移至刑曹听判决。此三囚徒者,一男二女。其中一妇人罪名尤重,须特别防护之。

监狱者得此命令,于朝八时已至妇人监室。其监视者为一白发妇人,被粗衣,束以蓝带,从之而行。

此妇人问曰:"汝欲得麻司奴乎?"乃停立于一小室之前,出钥匙启其门。由此室内发出之气,极其臭恶。乃向室内呼曰:"麻司奴,当即至裁判所!"言毕,复闭其户。

当微风起田舍间,监狱之庭院,时亦感受阳春之空气,惟狱室之内,竟无所觉。长廊尽处有石级,潮湿之气杂以腐臭,在外来者,至此将惊却,掩鼻以过之。

监狱者待之良久,惟闻诸妇人谈话声,赤足者往来声。监狱者乃微启其户,呼曰:"麻司奴速来!"

约两分钟后,一妇人出狱户前,状貌甚美,举止亦大方,灰衫白裤,上衬同色之小袄,着细麻袜及囚鞋。头上卷白布,发垂额际,颜色苦白,是居狱室久者莫不然,色如芋心,因狱室内日光空气不足之故。麻司奴之头及手,皆同具此色,其眼珠黑如漆,极活泼,立监狱者前,静视之,头微仰,是显出一切意态,若人虽如何待之,无所不可者。监狱者方欲闭门,有一苍头老妇,面现皱纹,自门隙欲与麻司奴有所言,监狱者急闭之。此老妇尚自铁槛窗口呼麻司奴曰:"无益者勿多言,切记之!"

麻司奴答曰:"然。"

监狱者傲然曰:"汝亦不能有他言耳,其速行!"

老妇退。麻司奴疾步随监狱者,自石级下,过长廊,通过男人室,其气味较之妇人室更恶,甚喧呶,或探首外窥。门首已有二兵士挟枪而待,监狱者偕麻司奴至书记处,觅得一公文与兵士,且言曰:"是为麻司奴,其偕之行。"兵士面暗红,现叶瘢,挟公文,拥麻司奴居中,降石级至门首,是有长墙围之,守卒让之出,至街市步而行。

街市行人甚众,有官吏、小商、粗工、车夫种种。见此女犯人,皆甚注意。或摇首而言曰:"犯罪者当如是!"小儿辈侧目视之,意甚冷淡,以为是为兵士卫之,无虑走脱。一乡人卖炭毕,过此,戏与麻司奴一叩配(约中国一仙),愿赎之。麻司奴红涨于面,低首微语,呶呶不可辨。彼见行路者之注视,意若甚自得。久居监室,忽行街市上,受新鲜空气,极舒畅;惟着囚鞋,行步艰耳。行过谷店,有群鸽集店前,人至亦不惊避,麻司奴几足踏一鸽,鸽惊起,掠耳而过。麻司奴微笑,忽思彼今所处之境,长叹而去。

第二章

今述麻司奴之历史,其事或亦不奇。其母未嫁人,与老母共在一乡地牧牛。其主人为二老妇。乡民生子,每妨其工作,故不愿所生者之长活。其母已生五子,亦使受洗礼。受洗之后,即次第饿死。麻司奴为所生第六儿,其父不知为何过客。若非有奇缘,亦必随其兄姊死矣。一日,女主人来视其牛,见此新生儿卧牛栏侧,已欲去矣,忽返,视此儿甚美壮,颇怜之,许助养育。且自为义母,顾虑甚至,以格雷特名之。

此儿当三岁时,其母病死,其祖母亦不愿抚育,以归二老妇。此黑眼儿幼即美好,又极活泼,二老妇颇钟爱之。

此女儿之义母,为二老妇中之年较少者,名易苏非,较诸老者慈惠。老者名易玛利。是二姊妹,皆未嫁。苏非衣其义女以美衣,教之读,且欲与之以高等教育。玛利殊不愿,欲使之为婢作工。二人因此每有争执。年稍长,玛利御之严,或加挞罚。此女儿居二妇间,遂处半婢半女之地位。依母名为加玉沙,须作针指,事扫除,以白灰磨圣像使光洁,烹咖啡以饮二老妇,洗衣。暇时傍二老妇坐,以书前诵之。

加玉沙既稍受教育,出上等人家,殊不宜于为小工妇。当其十七岁时,老妇之侄来。是为一学生,家颇富。加玉沙心爱之。又复二年,此少年从军过此,宿其姑母家,加玉沙遂为所诱。次夕,赠加玉沙以一百罗布之券,遂行。

少年行后,加玉沙殊怏怏不怿,每内自羞愧,殊不愿作工,与二老妇时有口角。一夕遂至决裂,向老妇出不逊之言,彼寻亦悔,愿去。老妇良不满意其最近之态度,遂听其行。

行后至一府法官家为女仆,居三月。其主人年既五十余,顾屡挑加玉沙,一日逼之甚急,加玉沙仓卒不知自卫之法,詈之为老魔,以手推其胸几颠。复离去。

加玉沙是时已将生儿,故亦复不觅他役,至村中一接生姆家。其家兼业烧酒。生产甚易,但同时此村中亦有他病妇人生产,加玉沙受其传染发热。以所生子送育婴院,不久遂死。是此老姆告加玉沙者。

当加玉沙至接生姆家时,共有百二十七罗布。二十七罗布得诸薪工,百罗布为诱彼者之所赠。当其离去时,乃仅余六罗布。加玉沙不知家人生活,易受人欺。彼居接生姆家二月,当偿四十罗布;所受子入育婴院,二十五罗布;衣服及饮食,二十罗布。接生姆欺之,多得他四十罗布,以购一母牛。加玉沙此时所携金尽,当觅他役。至一林主家,是林主虽已娶妻,顾不释加玉沙。林主妇已觉之。一日,适林主与加玉沙同在一室内,林主妇来,遽以拳手相加。加玉沙抵御之,遂大喧闹。其结果为逐加玉沙去,不与工资。加玉沙遂至其姑母处,是嫁一市中为装书业者。其姑父未饮酒时甚善,后得酒癖,其店遂无过问者,彼亦终日居醉乡。

其姑母为自己及诸儿生活之故,自营一小洗衣业,且以养其堕落之夫。姑母劝加玉沙助其洗衣,加玉沙苦之,欲觅他业。至一老妇家,有二子,其长者在中学第六级,见加玉沙后,遂缠绵不舍,而弃其学业。老妇归咎加玉沙,急遣之去。仓卒在雇工所识一妇人,手上戴多指环及贵重手钏,示加玉沙以其所居,招之至。加玉沙至,接待极殷勤,享以甘酒;使一女仆持书去。傍晚一男子来,须发已苍,即坐加玉沙身侧,与之戏谑。少顷,女主人与彼至一侧房,加玉沙闻其言曰:"是好女子,新自田间来者。"女主人复至,与加玉沙言:"是为一著作家,颇富。若汝当彼意,彼殊不吝。"加玉沙遂当彼意,得二十五罗布,且许常至。加玉沙购新衣帽,偿姑母家食费,二十五罗布旋尽。迟数日,此著作家复来,复得二十五罗布。此著作家乃自赁一室,与加玉沙居。

同宅内一少年,颇得加玉沙欢,与加玉沙为婚约。加玉沙遂与彼著作家断绝,偕此少年迁居一小宅。此少年每野游不归,后遂不复至。少年妇人独居一室,遂受警察干涉。加玉沙不得已,复至其姑母处。姑母见其衣服丽都,以为加玉沙今所居地位高,不敢以洗衣之说进矣。加玉沙亦殊蔑视此贫妇。业洗衣者良苦,无闲,冬夏开窗户,在三十度之蒸汽内工作。故此妇已得肺病。加玉沙亦以是与监狱苦工相类,每摇首过之。

加玉沙已久有吸纸烟之恶习,复喜欢烧酒。当其欲吸烟饮酒时,每自内愧。当是之时,加玉沙已渐入新生活。其一生之转机,即在于是。复为女仆乎?抑营法律所许之业,无所忧虑,以遂其生乎?彼受同宅少年所欺良苦,又心羡鲜衣(丝绒之新式衣服,短双袖),及其他美好之物品,皆可不劳而获。加玉沙于是决心,而终身常堕落矣。

加玉沙既决心为新生活,业此者不知几百千妇女。其十中之九,每早年得恶疾,遂夭死者。

业此者长夜无休息,日光既出,彼乃酣睡,不受饮食。加玉沙亦如是。午后三四时,起而饮一瓶之苏达水,后饮咖啡。披寝衣,复倦卧一几上,倚窗闲望,或与同业者为不由肺腑之言。良久,乃理发修容,施香膏,以朱砂或白粉涂其颜面,被新衣,对镜自顾三四次。或与女主人因是起争执。所食者皆甘美,食后复修容一次,缓步入接客室。于此奏乐跳舞,有纸烟、葡萄酒及糖果之属,不可胜食。

加玉沙于是生活者凡七年,既二十六岁,至第八年,以偷盗及谋杀罪被控。居待质所六月,今乃受裁判。

第三章

麻司奴者,加玉沙之姓。当其经长途至府裁判所之时,米特里内希鲁公爵尚倦于一鸭绒被之内。内希鲁非他人,即二老妇之侄,初次诱麻司奴者。彼衣荷兰细麻内衣,以带束之,手擎纸烟,思彼今日所当为之事,及昨日所已为之事。彼昨晚在戈徐京家,见客颇多,人皆以彼当为戈徐京之女婿也。

内希鲁长叹,弃其将吸尽之纸烟,方将自烟盒取新者,忽有所觉。自被内赤足出,觅得其拖鞋,被睡套衣急步至易衣室。室内香水气充溢,迅嗽其口后,以各种布拭干,后以香皂净其双手,刷净其长手甲,于大理石盆内洗其面及肥颈。复入浴室,浴身后易新内衣。着明靴,至修容室,以二刷理其须发。所用器具,皆精良耐久,价甚昂者。颈布及胸针之属,盖以十数,任其所择。外衣已挂于一几上,甚洁且富香气。食堂具长桌,饮料皆备。其四壁前日方命三仆人以蜡摩擦。桌上铺绣毯,上列银咖啡壶。糖盒亦银制,及糖浆面包之属。其侧一盘,以受书柬新闻之类。内希鲁方将拆视书柬,适一老妇来,着丧服黑帽,曾为其母女仆,名巴特奴。内希鲁之母,在此宅内方死未久也;巴特奴仍留居,为其子理家事。

巴特奴随内希鲁之母前后居外国十年,颇习礼节。自其少时,已在内希鲁家,内希鲁彼时尚在童年耳。

二人寒暄毕,内希鲁笑问曰:"有何新闻?"

巴特奴曰:"是有一信,不知自何公爵女寄来者。送信者尚至予处相待也。"笑以其信与内希鲁。

内希鲁见老妇笑,知此信自戈徐京女来。是女以为内希鲁必娶己。内希鲁蹙双眉,意颇不安。

巴特奴自答曰:"予当往告彼,嘱少待。"方欲行,见一帚①置非其所,乃移置之,出食堂去。

内希鲁拆信读之,其词曰:

> 内希鲁君:予对君所尽之义务,为助君记事。今日四月二十八,君当至裁判所,不能如君昨日所约,偕予等及哥罗梭家人观绘画博物院。若君迟至法庭,当受罚三百罗布。君意如何?此事君昨日行后予乃忆及之,君其勿忘。
>
> 戈徐京女公爵
>
> 再白:予母嘱告君,今晚务须一至予家,何时皆不拘。

---

① 长条粗地毯,在俄国是用破布或麻绳编织的,一般用来擦鞋底上的泥污。——编者

内希鲁阅信后，双眉仍蹙不展。此信为戈徐京夫人继续其羁縻之手段，使内希鲁不得复脱。大凡年岁稍长之人，爱情不甚浓，颇惮言婚姻。且内希鲁尚有他原因，碍于结婚。是非因其十年前曾乱加玉沙旋弃之之故，彼忘之已久矣；其原因为彼与一有夫之妇有关系，彼虽已断绝，此妇人尚不肯释也。

内希鲁对妇人颇羞涩，已嫁之妇人因是好之。所与有关系者，为某大将妻。内希鲁曾为所缚束甚严，食桌上所列方至之书柬，适有其一为自此妇人之夫来者。内希鲁识其手迹，面忽发赤，心忡忡以为灾祸将至。此大将所居之一县，为内希鲁田产所在之处。信内幸无他言，惟告以五月之末，将开地方会议，请内希鲁亦来与会，商议学校道路之事，恐保守党有所阻扰。此大将为自由党人，故欲得内希鲁之助。彼初不知其妻与内希鲁曾为何事也。

内希鲁忽忆及为此人所受之苦。一日彼料所为事皆发觉，数秒钟内将受枪弹。又一日此妇人愁惨行花园内，欲投池自溺死，苦劝乃已。彼乃内自忖曰："予未得其覆书，终不往耳。"盖内希鲁八日前曾寄此妇人书告绝，且自认过，尚未得覆书也。若此妇人不愿相绝，必有书至。且内希鲁闻此妇人又与他武官有往来，初尚不免相妒，今则自愿脱离矣。

他一书为自其管理田产人来者，内言内希鲁务须亲往一行，以清理继续权。且管理之法，仍当一如其母生时。或当改变，彼意不如加多资本自耕，较之租种为有利益。且谢送金迟缓之罪，三千罗布，当由次期邮便寄来；因租客迁延不纳，复致愆期也。

内希鲁每思所有田产之富，意颇适然。所不适者，当其幼时读斯宾塞之《社会平均论》，甚信其说，以为据有田地，颇违公理。年幼者每直率能断，彼曾宣言土地不宜私有，且著论申明之。当是之时，其母产尚非彼所有，则以自父产所得之土地，分诸农人，以行自己之所信。今承继母产为大地主，当如十年前所为，以土地分受农人乎？抑默认前此所信者为伪，长此为大地主乎？此其心所不能决者。

彼殊不能弃土地不取，因彼已惯于奢豪之生活；且已无年幼时之决断力,直率行其所信。彼又不能认前此所信者为伪,其所受斯宾塞之影响,加以亨利·佐治之学说,证据益确,不能复打消。故内希鲁得管理人书之后,心颇不怿。

第四章

内希鲁朝食既毕,至办事室,视今日之约束——以何时当至裁判厅——且复女公爵信。当其至办事室时,行过画室,见壁上所悬各种画像,有一画像倒置。彼研究已历二年,尚未成就,彼默念:今生此事终无所成矣。

内希鲁于七年前离去陆军役,立志当为画家,视余事皆无足当意者。今于画术亦无所进,其心良不适。

彼既至办事室,见约束今日十一时当至裁判厅。乃坐一几上,欲覆书女公爵谢之,但有暇或当来。作书既成,复视之,嫌其过于亲厚,毁之另书。既成,又嫌其过于生疏,复毁之。以铃呼仆至。一长须着蓝衣之仆来。

"为我备车。"

"遵命。"

"告戈徐京家人:敬谢之。若有暇,予必至其家。"

"遵命。"

内希鲁内思曰:"此良不敬,但予实不能作书,今日终当见彼耳。"乃入前室取帽及外套。当其至街前时,已有一胶皮马车待之。

车夫言:"予昨晚至戈徐京家,其家人言汝已行。"

内希鲁内忖曰:"此车夫亦知我与戈徐京家之关系。"此未解决之问题,彼究当娶戈徐京之女否?又复触起。彼实无解决之善法。

内希鲁以为结婚之条件,第一为道德,妇人品格高,乃能终身得愉快之生活;第二为财产,足供所生儿女之教养。年岁稍长之男子,甚惧结婚后受缚束。妇人行动,每多秘密,尤所不喜。

媚息(戈徐京女名)则何如？其家族贵显，衣服丽都。言语举止，皆不似寻常妇人。内希鲁甚重之，彼亦极敬视内希鲁。惟媚息已二十七岁，不识其以前既有所爱否？彼前此诚不识必遇内希鲁，而他无所爱；苟如是，内希鲁终以为病耳。

内希鲁既不能决，心内言曰：瓦西马利(某大将妻名)之覆书不至，予终不决耳。其所乘马车已至裁判所前，又自内言曰：此当复思之，今所为者，凭吾良知，盖吾天职。遂入裁判所门。

第五章

当内希鲁来时，裁判所之长廊，聚人已甚众。仆人蹑足往来，传递书束。法官律师之属，出入不绝。原告者、被告者亦不知孰得曲直，倚墙而立，或兀坐待之。

一仆人来，内希鲁问之曰："县法庭在何所？"

"是有一民事庭及传讯庭，君将何之？"

"予为判事官。"①

"是属刑事庭，由此向右，复向左第二门。"

内希鲁依所言而行，至门外，见有二男子立待。其一为商人，身躯颇高，状态甚愉快，盖经朝饮者；其一为商仆，犹太人。当内希鲁至时，二人适谈市场羊毛价。内希鲁问："此是否判事官室？"

商人答曰："然。汝亦判事官乎？予等乃同此职。予名巴克纳。"言次伸其肥软之手出，且言曰："予等当尽其所能。"且问内希鲁姓名。

内希鲁道姓名后，入判事室。是颇狭，已约有十人先在。地位各不同，有坐者，有立者，有交谈者。有一曾充陆军役者，着军服至；其余着礼服。惟一乡人着村装，无袖。

彼等出庭，虽碍其所营之业，然皆乐尽此重要之公民义务，现得意之

---

① 在欧洲判事官皆自地方选出，俄国也不例外。

色。彼此交谈,极有兴会,或道天气良否,追忆去年春景,或评论近事。其尚未识内希鲁者,亦来前道姓名,以得识面为荣。内希鲁平居甚倨傲,自以为加人一等。彼生平亦实无所建树,惟善英、法、德三国语言,衣服饰物皆购诸第一等商店。是诚非超出人上之理由,其内行可汗颜者良多耳。判事中一人名格彼得者,曾为其姊子师,今为某中学教师,颇知内希鲁生平,见其来,大笑言曰:"汝亦至此,殆不得已乎?"内希鲁以冷静之态度答之曰:"是有何不得已?"

"是为显英雄本领之所,汝且俟之,至饥不得食,倦不得卧,汝当另弹别调耳。"格彼得言毕复大笑。

内希鲁内思:彼乃对吾如是轻薄。乃顾而之他,现严厉之色。见一人长身无须,方与数人立谈,道一民法诉讼事:某律师极有名者,助某人诉讼,其被告者为一老妇人,虽极有理,终赔偿多金以了其事。听者若甚注意,欲赞一词。此人殊不使他人晓舌,若彼独悉其事者。

内希鲁虽迟至,尚须久待,因法官某尚未至也。

第六章

裁判长按时已至,身躯伟大,须发已斑。其年岁虽长,而所为甚暗昧如其妻;二者亦各不相妨。今晨彼方得一瑞士妇人书。彼去年夏曾居此妇人家,此妇人今方自南俄国至圣彼得堡,约其今日三时至六时在意大利客店相会。故彼今日出庭特早,欲速了其事,六时前往视其红发之克纳纳。是彼去年夏间赴乡村闲居时,曾与彼演出一段小说事实者。

彼入厅长室内,闭门下键,自箱内出二哑铃,向上举二十次,复向前,向两侧,举双手,曲膝三次。

彼内自思曰:冷水浴与体操是最能强健身体者。彼出庭之前,例当为之。方欲续习,忽闻叩门声。厅长乃速以二哑铃置原处而启其门,口中呐呐言:"汝幸恕之。"

叩门者为推事,戴金眼镜,身躯不高,双肩上耸,风度颇佳,蹙额言曰:

"尼启提尚未至。"

厅长整衣言曰:"彼每迟至。"

推事曰:"是无知觉者。"坐而燃其纸烟。

此推事今晨方与其妻哄。因一月未终,治家费已告罄,欲得下月资,此推事不允,其妻忿言:"不得金将不备午餐!"彼亦忿而出,颇内惧其妻实行所言。仰首视厅长,强壮愉快,方伸其硕大之手,从容整其苍苍之长须,辄内咎曰:"此老终日愉快,不似予之苦恼外无所有者。"

书记持诉讼文书来。

厅长口衔纸烟,问书记曰:"今日当先审判何案?"

书记答曰:"予意毒药案。"

"甚佳。先理毒药案!"言次,内忖此宗案件至四时可了,予可去矣。复问:"尼启提已至否?"

"尚未至。"

"白雷夫已至否?"

书记应曰:"已至。"

"若汝见彼,可告彼,今日先理毒药案。"

白雷夫为国用律师,当为此案之原告人者。

书记至门外,见白雷夫手挟皮囊,着坚鞋,行长廊内有声。

书记问曰:"贝特鲁问汝已豫备完了否?"

白雷夫答曰:"予随时皆豫备完了。今先理何案?"

"毒药案。"

"良佳。"彼口内虽如是言,其实不然。昨夜彼偕一友夜饮极醉,复作纸牌戏至夜二时。彼尚未知毒药案为何事,书记知之,特告厅长先理毒药案以窘彼。因书记为自由党人,有时持极端主义,白雷夫为保守党人,故书记颇不愿彼居此位。

书记复问曰:"司夔臣案如何?"

"予已言不能理此案,证人尚不完备。予将于法庭言之。"

"是可不拘。"

"此无他法。"律师言次已入己室。

彼对于司夔臣案,欲得无罪之宣告,故设法迁延之。

此时长廊内之人愈众,因一重要之民事诉讼案方受审,即某判事官所言者。审判中辍,老妇亦至,即某律师陷之破产者。此老妇衣服颇华丽,帽上簪巨花,方与其律师言:"此结果当如何?汝其怜我。"律师呆视其帽上之花,低头深思,若不闻其所言。

老妇至未几时,某有名之律师亦至,状若甚自得。其所助之人,已与以万罗布,此事了后,尚许以十万罗布。众目忽集视此律师,彼亦觉之,疾趋而过。

第七章

尼启提遂已至。法庭委员某,身顸而长者,来判事室。此人曾受大学教育,颇诚实,惟多病,久无职业。其妻识某侯爵妻,为觅得是役,彼至今尚感之。彼挂夹鼻眼镜,对众判事言曰:"诸君既毕至乎?"

商人某问曰:"如何?"

此委员自袋内取出一名单,按名而呼,曰:"国家顾问官尼其浮!"即有一人应声答之:"是为予。"

"大尉以皇娄夫!"

着军服者应之:"在此。"

"商人巴比得!"

此活泼商人笑而应之:"在此。"

"少尉内希鲁公爵!"委员唱此名时,鞠躬致敬,若故荣之。

"太尉但曾谷!商人顾累寿夫!等等。"

除二人外皆至。

此委员乃言曰:"君等请至法庭。"以手指门,其状甚恭。

众皆出,经长廊至法庭。法庭甚广而长,一端具一高台,由三级梯上之。中具一桌,上铺绿布,桌后具三几,有后靠。右角上一圣箱,中具耶稣棘冠像。同旁有国家律师书桌。右边具书记书桌。其下具木栏,木栏后为被告所立之处。高台之右,具座位二列,有后靠,为判事官所坐之处。其下有律师所用桌。此皆法庭前半段之铺设。中以栏杆断之。其后半截遍设坐几,依后升高,以备旁观者之用。已有四妇人在,大约非女工即女仆,又有二男子,亦似工人。彼此交谈,语细不可辨。

判事官就坐后,委员来立于法庭中间,大声呼曰:"法庭已开!"其声甚高,若以惊众人者。

法官来高台上,众人立起与之为礼。厅长之次,为戴金眼镜之推事。彼颜色愈不霁,因适见妻弟自彼家来,告以其妻今日不备午餐,且笑而言曰:"吾侪可至饭店午餐。"彼甚不怪,应之曰:"此尚有何可笑!"

此外第三人,即每迟至之尼启提。有髭须,眼垂视而有神。彼方罹胃炎,故其至愈迟。法官衣绣领至台上。彼三人各有所怀,皆欲事之速竣,同就铺绿布之桌后所设座。桌上备有纸笔之属。国用律师亦挟文书来,速阅之无停晷。彼今方第四次为原告,野心勃勃,欲急有所表见,颇欲于各讼案皆得有罪之判决。彼对于此毒药案已胸有成算,惟事实不备,今特自文书内急录出之。

书记坐高台之他侧,铺纸满桌,以备阅视。彼欲与多髭之推事就某案有所言,今特注意读之。

第八章

厅长复视公文一周,与推事、书记等问答数语后,命传被告者人。

被告座旁之门忽启,二兵士挟剑入,被告随之:一红发男子及二妇人。男子被囚衣,稍长大不称其身。低首就被告座后,以目凝视厅长。其后从一老妇人,亦被囚衣,戴囚帽,面色灰白,眉眼毛皆不现,状态若甚宁静。徐整囚衣,以就其座。

第三被告人即麻司奴。彼入来时,法庭内之男子皆注目视之。面色洁白,目漆黑,胸际充满。虽二兵士亦凝视之。就座后以目视前面之窗。

厅长俟三被告就座后,宣告开庭。查判事人数,记其未至者而定其罚金,且以人补充后,按名嘱教士监视诸判事发誓。

老年之教士,着蓝衫,面微黄,胸前带金十字架,佩徽章,缓步至圣像前。诸判事齐起就之。

教士手握十字架,徐言曰:"诸君来前!"

诸判事升高台,教士复徐言曰:"诸君举右手,如予所言发誓。"

其誓词曰:"予对万能之上帝及为上帝捐生之耶稣发誓:今对此案……"言至此,稍中辍,顾少年某曰:"勿使汝手降下,当如是举之。"

大尉、商人等举手恰如教士,他数人故违之,窃步至教士后,小语不可辨。发誓毕后,厅长请诸判事举一判事长。诸判事出至议事室,数人乘机急燃纸烟吸之。某人提议举某顾问官为判事长,众皆赞成,复急弃其纸烟入法庭。已选出之判事长,自报告厅长,偕众人复归座。众皆自知其责任之重,现一种庄严之态度;内希鲁亦然。

诸判事就座后,厅长对之作简单之演说,申明彼等之职权及责任。当其发言时,态度累变,以右左手交换支撑而立,或靠其几,或手弄纸角,或持铅笔。其演说之大意,即:君等之特权,为得经厅长之媒介,质问被告者;得查阅证据,或索取纸笔。君等之天职为据理判决,不得阿私。君等之责任,为若不守商榷之秘密,泄其判定之辞于无关系者,当受责罚。

诸判事颇注意听之,商人某当厅长发言时,辄点其首。

第九章

厅长演说毕后,向被告发言:"加西孟起立!"

此被告急起立。

"汝何名?"

"加西孟。"其应答颇速,如先豫备者。

"汝何身分?"

"农人。"

"汝为何府何县之人？"

"祖纳纯府，卡纳鄽县，波孤村。"

"汝之年岁？"

"三十四岁。"

"汝何信仰？"

"俄罗斯国教。"

"汝已娶否？"

"尚未。"

"汝何职业？"

"莫里达酒店之侍者。"

"汝曾至法庭否？"

"尚未至法庭。"

"汝得控诉状否？"

"已得。"

"汝可复坐。"厅长复呼第二被告者："包微芬！"

加西孟尚立待，身蔽包微芬。

"加西孟，汝复坐！"加西孟尚不坐。

委员趋其前，恶声斥之："速坐，速坐！"加西孟速就坐。厅长目视公文，且问曰："汝何名？"厅长视此案极寻常，惟欲速了之。

包微芬年四十三岁，为哥伦农家女，充莫里达酒店侍女，尚未曾至法庭，亦接受控诉状。包微芬应答时，状态极宁静，且言曰："予名包微芬，已接受控诉状，予殊不因是受人之嘲笑。"问答已毕，即复就坐。

厅长复顾第三被告人曰："汝何名？"彼见麻司奴尚坐，以平和之声向之言曰："汝必须起立。"

麻司奴速起立，胸膛向前，以漆黑之双眼，笑视厅长。

"汝何名？"

"人呼予为刘葆芙。"内希鲁急以眼镜挂鼻上，详视此被告者。内思：是当非彼，彼何以名刘葆芙？

厅长尚欲复问，推事向之耳语，其状若微怒。厅长点头，复问曰：

"汝何以名刘葆芙，与此所书者不符？"

被告无言。

"汝实何名？"

带怒容之推事亦问曰："汝受洗时何名？"

"予前名加玉沙。"

内希鲁亦明认是即其人，内思此或非是。是即其姑母之养女，彼曾一度恋爱之者，诱惑之后，即不复问，且亦不复念及之。彼平时亦重名节，当彼追思彼待遇此女子之往事，诚内自疚也。

内希鲁亦认明此即加玉沙，虽其面色稍改，然加玉沙盈盈之口唇，灼灼之眼光，时时带笑之面容，及其全身之态度，殊无所变。

厅长复言曰："汝当即时声明。汝父何名？"

"予为无父之儿。"

"是无关系。汝受洗时何名？"

"麻司奴，是从母名。"

内希鲁内思：彼犯何罪，乃至于此？

"汝之身分？"

"农家女。"

"汝之信仰？"

"国教。"

"汝之职业？"

麻司奴无语。

厅长复问："汝作何职业？"

麻司奴笑而言，目视厅长曰："汝既知之。"

彼所言，所笑，所视，殊惹起全庭内一种特别之感觉，若可惊，亦可怜。厅长低首无语，全庭亦肃静。良久，厅长复举首问曰：

"汝未曾至法庭受质乎？"

麻司奴长叹，轻声言曰："尚未。"

"汝接受控诉状之誊本乎?"

"予既接受。"

"汝可复坐。"

被告者以手牵衣而坐,仍目视厅长不止。

如是传诸证人及医生质问,既毕复出。书记复读控诉状一周,其声高疾。诸法官倚几而坐,时作耳语。兵士已倦,不禁呵欠多次。

加西孟面上之筋纹时动。包微芬静坐,时以手搔其头。麻司奴静听书记所读,复起立,若欲有所辩;忽面发赤,长叹,以目直视书记,其手数易其所。

内希鲁所坐处为第二列几,其位最高。眼镜不去其鼻,呆视麻司奴。其脑颇苦痛,不知所思何事。

第十章

控诉状如下:

一千八百某年正月十七日,商人司梅叩夫暴卒于莫里达旅店。警察、医生验之,以为饮酒过多,猝遇心疾之所致。遂葬之。

数日后,司梅叩夫之友人提摩臣自彼得堡来,详究司梅叩夫之死状,疑司梅叩夫为被毒死,告诸法庭。遂复经检察,所得结果如下:

一、司梅叩夫死前,自银行取出三千八百罗布。死后检其所有,仅余三百十二罗布及十六叩配。

二、死前一日夜,司梅叩夫恒与娼妇刘葆芙(麻司奴)偕。或在其家,或在莫里达旅店。当司梅叩夫不在旅店时,刘葆芙曾自所居至旅店,为司梅叩夫取金,以钥匙启其箱箧。莫里达旅店之仆婢加西孟、包微芬同见之,箱内有百罗布之银票甚多。

三、司梅叩夫偕刘葆芙(麻司奴)同返莫里达旅店时,加西孟使刘葆芙以葡萄酒饮司梅叩夫。中置白粉,亦加西孟所与。

四、次晨刘葆芙以一金刚石戒指鬻诸主妇罗沙奴,谓为司梅叩夫之所赠。

五、旅店之女仆包微芬以己名存千八百罗布于商业银行。

于是复以司梅叩夫尸解剖,且用化学分析之法,验得司梅叩夫实中毒死。

被告麻司奴、包微芬、加西孟皆自谓无罪,其供词如下:

麻司奴谓:司梅叩夫遣彼至莫里达旅店取金,且与以其箱箧之钥匙。彼开箱后取四十罗布,如司梅叩夫所命,包微芬、加西孟曾见之。取金后复锁其箱。当其第二次至司梅叩夫室时,加西孟以葡萄酒及白粉末至,谓饮之可安睡。其戒指是司梅叩夫所赠。因彼欲去,司梅叩夫手击之,彼遂涕泣,司梅叩夫赠此戒指以慰之。

包微芬谓:不知所失金,且未曾入此商人室。刘葆芙实服侍此商人。当彼以钥匙启箱时,或窃其金。

麻司奴闻此,盛怒视包微芬。

又问包微芬:其所储于银行之巨金何自来? 包微芬谓:彼欲嫁加西孟,是彼二人于十二年间所节缩得者。

加西孟于第一次审问时,曾供认当麻司奴以钥匙来启箱时,与包微芬三人共窃金分之。麻司奴闻此复盛怒,跃起欲发言。委员急止之。加西孟复供认:曾以白粉末与麻司奴,是睡药。至第二次审问时,加西孟并此皆不承认,谓是麻司奴一人之所为。至于银行储金一事,彼所言与包微芬同,谓是彼在旅店十二年间之所节缩。

控诉状之结束如下:

如上所述,加西孟年三十三岁,包微芬四十三岁,麻司奴二十七岁,曾于一千八百某年正月十七日,同谋窃取商人司梅叩夫三千五百罗布及一戒指,且饮以毒药,以至于死。

据刑法一千四百五十三条第四及第五节,且依刑事第二百零一例,加西孟、包微芬、麻司奴被告,受县法庭及判事官之处决。

此上为书记官所读之控诉状。读毕叠闭，复就坐，以双手理其长须。众人皆明了，静待审问。惟内希鲁心事极恶劣，彼十年前所识洁白无辜之麻司奴，今何以至于是！

第十一章

控诉状既读了，厅长与推事商酌加西孟之事。少顷，头倾左边，呼："加西孟！"

加西孟起立，双手置裤袋内，曲躬向前，面上筋纹动不止。

"汝被告于一千八百某年正月十七日，与包微芬、麻司奴同谋，窃商人司梅叩夫金；且以砒霜与麻司奴，置葡萄酒内，饮司梅叩夫，遂致死。汝认此罪否？"言次，头复向右。

"是不可能。吾侪之职务，为敬事顾客。"

"此可于以后言之，汝自认犯罪否？"

"实无罪。予惟……"

厅长复言曰："汝自认犯罪否？其他不须言。"

"予不能认。予思……"

委员速至加西孟前，有所耳语。加西孟不复言。

厅长以为此事已毕，以纸置他处。向包微芬言：

"包微芬！汝被告于千八百某年正月十七日，于莫里达旅店与加西孟及麻司奴窃商人司梅叩夫之金及戒指；分金后，以毒药饮司梅叩夫，以致于死。汝认犯此罪否？"

"予无罪。予未曾一次入彼室，此娼妇独至其室，彼实为之。"

"此系后话。汝但言汝认犯此罪否？"厅长言时，颜色颇和霁。

"予未窃金，亦未与何人以毒药，亦未曾一入其室。若予见彼来入其室，予当逐出之。"

"汝乃不认犯罪否？"

"决不认！"

"甚善。"

厅长复就第三被告人发言:"麻司奴!汝被告至莫里达旅店以钥匙启商人司梅叩夫之箱,窃其金及戒指;然汝窃其金及一金刚石戒指,与同谋者分之。当汝第二次偕司梅叩夫至莫里达旅店时,以毒药置葡萄酒内饮之,彼遂致死。汝自认犯罪否?"

麻司奴急答曰:"予无罪。如予初次所供,予于金毫无所取,其戒指系彼赠我者。"

厅长复问曰:"汝乃不认曾窃此二千五百罗布?"

"予于四十罗布外未多取。"

"汝曾以白色粉末置葡萄酒内与司梅叩夫饮,汝承认否?"

"予承认。但予信是为安眠药,无所害。上帝鉴之,予毫无恶意。"

"汝乃不承认曾窃取司梅叩夫之金及戒指,惟曾以白粉末饮之?"

"然。予实信此为安眠药,无他恶意。"

厅长闻此甚满意,以两手置桌上,身向后倚,曰:"甚善。今且以详情告我,汝实供,罪可轻。"

麻司奴直视厅长,良久默然。

"愿告我以其详。"

麻司奴言:"予乘车至旅店,人引予至其室,彼已烂醉(言次现厌恶之色)。予欲复行,彼固不肯释。"

言至此忽停止,若他有所思。

"如何?续言之。"

"予乃住少许时复去。"

此时国用律师起立,以臂倚案。

厅长顾彼言曰:"汝欲有所问否?"律师曰:"然。"厅长许之。

律师曰:"予欲问被告从前识加西孟否?"

厅长亦续问此。麻司奴目视律师,若甚惶惧。答曰:"然。予识加西孟。"

律师复问曰:"被告如何识加西孟,常见否?"

"彼曾招予侍其客,他无关系。"言次以目往来视厅长及律师。

"何以彼独招汝?"

"予何能知其故?"麻司奴言次,忽以目视内希鲁良久。

内希鲁内思曰:"彼已识我乎?"不禁血涌于面。麻司奴殊未识之,转视法官,心极不宁。

律师复坐,如有所书;其实彼未书一字。彼见他人质问后有所得,则书之,聊效颦耳。厅长与戴眼镜之推事有所言,问其与原供相符否,复问曰:"愿续言之。"麻司奴此时目视厅长,状态稍宁静,答曰:"予归家即卧。未久女仆卑达来言:彼商人复来。彼欲饮而无资,乃遣予至旅店取金,告予以藏金之所,且言取几何。予遂行。"

此时厅长适与居左者耳语,不闻麻司奴言,忽接最后一语曰:"汝遂行,其后当如何?"

"予如彼所言至旅店,惟不欲独入其室,乃偕加西孟及彼入。"言次以手指包微芬。

包微芬忽大呼曰:"是诳言!予未偕彼入商人室。"人急禁止之。

麻司奴复言:"予当此二人取四红色银票。"

律师复问曰:"被告取此四十罗布时,曾见箱内约有金几何?"

麻司奴觉此人殊可厌,忽起立言:"予殊未数过,惟知有百罗布银票甚多。"

"被告曾见有百罗布银票,予他无所问。"

厅长目视所携表,且问曰:"汝以所取金与司梅叩夫否?"

"予以与之。"

"复何如?"

麻司奴言:"彼复偕予至所居旅店。"

厅长问曰:"汝何以将白粉末入葡萄酒?"

"予以白粉末洒入葡萄酒内与之。"

"汝何故以是与之?"

麻司奴长叹言:"彼不释予去,予已倦极。予在长廊内见加西孟,告以予已倦极,彼尚不肯释。加西孟言予等亦皆倦,若以安眠药饮之使彼睡,则汝可去矣。予念是为安眠药,殊无害,故许之。予复入其室。彼卧床上,命进烧酒。予自桌上取香槟酒酌满二杯,一杯自饮,一杯入白粉末与之。若予知是有毒,予肯与彼饮呼?"

"戒指之事如何?"

"是彼所赠我者。"

"彼何以以此赠汝?"

"当予等初至旅店时,予即欲去。彼以手击予头,碎予簪,予甚怒欲去。彼自指上脱戒指赠予,使予留。"

此时律师复起立,请厅长许其质问。得许后,问曰:"予欲知被告在司梅叩夫室内几何时?"

麻司奴复惶惧,疾声应曰:"予殊不能记忆。"

"被告或能记忆彼离去司梅叩夫后,尚入旅店之他一室否?"

"然,予曾入一他空室。"

"汝何故入他室?"

"予于是待马车。"

"加西孟与被告同入此室内否?"

"彼亦来。"

"彼何故亦来?"

"商人之香槟酒尚余少许,予与彼同尽饮之。"

"汝与彼同饮之,甚善。被告与加西孟有所交谈否?且何所谈?"

麻司奴颜色忽暗,少顷红涨于面,答曰:"予殊不能记忆。任汝何为,予无罪。予所言已尽。"

律师顾厅长曰:"予他无所问。"急以所问者书之于纸。

此时大众寂然。

"汝他无所言乎?"

麻司奴长叹就坐曰:"予所言已尽。"

此时坐左边之推事与厅长耳语,厅长执笔有所书,宣言休息十分钟,起离法庭。

法官去后,判事、律师等来往自如,以为此案大概已完了,意颇安适。内希鲁入判事官室,向窗而坐。

第十二章

然,彼即加玉沙。

内希鲁与加玉沙之关系如下:彼居大学第三学期时,曾著论论私有土地之害。会休夏至其姑母家,是为与加玉沙相见之始。彼当休夏时,每与母姊至莫斯科近处母产所在之乡间。是年其姊已嫁,母亦适外国浴场。彼欲有所论著,遂决意至姑母家。其地极偏僻,无消遣方法。姑母甚爱之,彼亦甚爱二姑母,及其单简之生活。

内希鲁居其姑母家时,年少气盛,慨然欲弥全世界之缺陷,图人生之美满。彼是年居大学时,读斯宾塞之《社会平均论》,因自为大地主之子,故于其论土地一章,尤深研究。其父不甚富,惟其母之陪嫁有田万亩。彼甚以私有土地为非,又能为道德之牺牲,决意不受私产,以其父所遗土地分授农人。彼是时方研究此问题未了也。

其居姑母家之生活如下:朝二时已起,出就山下河水浴。返舍时天尚未晓,草木皆含朝露。早膳后研究土地问题,所思甚深,或复出游田野森林间。归憩花园内一时许,就午膳。意气安舒,二姑母每顾而乐之。复出为步行,或泛舟。晚间读书,或与二姑母作纸牌戏。夜间有月,则在花园内徘徊,至终夜不睡。

若是者一月,彼颇觉安适,初不经意于眼黑于漆、行步颇疾之加玉沙也。

内希鲁受母教,至今十九岁,尚未近妇人。彼以为人所爱者惟妻,不能以为妻者,一例以常人视之。夏间值升天节,邻妇人某偕其二女儿,一中学校学生,他一美术家来。

饮茶后,至草地上为捉人之戏。适遇单数,遂招加玉沙来。数次后,须内希鲁与加玉沙为被捉者。内希鲁颇好为此,初不意因是与加玉沙成何种关系也。

某美术家曰:"此二人殊不受捉。"

一——二——三,呼毕后拍手,加玉沙与内希鲁每易其位,以其纤纤有力之手,与内希鲁之手相握,含笑而趋。所着衣裳被浆有声,疾走向左。

内希鲁颇善走,雅不愿为此美术家所捉。彼见美术家趋向加玉沙,加玉沙频向左转,前有一篱,至篱前即终止。加玉沙以手作势,使内希鲁越此篱。内希鲁会其意。篱后有一古冢,上生荆棘,内希鲁殊不知。越篱后倾跌,为荆棘所刺,痛甚。勉起立,不禁自笑。

加玉沙亦趋来,执其手,问曰:"汝为荆棘所刺否?"徐以手自整其发,呼吸甚艰,向内希鲁而笑。

"予殊不知此处有一冢。"内希鲁言次亦笑,执加玉沙之手,加玉沙就之。二面相觑,内希鲁亲其唇,执其手益坚。

"汝何以为是!"加玉沙言次释其手,复趋而去。因其行颇疾,树枝有为彼挂断者,彼红涨于面,笑视内希鲁数次,复返草地。

自此时起,加玉沙及内希鲁之关系一变为理想的恋爱。二人皆年少清洁,其感想尤不同。

当加玉沙入其室,或内希鲁在他处见之,着纯白之围裙,辄想入非非,以为人生极乐。加玉沙亦如是。内希鲁以宾司太以夫司季及土更以夫之书授之使读,是内希鲁所好者。加玉沙良爱读土更以夫之《静生活》,二人亦颇远嫌疑,惟在长廊或外院间相遇,以数言相交耳。

年老之姑母易玛利与加玉沙同居。内希鲁时至其室,求一杯之茶,与加玉沙目语,是较诸口语更重要有味也。二人亦颇知自远,相见不多时,即复离去。

内希鲁初次至其姑母家时,与加玉沙之关系不过如是。姑母已觉之,甚惊诧,急以书告其母,其母是时尚居外国也。易玛利以为二人已有密切之关系,其实不然。二人纯为清洁神魂之恋爱,内希鲁除此外,殊无他想望也。易苏非之意殊异,以为内希鲁果爱之,可娶彼。人果相爱,不必问出身如何。

若此时内希鲁明言爱加玉沙,或阻之谓不相宜,据此时内希鲁之性质,必不听人言而娶加玉沙。二姑母已觉之,亦不明言。内希鲁亦即离去,未与一人言彼爱加玉沙。

内希鲁以为彼对加玉沙之感觉,为其快乐之一种。人生惟当快乐耳。彼亦以此义告加玉沙。

彼临去时,二姑母及加玉沙送之至门外。加玉沙以泪眼视之,内希鲁亦觉此别非寻常,或今生不复遇,此其心甚悲。当其上车时,呼曰:"别矣,加玉沙! 不胜感谢!"

"别矣,内希鲁君!"加玉沙言次,声颇凄惋,忍泪急返其室,独哭良久。

第十三章

内希鲁与加玉沙不相见者又经三年。内希鲁已为武官,赴战场,路经姑母家复来。此时之内希鲁,较之前三年夏间,已迥然二人。

三年前之内希鲁,为严正少年,能自制,勇于为善;此时之内希鲁,惟知自利纵欲。三年前之内希鲁,快乐生活于神之世界,所研究者为哲学、诗歌;此时之内希鲁,与同僚往来,已坠落于人之世界,惟事应酬交际。三年前之内希鲁,以为妇人甚神秘庄严,不可轻犯;此时之内希鲁,以为除其亲属及其友妻外,妇人不过为一遂欲之玩具。三年前之内希鲁,除捐弃父产外,其母所与金彼不过用其三分之一已足;此时之内希鲁,每月千五百罗布尚不敷所需,每以是故与其母争执。

此变化何自来乎? 是因其失自己之所信,而从他人之所信。从自己所信时,常捐弃"我"之一字,以为凡属我者,皆表面上之快乐;从他人所信时,必须得物质上我之满足。今既弃其自己之所信矣。

当内希鲁研究"神""真理""贫""富"诸理之时,颇觉四周无物,而此世界为可笑。其母及诸姑母以哲学家呼之。当其读小说,赴戏场,归而语其所见,则所亲皆好之。当其着旧套,禁饮酒,不妄用一钱时,人皆以为有怪癖。当其购奇货,赴猎场,以奢侈品饰其居室,日散多金,则人皆以为宜,且馈赠不绝。当其远妇人,独居一室,亲属皆以为将致疾,虽其母亦忧之。今则交际既广,与某法国妇人来往尤密,彼复视与加玉沙所通书束,昔时有娶加玉沙意,今殊觉不快也。

当内希鲁反对土地私有,以父产分授农人之时,其母及亲属皆嘲责之,时以为言,谓农夫得此,不获其益,且惰于工作,愈加贫困。及内希鲁入禁卫营,需多金,其母以为是固当然;少年人与高等社会往还,此区区者不足惜也。

内希鲁初时尚欲自禁制,然极难。凡彼自以为善者,人皆以为恶;自以为非者,人皆以为是。其结果为内希鲁自己战败。初时良心每内不自安,其后乃恬然安之。吸雪茄烟,饮葡萄酒,忘其所以为我。此变化起于其初至彼得堡时,及入营,乃全变矣。

内希鲁此时脱尽一切道德之缚束,意颇自适,是为其经三年后复至其姑母家之时。

第十四章

内希鲁之来视其姑母,非惟因其入营之路所必经,彼欲复见加玉沙耳。彼此来对加玉沙怀恶意否,殊不可知。惟欲重觅其三年前之乐土,曾留遗许多之恋爱记念者。

三月之末,复生节前二日,霆雨时降,凝而为冰,道路殊不可辨,然彼意殊自得。忽已行至其姑母之庭院内,自忖曰:"不识此人犹在否?"旁室方启,彼意或即加玉沙欲出,乃二老妇人携水桶至,盖方事洒扫也。正门外亦不见加玉沙,仆人提洪而出,着围裳。入门见易苏非着丝衣黑小帽,迎面呼曰:"汝已至,良善。马利姊方自教堂来,甚倦也。"

内希鲁曰:"敬贺姑母。予身尽湿,幸恕之。"言次以口亲苏非之手。

"如是汝可速入室内易衣。汝今乃有须。加玉沙,加玉沙!速将热加非来!"

长廊内一极熟清婉之声应曰:"即来。"

内希鲁心快欲跃:"此人尚在是。"有如云开见日,以愉快之色,偕老仆提洪入其前此所居之室。

内希鲁殊欲问此老仆加玉沙近状如何,亦欲嫁否,而此老仆之态度极严正。老仆方欲以水为之浇手,内希鲁谢之,改口问其二孙如何。老仆言长孙颇壮健,次孙害热症,前岁已死。

内希鲁易衣已毕,闻有人步行甚疾,来叩其门。彼知是必为加玉沙,速行至门侧言:"请入来。"

彼即加玉沙,容貌更美好,漆黑之眼,视人如欲笑。着白围裙,携香碱及二手巾来,皆新洁未经用者。加玉沙亦如是。彼见内希鲁来,极乐,启唇而笑。

"内希鲁君,敬贺君至。"言次面忽红涨。

"汝常良健乎?予敬祝汝。"言次面亦红涨如加玉沙。

"赖上帝……汝姑母以其所爱之香碱遗汝,是玫瑰碱。"言次以香碱置桌上,且以二手巾挂诸几靠。

提洪言内希鲁君自有香碱,言次以手指内希鲁所携来之小箧,具银盖,中置樽、刷、香水、香碱之属,凡梳洗时所需物皆备。

内希鲁言:"乞为我敬谢姑母。予来此,予心良快。"此时内希鲁心中之愉乐,如三年前见加玉沙时。

加玉沙无言,笑而去。

二姑母良爱内希鲁,此次尤甚。彼且赴战场,死伤不可知,此其姑母所不能释然者。内希鲁初意居二日即去,但自见加玉沙后,许多留一日,过复生节始去。以电报告其友顺倍克,使其来姑母家偕行。因彼曾约与顺倍克二日后在奥得沙相晤也。

自内希鲁见加玉沙后,复触起旧情。见其白围裙,闻其笑声,心辄感动。当其漆黑之眼视之而笑,相遇时红涨于面,其情尤不能堪。内希鲁自知彼爱加玉沙,但此爱情已不如昔时。昔时彼以恋爱为神秘,且止可一次者,今则观念大异矣。

凡人类皆有二种本性,内希鲁亦然。一为神灵的本性,高超贵重,惟知以利他人为目的;一为兽类的本性,惟知利己,不惜以全世界为戏。彼得堡之生活,军营之习惯,已将内希鲁之兽类本性发达至于极点;神灵之本性已悉泯灭。及复见加玉沙后,神灵之本性又复发见于内希鲁之头脑。自其至姑母家后二日,皆此二本性交战于其脑中之时也。

彼心内知早去为佳,不必复在姑母家留恋,多留住必无佳结果,而不能决断。

复生节前一日,教士至姑母家为祈祷之事。姑母家离教堂约十里,道路皆冰雪,行路殊不易。内希鲁偕二姑母及诸仆婢祈祷,加玉沙立门前,执香献客。内希鲁注视之。祈祷毕,彼此交亲其唇。彼已欲就寝矣,闻老婢某已与加玉沙同至教堂携复生节面果,内希鲁亦欲往。

夜暗黑,既不能踏冰往,又不能乘车。内希鲁乃乘马行,着军服骑靴,装饰辉煌,从容向教堂而去。

第十五章

内希鲁此行,彼毕生尚记忆之。

夜昏黑,借白雪微影,略可辨道路。马足时陷水坑中。遥见教堂灯影,马即奔驰,内希鲁几致落坠。时教堂方行礼拜式。

农人识易玛利之侄者,引内希鲁至一干地,下马拴之,偕入教堂。教堂内人已满,右边男子,服其自织之衣,着藤鞋甚洁。年少者布衣,上束杂色带。左边妇人居之,头裹红丝巾,着背夹及红绿蓝诸色之裙。老妇人裹白巾,着长灰衣,立年少妇人之后。中间为诸小孩,发腻有光,皆低头,或凝视圣像,亦有跪者。祷告甚虔。金色圣箱之四边,皆燃巨烛。唱歌者唱赞美诗,高低合度。

内希鲁入教堂中间,贵族居之。某大地主偕其妻及子来,子着海军服。乡间年最高者戴徽章。加玉沙着白衣,束蓝带,头裹红纱巾。

众人皆庄重快乐。教士着银色礼衣,上绣金十字。唱歌者诵复生节诗,教士为大众祈祷不绝,口中时言:"耶稣复生,耶稣复生!"内希鲁此时心中所念者,为加玉沙之白衣蓝带,及其灼灼如漆之双眼也。

加玉沙虽目不视内希鲁,然已知其来。内希鲁亦觉之,特行过其前告之曰:"姑母欲俟晚祈祷毕后乃开斋食。"加玉沙仰视内希鲁,面起红潮,眼盈盈欲笑,应之曰:"予亦知之。"

教童某适手执铜加非壶过其处,让避内希鲁,致与加玉沙相触。内希鲁窃不解此教童何以不敬加玉沙,全世界皆为有加玉沙故存耳。金色圣箱,绕以明烛,大众欢忭,时呼:"耶稣已复生,人类皆快乐!"是皆为加玉沙故。因有加玉沙,此世界乃美好。内希鲁念加玉沙已必知之。彼着白衣,下起褶纹,现欢喜之状。

早祈祷已毕,内希鲁出教堂,众皆敬让之。有识彼者;亦有不相识者,问是为谁。在前厅内有诸贫人向之乞钱,彼以所有者分施之,降阶而下。

时已天晓,日尚未升。众人坐教堂侧之群墓上。加玉沙在教堂内未出,内希鲁立而待之。此时出者愈众,已出者皆散在庭院间。

易玛利之厨夫来,年老,头上已无发,与内希鲁为礼,亲唇三次。其妇面纹已皱,头裹丝巾,持染黄之鸡蛋赠内希鲁。一年少之农人亦来,着新衣,束绿带,笑而言曰:"耶稣复生!"与内希鲁亲唇。

当内希鲁与此农人亲唇,且授其所赠深褐色鸡蛋时,加玉沙偕某老婢出,分授赠品。一乞人就之,面貌粗恶,加玉沙布施后,与之亲唇三次,无一毫厌恶之意。其双眼适与内希鲁相遇,急趋至阶前迎之。

老婢某鞠躬笑呼曰:"耶稣复生!"此时语言间殊无主仆分际。先以手巾拭其口,而与内希鲁亲唇。

内希鲁应曰:"已复生!"还与亲唇。

复视加玉沙,红涨于面,行就前呼曰:"耶稣复生! 内希鲁君。"

内希鲁应曰:"已复生!"加玉沙与亲唇二次,逡巡半晌,复笑亲第三次。

内希鲁问之曰:"汝不至教士处乎?"

加玉沙应曰:"否,内希鲁君。予等当坐此少待。"言次若深受亲唇之感动者,以其清洁幼妇之眼,视内希鲁。

凡男女相爱,有时其爱情达最高点,则自不知其感想之所在,内希鲁与加玉沙此时即是。惟见加玉沙黑腻之发,长身着白衣,两乳突起,眼光照人。其纯洁之爱情,实被于全世界,虽污恶之乞儿,亦与亲唇庆复生节。

光阴不暂留,复生节之光景,转瞬即逝。内希鲁居判事室窗下时,郁郁独念:"彼不幸事,予乃于复生节之夜为之。"

第十六章

内希鲁偕姑母至教堂归,开斋。膳已具。膳时饮酒甚多,是为其居营时之习惯。膳后还入其室,甚倦,和衣而睡。忽闻叩门声,惊醒,彼知是必为加玉沙,以手揉其双眼问曰:"汝是加玉沙否? 可入来。"

"午餐已具。"加玉沙尚着白衣,惟不裹头巾耳。言次以眼光射之。

"予即来。"言次以梳整其发。

加玉沙停少时未行,内希鲁掷梳就之。加玉沙避之,急趋出室外。

内希鲁自思:"予何是其愚,乃不留之。"追之至长廊内。

彼欲何所为,亦不自知,惟以为加玉沙入室时,当有所事如他人。

"加玉沙,愿稍待。"

加玉沙停立问曰:"汝何所欲?"

"无他,惟……"

彼尚欲自制,惟念他人此际所为,以手抱加玉沙之腰。

彼尚停立,以目视内希鲁言曰:"内希鲁君,释我!"言次眼红欲泪,以手强解内希鲁之臂。

内希鲁释之去,少顷甚羞怒,是为其良知发现之顷。然忽即泯灭,更以手抱之,以唇亲加玉沙之颈。

此次之亲唇,与前次篱边游戏时及今晨教堂外之亲唇不同,是为带恶意之亲唇,彼亦自觉之。

"汝何所为!"言次若有所伤,疾趋而去。

内希鲁入食堂,二姑母、某医士及邻居某地主妻皆在。内希鲁此际脑中起一暗潮,人与之言,殊若不闻。长廊内亲唇所起之感动,遂使其失常度。彼心内除加玉沙外,他无所思。加玉沙入室时,彼自力乃不能禁其双眼。

午餐毕后,内希鲁即入所居室,来往行走,倾耳以俟加玉沙之足音。此时其兽类的本性,升至最高度;其神灵之本性,即彼前次来姑母家时所具,及今朝在教堂内尚有几分存留者,已全澌灭。内希鲁尽日待加玉沙,加玉沙避之不与独遇。向晚乃行过其室,因医士某今晚留不去,加玉沙须为之整理一室也。

内希鲁闻加玉沙足音,急屏息蹑步随之,以手伸入加玉沙之双袋。加玉沙笑视之。此笑非原于欢乐,而由于惧怖。内希鲁亦知之,停驻半晌。此时内希鲁若闻二种声音:其第一种声音,告以真正之恋爱及生命之幸福;其第二种声音告之曰:机不可失,勿为愚汉! 二声相战,后者终胜。兽类之本性达于最高度,遂坚抱加玉沙,拥至其室,傍之而坐。

加玉沙哀告曰:"亲爱之内希鲁君,其释我去。"忽惊呼曰:"易玛利来!"急脱去,廊外实有人行过。

内希鲁复言曰:"予今夕至汝室,汝独宿耳。"

"是不可能,上帝禁之。"

来者实易玛利,手携被褥,入内希鲁室,状若其怒,责加玉沙误携他被褥去。

内希鲁寂然出,若无所羞。易玛利之状貌,若已知内希鲁之恶行,而责其非者。然内希鲁全为兽欲之所制,不能有他灵觉,彼惟静图贯彻其纵欲目的之方法耳。忽至姑母处,忽入所居室,忽立阶前,不自知其所为,惟希复独遇加玉沙。加玉沙谨避之。易玛利亦不使加玉沙暂离去。

第十七章

夜色已深,某医士已就卧,二姑母已将安息。内希鲁知易玛利尚与某地主妇周旋,加玉沙独居其室。降阶而下,庭院暗黑,甚暖温,起白雾,布满空间。是为春雪初融所致。离室百步有河,时起裂冰之声。

内希鲁降阶,潜步踏雪至女婢室外,心跃有声。室内燃一灯,加玉沙独坐沈思。内希鲁静视之,欲窥其独居时何为。加玉沙约静坐二分钟,举眼微笑,自摇其首。忽以手置桌上,又凝坐如故。

此时内希鲁心跃愈疾,遥闻河上有声甚奇:冰块破裂,戛然有声。内希鲁仍立不动,见加玉沙凝思不安之颜色,颇怜之,愈动其欲得加玉沙之心。

内希鲁微敲窗户,加玉沙忽惊动,如被急电。趋至窗前,以雨手荫其目,向外视。面色灰白,为从前所未经见。彼见内希鲁微笑,然此笑颇勉强。内希鲁以手招之至庭院,加玉沙摇首不应,仍立窗前,内希鲁复招之。加玉沙行至门首,若有人呼之。内希鲁亦退。此时雾益浓,五步之外已不复见窗,惟隐约辨灯火。河内裂冰之声,时犹可闻。一雄鸡鸣,群鸡应之,顷刻闻遍于全村。是为第二次鸡声。除鸡声及冰声外,他无所闻。

内希鲁绕屋角行数周后,复至窗下。灯光犹在,加玉沙寂坐其下,若已知内希鲁来。内希鲁复叩窗,加玉沙此际不复问为谁,即趋出启其门。内希鲁已立俟门外,以手抱之。加玉沙以身就之,仰首受其亲唇,二人移就前室干处,忽闻易玛利呼加玉沙,其声若甚怒,前门亦启。

加玉沙急脱去,复入其室。内希鲁闻闭门声,复寂然。室内之灯已灭,内希鲁独立浓雾中,复叩其窗,更无应者。

内希鲁自大门归入其室,半晌不能眠。乃脱去其靴,行至加玉沙室外。闻邻室易玛利鼾声、咳嗽声、转侧声。内希鲁甚惊惧,约五分钟,静立一处不动。未几鼾声又作,乃沿檐脚至加玉沙户外。加玉沙尚未睡,因不闻呼吸声也。乃低唤其名。加玉沙起至门侧,若怒责内希鲁令去。

"是为何事!若汝姑母知之当如何?"是为加玉沙口中所言,但其心中言曰:"予已属汝。"

内希鲁会其意,言曰:"乞暂启门!"

加玉沙无言,惟闻其手抚门闩。门启,内希鲁急入,抱之而出。

加玉沙微声言:"汝何为?"内希鲁不答,抱至所居室。

"让予去,让予去!"加玉沙言次,以身就内希鲁。

最后加玉沙战栗无所言,离去内希鲁室,问之亦不答。内希鲁复出立阶上。庭院已见曙光,河内裂冰之声益剧,雾已尽散,月余上弦,照见此黑暗可忧怖之事,终其生不能改免者。

"今已如是,是福乎? 是祸乎?"内希鲁心不释者半晌。复思此世界之事,良都如是,亦恬然就寝。

第十八章

次日其友顺倍克来其姑母家,约内希鲁偕行。其人甚豪快,雅爱内希鲁。挥金如流水,遇乞儿辄给一罗布。适易苏非所畜小犬噬之,辄裂绣巾为裹(每巾值一罗布余)。二姑母向未见此,甚以为奇。不知此顺倍克已负债二十万罗布,彼亦知终生不能偿还,视二三十罗布曾不介意也。

顺倍克留一日,至夕与内希鲁同去。因入营之期已迫,不能复延。

前夜之事,是一新记念。内希鲁脑际起二种感想:其一自加玉沙所受之爱情,出于意外,目的已达,甚为满足;其一自念行为卑劣,何以善其后? 不独为加玉沙,为自己亦然。

本其自利之心,内希鲁止自图耳。彼念人若知之,将如何责彼? 此时加玉沙之感想如何,且如何自处,彼固不计及也。

彼以此事告顺倍克,顺倍克亦曾见加玉沙,应之曰:"彼极美,若予为汝,亦恋此不去也。"内希鲁念会当远行,亦良不怿。彼复念此甚难处,不如速离去,一刀斩断诸多关系。惟思当略以金赠之,是不因加玉沙需此,他人皆为是耳。但所与亦当合彼此分际。临行之日,内希鲁待之前室,午后遇之。加玉沙见内希鲁,红涨于面,指女婢室欲去。内希鲁止之。

"予来与汝相别,"以信封纳百罗布银票授之曰,"是以……"

加玉沙已知其故,蹙双眉,摇首不受。

内希鲁复呶呶言:"汝必受之。"以信封纳诸加玉沙胸际,长叹入室,往来步行,若有切肤之痛。

内希鲁何足怪,世人之若内希鲁者良多耳!顺倍克与其女仆亦为此,顺倍克之叔某亦然。其父至某乡间时,曾生一私生儿,今尚存。众人皆为是,是或非恶事也。此皆顺倍克所自言。内希鲁欲借此以自慰,然殊不能。

彼自知所为极恶虐,不可以对人。自兹以后,彼之良知不复许彼为高尚纯洁之少年。今惟有一法解脱,即永不复念及彼前晚所作之事是也。彼所经历之新生活,为战争,实能助彼忘此旧事。日月已逝,友朋甚多,彼已永不记念加玉沙矣。

内希鲁此后尚有一次触念旧人。当战事已了,彼复至姑母家,则加玉沙已不复在。且闻彼已受孕,至某处育儿,后即堕落,不知所之。以时计之,是当为内希鲁之儿。姑母言彼甚贱如其母,其儿不知何父之所生。内希鲁闻此,其心反释然。彼初尚欲追索此儿,然颇羞之,未几即尽忘其事。

此时复念旧事,十年前之旧罪恶,历历如在目前。此时内希鲁甚恐一切旧历史,或被宣布,人人将传道之,心中怔忡不宁。

第十九章

内希鲁自法庭入判事室时,所思如是。彼独坐窗下吸烟不绝,四周所遇之事,若无所闻。

某活泼商人之状态,若重哀司梅叩夫,而深寄其同情者。彼自己亦颇好饮酒,且耽妇人。

某大尉之意,此案当凭查得之证据判断。格比得与某少年戏谑,复大笑。内希鲁对众人交语,若不理会,亦不发言。

某委员来,请诸判事复入法庭。内希鲁心神恍惚,若己当受裁判者。良心多歉,殊不敢以正眼觑人。勉强就原座,居某大尉之次,挂夹鼻眼镜,翘腿而坐。

诸被告亦皆入来。

此时有诸证人来。一妇人衣服皆丝绒,臂上挂一美丽之袋。麻司奴凝视此妇人,殆不转睛。内希鲁后闻此妇人即麻司奴所居处之主妇,名季达芙。

法庭复开,诸证人一一道其姓名、信仰,老教士某复着法衣来,从容偕诸证人发誓,一如偕诸判事。誓毕,各告其所知。后问及某妇人,此妇人发言时,恒带笑容,俄语有德国犹太语音,其言如下:"最初加西孟来召,后刘葆芙偕此商人来,已沈醉,犹复索酒。然未携金来,乃命刘葆芙至所居旅店取其金,彼若甚悦刘葆芙。"言次目视麻司奴。

内希鲁闻此,微笑,亦目视麻司奴,若甚怜之。

麻司奴之辩护士问曰:"汝对麻司奴有何意见?"

妇人答曰:"彼最良,曾受教育,能读法国书。有时或饮酒过多,然彼实一良好女子。"

加玉沙闻此言,忽转目视诸判事,状貌颇庄重。时注视内希鲁,内希鲁颇不自安,亦时视加玉沙。忽念复生节晚之事——冰裂雾重,半弦之月,临空照见所为酷行!

"彼已识我乎?"内希鲁念此,若受打击。然加玉沙殊不复识之,一声长叹,忽转视厅长,内希鲁亦叹,念此事或当速了。此时之感想,若猎禽时,击毙一禽,亦有所怜,亦有所怒;又如一野兽落猎网,状甚惶惧,即当牵去。内希鲁此时,身在法庭,如在猎场也。

第二十章

法庭问答,历时颇久,若故以苦内希鲁者。各证人问毕后,有律师及辩护士等之诘难。厅长复召诸判事观最重要之证据二件:一为金刚石戒指,甚大;一为置毒药之瓶,皆经加封蜡者。

诸判事方欲起就厅长之召,国家律师忽起立言:"未视证据之先,当请将医士检察报告读之。"厅长雅欲此案速竣,然不能拒律师之请。彼知此事不过徒延误时间,使人不得按时午餐耳。亦许之。

书记觅得报告,读之如下:

外部检察之结果如下:

一、司梅叩夫之身体长二俄尺十二俄寸;

商人某闻此,窃言:"是何强壮!"

二、依外貌断之,约年四十岁;

三、尸体已变,发肿;

四、皮色带绿,尸体上有多瘢点;

五、尸体上发泡甚多,皮有脱去者;

六、发黯褐色,甚粗,头顶上无发;

七、眼珠脱出;

八、鼻孔、两耳窍及口内皆有血出;

九、面部及胸部皆发肿,颈项已不可辨认;

十、其他等等。

此外尚叙及尸体之二十七个所。某商人闻此,现嫌惧之状。鼻孔流血,眼珠脱出,加玉沙之生活及司梅叩夫待加玉沙之情状,皆使闻者不安。外面检查状读毕后,厅长亦长叹,以为既毕。书记复接读内部检查之报告。

内希鲁低头,以手支之,闭其双目。某商人坐其侧,已倦欲睡。诸被告及立其后之诸兵士,皆寂然无声。

内部检查之结果如下:

一、头盖已离开头骨,惟无血痕;

二、头骨中等,未受伤;

三、脑膜上现暗黑瘢,长约四寸,脑膜本色灰白,其他……

此外尚记载他十三个所。其下为诸医生签名。经其解剖,验得肠胃及肾内皆有变化,司梅叩夫实系中毒身死。

此时某商人复醒,低声言:"是必为一健康之饮酒家!"

检查状读毕,约历一点钟,律师若犹以为未足。厅长乃顾之言曰:"予以为内部化学检查之报告不必再读。"

律师言:"予以为是应读!"言次起立,若以为彼有权要求,不应放弃者。

多髭之推事,方罹胃炎,已力不能支,向厅长耳语曰:"是何必读,徒延费时间耳!"

戴金眼镜之推事无所言,其状若甚沈闷。彼畏读检查状如畏其妇。

书记复将化学检查状读之,彼此时亦厌厌欲睡也。

一八……某年二月十五日,医士某某检查内部机关,所经检查者:

一、右肺及心脏;

二、胃内物;

三、肝及肾;

四、大肠。

此时厅长与左右有所言,忽止书记复读曰:"法庭以为此检查状不必续读!"

书记笑叠其纸。

厅长复言:"请诸判事来视证据。"

大尉及他诸判事起立,就厅长案,视戒指及瓶。商人某以戒指戴指上试之,且言曰:"是戒指极大,彼手指必甚粗。"

第二十一章

诸判事视证据后,厅长宣告审查已毕,此案可即了,意以为律师亦当体贴众人,须与以吸烟及午餐之时间。律师殊不然,以为读检查状过于草率,复起立以双手支案头言:"判事诸君:此罪案甚特别,是当为此世纪末之最特别案件,足以表现此社会之罪恶者。"

律师发言颇迟缓,引证甚多,又言及遗传性、进化论、生存竞争、催眠学等等,演说历一小时,兹不备载。

彼又以为司梅叩夫为一有特色之俄罗斯人,能信人,遂为奸人所算。发言时或视判事,或视旁观者。彼尤归罪于麻司奴,谓是为堕落妇人之代表。"据其主妇之言,彼识法语,但彼为无父儿,或自其受胎时已得犯罪之遗传性。彼生长名家,尽可作高等工事,以为生活;乃弃之而去,利用其所受之教育,为恶于社会。善人受其诱惑,反信赖之;遂劫其财,损其生。"

厅长闻之,笑语其旁之推事曰:"彼甚误。"

推事应曰:"蠢才!"

律师续言曰:"判事诸君:诸被告之运命,悬于君等之手。此社会之运命,由诸种关系言之,亦悬于君等之手。君等所判断,于社会有大影响。若君等认定此罪案之重要,知社会所受此案之危险,所受麻司奴之危险,君等当防止其传染,当使无辜之民,永免此种罪人之害。"

律师重言此案之关系,对于自己之演说,若甚满意,复从容就坐。

律师之意,以为司梅叩夫受麻司奴催眠术之魔力,故信赖之,畀以其箱之钥匙,使其取金。而麻司奴受加西孟及包微芬所唆,遂窃其财。因欲掩此罪,遂偕司梅叩夫返旅舍,毒死之。

律师演说后,某辩护士起立,中年,着礼服,发言为加西孟及包微芬二人辩护,为洗刷干净,尽以罪归麻司奴。

其始言麻司奴所供不确,加西孟、包微芬二人未偕彼入司梅叩夫室,彼实一人独取金去。此二人在旅店久,侍过客多,每日得三五罗布,甚易集得三千五百罗布。司梅叩夫之金,必为麻司奴所独窃,以与他人,或遂失去,毒药一事,亦麻司奴一人所为。

末言国家律师所言甚当,惟就遗传性一节,不能范围极宽,因包微芬亦为无父之儿。

律师闻之,耸其双肩,执笔若有所书。

是时麻司奴之辩护士起立,口讷不能言,时或停止。且言麻司奴或预闻窃金之事,惟实无意毒死司梅叩夫。彼以白粉末饮之,实为使之安眠,无他故。且言麻司奴为男子所欺,至陷于悲惨之地位,男子不受罚,彼乃毕生受其害。尚欲伸言男女心理,厅长止之,请其止就事实发言。

此辩护士言毕,国家律师复起立,诘第一辩护士所言之非,谓:"包微芬亦为无父儿,与遗传说无妨。此天然律盖经科学的研究所确定:人不惟由遗传而犯罪,反言之,犯罪者更遗传。若谓麻司奴受某男子之诱,遂致堕落,但据证据言之,彼所诱男子致为彼牺牲者良多耳。"言毕就坐,意极自得。

厅长复语诸被告,可发言以自辩护。包微芬复言彼于此事毫无所知,坚指麻司奴为惟一罪人。

加西孟言:"若予被判为有罪,则甚冤,因予实无罪。"

麻司奴独无言。律师促之言以自辩护,彼惟以目瞪视之,若将死之兽,复低目长叹。内希鲁亦长叹。坐其旁之商人某甚怪之。内希鲁此时不自知身居何处,有泪欲哭,顾勉强制之,特戴夹鼻眼镜遮之,以免为人所见,且以手巾偷拭之,深惧彼不德之行为,将暴露于法庭,为众所诟。

第二十二章

被告发言后,厅长复当摘此案之大略发言一次。乃对诸判事言:"若诸君据自己之判断,诸被告为有罪,则判决为有罪,否则判决为无罪。若据某点为有罪,据他点为无罪,亦当公平判决,使得其平。诸君当善用其权。"言次以眼偷视其表,已为三点前五分钟,遂急将此案之大略明叙一次,所言皆律师、辩护士及证人所已言者。

法庭全体静听厅长之发言,惟略嫌其过久,时视所携表,欲所言之速毕。

厅长发言毕后,复顾诸判事一言其责任,谓:"诸君代表公意,且当守审议室之秘密。"厅长发言时,麻司奴凝视而听之,若恐失其一语。内希鲁此际心中稍安。大凡相爱之人,久别不见,复见后,则从前之一一琐事,皆来集于脑际。所爱者因时间所起之变异皆消灭,而复现从前相爱时之光景。此时内希鲁之所感受亦如是。

加玉沙此时着囚衣,身体稍阔,胸际稍高,面上略具皱纹,但即前十年复生节所爱之加玉沙,以漆黑之眼光射视内希鲁,告以恋爱之事者。

内希鲁内忖:"此事极奇,此案乃恰于予为判事时出现。十年不见之人,今乃于被告座上见之。"此时所处地位,如小犬被主人加以口衔,欲脱不能。彼坐于第一列第二椅,仍不失常度,戴夹鼻眼镜,翘腿而坐。彼此时不惟念及前十年之酷恶卑劣行为,惭愤无已;且念及近十年来之骄奢生活,觉所犯罪恶,不知凡几。前幕若已揭开,凡所行为,历历可见,苦痛殆不能忍。

第二十三章

厅长发言毕,以疑问簿授某大尉。众判事皆起立,入审议室。静坐已久,手足皆不灵敏。法官皆退,众被告亦引出。

诸判事入审议室,即速燃纸烟吸之,若甚轻快,皆自由谈话。

某商人言:"是女子无罪,彼惟不经意耳。"

大尉言:"是为吾侪所当审议者,不能以吾侪之客观意见搀入之。"

"予几熟睡。"

某犹太人言:"二仆若非得麻司奴之同意,必不能攫金。"

一判事言:"据汝意,麻司奴亦窃金乎?"

商人言:"予终不敢信,是红眼女魔之所为耳!"

大尉言:"三人皆无罪!"

"汝谓三人皆未入司梅叩夫之室乎?"

"汝信其所言乎?是等人皆不足信。"

"此女子曾得其钥匙。"

商人言:"此不足据以为言。"

"戒指如何?"

商人言:"彼已言戒指之由来。司梅叩夫已烂醉,怒击之,击后必悔,以戒指赠之。是何肥壮,高十二俄尺,重八俄磅!"

格比得言:"是与吾侪所当审议者无关。吾侪所当审查者,此案由彼女子发生,抑二仆人?"

"二仆人殊不能为此,彼女子实携钥匙来。"

若是闲谈者良久,某大尉言曰:"请诸君就席坐,正式审查。"乃自就主席位。

某犹太人言:"娼妇固多行窃!"彼曾闻某娼妇于大路上窃其友之表,

意麻司奴实为主犯。

某大尉言:"请诸君依序审议。"言次以铅笔微击其案。

众皆无言。审查之问题如下:

一、卡纳鄙县波孤村之农人加西孟,年三十三岁。被告于一八某年正月十七日,谋害商人司梅叩夫,与他人协谋,以毒药置葡萄酒内饮之致死,窃去三千五百罗布及一戒指,是当有罪否?

二、村乡包微芬,年四十三岁,就上案内为有罪否?

三、村乡麻司奴,年二十七岁,就上案内为有罪否?

四、被告包微芬,于一八某年正月十七日,在莫里达旅店为女仆,是否入旅客司梅叩夫之室,以他钥匙开其箱,窃去三千五百罗布?

大尉请诸判事就第一问题发言。

众皆言加西孟为有罪,窃金及毒药案皆彼主谋,惟某老工人独以加西孟为无罪。大尉意彼于此案首尾尚未明了,申言加西孟及包微芬二人于此案有罪无疑。工人言彼已了然,惟欲轻减其罪,口中言:"吾侪自非圣人!"

众人对于包微芬疑议颇久,因无确实之证据,且与毒药事无关系,如辩护上所言,某商人欲助麻司奴,坐包微芬以主谋之罪,赞助者颇众。惟某大尉言此无确证,彼实与毒药案无关系。最后众皆从此大尉之说。

对第四问题,众皆同声以包微芬为有罪,但某工人坚执未减之说。

对第三问题——麻司奴有罪否——争执颇烈。某大尉谓其于窃金及毒杀皆预谋,某商人反对之,某工人及某大佐助之,其余人无一定之意见。某大尉坚持其说,众皆倦,不愿多争执,卒从其说。

据法庭之所披露,内希鲁确知麻司奴于窃金及毒杀事皆未预知,且彼素知麻司奴,深信其无罪。彼初意欲以所怀者告诸判事,后因某商人之辩护甚无理由,某大尉持其说甚坚,众已皆倦,又惧人或知其与麻司奴之关系,乃觉彼自己不便为麻司奴辩护。面色忽红或白,方欲发言,忽格比得对某大尉言:"汝言麻司奴窃金,因其有钥匙故。旅店之仆人,独不能假他钥匙以开其箱乎?"

商人言:"是甚有理!"

"彼必不窃金！因据彼所处地位,无须此多金之理由。"

商人言:"予亦以为如是。"

"当麻司奴以钥匙来,必触起仆人窃金之思想,彼易诿其过于麻司奴。"

格比得言时甚锋利,某大尉因是执其说益坚。格比得所说甚有理,多数判事赞和之,皆谓麻司奴于窃金事不预闻,其戒指系司梅叩夫所赠。及议及毒杀事,商人谓麻司奴无毒杀司梅叩夫之理由,当判为无罪;某大尉坚谓麻司奴已自认曾饮司梅叩夫以毒药,决不能无罪。

商人言:"彼以是与之,但信此为鸦片。"

某大佐言:"虽鸦片亦可杀人!"某大佐此时忽变其意见,而攻击麻司奴。且言彼舅妻即为鸦片所毒几死,惟为某医士急救得生。某判事反对之,谓:"惯于鸦片者,虽饮至四十滴无害。其戚某……"

大尉不俟其言毕,谓:"其戚某曾为鸦片毒死。"

一判事言:"五滴鸦片已足杀人。"

大尉言:"吾侪当认彼为有罪,但无窃金之意。"

格比得亦无言。

商人言:"是当末减。"

众当无言,惟工人坚持,言:"麻司奴无罪!"

大尉言:"彼既无窃金之意,亦可云无罪。"

商人言:"汝当如是书之,可从末减。"众人此时已倦甚,未加入"彼无谋杀之意"一句。

内希鲁此时受感激颇甚,亦未思及此。遂以不周到之答案,送诸法庭。

此判决非尽得众人之同意,实因厅长演说过久,遂使众判事于最普通之一答语亦忘却,即"彼有罪,但无杀人之意"一语是也。又某大佐叙说其戚被毒之事,历时过多,内希鲁受激过甚,亦忘却于"无窃金之意"下,加

"无杀人之意"一句。且格比得于议决时适出室外。其最大原因,尤为众人皆倦,欲此事速了。审问极久,而判决极速。麻司奴遂不能不受冤刑矣。

诸判事按铃有声,门外立之卫兵,复以刀归其鞘,诸判事依次自审议室出。

大尉以审议之结果交付厅长,厅长读之,若甚惊异,与推事有所语。厅长之所惊异者,为麻司奴之判决,只有"无劫财之意"一语,而无"无杀人之意"一语。据诸判事之所断,是麻司奴既不图劫财,而无故杀人。

厅长顾左侧推事曰:"有何等无意识之判决! 麻司奴虽无罪,然不能不作苦工。"

推事问曰:"何为无罪?"

"彼实无罪,据八百十八节,若所判不当,可要求诸判事更改。汝意何如?"言次目视推事。

推事答曰:"予意亦然。"

后顾右侧之推事曰:"汝意如何?"

此推事答曰:"是必不能。报纸已攻击判事每断罪人以无罪,彼等若攻击法官复如何? 予绝对不能赞成。"

厅长视其表,言:"如是予亦不能助。"乃以判决案使大尉读之。

大尉接纸读之,众皆起立,法官全体及书记、律师、辩护士等,皆现惊异之色。

被告等皆沈默,彼等不审判决状内之问答为何事。厅长复问律师:"诸被告应得何罪?"

"加西孟应得刑法第一四五三条之处罚,包微芬一六五九条,麻司奴一四五四条。"

诸条之罚皆极重。

厅长言:"法庭暂休闭。"

众人皆随厅长起立,以为此事将了,皆现轻快之色,往来于法庭内。

格比得顾内希鲁言:"麻司奴今得苦工之罚,吾侪大误。"

内希鲁方与大尉有所语,未闻其言,惊问曰:"汝何语?"

"吾侪大误,未加入'无杀人之意'一语。书记适告予,律师判以十五年苦工之罚。"

大尉言:"已决定否?"

格比得言次甚激昂,谓:"彼既无劫财之意,亦自无谋杀之意!"

大尉言:"当审议完了时,予曾以此语众人,问有异议否,众皆无言。"

格比得言:"是时予适不在室内,汝何致为若是之决议?"

内希鲁言:"予实未思及此。"

"汝何以不思及此?"

内希鲁言:"此必须改正!"

"今已太晚。"

内希鲁视诸被告,皆寂默无声。兵士居其后。内希鲁脑际苦甚,西伯利亚之荒漠,将为弱女子长年工作之场,既远去,内希鲁或遂忘之。被弹之鸟,居猎袋内无多时,猎人将不复记念之矣。

第二十四章

格比得之言良不误,法官复出,厅长手执一纸读之:

> 一八某年四月二十八日,N城审判厅之刑事庭,据诸判事之所审判,依刑法第七七一条第三例、七七六条第三例及七七七条,判决:加西孟,年三十三岁,麻司奴,年二十七岁,剥夺公民权,罚作苦工,加西孟八年,麻司奴四年。

> 包微芬,年四十三岁;剥夺公民权,监禁三年。法庭费用由诸被告分担,若被告不能担负,由国家偿之。

> 此案证据物发卖,药瓶毁之,其戒指复归原主。

加西孟起立,以两手入裤袋,腮筋时动。包微芬状态仍甚安静。麻司奴闻此判决,面作深红色,忽大呼曰:"予无罪,予无罪! 予从来未怀恶意,予所言者字字皆真实!"复坐而长叹。

加西孟及包微芬离法庭时,尚哭不止,兵士禁之。

"不能若是遂了!"内希鲁言此,后追至长廊视麻司奴一次。门外辩护士、判事等言语嘈杂,皆以此案了结为快。及内希鲁出时,麻司奴已去远。内希鲁追及之,麻司奴已止哭,尚闻其长叹声,以所披红巾拭其面。行过内希鲁前,顾不识之。内希鲁急返视厅长,则既出,追及之于门外。

厅长已披外套,执银头木杖欲行。内希鲁呼曰:"厅长,予欲对适判决之案有所言。予为判事。"

"内希鲁公爵,良愿,吾侪曾相识。"厅长言次,与之握手。彼犹记遇内希鲁之夕,跳舞较诸少年尤有兴会。"予将何役?"

"麻司奴之判决甚错误。彼于毒杀事无罪,乃得苦工之罚。"内希鲁言次颜色黯然。

"法官据诸判事之答案为断,汝亦判事之一,法庭所断,虽与事实不符,亦不负其责。"厅长言次,身已出门外。

内希鲁此时乃忆及当众判事言"然有罪"之时,彼尚欲有所言,顾欲此案速了,竟未出诸口。

"然,今尚能更动否?"

"此事当商诸律师。"厅长言次,复执帽欲行。

"此时甚难。"

厅长对内希鲁状若甚亲敬,以手轻握其臂,言:"君亦欲行耳。"

内希鲁应曰:"然。"执外套与厅长同出。

是时日光照街衢,往来车类颇多,故二人交谈之声甚高。

厅长言:"麻司奴之判决有二途:据检察时所得之结果,彼实无罪,若君等之判断加以'无谋杀之意'一语,彼直释放耳。否则必得苦工之罚。"

内希鲁言:"予竟陷此大误!"

"此关系颇重要!"厅长言次笑视其表,距克纳纳所约时间,尚有三刻耳。

"若君有意,可速与辩护士商之。此须一人出名上控,然是易觅耳。"

厅长言次以手招马车。

"请乘车。"

"内希鲁君,若予能为君役,良愿。君识予所居也。"

第二十五章

闻厅长语后,内希鲁之心稍安。内思:"予必尽其所能以救麻司奴,且须极速。法庭内可询得法纳林或米克询二人之住址。"是二人为此城内最著名之辩护士。

内希鲁复至法庭,脱其外套,至第一长廊内,即遇法纳林。内希鲁趋就之,言有事相托。法纳林固识内希鲁,敬应之。

"予颇忙,若不需多时,愿即以君事相告。请入室内言之。"

法纳林引之入室,是为某法官室,各就坐。

"愿单简言君所欲。"

"乞君勿以此事语他人,谓予亦干预此事。"

"此理自明。"

"予今日为判事,误判一无辜者受苦工之罚,予颇苦之。"内希鲁言此红涨于面。

法纳林见之,急转眼去。言:"今何如?"

"吾侪误判一无辜妇人之罪,予欲上控,取消此判决。"

"至参议院乎?"

"今欲以此事托君手。"

内希鲁方欲言此案之详,顾红涨于面,但言:"一切费用,归予担任。"

法纳林微笑:"是易事,愿以案情相告。"

内希鲁以一切详情告之。

"甚善。明日予将集此案之文件读之。礼拜四晚六点钟,愿君至予家,予将有以报君。今予尚有事。"

内希鲁离去,遂出法庭。

与辩护士谈后，内希鲁以为救麻司奴之方法，今方进行，于心稍安。庭外日光甚丽，春气方新，车夫群至，愿以车进。内希鲁辞之步行，追念加玉沙及彼待加玉沙之道，其心甚悲。虽在春日中，犹觉气象之阴沉也。

内希鲁忽念及：不如至戈徐京家午餐，或可释今日所受恶感。乃急视其表，尚未甚迟。一公马车适过，乃追乘之。至某处易车，行十分钟，至讲武门戈徐京家。

第二十六章

门者见内希鲁，急开门迎之，且言："此间人待阁下良久，今皆方就午餐席，惟缺阁下耳。"言毕升阶，揱电铃报客至。

内希鲁除外套，问曰："尚有他客否？"

"哥罗梭先生、随克悦先生外，惟家人耳。"

阶上已有衣礼服着白手套之仆人立待，且言："敬导阁下。"

内希鲁经客厅入食堂，除公爵夫人苏非亚外，全家人皆在。食桌之上端，坐戈徐京老公爵；左边医士某；右边哥罗梭，早为军将，今为某私立银行董事，与戈徐京友善；其下为雷德小姐，乃媚息弱妹之抚母；下即其弱妹，才四岁；左边为披第亚，即媚息之弟，戈徐京惟有此子，方居某中学校第六班；其侧为某学生，方与披第亚为温习之事；他侧坐阿累西夫人，为戈徐京家之戚，年约四十；其侧为随克悦，是戈徐京表弟；食桌之下端为媚息，其旁设一空座。

"君来甚善，请就坐，吾侪方食鱼耳。"戈徐京言次与内希鲁为礼。戈徐京装假牙，言谈时仅微启其唇。

"司退彭来！"戈徐京呼其仆，目视空座。内希鲁知戈徐京甚悉，且常餐于其家，今见此老暗红之面，粗大之颈，背夹前悬食巾，颇为可厌。

司退彭应声言："当即预备妥贴。"言次启箧出银制刀叉之属，目视一有须之仆。此仆速就媚息侧空座，将食巾等整理一次。

内希鲁沿食桌行，与众握手。除老戈徐京及妇人外皆起立，与之为礼。其中有内希鲁素不与交一言者,今乃沿食桌一一握手,内希鲁殊觉不快。乃就媚息坐,且请恕其迟来。戈徐京知内希鲁不饮烧酒,惟小碟内有鱼虾乳腐之属,请其先食少许。内希鲁此时饥甚,食之颇有味。

哥罗梭笑问曰:"君今日亦判决有罪者无罪,无罪者有罪否?"

内希鲁颇嫌其无礼,不答一词,而连饮其方特来之羹。

媚息言:"彼方饥,可让彼先饮食。"言次状甚亲切。

哥罗梭乃述诸报纸攻击判事之事。随克悦和之,且述报纸上所载攻击判事之他事。

媚息衣服颇丽,当内希鲁停食时,顾之言曰:"君必甚倦且饿。"

内希鲁答曰:"此亦寻常。君今日曾至绘画博物院否?"

"予等未去,曾至庭球场耳,克鲁克君击球技良佳。"

内希鲁欲至此排闷,不惟因戈徐京家极奢华,与自己之感想适合,且因其待遇极殷恳,于意甚适也。然今日所见,皆不如意。自仆人以至媚息,甚至所饰花卉,所敷案几,皆不相称;其他诸客更无论矣。

当媚息称其名时,尤不可耐。内希鲁之对媚息,尚怀二意。以微闭之眼或月光下视媚息,则觉其美好聪明;于日光下视之,则觉其缺点颇多:面上已多皱纹,戴假发,指爪甚阔如其父。

哥罗梭言:"庭球戏颇不可耐,不如吾侪幼时所击大球,尚较为有趣耳。"

媚息言:"汝不识此戏耳,是非常有趣。"内希鲁窃念"非常"一字,甚为过当。

二人争执不已。随克悦及阿累西亦搀入发言,余皆含默。

老戈徐京言:"汝曹动起争执。"言次去其食巾,以几向后,某仆助之起立。

众人皆随之起立。至一桌上,具嗽口盂及香温水,皆嗽口。争执者尚呶呶不休。

媚息欲内希鲁助己,顾之言曰:"人心各不同,即对于游戏之事亦然。"惟见内希鲁状甚不乐,心颇危惧,苦不知其故。

内希鲁答曰:"予不能赞一词,因余向不识此。"

媚息言:"汝欲至吾母处否?"

内希鲁意颇不欲去,勉应曰:"可。"

媚息无言,顾颇怪之。内希鲁颇不安,内思:"予不应在此处发牢骚。"续言:"若公爵夫人愿见我,我固甚乐。"

"予母必乐见汝。汝可自由吸烟。哥罗梭亦在予母处。"

公爵夫人苏非亚有疾八年,卧床褥,以绒带绣衣拥之,旁列金银器、象牙器、漆器及花朵之属。虽不出所居室,而乐接其所谓宾客。内希鲁亦其诸宾客之列。囚人皆以内希鲁为有志少年,且其母与公爵夫人为良友,彼若娶媚息,尤其所欲。

苏非亚居室在大小二客厅之间。媚息行前,至大客厅,忽停留倚一镀金几上,目视内希鲁。

媚息甚愿嫁内希鲁,且以为内希鲁必娶之。其经营欲达此目的之法已久,今乃欲明言之。

"予知君必有不快事,君何所遇?"

内希鲁追思法庭内所遇,蹙双眉,面发赤,应之曰:"然,是实有非常希罕之事。"

"是何事,能告我否?"

"今尚未能。予亦自不能了解。"内希鲁言次面益发赤。

媚息移几而前,问曰:"君竟不以是告我乎?"

"愿勿复问此。"

"如是请偕往吾母处。"媚息言次摇其首,行步甚疾。

内希鲁见媚息紧啮其唇,勉止眼泪。彼实使媚息致是,心甚悲之,默然随媚息至公爵夫人室。

第二十七章

公爵夫人苏非亚午餐方毕,所食极丰饫,食顷不使人至其侧。其床侧置小桌,上具加非。彼方吸纸烟。苏非亚身段甚高,发褐色,牙齿颇长,双眼大而黑,具少年风度。

人皆言其与家用医生有关系,内希鲁亦熟闻之,顾不经意。今见此医生傍之坐,髭须甚美,颇为可疑。

哥罗梭坐其傍之一低几,方吸加非,其面前桌上置一杯烧酒①。

媚息偕内希鲁来,即独去,悄语内希鲁曰:"若吾母倦,汝去时可至予处。"去时面带笑容,室内铺厚毡,殊不闻其步声。

"良日。吾友,请就坐叙谈,"苏非亚言次笑露其美齿,"予闻君今日自法庭至,意颇不快,此必甚难受。"

内希鲁言:"然。予每思人无权判决他人之罪。"

苏非亚见宾客,每进谀词,复言:"君绘事如何?予良好此。若予非病,已早至汝家。"

内希鲁言:"予不复事此久矣。"其谀词之虚妄,如彼伪饰之年岁。内希鲁今日对此妇人,殊不能作亲切之状态。

苏非亚复言:"此甚可惜。雷平君言汝极有天才。"言次目视哥罗梭。

内希鲁内思:此妇人能作如是谎言,彼不自羞否?

苏非亚知内希鲁今日气味不佳,不能与为有趣之谈话,乃顾哥罗梭问最近戏曲如何。哥罗梭批评甚酷,且发表其对于美术之普通意见。苏非亚颇讶之,转为此戏曲之作者辩护,少顷复放弃其本意而调和二说。内希鲁虽目视二人,却无所闻见。苏非亚及哥罗梭皆非好戏曲者,饭后无事,以此为喉舌之运动耳。复见哥罗梭为葡萄酒、烧酒等所熏醉,所言皆无伦次。苏非亚言谈时屡窥视窗户,因日光透过照之,彼不愿受。

苏非亚口内尚答哥罗梭曰:"汝所言极是。"而以手按其床侧之电铃。此时某医士无言而入,若甚熟如家人。

仆人来,苏非亚呼曰:"菲立卜,汝可将前幔放下。"复言:"无神秘,是无诗曲。"是时仆人将前幔放下,苏非亚怒视之。

---

① 阿英选本作"利口酒"。——编者

复言："无诗曲之神秘为迷信,无神秘之诗曲为散文。"言次干笑,复目视菲立卜："菲立卜!汝当放下大窗户之幔,非此幔也。"声音若大病人,复以其戒指甚多之手擎纸烟吸之。

仆人鞠躬轻步而退,至大窗户前放下其幔,日光全被遮断。

哥罗梭去而复来,倚低几,以欲睡之眼视公爵夫人,且言："达尔文学说之一部分颇有真理,惟言之过当。"

内希鲁良久无言,公爵夫人忽问曰："汝亦说遗传说否?"

"遗传说乎?予决不信之。"内希鲁窃思室内所见,真一幅绝妙画图:仆人菲立卜身体发育极佳,可为画者模型;哥罗梭头突腹肥满;公爵夫人拥丝绒而卧,状尤奇特。内希鲁瞪视久之。

苏非亚亦注视内希鲁,且言："媚息必侍汝已久,盍往视之?彼或为君奏苏门之曲。"

内希鲁窃思:"彼又谎言,媚息从未为我奏曲。"乃握公爵夫人多戒指之手而退。至客厅内遇阿累西,以法语向内希鲁言:"汝受判事职之影响太甚。"

"然。予今日意气太恶,亦殊不欲取厌于他人。"

"汝何以今日意气甚恶?"

内希鲁言:"予不能答,望汝恕之。"

"汝不记平昔之言乎?人所言当真实。汝平昔亦无所不言,何今日独否?媚息,汝以为然否?"媚息适来。

内希鲁言:"前此游戏耳,游戏时可无所不言。"

阿累西复言:"汝不必矫正前言,可告予等实情,汝何以不快如是?"

媚息亦言:"人遇不快之事,讳而不言,最误。予殊不觉人生有不快之事,愿君来,吾侪为汝排解之。"

内希鲁每思身如一马,受人抚摩,遂被口衔。彼今日却不愿上口衔。言须即归其家。

媚息执其手良久,言:"愿君勿忘其友,明日复来。"

"或复来。"内希鲁言后忽内愧,急别去。

内希鲁已去,阿累西言:"是何密事,予必须侦知之。是或为恋爱关系,彼极可疑!"媚息欲言是必为不明白之爱恋,忽止而不言,面色顿变如死灰,双目瞪视,顾语阿累西曰:"吾侪有良辰,亦有凶日。"复思:予其被卖乎?据今日所见,彼意实不良。

媚息此时若进退失据。内希鲁向日对彼之态度极亲切,虽无婚姻之约,实与已约者无异,故媚息亦为内希鲁必娶己;今忽失之,殊难受也。

第二十八章

内希鲁步行归家,媚息之言,犹历历在耳,且羞且愤。彼与媚息虽无正式的婚约,而据媚息之意,内希鲁已为己所有;据今日所遇,实无复婚姻之望。内希鲁之态度,实无异于怒骂怨恨,非人所能受也。

内希鲁至家后,其仆随之人,食堂已豫备完毕。内希鲁言:"予不复晚餐,汝可去。"仆人言:"遵命。"却收拾食桌,尚未即去。内希鲁视之甚怒,以为己欲独处,而人故扰之。及仆人出,巴特奴复来。彼方欲自烹一杯之茶,闻步履声急,入客厅而键其户。此客堂即其三月前方死之母之卧室,双灯尚燃,忽忆及其母最后之情状,愈抑郁不堪。其母之病颇苦,最后彼殆不忍见之。

行至其母画像前。是费五千罗布请某名画师所绘者,着宴会装,衣黑绒衣,饰以线绣,两肩颈项胸膛,尤为画师经意之作,全像极美。

此画像之美人,即三月前死于此室内之腐尸。死后尸体即变,发出臭气盈室。内希鲁观画像时,若犹仿佛闻之。犹记其死前一日,以其柔瘦之手执己手言:"予生前或有不善之处,死后勿复念之。"言次眼泪迸落。又因画像忆及媚息,前数日彼赴跳舞会,着华衣,露其胸雪白如此画像。又忆及其粗暴之父,待其母颇不善。凡所忆一切事,皆足以触起愁苦者。

内希鲁复思:予当脱离瓦西马利之关系,且脱离一切关系。予当适外国,至罗马复学绘事,而先至君士但丁。此计良善,惟须先辞去判事职,且与辩护士商量妥协,乃能行耳。

　　忽又忆及加玉沙黑眼灼灼,如闻其受判决时之哭声。乃掷去所吸之纸烟,复燃一新者,往来行室内。犹忆其最后相遇时,加玉沙着白衣蓝带,赴教堂祈祷。"当是时,予实以最纯洁之爱情爱之。予初赴吾姑母家时,即已爱之。"复历历忆及往昔之事。当其年少时,所希望者,为纯洁之幸福,何以其后堕落如是!

　　往昔内希鲁与今日内希鲁之区别,恰如当日教堂内之加玉沙及今朝法庭内之加玉沙。当日之内希鲁,为一自由勇决之人,生活无碍;今则四周皆罗网,不自知其生活之目的,亦无处觅出路。当日诚朴真实,言无所欺,今则终日谎言耳。彼亦沈溺于此诈伪之生活以为乐。故不可救也。

　　彼既与瓦西马利及其夫有若是关系,尚能正眼视其所生之儿,而无所愧? 何以能不作他谎言,以脱离媚息之关系? 何以既信土地私有之不合公理,尚受其母之遗产? 何以赎其待加玉沙之罪,以金赠律师,使加玉沙免其本不应受罚之苦工罪,遂已足乎? 以金赎罪,如彼十年前所赠之百罗布、黄金,实罪恶耳!

　　内希鲁静念良久。忆其十年前,于长廊内以金纳加玉沙袋内即去,内言曰:"是何恶行! 惟贱夫鄙子,乃为是耳! 予则实为之!"于室内步行良久,复自应曰:"予实贱夫! 不宁惟是,对瓦西马利及其夫之关系,非卑劣而何? 复自为大地主,受非法之母产,而遂其奢侈之生活。予非贱夫,谁为贱夫? 人虽不罚我,我殊不能自欺耳!"

　　内希鲁念其对人之法,如对戈徐京、苏非亚、媚息以至己仆,皆不合于理。自咎良久。内希鲁向持净魂说,谓灵魂内每多污物来集,灭去善根;历许多时后,非净洗一次不可。每一次净魂后,内希鲁辄欲保持其新生活,而此世界殊不容之,未几时,复经罗织而去,且较前愈堕落。

　　内希鲁历此者凡数次,方其初入营时,其生活殆无复节度;及后离军营,适外国,从事绘画,乃复持净魂之戒。

　　自彼时至今日,已久忘净魂之事,其灵魂已久为污垢之所埋藏;今又复猛醒,然洗净已不容易。自思:予每思向上,每欲为善,而终无所成就。予其可不复作此想矣! 然此时内希鲁神灵之本性甚强,殆不可复灭。内希鲁持此以作一切工夫,皆不难也。

内希鲁忽大言曰:"予将破碎欺谎之机械,不受其牵制,一切以真实出之。且以实情告媚息,予实为一罪人,不当娶彼。予亦无言对瓦西马利(某大将妻)。然予将告其夫,谓予实一贱夫,曾欺之。予将捐弃吾母之遗产。予将若加玉沙,彼陷于今日之地位,实予之罪,将尽吾力以拯之。且求其恕宥,或遂娶之。"

内希鲁叉手于胸而立,如其幼时,以目向天言曰:"上帝助予,示予以当行之路,来居我心,使能荡涤一切瑕秽。"

复祷告良久。此时内希鲁不惟觉心内轻快,且觉有力为善,凡一人类能为之事,彼皆可为。

当彼祷告时,眼泪满面,是为善泪,亦为恶泪——恢复久已泯灭之神灵的本性,快乐而流泪,是为善泪;心地复明,道德复归,因感动而流泪,是为恶泪。

内希鲁复开窗视其亭园:月光已出,风声不起,一切皆新洁。时有车声过街上,又复寂然。窗前一黄杨树垂影至石阶上,左边屋盖在月光下作纯白色,树枝有时相交其后,现一高篱之影。空气鲜洁,内希鲁呼吸久之。

内希鲁乃呼曰:"美哉! 神秘之上帝!"是非受月光及空气之感触,而为此言,乃因其心内另受一种清洁之气,故发为若是之感觉也。

第二十九章

麻司奴自法庭归狱,行十五俄里,晚六点钟始达,已极倦且饥,又受不当之判决,意气极消沉。

二兵士监之,休庭时食面包及蛋。麻司奴虽甚饥,顾不屑向人乞食。后历三点钟,彼已不复觉腹饥,惟极疲弱。乃重忆其判决之词,其始尚以为误听耳;复忆及法官及诸判事庄严之态度,若以其判决为甚平允者。且当判决时,自己泣呼冤枉,已无人倾耳,其景象乃历历在目。乃复痛哭,知此事已不可挽救。惟怪法官、判事皆对彼颜色颇霁,何以与彼以若是之酷罚？

惟国用律师对彼颇不善；其余人当休息时，有至待审室户外来相视者。今虽无罪，亦受苦工之判决，乃复痛哭。坐待审室良久，颇欲归狱，且欲吸烟。此时加西孟及包微芬亦来。

包微芬见彼即詈骂："贱人！固当受苦工罚！今后或不复作恶耳！"麻司奴低首坐，以两手伸入衣袋内，惟言："予不扰他人，愿他人亦勿扰我！"麻司奴此时疲极，不欲多言。加西孟及包微芬复去，麻司奴意稍舒。此时某司事来，与以三罗布。

"汝即麻司奴否？"

麻司奴点头应之。

"一妇人以此赠汝。"言次以三罗布与麻司奴。

"妇人为谁？"

"速取之！汝以为予将与汝闲谈乎！"

此三罗布为麻司奴主妇季达芙之所赠。当其离法庭时，问委员："可以金赠麻司奴否？"委员曰："可。"彼即开其丝衣上三纽之袋，中有银票甚多，检出三罗布之票托委员交麻司奴。委员当时即托此司事持去。

季达芙尚顾此司事言："愿勿误投。"

司事闻此言颇不快，故对麻司奴意颇不善。

麻司奴得此颇乐，因是可购其所需要者。

内思曰："设今能得纸烟则善矣。"此时彼唯一之希望为吸烟，闻烟气自长廊来，愈触所好。此时书记某与其同事者有所争执，竟忘遣麻司奴去。

时已五点钟，二兵士监麻司奴自法庭之侧门出。麻司奴以二十叩配与一兵士，央其代购小面包及纸烟。兵士许之，且以余金相还。惟途中不许饮食，更不许吸烟。至狱时已极惫。同时有一百囚人自火车站来入狱，混杂不堪，老少皆有，亦有非俄国人，或上足镣，与麻司奴同集狱院中，汗臭不可闻。见麻司奴，皆注视，或手抚之。

一人呼曰："美妇人！是予小姑母。"

他一黑汉多髭须者,来以手抱之。麻司奴怒推之。彼言:"旧女友!汝不复识我乎?"

其后监狱副官叱之:"贱奴!汝何为!"

诸囚人乃退至他侧。副官乃顾麻司奴言:"汝在此何为?"

麻司奴欲言方自法庭来,顾极愈不能言。

一兵士以手向帽,与之为礼,言:"吾侪方是法庭归来。"

"速去告监狱者,此间不能为无秩序之事。"

"遵命,阁下。"

"苏哥鲁来!"副官呼某司事名。

此人来,怒拍麻司奴肩,引向妇人监室,搜其身殆遍。麻司奴以小面包及纸烟藏袖内,未被搜得。麻司奴入监室内,此人亦去。

第三十章

麻司奴所居之室,长九俄尺,阔七俄尺,具二窗,中有火炉,叠木板为床。向门处置圣像,已为烟熏黑,旁置蜡烛。门左边有木板,所以置水桶者,已年久污黑。室内方受检察,门已加锁。

室内有十五人居之:十二妇人,三小孩。时尚未昏黑,二妇人已睡。其一有神经病,以衣蔽头而卧,彼因无护照,故入狱,已睡熟。其他人甚病,因窃物故被拘,尚未熟睡,亦以衣蔽其面,欲勉止其咳。余人徒首着粗麻衣,有坐板床上者,有立窗前视他囚人行过者。三妇人同坐向窗处缝一粗麻布袋。其一名叩纳奴,即今朝至门首与麻司奴说话者,颜色黑暗,身段颇高,苍发垂额际,束为一辫,着头巾,腮上生一瘤,已被罚作苦工。因其夫虐待所生女,彼以斧击其夫。此妇人为此室长,亦闲饮烧酒;戴眼镜,以三指作缝工,如他村妇。其旁一黑发矮妇人,眼亦黑色,为铁路守护妇,因不经意致铁路失慎,被罚监禁三月。其他一妇人为甚勤之裁缝妇,名非豆息,面上红白分明,眼色明蓝,以褐布包其首,年颇幼。因欲毒杀其夫被囚。彼年不过十六岁,初婚后即欲毒其夫,纳金释之,复与其夫和睦。至法庭审判时,二人情爱甚挚,其姑亦甚爱之,颇尽力证其无罪。然被判决至西伯利亚作苦工。甚活泼,时有笑容。与麻司奴连床而卧,不惟甚爱麻司奴,且时为之服役。

他二妇人闲坐床上。其一年约四十岁,面色枯瘦,其年幼时或甚美。手抱一小儿哺乳。乡间征兵,其侄某亦被征,乡人以为不合法,逐征兵者而强留其侄,此妇人亦出而勒其马缰,故至此。他妇人伛背皱面,甚矮小,发苍白,一四岁小孩过其前,彼欲执之,此小孩笑而走,且言曰:"汝竟不能得我!"

此妇人及其子以放火罪入狱。此妇人亦受之无怨,惟颇苦其子耳。又其夫年已老,彼离其家,必无人服伺,当为蚤虱所困,污秽不堪也。

除此七妇人外,尚有四妇人立窗前,手扶铁栏杆,与院外囚人谈话,即麻司奴适为所苦者。其一妇人犯窃物罪,身段颇高,发红色,面颈上具褐色瘢,手上亦然,以高声向院外漫骂。其傍一妇人两目距离甚宽,双腿颇短,上唇短不能蔽其齿,其高不过寻常十岁女子,向院外痴笑,犯窃物放火罪入狱,因其爱修饰,人皆以孔雀呼之。其后立一妇人,颇污秽,着灰色衣,弱瘦可怜,亦因窃物罪入狱,笑视院外。又一妇人立窗前,犯未得许可贩卖烧酒之罪,身段颇小,面貌良善,有一七岁之女及小儿,因无处寄放,皆携之入狱,目视院外诸囚,意颇不快。其七岁之女,发色浅褐,执红发妇人之手,闻其漫骂,亦窃效之。又一妇人为某教堂门者之女,因溺女罪入狱,身段颇高,发乱不理,赤双足,往来行囚室内,着灰色衣,颇污秽。

第三十一章

当麻司奴推门入时,众妇人皆转睛视之。某教堂门者之女亦停立视之半晌,顾无所言,复往来行室内。惟叩纳奴以针插所缝灰布内,顾麻司奴言:"汝已归乎,予信汝必得无罪之判决!"言次声音颇高,去其眼镜,以所缝衣置木板上。

某铁路守护妇言:"吾侪已料彼等必宣告汝无罪。小燕儿,汝或更得偿金。汝乃居法庭如是其久。速言之,使吾侪亦为汝快乐。"

非豆息见麻司奴状态不善,以其深之蓝眼善视麻司奴,且言曰:"汝或受罚否?"

麻司奴皆不答,默然就座,居叩纳奴之次。

非豆息起立就之,且问曰:"汝必尚无所食。"

麻司奴尚不答,探所购小面包出,除去其衣,复就座。

佝背之老妇人——方与小儿戏者——亦来就麻司奴立,频摇其首,若甚怜之。

其儿亦随来,瞪视麻司奴携来之小面包。此时麻司奴唇颤欲哭,顾勉止其泪。见此小儿来,忽视小面包,忽视己。乃浩然长叹。

叩纳奴言:"予已告汝,当雇一良辩护士。今何如,得流刑乎?"

麻司奴欲答之,顾不能发一词。出其所购纸烟,其盒上画一红色妇人,发甚光洁,与叩纳奴。叩纳奴视盒上之画,频摇其首,意以为麻司奴不应若是费其钱。取一纸烟就灯上燃之,一吸后复以与麻司奴。麻司奴尚哭不止,顾取烟吸之,数次后复灭其火。

最后哭而言曰:"苦工之罚!"

叩纳奴呼曰:"此辈吸人血者,不畏上帝之罚,乃为此冤判!"

此时立窗前之诸妇人忽大笑,小女孩亦笑,院外囚人不知何所为,引起诸妇人笑之。

红发妇人呼曰:"试观此犬何为!"言次大笑,全体摇动,以面倚铁栏,且向院外漫骂。

叩纳奴见此颇怒,复问麻司奴曰:"若干年?"

麻司奴答曰:"四年。"言次泪如泉涌,纸烟亦湿,怒弃之。复取他一纸烟。铁路守护妇虽不吸烟,却拾此弃烟重整之,且顾麻司奴言:"小燕儿,此世界已不复有公道!吾侪皆以为汝必得无罪之宣告,彼等乃加汝以重罚。予今日意态颇恶,料汝或得冤祸也。"

最后诸囚人离去院外,诸妇人自窗前来就麻司奴。

某酒店主妇偕其女儿先来,问曰:"如何,汝得何酷罚?"言次傍麻司奴坐。

叩纳奴言:"然。彼因无金故,乃得酷罚;若有多金,得良辩护士,必无罪也。彼长发高鼻之辩护士,能得之则善矣。"

孔雀言:"彼视千罗布如无一物,何能得之?"

某老妇人以放火入狱者言:"运命亦何常之有?予年已老,亦偕予子入狱。狱中囚人,街上乞儿,皆不可救,等耳。"

某酒店主妇复言:"人何故卖烧酒?予儿须得食耳!"言次牵其女儿至两膝内,以手抚其首。

麻司奴闻此妇人言,颇思得烧酒,顾叩纳奴言:"予从何处可得烧酒?"言次以内衣拭其泪,复长叹。

叩纳奴言:"若汝有金,何不能得烧酒?"

第三十二章

麻司奴以纸币与叩纳奴,叩纳奴固不识字,视之良久,以示某好修饰之妇人。此妇人言是值二罗布五十叩配。叩纳奴乃至火炉边出其所藏烧酒,老妇人皆退,麻司奴去其衣裳上之尘土,取小面包食之。

非豆息言:"予已为汝备茶,历时久,或已冷矣。"言次出一马口铁茶壶,以脚布裹之。

茶已冷,或已无茶味,仅有马口铁味耳。麻司奴得此良喜,以小面包入内透湿食之。

"芬纳客来!"麻司奴呼小儿名,以小面包一片与之。

叩纳奴以烧酒与麻司奴,麻司奴饮之,且劝叩纳奴及好修饰之妇人饮。此三人为此狱室内贵族,因其有金时,每以分与他囚妇。

数分钟后,麻司奴意气复旺,乃详述法庭内所遇之事,且效某律师之态度发言,且言诸男子甚注视之,有随行至待审室来相视者。

某兵士言曰:"彼等皆为汝故来耳。彼等故来问公文或他事,其实意不在此。"

铁路守护妇言："男子固如是。男子见美妇人，如群蝇附蜜；虽不能得，聊且快意。"

麻司奴复言："此间亦复如是。有囚人一群自车站来，相逼颇甚。其中一人尤无赖，予殊不知避之之法，幸监狱者来逐去之。"

好修饰妇人问曰："其状貌如何？"

"黑发，多髭须。"

"是当为彼。"

"何人？"

"许切娄，彼适过此庭院。"

"许切娄为谁？"

"汝乃不识许切娄乎？彼被流至西伯利亚作苦工，逃者二次。今被捕，复欲逃走。此人甚危险，监狱者亦惧之，彼终当复逃耳。"此好修饰之妇人能识字，每为诸囚人读书简，故悉一切事。

叩纳奴言："彼虽逃，终不携吾侪同去，是何与吾侪事？麻司奴，汝曾与辩护士商及诉冤状否？"

麻司奴言彼不知此为何事。

此时红发妇人来，以其多癍之手伸入发际，频搔其头，搀入言曰："汝当申明不服判决，且去见国家律师。"

叩纳奴怒呼曰："此不预汝事！予知汝颇羡烧酒，然偏不给汝。吾侪知所当为之事，不需汝。"

红发妇人言："予固未与汝言。"

叩纳奴言："汝特为烧酒来耳！"

麻司奴言："可以烧一杯酒与之。"

"予当与以……"

红发妇人言："试为之，予良不惧汝！"言次以身就叩纳奴。

"狱中之鼠！"

"是即汝！"

"贪食者！"

红发妇人怒呼曰："予为贪食者,汝实作苦工之罪人耳！"

叩纳奴言："汝可速离去！"

红发妇人益近前,叩纳奴推其胸。红发妇人已防之,伸手握叩纳奴之发,且欲以他手击其面。叩纳奴接住其手。麻司奴及好修饰之妇人急牵此红发妇人之臂,此际握发之手微松,叩纳奴手击之。诸妇人齐来,欲解开二人,虽肺病妇人亦起立。诸小儿惧不敢出声。监狱妇人亦来,二人乃释手。叩纳奴从容去其发上之梳,红发妇人重整其破碎之内衣,使蔽其胸。二人皆狂呼,自诉其有理。

监狱妇人言："是皆烧酒所致。明日予将告监狱长,彼自有驯服汝等之法。予已觉烧酒气,速弃去之。若觅得,殊于汝等不便。予今无多时间为汝等判曲直,速归床卧！"

诸妇人一时尚不能宁静,漫骂声,评论声,呶呶不休。监狱妇人出去后,渐各归其所。年老者立圣像前祈祷。

忽闻红发妇人言："是绝妙一对作苦工妇人。"及他恶语。

叩纳奴反骂之："汝亦终有作苦工之日,予将塞汝喉。"

红发妇人复言："若监狱妇人不来,予将使汝打成一块！"

尚骂詈数次后,渐归宁静。

众妇人皆睡,四周闻鼾声,惟某老妇尚立圣像前祈祷。某教堂门者之女复起立,来往行狱室内。

麻司奴殊不能安睡。彼无辜得苦工罚,包微芬及红发妇人已以此相詈,当作苦工时,不知复何如。叩纳奴在邻床以背向之,忽转侧面向麻司奴。

麻司奴低声言："是真予意料所不及,乃无辜受罚！"

叩纳奴欲慰之,言："西伯利亚亦有居人,勿以此为忧。"

"予安居已惯,焉能受此！"

叩纳奴长叹,言："人当顺受上帝之所欲者。"

"小姑母,予亦知此,但终难受耳。"

二人复默然。

叩纳奴复低声言："汝不闻彼哭声乎？"红发妇人卧对面床上,心念求烧酒不得,反被扑打,又其全生之历史,皆被人打骂之事,故不禁痛哭。彼念初次与工人某相爱,后以强水灌之痛甚,工人某乃与其僚旁观而笑。彼以为夜深无复人闻之,辄号啕大哭。

麻司奴低声言:"吾甚怜之。"

叩纳奴言:"彼诚可怜,然谁教彼为恶!"

第三十三章

内希鲁次晨睡起,神智极清明,加玉沙及法庭经过之事故,历历在目。窃念自此以后,所言者当真实,不应复为虚诳。

尤可奇者,彼所待瓦西马利之覆函,今晨忽来。函内言彼许之以完全自由,且祝其所图婚事之成功。

内希鲁自念:吾已复无婚姻之念矣。

内希鲁昨日欲以一切详告其夫,今复念不当如是,彼固不知此事,予何故使其陷于不幸。若彼问我,则当实告之;否则徒增彼苦恼耳。

彼复念:对媚息亦不能以一切实告。以此等事告一纯洁之处女,实为渎亵。惟此后不复至戈徐京家,当彼质问,乃以实情告之。

其对加玉沙则何如?内希鲁自思:"予将往见彼,求其原恕,若无他法,则娶之。"牺牲一切,甚至娶加玉沙,使其得道德上之满足,为内希鲁今日所切念者。

晨兴以来,内希鲁之精神充足,未有如今日者。彼往觅巴特奴,告以辞别之意,且云即当迁去。巴特奴念内希鲁不久当结婚,必须留居此广厦,今遽闻此言,甚为惶骇。内希鲁言:"巴特奴,予对汝之劳役,实甚感谢。惟予今已不复需此大宅及多仆役,望汝复助予收拾一切家具,俟予姊那他沙来与之。"

巴特奴摇其首,且言:"彼当不须此,汝之居宅如何?"

"予已不复须此。且为我告仆人可奈,言此后不复需彼,我将给以二月工薪。"

"内希鲁君,是诚非计。汝虽欲适外国,当汝归时,终须居宅耳。"

"巴特奴,汝实误会,予不适外国。"言次红涨于面。内念予将实告之,此事终不能隐也。"昨日所遇事颇特奇,汝不记姑母家之加玉沙乎?"

"然,予曾教之缝纫。"

"此加玉沙昨日在法庭审判,予为判事。"

"嗟乎,上帝!是何不幸事?彼何故至法庭?"

"为谋杀故。是实予之过。"

"是与汝何干?内希鲁君,汝今日所言甚奇!"巴特奴言次以眼视内希鲁,彼已知其曾一次与加玉沙有关系。

"是实予一人之罪,予因此故,已全变将来之计画矣。"

"何至因此事影响及汝将来之计画!"

"是甚易了解:彼至于此地位,实予之过。今当尽予力之所能以助彼,实予将来之义务。"

"是惟君意所择耳。君实无大过。若是之事,世上常有,予实不解君何以引为大过。彼所为暧昧,予早有所闻,此诚彼一人之过耳?"

巴特奴言次意颇坚决。

"是实予之过,故予今当尽补救之道。"

"是诚当然。"

"此事当任予为之,汝之将来如何,吾母所愿……"

"予殊不自为计。君母待我良厚,予何敢他有所望。予已嫁之侄女,已久欲延予至其家;若此处不复须予,予将至我侄女家耳。君何为关心如是?"

"予尚有需汝之处,烦汝赁此家,兼保管一切家具。汝助我实多,用申感谢。"

此时内希鲁实起一大转机,彼自念曾为恶行,深自愧悔,故对人极良善,此时对巴特奴及其仆可奈亦然。

内希鲁复乘马车至法庭,较之昨日,已迥然二人。彼昨日于与媚息结婚一事,尚未断念;今则以为万不可能。昨日尚念彼若娶媚息,必为媚息之幸；今日则自以为不值为媚息夫。"若彼知我所为如是，彼将拒我不见。当彼与他人友善时，予颇不怿。彼虽欲嫁我，我心何能安？试思今在囚室内者，明日或送至西伯利亚。予何能与予妇享欢乐，见宾客乎？且予既与某大将妻有所染，何能与其夫同坐县议会，从容商议学校事乎？是何贱行！即绘画一事，予亦终无所成就。予终不复为此类事矣。"静思良久，亦自觉转机已定，殊甚自怪。

"无论如何，今当见律师问上控之事；且往见加玉沙，告以予之心事。"彼自念今复见加玉沙，当告以愿尽力相助，且愿与之结婚，以赎前愆。此时内希鲁不禁泪盈双眼。

第三十四章

内希鲁在法庭长廊内遇某委员，问既判决之罪人所在，且问得何人之许可，乃能与之相见。某委员应以当判决后，尚未生法律上效力之时，罪人分居诸狱室内，欲与之会见，须得国家律师之许可，且言："俟法庭审判毕后，予将引君至彼处。请君在法庭少待，会将开审。"

委员待内希鲁甚恭，内希鲁谢之。自入判事室，诸判事适出，将入法庭。某商人适饮过烧酒，与内希鲁为礼甚欢，如遇旧友。格比得亦笑而相迎，如其故态。

内希鲁雅欲与诸判事说明其与昨日被告之关系，内忖曰："昨日审判时，予已当起立宣告予过。"及彼偕诸判事入法庭，详思昨日经过之事，意气忽怠，不愿发言以搅之。

法庭初开，诸判事发誓，厅长演说，其手续一如昨日。

今日所审判者，为偷盗案。被告者为年约二十岁之弱瘦少年，面无血色，着灰色衣，二兵士抽刀守之。彼坐被告座上，呆视庭内往来之人。所犯之罪，为曾偕一友窃一帛，值三罗布六十七叩配。警察于街上见之，质问后，二人皆被捕获。其友为铁工，已死于待质所内，故彼今独自受审。所窃帛置一桌上，以为证物。

审问之手续，一如昨日。证人等发誓受质问。其证人即某警察，应答厅长、律师及辩护士等之质问，其状极恭谨，然心甚怜此被告之少年。

他一证人，即此帚之主人，年岁已高。国家律师问彼需要此帚否，彼愤应良不需此，且呼曰："予良愿此帚永不复见！予因此受许多苦痛，诚非予意料所及。予固良不需此，今为此故，已去马车费五罗布，予固多病，今为此频至法庭。若人能舍我，虽多费数罗布，亦予所愿。"

被告承认一切所犯，其状貌怯缩，如被捕之小兽。凡所质问，无不供认。

此案已经明了，国家律师仍现其昨日之状态，为严厉之质问。其控告演说内，谓于有居人之宅内窃物，罪应加等。

辩护士某驳之，谓被窃之宅内实无居人，犯罪少年已一切供认，此殊非重要罪案，如国家律师所云。

厅长之状态亦如昨日，若公正无所偏袒，且对诸判事详说案情，然彼等已十分明了。此时宣告休息，以便诸人吸烟。法庭开闭之际，由委员某宣告，其声颇高。监视被告之二兵士，时时欲睡，仍勉抽刀立。其景象一如昨日。

审问时，被告言少时失父，初作工于一烟工厂，凡五年，后工厂主与工人起冲突，彼与他工人同离去，遂无他业。彼好饮酒，所携金已尽，住某客店内，识某铁工，亦失业闲居，好饮酒，遂入某人家窃物，随为警察所执，彼亦供认不讳，遂入狱。某铁工已毙于狱内，彼今独居被告座上。国家律师欲保持社会，乃欲以重罪坐之。

内希鲁独思："此罪案亦如昨日之加玉沙，予等独无罪乎！予实为欺骗者。识我者不惟不鄙弃我，反敬重我。此可怜之少年实无罪，如他常人，贫穷无职业，遂从其友人行窃。彼实无大罪可言。"

"人之生活，苟无欠缺，必不致犯罪。彼若有父母指导工作，或有良友朋扶助，谓窃物不正当，彼必不致如是。彼既无良友朋，乃识一虚伪之酒徒，生活不依正途，故彼至于是。"

"今彼因前此所作苦工致疾病，又与恶人往来，无职业，无所得食，乃窃一至微之物。今审问者不察其犯罪之原因，以谋救正之方法，乃欲加以重罪。岂非世间至奇之事乎！"

内希鲁凝思良久，殊不觉法庭内经过何事。

第三十五章

审问后宣告休息，内希鲁亦出，决意不复入法庭，为此恶戏，任彼等如何待此少年。内希鲁问国家律师在何处，往就之。仆人谓律师有事务，不任其入。内希鲁不顾，复转问他职员，谓自为判事，有要事须见律师，烦其通报。内希鲁衣服甚都，又有公爵头衔，遂引入。律师起立迎之。

"汝何所欲？"律师言次状甚严重。

"予为判事，名内希鲁，愿与被告麻司奴有所言。"内希鲁言次面起红潮。彼内念此时为其全生之大转机。

国家律师之身段中等，面色颇暗，发短，眼奕奕有光，髭须亦短。

"麻司奴乎？予记忆之，彼为毒药案之被告。汝欲与彼言者何事？"律师忽自念所言太不亲善，复言曰："予须知汝所需言者为何事，乃能见许。"

"予因最重要之事，必须见彼。"内希鲁言次意气颇激。

律师注视内希鲁良久，问曰："彼已经审判否？"

"是，昨日彼判罚作苦工四年。彼实无罪。"

麻司奴无罪与否，固为此律师之所不顾，更言曰："若是彼昨日方受判决，此判决未生法律上效力之时，彼必在临时监狱。彼处探视者有一定之日期，汝可于彼处询问之。"

"予须见彼，愈速愈佳。"内希鲁言次口唇微颤动。

律师问曰："是何故？"

"彼无罪而得苦工之罚，实予之过。"此时内希鲁所欲言尚未毕。

"汝有何过？"

"予曾一次诱之，故彼今至于此。否则必无人疑其谋杀盗窃。"

"予不审此与汝会见事有何关系？"

"予将从之，且娶之。"内希鲁言次泪盈双眼。

"乃若是乎！是诚非常之事,若予不误,汝实县议员!"律师忽思前此曾闻其名。

"请恕之,是与予今所要求之事无关。"内希鲁言次若不能忍耐。

"自然无关。汝之所愿,实与寻常相去太远。"律师言次微笑。

"请言予能得汝许可否?"

"许可乎?予当即以通行券与汝,请稍坐。"

内希鲁仍立待。

律师书通行券后,以与内希鲁,且凝视之。

内希鲁言:"予尚有一事相告,即此后予永不复以判事资格至法庭。"

"此事当具以原因报告法院。"

"其原因即予以为法庭皆无用,且不道德。"

律师闻此言微笑,且言:"若是,若是?予为国家律师,诚不敢附和此说。惟汝之意见,当于法庭公言之。人或承认汝说,不然,汝当罚金。君今盍至法庭。"

内希鲁言:"予已告汝以予之过,今不愿复与他人言。"

"是予之荣幸。"律师言次低首为礼,以速其去。

内希鲁去,一推事来,入国家律师室,问曰:"适来此者何人?"

"是为某县议员内希鲁,适来发表其异想:彼为推事,被告者有一人判作苦工,彼言数年间曾诱此人,今当娶之,汝赞成此说否?"

"是不可能。"

"彼所言如是,词意颇激。"

"今日之年少者,每越常轨!"

"彼已不复年少也。"

第三十六章

内希鲁别国家律师后,即乘马车至临时监狱。顾此处无麻司奴其人,狱官言是或尚在待审狱内,内希鲁复乘马车向待审狱。

麻司奴实被囚于此。

临时监狱距待审狱极远，内希鲁至此狱时，天色已晚，守门者不许入，遂掣铃呼狱吏来。内希鲁以通行券示之，狱吏言是非得狱长之特别允许不可。内希鲁复向狱长居宅，方至门首，闻比牙琴声。寂寞幽僻之区，闻此颇奇。一女仆来启门，琴声愈清晰。所弹者为李赤所作著名歌曲，弹之颇佳。惟弹至一定音级后，复停而更始。内希鲁问狱长所在。

女仆答："狱长外出。"

"彼即返来否？"

此时琴声忽止，一妇人言："可告彼：狱长不在宅，今日或遂不归。彼今夕赴宴饮。顷已深夜，何相扰乃尔。"

琴声复作，忽闻推椅声，琴声又歇。此弹琴者若颇怪此不速之客，深夜相扰，欲自出而斥之。

一女子出，面纯白，目凹，梳高鬈。向客言："予父外出。"彼忽见内希鲁衣服甚都，顿改其声调，言："请入内，君何所欲？"

内希鲁言："予欲见一囚人。"

"政治犯乎？"

"否，非政治犯。予已得国家律师之许可。"

"予不知此等事，吾父适不在家，君盍入内？或君往见副狱长，彼必在办公处。君何名？"

内希鲁不答而去，仅言："深谢。"

门闭后，琴声复作。内希鲁行至庭外，遇一少年武官，乃向其问副狱长之所在。此人即是。内希鲁以通行券示之。此券只适用于临时监狱，于此无所用。此人复言："无论如何，此时已过迟，汝可明日来。十点钟为与囚人相见之时，狱长亦必在。凡与囚人相见，皆在普通接待室，若狱长特别许可，可在特别室。"

内希鲁复返其家。途中忽念今日与国家律师所言之事，且奔驰终日，竟不得一见加玉沙，意甚激动。至家后觅得其久不记事之日记簿，书下文于其上：

予不书日记簿者已二年,念今生不复为此儿戏之事。今转念此诚非儿戏,是乃与真诚神圣之自己交际之法,表现其心之所怀。予前此常为之,今乃荒弃已久矣。四月二十八日,予至县法庭为判事,于被告座上见予所欺之加玉沙,身着囚服,因奇特之误会,及予之疏忽,彼遂被罚作苦工。予方往视国家律师,觅其所在之监狱,尚未得见。惟已决心牺牲一切,以补予过,虽娶之亦所不辞。上帝助予,予将奋勇以贯彻此目的!

第三十七章

此夕麻司奴良久不能熟睡,目视狱户。教堂门者之女,时往来其侧。彼自念命运已定,至萨加连后,决不与其间之工人结婚。彼处或有书记、官吏悦己者,惟恐身体或因作工弱瘦,遂无望耳。彼复念某辩护士甚注目相视,虽厅长及往来男子皆然。季达芙来狱中相视,告以从前爱彼之某学生,犹频来问讯,甚为加玉沙叹息。前日买面包,市面包者曾多与之,其人甚可感。一切杂感,皆于不睡之夕,萦绕头际。

惟永不念及内希鲁。因每一念及其幼年之事,辄非常苦痛,故数年以来,决意不复念及其幼年快乐之时,及与内希鲁恋爱之事,乃至此等事于梦中亦不复现。至法庭时,彼实已不复识内希鲁。此非因内希鲁当年为少年武官,短须长发,今已髭须满腮也。今加玉沙已永不念彼。当内希鲁自战场还家之深夜,不来视加玉沙,加玉沙对彼之恋爱,已无复留遗矣。

当是之时,加玉沙惟望与内希鲁重见,故不觉其所处地位之苦。其腹内之小儿时时跃动,彼觉之,反增其欢欣。自此夜后,彼对此小儿亦无复爱情,惟以是实彼之重累耳。

姑母亦待内希鲁来,且作书招之。内希鲁复电,言途中不能停滞,彼须于定期内至彼得堡。加玉沙闻之,乃决意自往停车站候之。其车于夜分二点钟通过。当其晚工已毕,邀厨妇女马徐加为伴,着老羊皮靴,以巾围其首,步行向停车站。

夜深黑,风雨甚急,雨点颇大,来打其面。出门后,昏黑不复能辨路径。行至树林间,如处炉内。加玉沙虽知其路甚悉,亦不免迷失方向。及其至车站时,火车已先至,在此惟停留三分钟。第二次钟鸣,已将复发,加玉沙方奔来。车内灯火灿然,内希鲁居头等室内,坐绒椅上。其对面坐他武官,二人方为纸牌戏。桌上燃烛,内希鲁着军服,方倚几而笑。加玉沙奔至窗前,以指叩之。适值汽笛高鸣,车方开动,初向后,复向前。某武官手擎纸牌,向窗而望。

加玉沙复以指叩之,面倚窗板。此时车已向前开行,加玉沙随之而走。此武官欲开窗,仓卒不可能。内希鲁亦起立,自来开窗。此时火车开行已速,加玉沙趋就之。当窗开时,火车行已极速。车站职员急来车旁,曳加玉沙去。

加玉沙遂失其最宝贵之数秒钟,复沿车台路,行至尽处,几遭倾跌。降坡而下,行湿泥中,头等车已过,二等车及三等车来,其行更速。暴风横起,头巾已被卷去,衣服被吹,卷其两腿,彼尚踯躅向前行。

马徐加呼曰:"加玉沙,加玉沙!"此小女儿欲追随加玉沙,顾已倾跌在泥泞中。加玉沙忽念:复远行无益,此事已矣。

乃呼曰:"彼坐明车内绒椅上,谈笑饮酒;予乃在昏黑之风雨中。"彼已倦极,遂仆地痛哭。马徐加来,衣服虽尽湿,以双手抱之,复以软语劝其还归。

加玉沙不答,默念:"若复有车来,予将跃入车轨,是即予之最后。"此时腹中小儿复跃动,若欲上冲至心腑。此时彼之怒潮复消,念徒死亦无益,徐拭其泪,自湿地上起立,略整其衣,就还家之路。天色将曙,彼全身透湿,复被泥泞,倦极归其家。

自此日后,彼所怀全变。前此彼最信上帝,且以为凡人皆当信之。今以为此皆虚伪,爱彼之人,即彼所爱者,已弃之如遗。女主人谓其服役不如从前,亦弃之。世间之人皆与彼若无关系,男子之来就彼者,徒为欲乐耳。彼所识之某著作家亦云:"人生之真快乐,惟诗歌与审美而已。"

世人皆为己而生,追逐快乐。其所谓上帝及真理,皆诳语耳。彼常念:此世间人,何敢互相为恶,彼此相逼?解此问题,惟须烧酒耳。故彼吸纸烟,饮烧酒,以为此独能排解一切苦障。人生几何,烦忧复何为!

第三十八章

次晨为礼拜日,早钟已鸣,麻司奴朦胧晏眠,为叩纳奴之所呼醒。

麻司奴醒后,自念予今乃为作苦工者,良欲复睡,乃复惧责罚。启目视其四旁,诸妇人已皆起,惟诸小儿尚熟睡。

卖烧酒之某妇人,自小儿身上轻曳起所盖之衣,恐其惊觉。某妇人方以小儿抱裙就炉烘干,小儿号哭,非豆息抱而摇之。某有肺病之妇人,以双手捧其苦痛之胸,咳嗽不已。红发妇人亦醒,高翘其两腿,对人说梦。因放火罪入狱之老妇人,已至圣像前以手画十字,作同样之祷告。某教堂门者之女,痴坐床上,向前呆视。好修饰之某妇人,方梳头,以手擎其漆黑发光之发。

长廊内闻木靴来往声,门忽启。二男囚来,裤短不及膝,以杠杆抬秽物去。诸女囚人出长廊。就水管洗面。红发妇人忽与邻室女囚喧争,哭骂之声大作。

狱官某来,怒呼曰:"速归尔巢!"言次以手击红发妇人之背有声。

红发妇人言:"此老又来为谑戏。"言次若有得意之色。

"速预备去礼拜!"狱官言毕复去。

狱官复来时,麻司奴衣饰初毕,狱官呼曰:"预备点名!"

他狱室内之囚人皆出,在长廊内分为两行,居后者以双手置居前者肩上,乃按名数之。

点名毕后,女狱长来,引诸囚人入狱内教堂。麻司奴及非豆息居众囚中。女囚毕至,约共百人,皆头披白巾,身着白衣裙。亦有着颜色衣者。非女囚,乃随其夫共适流放地之妇人。当诸妇人上阶时,步履声颇轻,或交谈,时闻笑声。

麻司奴在阶上见包微芬,颜色甚恶,麻司奴指之示非豆息。诸妇人至阶下，默然手画十字，同人金色教堂，皆向右侧。其将移至他所者，着灰色衣，向左侧，或居中间。其犯重罪者居前，戴锁链。他旁为待审犯人。

此教堂乃新筑者，为某富商捐金所建，共费数千罗布。堂内金色灿然，杂以他色。教堂内寂然良久，惟闻咳嗽声、叹息声、小儿哭声、锁链声。忽居中者向两旁让出小路，狱长来，立教堂中间。礼拜式于是开始。

第三十九章

内希鲁朝起即乘车出。前夜春雨已降，新绿竞出，林树皆发新芽，杨柳悉舒其长条。居宅商廛，皆去其双层之窗户，准备夏季装饰。

行过市场，则群众杂集。诸酒店外有诸男子，今日值休息，鲜服明靴，妇人亦丝巾乌裙，往来颇密，警兵鹄立，佩其装短枪之黄带。诸小儿集草场游戏，诸仆妇坐其旁几上，谈笑不休。

街衢已干，车马往来不绝。空气远传教堂之钟声，延人作礼拜式，与狱内教堂之钟声相和。

内希鲁之马车行至狱室近处街弯，即停止，因狱室前不许马车通行也。男妇之向狱室行者颇众。此处右边为一小木室，左边为二层石宅，外悬招牌。对面之大石宅即监狱。一兵士荷枪往来其前，行过之人，皆受盘诘。

木室之右，兵士之前，一狱吏坐几上，手执一簿。凡来狱室探问因人者，皆须于此书名。内希鲁言所欲视者为麻司奴，狱吏书其名于簿。

内希鲁问："何以人皆立待户外？"

"因礼拜式尚未毕。若已毕，汝即可入。"

内希鲁与诸人立待。一人衣履皆敝，红癞满面，直向狱门。兵士呼曰："汝将何之？"此人殊不改常度，漫应曰："汝何为狂呼如是！不许我入，我可相待也。"众人皆笑。来探狱者衣履皆粗恶。内希鲁旁立一人，衣服甚洁，手携衣包。内希鲁问其是否初次来狱室探视。彼言每礼拜日必来，且言彼为某银行门者，其兄因事陷狱内。谈次，一胶皮马车来。内座一学生,手携布包,偕一着面纱之妇人,下车后问内希鲁:狱中许人布施食物否?"予约婚妻欲为此,其父母亦甚愿以微物布施囚人。"

内希鲁言:"予亦初次来此,不知此事。若问坐几上手执一簿之狱官,必知其详。"言次以手指某狱官。

此时大铁门已开,着戎服之兵官,偕一狱官出。此时手执簿之狱官言:"探狱者可入内。"

兵士退后,众人争先入。一狱官立门侧,数入狱人数,高呼一、二、三……又一狱官立第二重门侧,数人数如前,以防囚人偕探狱者逃出,且以手拍过其前者之肩。内希鲁受之,初以为相侮,继念彼何以来此,殊不免于羞愧。

门后为一空坪,以铁栏围之。其内具耶稣上十字架之巨像。内希鲁行颇缓,让他人越过。心念此间无罪者良多,如加玉沙及昨日之少年皆是。今会当与加玉沙相见,忽起一种特别激动。狱官此际若与彼有所言,彼方深思,亦不觉之,惟信步随众人行至男子狱室,彼固须至妇人狱室者。

内希鲁行步愈缓,最后至接待室。人声嘈杂,如群蝇聚白糖上。此室以二重铁槛分离之。

二铁槛之中间,狱官来往行不止。

铁槛之他边为囚人,此边为探视者,中间距离约三俄尺。故欲以物件授受,殊不可能。且铁网甚密,殆不能辨颜色,问答之声亦模糊不可辨。各以面帖铁网。夫妇母子,争相辨识,而言其所欲言者。言者声颇高,以便听者。其旁立之人亦然,以致声浪抵触不清。内希鲁甚怪之。此时言语绝不可辨,惟以面目示意耳。

内希鲁之旁立一老妇人,以布巾遮其首,以面紧帖铁网,呼对面一年少男子,此男子皱眉听之。此妇人之旁立一少年,着无袖衣,摇首倾听,其对面少年囚人,与有所言。此人须色苍白,状甚愁惨。又一囚人衣服破敝,忽言忽笑,其旁一妇人拥一小儿而哭。盖初次来狱内,见其夫着囚衣,剃发上铁链也。其旁立某门者,即曾与内希鲁谈话者,方高声呼对面一秃头囚人。

内希鲁立此处良久,不胜悲戚。觉己身如一舟飘摇不定,而此世界若将倾覆者。

至此见一狱官来,乃就问曰:"君能告我以女囚人所在之处否,且于何处可以会见?"

"汝欲至女人狱室乎?"

内希鲁言:"然,予欲见一女囚。"

"汝当在聚集所早言之,汝所欲见者为谁?"

"麻司奴。"

"彼已经审判否?"

内希鲁言:"彼昨日方经审判。"言次颇恭谨,若惧拂狱官意。

狱官见内希鲁外状,知非常人,乃言:"请从我来。"复呼一下级官,多髭、佩徽章者,言:"引此君至妇人狱室。"

"遵命。"

沿铁槛行,闻叹息声,内希鲁此时心肠欲裂。

下级官引内希鲁行出对面一门,至一室,为探视女囚人者接待之所。

第四十章

此室亦如男子狱室之布置,以铁网隔为三段,惟较小。因女囚人较少,探视者亦少也。女狱长在中间往来,一边为女囚人,一边为来探视者。衣服颇杂,年纪亦殊。或以足尖立地,伸头出他人上,以便听闻,或坐地谈话。

女囚人中一黑发妇人,颜色憔悴,衣裳破敝,倚铁网与一衣蓝衣者交谈,言次痛哭。又有兵士与一女囚共话。铁栏边又立一少年黄发之乡人,着藤鞋,面发赤,流泪不已。与彼交谈者,为一黄发年少甚美之女囚,眼色明蓝,若甚相爱。是即非豆息及其夫。外有一工人与一女囚交谈,面阔,发乱不理。又有三妇人、一乡人来探视女囚,时闻哭声。

诸女囚后有一妇人独立,内希鲁度此必为加玉沙,心怦怦跃动。乃行近铁栏视之,果即加玉沙。立非豆息后,聆其所言,时作笑容。着白衣,以带束之,头巾下黑发相纠,俨如昨日在法庭时。

内希鲁念:"予将如何相呼,彼或自来前否?"

彼殊不近前,盖他有所待,不知内希鲁是为彼来者。

女狱长问内希鲁:"汝将与何人交谈?"

内希鲁徐应曰:"麻司奴。"

女狱长呼曰:"麻司奴,有人觅汝。"

麻司奴行至铁网边,挤开二女囚,见内希鲁,已不复相识,若甚疑怪;惟以其衣服断之,知必为一富人,乃以面帖铁网呼曰:"君何所言?"

内希鲁迟疑少顷,言:"予欲见汝,予……"

此时旁立衣敝衣者大呼:"汝闻予言否?"

对面闻人声言:"彼极衰弱,殆已矣!"

麻司奴不辨内希鲁所言何事,惟当其发言时,察其面貌,忽记忆彼所不当记忆之人,乃敛其笑容,蹙额而视,呼曰:"予不辨君所言。"

"予来视汝,欲为汝……"

内希鲁念:予今尽予义务之所当尽,予今乃忏悔。此时泪盈于眼,喉哽咽不能言,半晌,发一声之长叹。

惟闻其旁有人呼曰:"若彼健康者,予何至若是!"他旁呼曰:"愿信上帝!予无所知。"

麻司奴见内希鲁作如是状态,面亦发赤欲泪,然仍保持其严重之态度,呼曰:"汝面貌甚似某人,顾予急切不复相识。"

内希鲁言:"予来此乞汝之免恕。"言次若不胜羞愧者,复言:"予待汝极虐,加玉沙,幸恕予!"

此时加玉沙注视之良久。

内希鲁此际不能复言,离去铁网,长叹以泄其胸际之气。

引内希鲁至此之下级狱官尚未去,见内希鲁离开铁网,来就问何以不复有所言。内希鲁徐理其发,言:"予不能间铁网交言,予殆无所闻。"

此狱官沈思半晌,言:"是可引彼与汝相见。"乃顾女狱长言:"汝可引麻司奴来就此君。"

第四十一章

少顷，麻司奴自旁门入，步履颇轻，已行至内希鲁身侧。颜色灰白，意态颇和霁，漆黑之眼光，尚如昔日。

下级狱官言："汝可于此交谈。"言毕自退。

内希鲁就壁前一几坐，麻司奴随之亦坐。

内希鲁言："予亦知汝恕我甚不易，然既往不可复追，予今将尽予所能者为之，愿汝言……"此时泪下不能复言。

麻司奴问："汝何以于此处觅得我？"

内希鲁念："上帝助我，教我以所当为者。"复顾麻司奴言："当汝前日在法庭受审时，予为判事。汝未识我否？"

"否，予未识汝。予未注意，且亦无识汝之时间。"

"予闻汝曾生一儿？"言次自觉红涨于面。

"是前此之事，儿生后即殇。"言次低首，犹有所怨。

"如何？"

"予当时亦甚病，将死。"

"吾姑母何以任汝去？"

"谁则留女子之无夫生儿者！彼已觉之，即遣予去。君何以复问此事？予忘之久矣，亦不愿复追忆！"

"否，予不能漫置此事。今方将尽所以补吾过者。"

"已往之事，任其为已往，何云补过。"言次忽视内希鲁微笑，若甚怜之。

麻司奴不意与内希鲁重见。此时方触起其向不记忆之事，追念年少时所遇，及内希鲁之薄幸。欢乐时极短，而因此所引起之苦痛极长，乃不愿复追忆。惟以此时坐其旁者比较彼当年所恋爱之少年，复心痛不禁。

此华服美髯之男子，已非复彼当年所爱之内希鲁，乃如寻常往来之人,徒以利用妇人之目的来者,彼亦随意酬应之,故向内希鲁微笑,复言曰:"一切事皆既往,予今已被罚作苦工。"言次唇微颤。

内希鲁言:"予已知之,然深信汝实无罪。"

"予自然无罪,予何能为窃盗! 人言此等事当得好律师,予当提出冤状,然是须多金。"

内希鲁言:"是当尔,予已就律师商之。"

"汝当不吝多金,觅一佳律师。"

"凡予力所能者,予当为之。"

二人默然良久。

麻司奴忽顾内希鲁笑言:"予欲稍得金,是不多,十罗布足矣。"

内希鲁言:"甚善。"言次觅所携袋,面色发赤。

加玉沙此时急视女狱长,且言:"是不能任彼见之,彼见即取去。"

内希鲁取出十罗布之纸币,顾急切不能以授加玉沙,因女狱长适转眼视之,乃以纸币团诸手中。

麻司奴居狱中久,面色虚浮,以其漆黑之双眼,忽视女狱长,忽视内希鲁手中之纸币。内希鲁见此极怜之,心中复起他念,谓此妇人终不可救,若复纠缠,无异击石于颈,与之同仆,遂于世无用,不如以今予所有金尽与之,从此长别。

但昨日彼曾呼上帝,上帝亦与以答词,终不能一朝翻变,遂复呼曰:"加玉沙,予来乞汝之宽恕,汝尚未言汝能恕我否。我遂终不见恕乎?"

加玉沙频视女狱长及内希鲁之手,若无所闻。女狱长方转睛,急伸手握内希鲁手中之纸币,以藏于内衣之下。

复笑视内希鲁,言:"君语甚奇。"

此时内希鲁觉加玉沙对之含一种敌意,不便深言。惟此时内希鲁之神灵本性甚为明了,发现一种相吸的感情,欲唤起当年之"加玉沙",乃言曰:"加玉沙,汝何为作此言! 汝不念在以华罗浮予初识汝时乎?"

加玉沙蹙额言:"何必重念往事!"

"加玉沙,予欲唤醒汝,以赎予罪,以补予过。"方欲续言欲娶之之意,而加玉沙此际状态颇不善,内希鲁不便续言。

此时探问时间已过,来人续出。女狱长来言会见时毕,麻司奴即起立,待人呼唤。

内希鲁与麻司奴握手,且言:"予所欲言者尚多,今已不及。予终当复来。"

"予念汝已言尽矣。"麻司奴言次以手答内希鲁。

内希鲁言:"否,予当复来视汝,觅一可以畅谈之所,以最重要之事相告。"

"君可常来。"麻司奴言次微笑,如对他悦己者所作状态。

内希鲁复言:"汝实较吾姊对我更亲。"

"君所言非寻常。"此时女狱长隔铁网呼之,麻司奴去。

第四十二章

内希鲁初意加玉沙见其忏悔,必甚欣悦感动;经交谈后,乃知当年之加玉沙已不复存在,惟余今日之麻司奴。

彼所尤奇者,加玉沙已不复觉其所处地位之可耻辱,反若甚安之。世人大概以一己所执之业为最善,此亦无足怪。人情以为窃财杀人之事为至恶,然为此者殊不然,反以此等生活为善。彼所与往来者,皆其同类,故既为窃财杀人之事,反夸耀其能。何以故? 彼等在恶群内,吾侪乃在此群外也。

麻司奴之对于一己之生命地位之感想,亦复如是。彼虽罚作苦工,然仍抱一种世界观念。此世界观念为何? 即以为一切男子之幸福,无论老少,无论智愚,皆欲得美妇人之交际。男子所作职业虽不同,而此实为其公同之目的。加玉沙为一美妇人,能供应此种要求,故彼为世界上重要必须之件。依彼过去及现在之经验,此观念益坚。

十年以来,彼见所遇男子,无不对彼起此种要求;其不起此种要求者,亦为彼之所不顾。故彼以为全世界乃一会场,此会场内之人,皆依各种方法,来归彼权力之下。麻司奴之生命观念既如是,故自觉彼为此社会之重要分子。若彼抛弃此观念,无异失其在世界上之位置,为是之故,彼惟认同此观念者为友,且认内希鲁欲移之至他一世界,使彼失其价值,而摇动其自尊之心。

当彼追忆少年时与内希鲁相爱之事,觉与此时之世界观念不能相容,故务屏绝此等不快之记念,恐一黏蝇卵,全蜂巢皆败坏也。其对今日之内希鲁,已非其昔年以纯洁之恋爱相爱者,不过以为一富人,可以利用,与对寻常男子无异耳。

内希鲁偕他人出狱门时,默念:"予今日竟不能以重要之事告彼,言予欲娶彼。然终当为之。"

守门者复按数数探视人而放出之,数至内希鲁时,以手拍其背,且力推之。彼受之不以为侮。彼方深思,且不觉是为何事也。

第四十三章

内希鲁欲改其外面之生活,离去居宅,辞退仆役,而自往居一旅店。然巴特奴劝其冬季前不必更改,因夏期内赁宅颇难,且家具甚多,亦须安置之所,故内希鲁之计画亦暂时搁置。然皮毛衣类颇多,皆须曝晒,诸仆役作工颇勤。

初则曝晒戎装及罕用之皮件,以及地毡家具,皆须打理。室内满那弗塔林之气味。当内希鲁至庭内或倚窗而望之时,颇怪宅内有此许多无用之物。此等物件,除劳巴特奴、可奈等之力役外,殊无他用途耳。

内希鲁复念:"当加玉沙事件未决定前,予殊不能定处置家事之法。彼或终得无罪之宣告,或遂流放,此时殊不能言。"

同日,内希鲁复乘车访法纳林。法纳林自建宅而居,铺设颇华丽,宅内名花珍器颇多。法纳林自为律师后,一旦暴富耳。内希鲁来时,已有许多人在接待室相待,各坐而读图画报,以待传呼。

律师之书记方坐接待室内,识内希鲁,与为礼,且言当为先通报接见。

彼方行至办公室外,适有人自内启之,闻法纳林与他人谈话声。此人面赤色,观其语气,若此二人方谈判一暧昧而有利益之事者。

但闻法纳林笑言:"是实君之过。"

某人答日:"予甚愿入乐园,奈吾敌遮断其路何!"

法纳林复笑言:"汝终当觅得之。"彼忽见内希鲁,急言:"公爵请入内。"乃与某商人点首告别,引内希鲁入办公室,与己对面坐,且问曰:"君吸烟否?"

"深谢。予今因麻司奴事来。"

"然,然。君见方自此出之少年否? 彼有财产千二百万,初不能精熟母国语,见二十五罗布之纸币,犹垂涎也。"

内希鲁颇怪其漫言他事,意似轻己。

法纳林复言:"此汉颇苦予。"若尚不能忘是人者。复顾内希鲁言:

"今且谈君事。予已将公文详细读过,内容甚不佳。前此少年辩护士蠢如鹿,已将上控地步塞绝矣。"

"今将何为?"

此时书记来,法纳林复顾之言:"可告彼商人,若能如吾言,则此事可为。"

"彼意不能如君言。"

此时法纳林状态忽变,若颇不怿,言:"是可任彼。人皆谓律师得金良易耳,予前此助一负债者办一最难控案,得无罪宣告,故来央予助者多。办此等案实须无限劳力,牺牲精力,岂不须受报偿乎! 即如君案,已绝无上控之理由,然予将试为之。请观予研究此案之结果。"言次出纸读之:

"为上控事:案因麻司奴因司梅叩夫毒杀案被控,据刑法一四五四条,判作苦工。……"

读至此忽停止半晌,复续之:

"此判决与案情全相抵触,必须破弃。其第一原因,为宣读司梅叩夫内部探察状时,经厅长停止。"

内希鲁闻此甚奇,言:"宣读检察状,须经原告要求。"

法纳林言:"被告亦可要求。"

"内部监察状,全未宣读。"

"若是不成为上控之原因。第二原因,为被告律师发言时,经厅长停止,即被告律师方欲详述麻司奴之人品,及举其道德完全证据时,厅长谓于此案无直接关系,止之。但据参议院之规定,凡审判一刑事案,当详述被告之性情品行,法官当据此以判决罪名,此其二。"言次目视内希鲁。

内希鲁言:"被告律师言语极不明了,听者不解。"

法纳林笑言:"予知此人极单简,不能道破要点。但此亦为上控理由。第三理由,为厅长违背第八〇一条之规定,误会诸判事审查之结果,断为有罪。据判事会之审查,固可知麻司奴虽以毒药饮司梅叩夫,然实无谋杀之意。固彼实未犯刑事罪,其过仅为误进毒药耳。是为案内最重要之点,此其三。"

"是诚然,予等判事亦不免疏忽之咎。"

法纳林续读:"第四原因,据法庭之判决,实与判事会之审查状相冲突。麻司奴曾被告毒杀司梅叩夫,实为欲盗其金故。判事会已断言麻司奴无盗金意,可知麻司奴亦无谋杀意,其过仅失慎而已。厅长乃将判事会所未明言者误会,定为结论。判事会之答词不明了,必须据刑法第八〇八条及八一六条,令其重议,得决定之回答。"

法纳林方复读上控案时,内希鲁问:"何以厅长不应用此手续?"

法纳林笑言:"予亦欲知其故。"

"参议院能矫正此失否?"

"是当视何参议员当值耳。"复读:"法庭据此以定麻司奴为刑事犯,实为不当。据刑法第七七一条,是直显与违背也。"

"据以上理由,谨依刑法第九〇九节、九一〇节及九二八节,请破弃判决,重复审讯。"

读毕,法纳林言:"是予所能为者。但予信此案恐无成功。但此案依参议院之意而定,若君与彼等有联络,或易办耳。"

内希鲁言:"予颇识数人。"

"君须速为运动,否则值参议院休假,君须待至三月久也。若参议院无效,尚可上冤状于皇帝。"

"敬谢君,请言修费若干。"

"予书记当以誊正本与君,且告君修费数。"

"尚有所问于君:国家律师已与我以入狱免许状,狱内人言:尚须有总督免许状,乃能随时会见囚人,是实否?"

"予信其为实。但此时总督不在,由副总督代理。"

"是非马司伦乎?"

"然。"

"予识彼。"内希鲁言次起身欲去。

此时一矮丑之妇人来,面黄色,即法纳林妻。彼若不自知其丑,衣服极美,皆绒绢之属,黄绿间杂,发亦稀少。其后从一高瘦男子,面色如土,即书记某,内希鲁曾遇见者。此妇人呼法纳林小名,言:"速至予室,以华娄君来,诵其新制诗歌。汝亦当来诵加新文。"

内希鲁将行,法纳林夫人与其夫有所耳语,即对内希鲁言:"公爵,予固识君,故不复须介绍。君盍来与吾家之文学会?是极有趣。"

法纳林言:"君见否?予之义务良多耳。"言次伸臂起,若不敢逆其妻之意者。

内希鲁以严重之态度,敬谢法纳林妻,且言实无暇时,即退自招待室出。

内希鲁去,法纳林妻言:"是何钝汉!"

书记以缮就之公呈与内希鲁,内希鲁问修费数,彼言法纳林曾言须千罗布,且云是为例外,否则法纳林向不理此等事。

内希鲁问:"谁当于公呈签名?"

"是当由被告签名。若经被告请求,亦可由法纳林签名。"

内希鲁言:"予当至狱内令被告签名。"默念会当复见加玉沙,意亦欣然。

第四十四章

狱官于一定时间在狱内长廊鸣钟，狱室之门皆启，囚人皆出，或赤足，或着藤鞋。长廊内气味极恶，男女诸囚，皆出至长廊内应传点，受取汤茶。

饮茶之时，人言二囚人今日曾受鞭挞。其一人能读书写字，因嫉妒杀其所爱妇人，同居囚人颇喜之，彼亦乐施与，名瓦西利，且精熟法律。三礼拜前某狱官击一囚人，因其以汤汁污其制服。瓦西利袒被击者，言是为法律之所不许。狱官言："甚善！汝言法律，予将以此示汝！"遂漫骂瓦西利，且欲击之。瓦西利执其手，推之向门外。狱官以告狱长，狱长命囚诸暗室。

暗室永不见天日，其中亦无床几之属。被囚者坐卧秽地上，鼠类极多，时越人身而过，与人争面包食。瓦西利言彼无罪，不应幽于暗室，狱官力逼之，彼复抗拒。二囚助之。狱官毕至，牵诸囚人入暗室，且报告总督，言囚人反抗事。总督命将瓦西利及无护照且不知己姓名之乱徒各受棍挞三十。此刑于妇人监之接待室行之。

至夕前，狱内人皆知此事，各狱室内皆以此为谈资。

叩纳奴、非豆息、麻司奴及某好修饰妇人坐于室之一角，面色发赤。彼等朝起已饮烧酒，今方围坐饮茶，纵谈今日新事如他人。

叩纳奴饮茶后，以其老齿咀嚼白糖，意甚袒瓦西利，言："彼不过为其友鸣不平耳，何至遂受挞罚！"

非豆息言："彼必为一勇男子。"言次以手编发作辫，向床坐，床板上置茶壶之属。此时铁路守护妇来，顾麻司奴言："汝当以此事告彼。"所谓彼者，即指内希鲁。

"予将告彼，彼凡事皆为我为之。"麻司奴言次微笑，若有骄色。

非豆息言："彼不审何时来。人言瓦西利会当移置他处，是诚不幸。"言罢复叹息。

铁路守护妇复言："予曾见一乡人受挞刑。予舅父曾遣予至某长老所,方予至彼处时……"

此时忽闻长廊内步履声,诸妇人静听之。

好修饰妇人言:"诸厉鬼拖彼去,今将挞彼。彼惟不愿见不合法律之事,乃开罪诸狱官。"

外间复静,守护妇乃续言其故事,言方行至谷仓时,见此乡人被挞,呼叫极苦。此时彼之心脏不知经几次转侧也。好修饰妇人言,彼曾见某人受挞刑,殊不一呼痛苦。非豆息持茶具去,叩纳奴及守护妇复作手工。麻司奴觉极无聊,坐床上欲睡。此时女狱长来,言有人欲见麻司奴。

麻司奴出一镜,水银已去其半者,对照整其首巾。此时老妇某来,言:"请告彼放火事与予无关,一少年可为证。彼试问米特利,必知其详。予等无辜入狱,真放火者偕其妇人乃逍遥法外。"

叩纳奴亦言:"是为法律之所不许!"

麻司奴言:"予必以是告彼。予当更饮烧酒一杯以助兴否?"

叩纳奴以半茶杯与之,加玉沙一吸而尽。拭唇后,欣然从女狱长行,频摇其首言:"是以助吾兴耳!"

第四十五章

内希鲁在外室相待已久,方其至狱时,以国家律师免许状视守卫之下级狱官,狱官问:"汝欲见谁?"

"女囚人麻司奴。"

"此时不能见,狱长不得闲。"

内希鲁问:"狱长在办公室否?"

狱官停少晌言:"否,在接待室。"

"彼此时见客否?"

"否,今方有特别事故。"

"予何以能见之?"

"彼即来,汝可稍待。"

此时一武官自旁门来，肩章辉煌，蹙其额，顾狱官言："汝何人，让此人入！"

二人之气象皆极仓皇。某武官复顾内希鲁言："君不宜在此相待，请入书记室。"内希鲁方欲行，适狱长自侧门来，似大受激动，时作叹声。见内希鲁，即命狱官于妇人狱室第五号呼麻司奴来书记室，且顾内希鲁言："君可同来。"

二人升阶入一小室，中具一窗、一桌、一几。狱长自就坐，复顾内希鲁言曰："公务极烦难。"言次，自袋内出一甚粗之雪茄吸之。

内希鲁言："君若甚倦。"

"公务极烦难！予实甚倦。予等欲宽待囚徒，乃更坏。予方日夜思脱身之法耳。"

内希鲁不解狱长所谓公务烦难者何所指，惟觉今日必有如何难事，意气颇消沈。

复言曰："予信君公务烦难，然君何以不即离去？"

"是实不易。予无产业，家族须得养赡。"

"其如汝不胜此烦难何？"

"是无他法。予尽吾职务，如予所能，每宽待此等不幸人。他人来，必更严厉也。此间有囚徒二千人，管理实不易。今日诸囚徒相打，已有一人死矣。"

言次，狱官偕麻司奴来。

麻司奴行至门口，内希鲁已见之，面作深红色，频摇其首而笑，急步随狱官行。及见狱长，作惊惶状，复笑就内希鲁。

"良日。"言次以手与内希鲁，紧握之。

内希鲁言："予今持上控状来，烦汝签名。"惟颇怪彼今日之状态何以若是活泼。

麻司奴笑应曰："甚善，予将签名。"

内希鲁自袋内出上控状，就室内一桌，顾狱长言："可于此签名否？"

狱长以笔与麻司奴，且言："汝可就坐签名。汝能书否？"

"予曩昔能之。"言次整其衣袖,就桌坐,执笔若不熟习,笑视内希鲁。

内希鲁示以签名之处,彼乃蘸笔缓书其名。

"他无所书否?"执笔忽视内希鲁,忽视狱长,若不知当置此笔于何处者。

内希鲁取其手中之笔,且言曰:"予尚有告汝之事。"

"于是请言之。"此时其意态稍庄重。

狱长起身去,内希鲁与麻司奴独留室内。

第四十六章

与麻司奴偕来之狱官,坐窗板上,距此桌甚远。内希鲁甚悔初次相见之事,未以重要事告麻司奴,即欲娶之之意,今决意明告之。麻司奴坐于桌之一边,内希鲁与之相对。室内颇明洁,故视其颜面颇真。加玉沙眼眶微浮,眼口间有皱纹。内希鲁不胜怜爱之情。

内希鲁以身倚桌上,逼近麻司奴,以防狱官窃听,且言曰:"若此上控状无效,尚可直接上冤状于皇帝,予将尽吾之所能为者。"

麻司奴言:"若能得佳律师乃有济。予前次所央律师,乃一钝汉,彼除对我说应酬语外,他无所能。若彼等前此知予与君相善,结果或不同。今人皆谓我为偷贼耳。"

内希鲁独念:彼今日之状态甚奇。

"予尚有所求于君:一老妇人与予同居一狱室,其子偕之,皆无罪。人谓其曾放火,是非实事。彼知予与君善,求予与君言为之转圜。其子名门寿夫。君能担任此事否?此妇人甚正派,一见可知,愿君助之。"言毕低首而笑。

内希鲁言:"甚善,予将调查此事。但予今将以己事告汝。汝尚记予前次所告汝之事否?"惟颇怪麻司奴今日声调何以若是活泼。

"君前次所言者甚多,君意指何事?"言次左右转其首,仍微笑。

"予曾言:予此来乃求汝之宽恕。"

"空言宽恕事何益？"

内希鲁言："予将悔吾前罪，且不以空言，将以事实：予将娶汝。"

麻司奴闻此，若甚惊异，瞪目半晌不语。

"予念此为予对上帝之义务。"

"汝所发见之上帝为何物？上帝乎！汝前此何以不念此上帝？"

此时内希鲁乃觉其口内发出酒气，是为彼今日意态激昂之原因，乃言曰："愿稍宁静！"

"予不须宁静。汝以我醉酒乎！予实醉酒，但予知所言者为何事。汝为富人，为公爵；予为苦工，予不敢以是辱汝。汝自有公爵女。"言次声愈高，面色愈赤。

内希鲁低声言："无论汝以如何硬语，皆不可发表予之所感想。予对汝罪恶极重，非汝所能知。"

"罪恶乎！此非汝前此所习为者乎？以百罗布相买，即脱卸矣！"

内希鲁言："予知之，予知之。予所言者，今日之事。予已决意永不离汝。凡予所言，予将实行之。"

"予意此决不可能。"麻司奴言次大笑。

"加玉沙……"言次执其手。

"请离去。予已判作苦工，汝乃一公爵，愿勿复相扰。"言次甚怒，抽其手，"今汝欲救汝灵魂耳。汝既以我供身体之娱乐，今复欲借我赎灵魂之罪恶。我实不愿见汝。汝之眼睛，汝之颜面，皆非我所愿见。可即速去！"言次跃起。

此时狱官来，言："愿勿为暴举。"

内希鲁言："且任之。"

狱官顾麻司奴言："愿汝勿自忘！"

"彼不如是，且稍俟之。"

狱官复去。麻司奴复就坐，闭其目，紧握双手。内希鲁立其前，不知当作何语，复言曰："汝乃不信我？"

"娶我乎？是不可能，宁自绞死耳！今汝乃自知所处乎？"

"但予愿为我服役。"

"是如汝所愿。但予实告汝：予不须此。嗟乎！予何以不前此遂死！"言次痛哭。

内希鲁亦哭，不能言。麻司奴见内希鲁颇感动，乃以头巾一角自拭其泪。

狱官来言："时间已过。"麻司奴即起立。

内希鲁言："汝今甚激动，予明日当复来，愿汝复思吾言。"

麻司奴不答，低首从狱官去。

麻司奴至狱室后，叩纳奴迎之言："汝当复兴。彼必为汝所有，可利用之，汝必复得释。富人固无所不能耳。"

铁路守护妇言："贫人欲娶一妻，不知须费多少时间经营；富人则一起念足矣。予乡间某君子……"

老妇人急问曰："汝已向彼言吾事否？"

麻司奴皆不答，就床而卧，至黄昏方起。凝视一角，脑际起无限感想：内希鲁实欲呼彼复返一世界，此世界乃彼之所深恨，仅以背脊相向者。此时彼复忆既往之事，前此之生活状态，历历在目。然此生已矣！乃复市烧酒，与诸女囚共饮之。

第四十七章

当内希鲁出狱门时，默念曰："彼乃如是。"此时内希鲁乃知其罪孽深重，及加玉沙堕落之真状。自此以前，彼惟以自己之观念为标准，自忏悔耳。欲释加玉沙事不理，此时已绝不可能。究竟从此成为何种关系，彼此时亦不能豫定。出狱门之际，有人以纸条与之。及至街前读之，乃铅笔所书，其文如下：

知君来狱内视一女囚，甚欲与君会谈。君至狱内言欲见我，必得许。予所欲与君言者，实有益于君所扶助之女囚，及诸政治犯也。

受恩者鲍韦纳

"鲍韦纳乎,是何人?"内希鲁方追念与加玉沙相会之情状,不记忆此为何人,良久乃悟及是为猎熊时所遇某僧仆女。鲍韦纳为罗苟娄府下村塾女教师,内希鲁曾与数友人猎熊至其处,彼曾向内希鲁乞金入高等学校,内希鲁与之,旋即相忘。今为政治犯入狱,闻内希鲁来狱室,故作是书。

内希鲁犹记忆与鲍韦纳相识之事:其处离铁路六十俄里,是日曾毙二熊,入农舍饮食。时方中午,农夫言一僧仆女候于外,愿见内希鲁公爵。

一友人问曰:"是美好否?"

内希鲁正色言:"请释之!"起身出,其怪是何女子,乃来觅彼。此女子立门外,着皮帽,披短裘,面貌不甚美,而双眼颇娇媚。

农人言:"韦纳,是即公爵,汝可与之交言。"

内希鲁问曰:"予将何役?"

此女子状颇窘,呐呐言:"予来……君甚富,为游猎事挥金如许。予所愿者,为作有益于此人类之事,顾予所学不足。"

"小姐,予当作何事?"

"予……为女教师,但予愿受高等教育,是非有多金不能,愿得君助。若予所学既毕,将返偿焉。"

其羞涩之态,颇足感人,双眼亦发露真诚,内希鲁不禁相怜。

彼念内希鲁且拒之,复言曰:"富人猎熊,以烧酒饮农夫,是甚不当。汝何不一次为善?若汝不愿为此亦佳。"

内希鲁言:"否,予甚感汝以此机会相畀。"

鲍韦纳知所求已遂,红涨于面。

"予将取汝所欲者来。"内希鲁入室,遇其友,彼已闻所言。内希鲁不俟其嘲笑,即自旅袋内取金出与此女子。

且言曰:"请受之,勿相谢,予更当谢汝耳。"言次有羞色。

内希鲁追念此事,甚为有趣。且忆后遇一武官,以此事相嘲笑,友人某助内希鲁驳之,今尚交厚也。此次游猎所获甚多,夜深时至停车站,兴会甚豪。乘雪车,经深林,松枝受雪重多被压折,四周暗黑,惟见吸烟之微火。猎仆步行,雪没其膝,言群兽迷雪中,仅食树皮,诸熊遇冬季,营窟而睡。此时内希鲁身体极壮健,夜深呼吸严冬之清冽空气,觉此生更无所忧虑。当雪车行过小树林时,雪枝每来打其面,而身体颇暖,灵魂极清洁。此当年情状,今则何如? 经许多苦恼,其心几碎矣!

第四十八章

晨兴后,内希鲁追念昨日经过之事,意气颇消沈。复决意:已作之工事,终当完竣之。为欲得入狱许可状之故,乃乘车访马司伦。除麻司奴外,且欲见门寿夫母子及鲍韦纳。后者或以有益于麻司奴之事相告。

内希鲁在军营时,已识马司伦,时彼为营内会计,乃一忠实武官,除营内事皆不预闻。今为行政官。其妻甚富,劝其离军营,就民政,极爱其夫。内希鲁前岁曾一过其家,觉与此夫妇之性质不甚合,故亦不复至。

马司伦见内希鲁来,喜形于面。其状貌如昔日,衣服严整,如被戎装,乃最新式,举止有风度,年近四十岁。呼内希鲁曰:"汝来良善,予见汝来极乐。予尚有十分钟闲暇。总督方旅行,予代其职。"

"予因有事务来见汝。"

"何事?"言次色甚庄严。

"监狱内有一囚人,予甚关切,但不愿在普通接待室见之,愿随时在书记室与之相见。人言是非得汝之许可不能。"

马司伦闻"监狱"二字,色忽变,乃言曰:"良友,予将为汝作一切事,是可行。惟予有全权之时间亦不久耳。"

"汝终以许可券与我耳。"

"是为一妇人否?"

"然。"

"彼因何故入狱?"

"为毒杀案,然彼实无罪。"

"汝可知吾国法庭矣! 予知汝意见与我异,然此无关,汝非自由党人乎?"

内希鲁念人皆谓己为自由党人，无他故，惟彼常言人在法庭前皆平等，不当苦他人，且不当虐待罪囚耳。乃笑言："予亦不自知予属自由党否，惟予念今日之法庭制度，不论如何，终较良于昔日耳。"

"汝所雇律师为谁？"

"为法纳林。"

"啊！法纳林！"马司伦犹忆前年曾为证人，受法纳林诘问至半点钟久，至终引起旁观者大笑。

"予甚不赞成汝用法纳林，其名声颇平常。"

内希鲁不答，更言："予尚有所求于汝：予往年识一村塾女教师，今入狱，愿与我相见，汝能以许可状与我否？"

马司伦侧其首问曰："是政治犯否？"

"然，人言如是。"

"与政治犯相见，非其亲戚不许。予将用总督全权，特别见许。予知汝无他也。是何名，鲍韦纳乎？美好否？"

"甚丑恶。"

马司伦摇其首，就桌出一印刷件书之，其文曰：

执此券者内希鲁公爵，予许其在狱内书记室与囚人麻司奴及鲍韦纳会见。

其下经马司伦签名，以授内希鲁，且言曰："汝于狱内当见秩序井然，是甚不易。狱中囚人已满，然予顾虑极周到，囚徒皆满意，汝当见之。人当知待遇囚徒之法耳。此数日内甚不静，人或谓囚徒作乱，起多不幸事。自予代理总督后，幸无他故。待此等人，一边须有亲善之注意，一边须有强硬之威力。汝意如何？"

内希鲁言："予不解此等事。予曾入狱二次，觉其间气象极愁惨。"

马司伦言："汝当一识巴遂克男爵夫人。彼于改良监狱事极尽力，予得彼助，已将监狱内中世纪惨状扫除殆尽。今囚徒所处地位甚良，汝会当见之。若法纳林其人，予与之不甚悉。因予所处社会地位不同，不获相遇。予知其本性甚薄，在法庭内所言多无状。"言次带谑意。

内希鲁起身与其故人作别,且言:"深谢汝。"

"汝乃不一见予妻而去乎?"

"否,予今日无多时间。"

"彼将不能恕汝。"马司伦亦起身送其友至首阶,复言:"汝不能暂见吾妻即去乎?"

内希鲁言今日实不能,此时门丁持外套及手杖来,且启门。门外立一卫兵。

马司伦立于阶上言:"若是礼拜四日复来,吾妻于此日见客。予行将告彼,言汝当复来。"

第四十九章

同日内希鲁乘车至监狱,直至狱长居室,复如前闻琴声,乃寻常教科曲。高低轻重皆合法度。眼际着绷带之女仆来启门,言狱长在室内,引内希鲁至一小客厅中,仅具桌几。狱长出,颜色甚不霁。

"请就坐,予将何役?"言次以手整其武装之纽扣。

"予方自副总督处来,愿见麻司奴。"言次以免许状授之。

琴声甚高,狱长不辨何名。

内希鲁复言:"麻司奴。"

"然,然。"

狱长启琴声所从出之门,呼曰:"马鲁息,愿少休息。予此间至不辨说话。"

琴声顿息,闻步履声,有人至门隙窥视。

此时狱长意颇舒,燃雪茄吸之,且以畀内希鲁,内希鲁谢之。

狱长复言:"麻司奴乎?汝今日殆难见之。"

"何故?"

狱长应曰:"是汝之过。汝不应以金与之,若汝欲与彼金,可经吾手。汝昨日必曾以金与之,彼饮烧酒多,今日已醉不能起。"

"是真否?"

"不幸如是。予已移之至他狱室。彼人甚安静,惟汝不当与以多金,乃彼不知善用也。"

内希鲁复忆昨日之状况,心甚抑郁,默然半晌,复问曰:"予可与政治犯鲍韦纳相见否?"

"是无所不可。"是时一小女子年约五六岁者来,趋向其父,而以双目凝视内希鲁。狱长笑言:"汝何所欲? 汝行疾,几倾跌矣!"此小女子足突地毡几覆,乃急往就其父。

"若此时可见,则予将去。"

狱长言:"已可去。"与其幼女相抱。此幼女尚凝视内希鲁不已。

狱长起立,置幼女于他侧,出前室,此时琴声复起。

至阶前,狱长言:"吾女学于音乐学校,然彼处级序大不佳。吾女有天才,欲学为琴师。"

狱长行近时,狱卒启门为礼,且以目送之。四男子半剃其头,手提水桶,突遇狱长,仓皇不知所措。其一人鞠躬至地,面色几变。

狱长复言:"天才不可任其埋没,固须修展之。吾宅颇狭隘,殊不能置多物耳。"言次已偕内希鲁至聚集室,复问:"汝所欲见者何人?"

"鲍韦纳。"

"是在看楼下,汝当稍待。"

"或先见门寿夫母子,是因放火罪入狱者。"

"是在第二十一号狱室,可呼之即出。"

"可遂至狱室内相视否?"

"在书记室内稍为宁静。"

"予甚欲一视狱室。"

"君乃有此奇兴!"

此时副官从侧门来,内希鲁曾一次与之交言,衣服华洁,有香水气。狱长顾副官言:"汝可引公爵至第二十一号狱室视门寿夫,予将呼彼妇人出,是何名?"

内希鲁言:"鲍韦纳。"

副官笑视内希鲁言:"汝乃有兴观狱室,请同行。"

"予甚欲一视门寿夫,人言其无辜入狱。"

副官耸肩言:"时或不免,然人每诳语耳。"乃请内希鲁先行,至长廊,气味极恶。

诸狱室之户皆启,囚徒有至长廊内者。见狱官来,或倚墙而立,或潜入狱室,或在门首行军礼。长廊之一端为一铁门。

长廊入后较狭,更黑暗,气味更恶。两边之门皆闭,有小穴可视外间。一老狱吏行其间。

副官问狱吏:"门寿夫在何室?"

"左边第八门。"

内希鲁问:"此间狱室皆满否?"

"除一室外皆满。"

第五十章

内希鲁问:"许我一视狱室否?"

副官言:"随汝之意。"

内希鲁自小穴望室内,见一少年有须之高汉,仅着内衣,往来其中。忽闻门侧有声,略凝视,复蹙额行。

方其在他一小穴欲向内视时,恰居内者亦向外窥,乃复至第三穴。见一短小囚人,以衣蔽首而睡。至第四穴,见一阔肩男子,以臂支膝上静坐。闻步履声,乃昂首而视,其状若痛苦失望。亦不欲知向内望者为谁,因已知更无好消息也。

内希鲁见此竦然,不欲复探视,直趋第二十一号门寿夫。室内有一强壮少年,长颈圆眼,立床前,现恐怖之色,急着衣凝视入室者。见狱官来,若惊惶失措。内希鲁颇感动。

"门寿夫! 此君来欲问汝案情。"

囚人言："深谢。"意气稍舒。

内希鲁立污秽贝铁槛之窗前，言："人已以汝案情告我，然予欲亲闻汝言之。"

门寿夫趋前发言，其初甚羞涩，复渐宁静。据其外状为断，实一单简朴实之农夫。内希鲁颇受感动。当其听彼发言时，周视狱室，见板床甚低，上敷麦蒿，窗上具厚铁槛，墙垣污湿。囚徒着狱内所给衣履，气象极悲惨。门寿夫之言如下：

> 门寿夫新婚后，无几时，某酒店主即诱致其妻。门寿夫控之，顾不得直。彼曾一次力逼其妻还家，次日复逃去。彼往觅酒店主，令其交彼妻出。酒店主言其妻未来，实则门寿夫亲见其妻入酒店门。遂至争殴。酒店主及其仆殴门寿夫至出血。次日酒店火起，门寿夫母子被告为纵火者。其实门寿夫此日方在亲戚家，未纵火也。

"汝实未纵火乎？"

"阁下！予从来无若是思想。酒店主或自纵火耳，彼保火险未久。予一次曾痛骂之，纵火则未也。彼诬我母子二人曾至其处，其实不然。"

"此是实事否？"

"阁下！予在上帝前发言，上帝鉴之！"

内希鲁欲行。

门寿夫复言："予今以无罪受横祸！"颜色惨变，泪下不止，以其污秽之衣袖拭之。

狱官问："汝所言毕否？"

内希鲁言："勿绝望，此事尚可挽回。"言毕离去。

门寿夫立门外良久，狱吏推之入内。及锁其门，门寿夫尚自小穴内以目送内希鲁良久。

第五十一章

当行至外间长廊时，值午餐，狱室之门皆启。诸囚人着黄衣短裤，怪视内希鲁。内希鲁极怜之,殊不愿从容就视。行至某狱室前,囚徒适出,立内希鲁前鞠躬为礼,且言曰:"阁下!愿怜悯吾侪之无辜者。"

内希鲁言:"予非职官,不当有所言。"

"虽如是,愿转达上官:予等未犯何罪,已被禁于此两月矣!"

"是何事?"

"人将予等入狱,予等不自知所犯何罪。"

狱吏言:"是诚然,但此为特别事。彼等因无护照故入狱,已当送还原所,但其处监狱适已烧毁,彼处政府告吾侪留之于此。故自他府来者皆已送还,而彼等独否。"内希鲁立门前问曰:"彼等实因此故入狱乎?"

此群囚徒约共四十人,围绕内希鲁及狱官,皆着囚衣,同时争发言。

狱官言:"可由一人发言!"

一高汉年约五十许,自群内出,言实因无护照故至此。彼等实有护照,但已过期两礼拜,他年皆未受诘问,故彼等以为无事。今年乃因此被收入狱,已两月矣。此人更言:"予等皆为石工,偕同工作。人言故乡监狱烧毁,是非予等之过,愿阁下怜助。"

内希鲁方聆其言,见一大灰虱自其须中出,沿腮而上,乃问狱官曰:"彼等真因此入狱乎?"

狱官言:"彼等固早应送归故乡,不幸如是。"

此时一矮汉自群中突出,言无辜被禁,且此间待遇极恶,言:"此间人待吾侪不及一犬!"一其朋辈急止之曰:"无过言,无宁含默!"

矮汉言:"吾侪未犯何罪!"

狱官终禁其发言,彼乃无声。

内希鲁惨然出狱室,众目随之,复言:"无辜者亦至此乎!"

狱官言:"是或不免,然吾侪何能为。彼等亦多诳言,若尽信其言,则此间囚徒殆无一有罪者。惟无辜者亦不免耳。"

"惟彼等实无罪!"

"然,予亦信之。惟此等人实甚败坏,待遇不能不严。其中有极暴烈者,前日遂不免于鞭挞。"

内希鲁问："何故？鞭挞之罚非早经废止乎？"

"一切公权停止之囚人，时不免于此。"

内希鲁犹记昨日在前厅相待时，适遇行鞭挞之罚，心内曾痛苦不禁。

狱长在长廊内，适遇有他事，竟忘呼鲍韦纳出。及见内希鲁入书记室，乃忆及之，言："予当即呼彼来，愿稍忍待。"

第五十二章

书记室有两间。第一室内有一大火炉及二窗户，甚污秽，一巨尺立室角，所以量入狱之囚人，其他角悬耶稣像；此室内有多狱卒居之。第二室内有诸男女坐墙沿，数约二十，方低声交谈；窗前具一书桌，狱长坐其侧，且以几让内希鲁坐。内希鲁乃就坐，细察其旁之诸男女。

一少年傍一囚人立，其旁坐一女子，且言且哭。复有一老人戴蓝色眼镜，执一少年女囚之手，静聆其言。一中学校学生立其旁。室角坐一对少年男女，其女子黄发，着时装衣，男子虽着囚衣，而风度甚美。桌旁坐一苍发妇人，若为旁立少年男子之母。此男子极弱瘦，有肺病，此妇人哽咽不能言。男子手执纸片，若不知如何处置者。二人之侧，坐一红颊美女子，着灰色衣及围裙，时抚摩其方痛哭之母之肩。此女子鼻唇端正，腕白如玉，其双目褐色，尤美。内希鲁入室时适与之相遇，惟彼急转视其母。

又一黑发衣敝衣者，方与来探视者交谈，若甚怒。门侧立一着雨衣之男子。内希鲁方就狱长坐，一小孩头半剃者来就之，凝视半晌，问其所待者何人。

内希鲁甚怪此问，然见此小孩若甚解事者，应曰："予待一相识之妇人。"

小孩复问："是为汝姊妹否？"

内希鲁愈奇之，应曰："是非我姊妹，汝偕何人至此？"

小孩言："予偕吾母来此，彼为政治犯。"

狱官见此小孩与内希鲁交言，以为不当，乃呼曰："巴马利，速带此小儿去！"

巴马利即方才引起内希鲁注意之美女了，彼起就内希鲁及此小孩，行步类男子："彼问汝何事，欲知汝为谁乎。"言次启其美唇微笑，视内希鲁良久，状甚亲善，若待世人皆如其兄弟者，且笑视小孩言："汝乃百事欲问！"此小孩及内希鲁亦以微笑答之。

内希鲁言："彼问我来视何人。"

狱官言："巴马利，汝知此处不得妄与他人交言否！"

巴马利执小孩手复去，就其病肺之母。

内希鲁问狱官："此小孩属谁？"

"是一政治犯之女，在此狱中生者。"

"是实否？"

"然，今将随其母适西伯利。"

"此少年女子为谁？"

狱官言："是予不能答。鲍韦纳已至矣。"

第五十三章

鲍韦纳适从侧门入，身短弱，面黄色，双眼圆大，显慈善之意，与内希鲁握手，且言曰："敬谢君至，君尚能记忆我。请就坐。"

"与汝重见，诚非予意料之所及。"

韦纳言："予现状甚善，更无复他望。"言次昂首，现其黄瘦之颈，颈外围硬领已污损。

内希鲁问其何至为政治犯。彼乃慷慨为述案情，其谈话多用外国字及科学、工艺、美术名词，彼以为无人不识此等名词也。惟内希鲁却向不闻此，意甚怜之，惟此怜意与对门寿夫不同。内希鲁甚怪其说之长，且其意颇乱。彼意盖自以为女杰，而欲表现于内希鲁之前也。

韦纳盖甚注意于内希鲁之来，如他囚人，即着雨衣之少年及相爱之一对男女皆然。惟有肺病妇人黑发衣敝衣者及彼美女子则否。

韦纳言：彼有一女友名苏士透，初未入彼党，惟因己以书类托其收藏，亦牵连入狱,愿内希鲁设法营救。

韦纳复言:已在高等学校毕业后,入某政党,其初尚无他,后因某要人入狱,搜出许多文件,其他党员亦皆被捕。且言曰:"予今亦被捕,且当处徒刑,然予甚安之。"言次微笑。

内希鲁问:"褐服女子为谁?"韦纳言:"是为某将军女,因代他人受罪故入狱。"且言曰:"此人性情极佳,将被罚作苦工。"

复言麻司奴事,因狱内人皆知麻司奴之历史。彼劝内希鲁为设法移麻司奴至政治犯狱内,或令其为狱内看护妇,因此时狱内病人颇多也。

内希鲁言此事或难办到,但彼至彼得堡后,当尽力图之。

第五十四章

此时狱长宣告会见时间已过,内希鲁与韦纳告别,行至门首停立,欲视诸人当作何状。

狱长复言:"时间已过!"言毕遂去。诸囚人及探视者尚无一人行,有起立复交谈者,有告别后复哭泣者。某妇人与其病肺之子离别时,尤难为情,手中尚执纸片未释。其母知离别已近,抱其颈而长叹。

褐眼少女立其母前劝之。戴蓝眼镜之老人,尚执其女之手,聆其所言。相爱之男女,执手无语。

一男子着短衣者立内希鲁侧,言:"彼二人独甚乐!"

此二人见有人注视,遂释手转头去。

"彼二人将于今晚在狱内结婚,同往西伯利。"

"是为谁?"

"被罚作苦工者,彼且乐不自胜。"此时复闻戴蓝眼镜老人之长叹声。

狱长复来,言:"诸君愿自爱,勿待予强迫。时间过去已久,君等何故尚不去?"言次忽坐忽立,燃纸烟吸之。

囚人及探视者乃散去。着雨衣者、有肺病者、衣敝衣者、鲍韦纳、巴马利偕小孩皆自内户出,归其狱室。

囚人去后,戴蓝眼镜之老人缓步出,内希鲁随其后。

某少年至阶上,复遇内希鲁,言:"此间狱长幸甚慈善,诸事不甚苛求。然囚人已极苦矣。"

此少年名梅丁彻。同行至前厅,狱长来,顾内希鲁言:"若汝欲见麻司奴,可于明日来。"

内希鲁言:"甚善。"遂急趋出。内念今日所见狱室情状,实道德上所嫌忌之事。"世间何故有监狱?"彼亦自不能答此问题。

第五十五章

次日内希鲁乘车访法纳林,告以门寿夫之事,请其辩护。法纳林静听之,谓果如所言,彼愿任辩护之事。内希鲁复告以狱内有百三十人无辜被拘,问此是谁之咎。法纳林默思良久,不能得正当之回答,复言曰:"是无人任其咎。若汝问国家律师,彼当言咎在马司伦;若汝问马司伦,彼当言咎在国家律师。至终无人肯任其咎。"

内希鲁言:"予且即至马司伦处,当以此为言。"

法纳林言:"是无益,彼与汝非亲戚,亦非友朋。彼乃愚贱如一狗!"

内希鲁念所闻马司伦评论法纳林之言,遂不答。告别出,往访马司伦,欲要求二事:一为移麻司奴至病室为看护妇,一为释放因无护照入狱之百三十人。此外更无他法,故决意虽切求亦所不辞。

及至马司伦宅外,见车马甚多,乃念及今日为马司伦夫人延见宾客之日,彼前日亦招己来。门外适有一女宾至,仆人扶掖上阶,显所着鞋甚美。车夫某亦侍立门外,识内希鲁,脱帽迎之。

马司伦适送客出至阶上,复偕至阶下,其客着军服,操法语,言当开标赌,助一贫人院,是可得多金,且足为妇人好谈资。复言曰:"是何趣事?"

言次见内希鲁,与之为礼,且言曰:"君乃久不现踪迹,速往见诸贵妇人。戈徐京家人及此城内美妇人皆在是。"言次仆人以外套披其身上,复言曰:"再会,诸君!"更与马司伦握手而去。

马司伦顾内希鲁言："请上阶。"状甚欣慰，与内希鲁把臂同行。马司伦尚想念适去之客，以其来过为荣宠。虽内希鲁有所言，亦若不闻。已偕至客厅，口内言："若汝有他事，可此后言之。"言次已行过客厅。

乃呼一仆人言："可报将军夫人，言内希鲁公爵来。"仆人抢步去。复言："汝必先见予妻。前次不见而去，彼颇责我也。"

副总督夫人及将军夫人阿纳，方有多客围绕之，笑迎内希鲁。室之一端为茶桌，有诸女客围坐，男子立其侧。有着礼衣者，有着军服者，声音颇杂。

阿纳言："汝几忘吾侪矣！吾侪有所开罪于汝否？"言次状态极亲善："是为韦雅季夫人，是为崔娄夫，君请就坐。"

"媚息，汝茶已至，盍就坐？"复顾一与媚息交谈之武官言，"请君亦就坐。"若已忘其名者。

一妇人言："予不赞成此事，彼二人殆不复相爱。"

"彼须糕饼否？"

他一妇人言："汝无为谑戏。"笑视一他妇人，衣丝绣，饰黄金、宝石之属。

"此干糕颇美，愿尚持少许来。"

"君即当远行否？"

"然，明日即行，故今日来此。"

"美哉春日，乡间当更愉快也。"

媚息着黑纹衣，腰肢颇细，未去帽。见内希鲁来，红涨于面，顾言曰："予思君或远行矣！"

内希鲁言："予久当远行，以私事勾留耳。今亦因私事至此。"

"盍往视吾母？彼甚愿见汝。"言次亦自觉此非实话，面色愈赤。

内希鲁言："此时殊不能。"意甚冷静，若不见媚息之面赤者。

媚息低目不言，微耸其肩，去就彼武官。武官急来接取其手内之杯，置他桌上。

此时闻人言："汝必须为贫人院捐助。"

"此非予所辞,惟当俟开标时耳。"

"予将视之。"

阿纳顾诸客,喜形于面,复对内希鲁言:"吾夫告我,汝极关切监狱之事。吾夫心颇慈善,是汝所知,彼待诸囚人如己子也。"言次若觉赞美其夫之词,有所未尽者。

内希鲁觉所言无意识之事已足,乃就马司伦言:"有暇闻吾言否?"

"然,然。"

"让予等至一处,可以静谈者。"

二人同行至一小室,室内作日本装饰,乃同坐一窗下。

第五十六章

马司伦言:"愿闻君言。君欲吸烟乎?请少待。"乃自持烟灰钵来。

内希鲁言:"予今有二事要求。"

"请言之。"此时马司伦之颜色忽甚黯淡,惟闻客厅内一妇人言:"决非是,予实不信。"又闻一男子呼佛罗夫男爵夫人及威克多,复闻笑声,马司伦甚注意听之,一方又听内希鲁发言。

内希鲁言:"予今日复为某妇人事来。"

"即无罪受罚之妇人乎?予知之,予知之。"

"予愿为彼谋一看护妇之位置,人言是不难。"

"此或可能。予将探问后,明日以电报告汝。"

"人言狱中病人甚多,需用看护妇。"

"如是,予必有以报汝。"

内希鲁言:"予甚切望此事之成。"

客厅内复起笑声,马司伦笑言:"是必为威克多,彼固善为笑谑。"

内希鲁复言:"予闻狱内有百三十人,因无护照故被拘,已逾一月。"

马司伦问:"谁以此告汝者?"其状甚不安。

"予至狱内视一囚徒,于长廊内遇彼等,以此相告。"

"汝往视何囚徒?"

"一农夫,人控其犯放火罪,予曾为彼雇一律师,然与今问题无关系。惟甚怪无辜之人,因护照过期之故,乃至入狱。"

马司伦愤言:"此国家律师之事。国家律师之义务,在常往狱内,问视囚徒,亦有违法被拘者否? 彼乃除作纸牌戏外,无所事事。"

内希鲁闻此言,意甚沮丧。乃忆法纳林言:总督必归咎于律师。复问曰:"汝对于此事遂不能尽力乎?"

"不能,然予当查究此事。"

此时复闻客厅内一妇人言:"是更坏!"一男子言:"否,予以为是较善耳。"又闻妇人笑声。

一妇人言:"否,此为无价之物。"

马司伦言:"予将一切尽力,今且往视诸妇人。"言次弃其将吸尽之纸烟。

内希鲁行至门外,言:"尚有一事:予闻昨日狱内有二囚徒受挞刑,是实否?"

马司伦面忽发赤,言:"吾友,汝诚不宜时入狱内。汝对凡事皆过于认真。且同入客厅,阿纳已相呼矣。"言次携内希鲁之手,意颇激动。

内希鲁脱手去,不发言,亦不为礼,遂出门行。

阿纳问其夫:"是何故? 汝对彼何所为?"

或人言:"是法兰西派耳!"

"彼固每如是!"

客厅内言语如常,惟多以内希鲁为谈资。

次日,内希鲁得马司伦信,言麻司奴移入病院事,大约可成。惟自称:"爱汝之老友仆。"马司伦甚自骄,乃自称如是,内希鲁颇奇之。

第五十七章

或谓人类之本性,各不相同。有善者,有恶者;有多情者,有无情者;

有单简者,有强毅者;等等。其实不然。大概一人有善时多,恶时少者;有有情时多,无情时少者;有强毅时多,单简时少者;或反是。若谓一人完全善而有情,或完全恶而无情,是大误也。或以人分为若干类者亦误。人类如河水,水固无差别也;惟有狭、有阔,有急、有缓,有清、有浊,有寒、有暖,人类亦复如是。凡一人皆具有人类之诸本性,有时此性发现,有时他性发现。故其外状时或不同,而其"本己"固无时能磨灭也。有等人变动之际,甚为显著,内希鲁亦如是。其变动有起于形体上之原因者,有起于精神上之经过者,内希鲁此时又不免于变动矣。

内希鲁自法庭及遇见加玉沙第一次后,所起自由愉快之感想,此际乃全消灭;代之者为末次会见后所起之嫌恶及义务之压迫感想而已。惟内希鲁尚不能遗弃彼,若因彼要求,亦当与之结婚。但内念此牺牲甚大耳。

会见马司伦之次日,内希鲁乘车至狱室访麻司奴。惟狱长不许其在书记室及律师室相见,而在妇人监狱之接待室。狱长向对人怀存意,何故如是?是乃昨日与马司伦会见之结果也。

狱长言:"汝可自由与彼交言,惟勿以金与之耳。至为看护妇事,医生已许可,惟麻司奴殊不愿。彼言其头脑一时尚不能宁静。公爵!予告汝:此等人甚难处置也。"

内希鲁不答,惟言愿与之相见。狱长遣一狱卒去,自与内希鲁往妇人监狱内之接待室。

麻司奴已至,立铁槛后,状甚羞涩,行近内希鲁,言:"内希鲁君,幸宽恕!予甚悔前日所言之唐突。"

内希鲁言:"予何更言宽恕之事?"

"如是,愿勿复相扰。"言次以目斜视内希鲁,现敌意。

"何所谓相扰?"

"因此事全无意识。"

"何所谓无意识?"

麻司奴言:"请听之:汝前日所言者,予实不能从。愿汝勿复言此,予宁自绞杀耳!"言次口唇颤动,仍怒视内希鲁。

内希鲁念麻司奴尚有嫌恶之意,但其意态已较前次为善,知其心决甚。惟此时内希鲁甚失望,仍以宁静之态度言:"加玉沙!予前日所言者,今更复言之:愿汝为吾妻。若汝不愿,则无论汝被流至何处,予将从之。"

麻司奴言:"是则可为,予无复多言。"其口唇仍颤动。

内希鲁此际亦不能言,默然良久,复言:"予将离此,至予财产所在之处,更至彼得堡,谋了结汝事。上帝助之,使汝判决归于无效!"

"虽不能办到亦无妨,此间无辜者非予一人耳!"言次泪下不能禁。

忽问内希鲁曰:"汝曾见门寿夫否? 彼实无罪!"

"是予所信。"

"彼实一良妇人!"

内希鲁以与门寿夫相见之事告之,且问麻司奴有所需否。麻司奴言都无所需。内希鲁复默然。

麻司奴忽言曰:"若汝欲我全病院,予当往。予此后不复饮烧酒矣。"言次以目正视内希鲁。

内希鲁甚感动,言:"予甚乐闻此言。"却不能复有所言。内念彼已与前判为二人矣。遂以为爱情终可信赖,不复有失望之意。

麻司奴与内希鲁会见后,复入狱室,除去囚衣,就床坐,以双手置胸前。此时惟病肺妇人偕其婴儿、老门寿夫及铁路守护妇,居狱室内,教堂门丁女因有精神病,已移入病院,其他妇人方洗衣。门寿夫卧床上,诸小儿在长廊内,狱门亦启。病肺妇人手抱其儿,守护妇方缝袜,来就麻司奴,言:"如何,汝与彼交谈否?"

麻司奴不答,坐床上,摇其双腿。

守护妇言:"汝何故如是沈没? 勇气终不可消沈也!"

病肺妇人言:"加玉沙! 奈何不以一语相答!"

麻司奴复不答。

"诸女伴方洗衣,今日人将分给面饼。"遂至门首呼非豆息。

复向长廊去,手执袜缝之,尚不停针线。

少顷,诸女囚还至狱室,手中执一二面饼。非豆息来就麻司奴,以其淡蓝之眼视之,且问曰:"如何,亦有不如意之事否? 予方持下茶物来也。"言次,以面饼置墙板上。

叩纳奴问:"彼悔婚乎?"

麻司奴言:"否,彼无所变。惟予良不愿,亦向彼明言之。"

叩纳奴低声言:"汝真乃愚妇人!"

非豆息言:"若彼等不愿合居,奈何以婚姻相强!"

守护妇言:"汝夫终来就汝耳!"

"汝未详思耳。彼娶加玉沙后,自有快乐生活也。"

麻司奴言:"彼言无论予至何处,彼当相从。彼能相从甚善,不然亦佳。予终无所求。彼且往彼得堡,料理予事。彼识诸国务员。惟予终不须彼耳。"言次有骄色。

叩纳奴言:"诚如是。"言次以手伸入袋内,若他有所思,复言曰:"予意当稍饮烧酒,汝以为如何?"

麻司奴言:"汝可自饮之,予此后不复须烧酒。"

据《心狱》,中华书局,1914 年

第三编

戏　剧

威廉退尔①

[德]许雷

译　言

此德国十九世纪有名文豪许雷(Schiller)所著戏曲之一种也。

吾国所译欧洲戏曲,闻有《文尼市商人》②一曲,予未之见。欧洲戏曲兼有中国二种文体:

曰:词章。欧洲文章之美者,首推戏曲。

曰:格言。一切名理,皆以戏曲包括之。

吾欲译欧洲戏曲久矣,每未得闲。今来居瑞士之宁茫湖③边,感于其地方之文明,人民之自由,到处瞻仰威廉退尔之遗像,为译此曲。此虽戏曲乎,实可作瑞士开国史读也。予译此书,不知坠过几多次眼泪。予固非善哭者,不审吾国人读此书,具何种感觉耳?

---

① 原作是德国著名诗人席勒创作的一部歌剧,取材于 13 世纪瑞士民间传说中的英雄威廉·退尔的故事。作者把 1307 年冬瑞士人民结盟推翻奥皇统治的史实和瑞士民间关于退尔的英雄传说巧妙地结合起来,塑造出一个反抗异族统治和封建统治、进行解放斗争的典型。马君武的《威廉退尔》全译本最初以"国民戏曲"为题,首刊在 1915 年 1 月 20 日由中华书局发行、梁启超主编的《大中华杂志》创刊号,一直连载至 1915 年 6 月 20 日第 1 卷第 6 期。1941 年中华书局出版了该剧本的单行本。——编者

② 今译《威尼斯商人》(*The Merchant of Venice*)。——编者

③ 今译日内瓦湖(Lake Geneva),又名莱芒湖。——编者

人名表

格思勒　瑞池及乌里总督

威勒　阿廷好曾男爵

鲁登士　其侄

司徒法赫

坤孔纳

雷丁格

项司　　　　　　———瑞池人

若格

乌里希

外纳

佛司特

威廉退尔

勒则明　牧师

彼得明　　　　　　———乌里人

苦尼　　牧人

威尼　　猎人

苦地　　渔夫

梅希他儿

包加登

杂能迈儿

云克利　　　　　　———下林人

佛勒

碧赫

遮华

绿城肥弗

格巢坤士

日里　渔儿

随披　牧儿

格图　司徒法赫之妻

赫玉　威廉退尔之妻,佛司特之女

韦达　澳国富人女

阿能格

美提

爱司伯　———村妇

希德格

瓦得

威廉　———退尔之子

佛里司哈

刘透　———兵士

禄多福　格思勒之参谋

约翰　须瓦屏侯爵

司退西(守田者)

乌里之号夫

澳使

佛弄浮格

司吞梅　及工人

传命者

教士

格思勒之马卒

城市之男妇

第一剧（四幕）

～～ 第一幕 ～～

布景　四林湖山岸，对面即瑞池市。

　　　离湖不远有--小屋，渔儿泛一小舟。自湖远望，见瑞池之草地及乡村，日光斜照。湖之左边为哈坑山，有云遮之，右边远见云山。开幕之前，闻牧人铃声。

渔儿于舟中唱歌

　　湖波含笑招人浴，儿童酣睡草茵绿。

　　忽闻短笛一声鸣，有如乐园天使声。

　　空气芳馥儿童醒，湖水澄甘聊可饮。

　　有人呼汝声低微，儿今既醒其来归。

山上牧人唱歌

　　暂与芳草别，长夏已将归。来往山谷间，风景当复非。

　　一朝布谷鸣，歌声会更起。满地布新花，山前看流水。

　　暂与芳草别，长夏已将归。来往山谷间，风景当复非。

猎人唱歌（在对面山上）

　　雷声忽起山谷怒，猎人彷徨失归路。

　　山头白雪亦崩摧，稻草不绿春色微。

　　城郭人民不可识，脚下但见白云飞。

　　聊自云隙望世界，绿原远在湖水外。

　　【此时景色忽变，山间起雷声，四围但见暗云。

　　渔夫苦地自小屋出，猎夫威尼遥自山顶下，牧人苦尼来，随披随之。

苦地　云穴有声，群鱼下潜，是将雨。

苦尼　余所畜牛,食草不息,是将雨。

威尼　然。

苦尼　随披! 汝当防牛畜之走失。

随披　予犹闻褐牛之走声。

苦尼　是则不防,因彼行最远也。

威尼　美哉牛! 是汝所畜乎?

苦尼　予非如是其富,是阿廷好曾贵人之牛,予为之代牧耳。

苦地　牛亦有颈带乎? 是甚美。

苦尼　是牛亦自知之,去其带,彼将不食。

苦地　牛亦有知识乎?

威尼　凡兽皆有知识。予猎野鹿时知之。当其群赴草地时,必以一鹿为侦,耸耳而听,当猎人将近,则高鸣以警其群。

苦地谓牧人曰　君将归乎?

苦尼　阿尔卜山,草将尽矣!

威尼　多福者归客。

苦尼　予亦以是祝君等,行者终当归耳。

苦地　彼处有一人急行而来。

威尼　予识之,是包加登也。

包加登　上帝助予,君等有舟乎?

苦地　何如是其急也?

包加登　速解舟渡予,以救予死。

苦尼　乡人何故?

威尼　谁则追汝?

包加登谓渔人曰　总督之马卒旋至,离予一间耳! 彼若得予,予必死。

苦地　长者,彼等何故追汝乎?

包加登　先救予,予将告汝。

威尼　汝身有血染,汝曾与谁斗乎?

包加登　娄司堡之守将。

苦尼　汝乃受射狼者之追乎？

包加登　彼则既死矣！

众退立呼曰　上帝赦汝，汝何故为此？

包加登　为予及予妻名誉之故，予不能不保持予家室之权利。

苦尼　彼守将曾损害汝之名誉乎？

包加登　彼兽欲未遂，是上帝及予斧之力也。

威尼　汝既以斧碎彼之头乎？

苦尼　请详言之，彼解舟尚需时也。

包加登　予拾薪林中，予妻狂奔而至，告予曰："守将忽至予家，命备浴，且
　　将施无礼。"吾妻乃逃出觅予。予行至家，以斧于浴中毙之。

威尼　是甚善，无人将以是责汝。

苦尼　彼固将受此报，下林之人民，衔彼久矣！

包加登　时甚急，若再多言，予将被获。

　　【雷复鸣。

苦尼　渔父，速渡此汉。

苦地　暴风雨将至，不能渡。

包加登　神圣之上帝乎，予不能复待，稍迟即死矣！

苦尼顾渔父曰　助他人即自助，他日予等或遭同样之难。

苦地　湖水极高，予何能逆风浪而渡乎？

包加登跪而言曰　上帝将助汝，如汝之怜我者。

威尼　渔父，彼将死，幸怜之。

苦尼　彼尚有妻子。

　　【雷复鸣。

苦地　予亦有生命，亦有妻子。汝不见乎？风浪拍天，是决不能渡，非予
　　之不愿救彼也。

包加登尚跪而言曰　予必落于敌人之手矣！救予之对岸，即在彼处，对语
　　尚可闻，惟须舟乃能至耳，予乃于此待毙乎？

苦尼　是有人来。

威尼　然,是毕格伦之退尔也。

【退尔弯弓至。

退尔　求助者谁氏?

苦尼　是阿策勒之人,为保持其名誉之故,毙射狼者。今方被马卒所追,
　　　欲渡,渔人乃畏风浪不敢前也。

苦地　退尔来,彼亦善渡者,请言当此风浪能渡乎?

退尔　人当急迫,则凡事可为。

【急雷,湖水大起。

苦地　是何不能为,惟同在湖中死耳!

退尔　勇夫不自为计,其信赖上帝,救彼急难者。

苦地　徒言无益,此为舟,彼为湖,请试之。

牧人及猎夫　救彼! 救彼!

苦地　虽为予兄弟儿子,亦不能渡。今日为西孟及犹大节,湖水急鸣,欲
　　　得牺牲也。

退尔　空言何所为? 时急矣! 此人必须得救。渔父,汝真不欲渡乎?

苦地　予实不能。

退尔　赖上帝之名,请畀予以舟,愿以弱力一试之。

苦尼　勇哉退尔!

包加登　退尔,汝实为救予之天使!

退尔　予救汝出总督之手,若救汝出湖水之厄,则赖上帝。(顾牧人曰)乡
　　　人,若遇不测,望慰吾妻。予为此,予实不能释耳。(跃入舟中)

苦尼　(谓渔人)凡退尔所为,必有济。

苦地　实无人能及退尔,彼为此山间之最善渡者。

威尼　(复上山顶)上帝助汝! 小舟几为波浪所卷矣。

苦尼　波浪已卷此小舟去矣。噫嘻! 尚在。

随披　总督之马卒飞奔至矣!

【总督之马卒至。

第一马卒　谁藏匿杀人犯者,速即献出!

第二马卒 彼实由此路来,孰则藏之?

苦尼及苦地 马卒,汝指谁?

第一马卒 (远见小舟)魔鬼!是何物?

威尼 (在山上)汝意汝所索者在此舟乎?可骑而追之,犹可得也。

第二马卒 彼既遁矣!

第一马卒 (顾牧人及渔夫言)汝实释彼,汝当偿其罪,烧汝家,使无子遗。

　　【众马卒驰去。

随披 (奔迫之)哀哉!予之小羊!

苦尼 痛哉!予所畜牛!

威尼 暴徒!

苦地 (摩手叹息)天乎!公道乎!此邦何时乃得救也?(同下)

～ 第二幕 ～

　　布景 瑞池市山边。路旁为司徒法赫之屋,左边有柳树一株,其外为
　　　　　一桥。

　　【司徒法赫及绿城肥弗同上。

肥弗 司徒法赫君,如予言,若能免,勿叛澳大利,上帝必护持君等固有之
　　　自由。(与司徒法赫殷勤握手,欲别去)

司徒法赫 愿暂留,俟予妻至。予在绿城时,为君家客,君今在瑞池,为予
　　　家客。

肥弗 敬谢。予今日尚当至格巢。君等受总督暴虐至矣。望忍之,是终
　　　有变,皇帝终当易位耳。愿君等终勿背澳大利。

　　【肥弗去。司徒法赫闷坐柳树下一几,其妻格图来,傍之而坐,静视
　　　久之。

格图 予夫,乃如是其忧戚,予殆不复识汝矣!愁纹现于额,忧思蕴于心,

予为汝忠实之妻,独不以告我,使我亦分担其半乎?

(司徒法赫与之握手,复默然)

汝之勤劳,必当受福,仓谷既满矣,牛群既肥,马匹既繁,值隆冬,可自山谷移归栏厩,是为汝屋,华美如贵豪所居,陈饰亦盛丽,敷以画纸,具多窗户。四围光洁,时来过客,与汝为亲密之谈话,是不亦既足乎?

司徒法赫　是屋不恶,然其基已摇动矣。

格图　予夫,是何言欤?

司徒法赫　自予幼时,已常坐此柳树下,如今日。予至今思之,犹甚乐也。前此总督自其所居曲口纳与其兵卒骑而过此,停四小时不去,予急趋恭迎之,礼以澳皇代表,彼固知是为予家,独怪问曰:"是谁所居室也?"予已速会其意,答曰:"总督,是为澳皇及总督之室,而赐予居也。"总督言曰:"予代理皇帝,管治此邦,不欲见一乡人,自筑室而自由居之;若为此邦之主人也者,汝试待之。"言毕,傲然而去。予此时若丧魂魄,惟静思其所言耳。

格图　予亲爱之夫,其听予言。予幸为有名以伯之女,吾父多经历,予幼时与姊妹深夜共纺织,此邦之豪俊,多来就予父商筹此邦之幸福,评论澳皇之设政,故予时时闻其名言,今犹历历在予胸也,故望君勿忽予言。君之所忧,予既久知之矣。总督固欲甘心于君,瑞池之人民,不甘心服从澳皇,实为君阻力之故,是岂不然乎?

司徒法赫　格思勒之仇予,实为此故。

格图　君为一自由人,受先人遗产,安居甚乐。彼格思勒一无所有,故妒君。彼为其家之最幼子,除所服骑衣外,实无长物耳。彼每过富厚之家,常以恶眼嫉视。彼已誓必破灭予家乃已,君犹顺事之,君将坐以待毙乎?　智者则必先动。

司徒法赫　将何所为?

格图　(行近)愿察予言。瑞池之人民,苦总督之暴虐久矣。下林、乌里之人民,亦当如是。自二城乘渔舟来过者,殆无不向吾侪诉说总督之威暴,是可为也。上帝必扶助正义者。君在乌里,岂无友朋,可以倾吐心腹者乎？

司徒法赫　彼处之勇夫缙绅，可以秘密信托者，予所识甚多。（起立）吾妻，汝于吾冷静之胸中，唤起奇险之思潮，予之所不敢想及者，今乃豁然如见白日，汝实以极轻快之舌道破之。虽然，此平和之山谷，汝乃欲变之为剑戟之场，以寡弱之牧夫，起而抗天下之主，汝亦曾善虑其后乎？吾意不如待时也。

格图　汝曹亦男子，知用汝斧，上帝助有志者！

司徒法赫　吾妻，战争不祥，人畜皆无孑遗也。

格图　天之所与，必顺受之。具良心者不畏难事。

司徒法赫　吾侪所筑之室，汝所顾而乐之者，遇战事则烧尽矣！

格图　当烧之时，予亦自手火烧之。

司徒法赫　汝信人道，彼战争曾不恤牺牲摇篮内之小儿。

格图　无辜者有一友，是在天上。丈夫当前进耳，勿缩后也。

司徒法赫　吾侪男子，可勇战而死，汝妇人之运命如何？

格图　柔弱者有其最后之所择，自此桥跃下，即自由矣！

司徒法赫　（向前抱之）具此心者，必以赴战场为乐，而不畏皇主之权威矣！予即行赴乌里，予于彼有友名佛司特，其所思近与予同，且访阿廷好曾贵人，彼爱人民，尊古法，与是二人，予将议对待吾敌之法。别矣！当予未归之时，愿汝善理家事，游僧行客，有过予家者，当善馈之。司徒法赫之家，不使来过者觖望而去也。

【二人同下，威廉退尔及包加登上。

退尔　（顾包加登）君殆不复须我矣！是屋内寓司徒法赫，急难者之父也。彼即是，请随往。

【二人同下。

第三幕

布景　古村旁公地。其后方筑一战垒。后面已毕,前面初起工,有木架,工人于其上升降,其最上层以石井盖之,工人工作极忙。

佛弄浮格　(执木仗指挥工人)速将墙砖、石灰、黏土,来! 总督且至,彼乐观此垒之成,勿触彼怒。(二工人方抬石来)是当倍之,如偷儿攫物,多多益善!

第一工人　吾等运石自筑囚室,良不愿。

佛弄浮格　汝何言? 惰工! 如一牛缓行山谷间,是何惰工?

一老人　予不能复作矣!

佛弄浮格　作工! 无他言!

第一工人　汝乃绝无慈悲心乎? 此老人行步尚不良,乃以此苦工相窘也!

司吞梅及他工人　是天声也!

佛弄浮格　予惟知职司所在,不闻其他。

第二工人　佛弄浮格君,予等所筑之战垒,将取何名?

佛弄浮格　是当名乌里镇压所,乃所以待君等者。

工人　哈哈! 乌里镇压所!

佛弄浮格　汝何所笑?

第二工人　彼将以此小屋镇压乌里乎?

第一工人　此等囚室,不知当复筑几何? 乌里乃得其稍小者也。(佛弄浮格去)

司吞梅　予筑此垒所用之锤,当沈诸深渊。

【退尔及司徒法赫上。

司徒法赫　吾生良不愿见此。

退尔　此地无所见,吾等复行。

司徒法赫　予乃已至自由之乡乌里乎?

司吞梅　足下,君未见彼塔下之暗室,居之者虽鸡声亦不闻耳。

司徒法赫 上帝!

司吞梅 试观此墙基,此屋角,彼盖欲此永久不朽也。

退尔 人手所建造者,乃可以人手破坏之。(指山言)是乃上帝所畀吾等
之永久自由室也。

【鼓声起,兵卒拥一帽来,有一传命者,妇孺嘲杂从之。

第一工人 击鼓者何故?

司吞梅 有如禁食节之游行队,帽则何为?

传命者 赖皇帝之名,静听。

工人 试静听之。

传命者 乌里之人民,其视此帽。奉总督之命,以此帽悬于高竿,置诸古
村之高原,人民当礼此帽,如礼总督。过其前者,除帽而跪。若是者,
乃为服从澳王。违此令者,以身体财产偿之。

【人民大笑,击鼓者下。

第一工人 总督之命,实未前闻。吾侪乃敬礼一帽乎?

司吞梅 吾侪当跪于一帽之下,彼直与吾曹尊贵之人民戏耳。

第一工人 虽澳皇之帽,亦不值一钱。

司吞梅 吾侪不甘卖于澳大利。

工人 此等虐戏,吾侪不能从。

司吞梅 来与乡人议之。(同下)

退尔 (顾司徒法赫)汝今何知矣。别矣!司徒法赫君。

司徒法赫 将何之? 君遂去此乎?

退尔 予之儿子,将觅其父。别矣!

司徒法赫 予心事良多,将与君言。

退尔 忧心非言语所可表。

司徒法赫 言语者事实之母。

退尔 现在之事实,惟忍耐与含默。

司徒法赫 将受所不能受乎?

退尔 欲速之君,运命至短。山峡潮起,舟人速灭火,掉近陆岸,潮亦自

息,能维持平和,则维持之。

司徒法赫　是为君意乎?

退尔　不受挑拨,则蛇不噬人,四围沈静,蛇亦惓。

司徒法赫　若吾侪合一,实可有为。

退尔　舟破之际,人人当自为战。

司徒法赫　君乃对此大事如是其冷静乎?

退尔　予思惟自己可靠耳。

司徒法赫　众弱合而为一则强。

退尔　强者喜独当一面。

司徒法赫　祖国若当危急之时,起而自救。君乃不在其数乎?

退尔　(与之握手)退尔于危崖救已失之羊,乃甘弃其友朋乎?君等有所
　　为,当告我,予不敢有所择,君等若需退尔,则呼退尔耳。(分路下)

司吞梅　(急止)何事?

第一工人　石片之屋盖已倾下矣!

　　【韦达及从者上。

韦达　(急奔入)彼被压乎?若能救,速救彼!是为赏金。(以其宝饰掷
　　地)

司吞梅　金钱乎?汝等以为有金钱,则凡事可为,使父离其子,妻失其夫,
　　人皆受其苦虐,是可以金钱赔赎乎?汝等未至时,吾侪甚乐,今惟有
　　愁绝耳。

韦达　(顾佛弄浮格,彼适至)彼尚生乎?

　　【佛弄浮格以手示已死。

　　噫!不祥之室,以怨愤筑之,终以怨愤居之耳!(同下)

～ 第四幕 ～

布景　佛司特之居室

【佛司特及梅希他儿同时自两边上。

梅希他儿　佛司特君。

佛司特　乃梅希他儿,侦探四出欲得君,且留勿去。

梅希他儿　君于下林无所闻乎?于予父无所闻乎?予居此似囚徒,实不
堪受。予所犯何罪?县官欲夺我牛,我故击之。予所犯何罪?

佛司特　汝特躁急,独未思是为总督之人乎?汝不知当受何等刑罚耳?

梅希他儿　农人欲得面包,乃自耕其田。彼方夺牛时,予之美畜怒鸣,欲
以角触之。予此时甚奋,不能自主,故击之。

佛司特　自心不能制,莽少年焉得驯!

梅希他儿　予所苦者,惟老父耳。彼亟须人服事,其子今乃远出。予父平
日兢兢保持权利自由,总督衔之。苟有不测,谁则护持之?予不能
不行。

佛司特　愿忍耐,俟后闻。是有人叩门,恐为总督使,请避之。君今在乌
里,尚属此暴主权力下也。

梅希他儿　彼促吾侪为所当为耳。

佛司特　暂入。若无害,可再出。

（梅希他儿入内）

谁则叩门,予料必为不祥事。自四角自室内,皆有灾象。脱总督之使
者至。门楹亦无用耳。

（开门惊退,司徒法赫入）

予何所见,是司徒法赫君乎?上帝乎?是何贵客?自有此门楹以来,
过此者未有善于君者也。吾今乃克在此屋梁下欢迎君,是何善缘?
君将于乌里何所为乎?

司徒法赫　（与之握手）古昔之日月,古昔之瑞士。

佛司特 是君所持来者乎？予见君极乐，予之心发热，殆欲喷出。司徒法赫君，君乃别去君妇格图，独行来此，是智者以伯之女，凡日耳曼游客，自曼纳至威须伦者，莫不赞君妇之贤。君方自佛闾令来，亦有所闻乎？愿言之。

司徒法赫 （就坐）予于途上见筑一垒，尚未成，予实不乐。

佛司特 尚何所乐乎？

司徒法赫 自有乌里以来，未有此类之建筑物，是生人之坟墓欤？

佛司特 予窃名之为自由之坟墓。

司徒法赫 佛司特君，予实告君，予来此非闲游，予实忧郁不能堪，迫而来此。予所受者，殆不能复忍矣。人之逼我，殆无已时。瑞士之人，自太古以来即自由，自瑞士山上有牧人以来，未有如今日者。

佛司特 然，若是者殆无前例。阿廷好曾贵人曾见古时景象者，亦谓此殆不复堪忍受。

司徒法赫 在下林亦然，彼处已流血矣。娄司堡之射狼者，皇帝之守将，乃欲食禁果，施无礼于阿筑勒，包加登之妻，已毙于斧下。

佛司特 上帝之罚！是包加登乎？乃正人，闻已得救矣。

司徒法赫 君婿渡之过湖，今方避于予家石室，君尚闻杂能之事乎，是直使闻者喷血耳。

佛司特 （注意）请言之。

司徒法赫 距更司不远，梅希他儿亨利居焉，年已高矣，乡人皆尊敬之。

佛司特 谁不知梅希他儿亨利！何所遇？乞言之。

司徒法赫 县官因细故欲夺其子之牛，其子乃击之而遁。

佛司特 （发急）但其父如何？

司徒法赫 县官命其父出其子，父誓不知，县官命役捕之。

佛司特 （急牵之赴他旁）请止，勿复言矣。

司徒法赫 （大声言之）县官曰：“汝子已遁，予今得汝。”命掷之于地，以钢条取其双眼。

佛司特 天乎怜此！

梅希他儿 （奔出）汝不言取其双眼乎？

司徒法赫 （惊顾佛司特）是少年为谁？

梅希他儿 （抱之）已取其双眼乎？

佛司特 悲哉！

司徒法赫 是为谁？（佛司特指手会意）是即其子乎？万能之上帝！

梅希他儿 予乃离其双眼而远去乎？

佛司特 愿自制，如人所能受者。

梅希他儿 为我之过，乃盲乎，乃真盲乎？

司徒法赫 眼珠已破，永不复见日光矣。

佛司特 愿汝节哀。

梅希他儿 绝不能！绝不能！（以手掩面而哭，低声言）嗟乎！天之所畀，眼光最贵。万物依光而生，植物无知，尚乐就日。吾父乃长此枯坐黑暗，新草生绿，名花放色，皆于彼无与。死则不妨，生而不能视，乃极苦耳。予有双眼，乃不能以畀予父。

司徒法赫 尚有加汝之忧戚者在。总督命彼所有者皆没收，惟余一杖，以便此盲目者沿户而乞食。

梅希他儿 嗟乎！无目之老父，仅余一杖！予去矣，君等勿复与予言遁藏之事。予真懦夫，只计自己之安全，而忘吾父，使为暴徒之质。懦夫！今所思者惟以血相报耳。予将去向县官索吾父之眼，彼兵卒虽众，予终当觅得之。予所具极热之苦痛，非其血不能冷却也。

佛司特 请止，汝何能为？彼高居杂能之深署，汝河能为？

梅希他儿 彼虽居幼妇山最高之冰宫，予亦有路达之，偕二十少年，破其居室。虽君等畏死不敢发，服从此暴徒，予将呼集自由天盖下阿尔卜山上之牧人，良心尚未死者，为极激烈之报复矣！

司徒法赫 （顾佛司特）彼方极愤，请待之。

梅希他儿 眼且不保，尚何所畏！吾侪乃如是无能乎！吾侪之学弯弓伐斧何为者？禽兽遇急，犹知奋斗。麋鹿恤其角，乃与犬斗。追之于穷地，或毙猎夫。耕牛为畜类之最驯者，平时引颈受轭，若激怒之，则以角触其敌,掷之云外矣。

佛司特 若三邦之人民皆如吾三人,事或可为。

司徒法赫 若乌里及下林起,瑞池必能温其旧盟。

梅希他儿 予在下林,友朋良多,其彼此相助之际,曾不惜其躯血。君等为此邦长老,予年极幼耳,于此群内不当有所言,虽言亦恐无益,然予悲戚极矣。人之对木石,尚或怜之。君等年长,为一家之首,窃愿君等生子贤,不危君等目耳,无谓君等身命财产皆无恙,君等之目无恙,袖手以观吾辈之灾难。暴徒之剑,未尝忘君等也。澳大利何能厄吾父,君等实与有罪耳。

司徒法赫 (顾佛司特)予将从之,君则如何?

佛司特 予将请命于阿廷好曾老人,是必为君侪之友。

梅希他儿 君等之名,已足豪于山林间。人民闻君等名,已相信矣。君等有遗产,又自增之,彼贵族何能为?吾侪自为计已足耳。

司徒法赫 贵族所受者,与吾侪异。潮流所激起于平地,而未及高原。彼等见此邦干戈已动,亦不能自外也。

佛司特 若一善人居吾侪及澳大利间,顾全权利法律,岂不甚善。无如彼乃徒知相逼,惟上帝能助吾侪用武力耳。愿君于瑞池善为之。乌里之人皆予友也,当遣谁向下林乎?

梅希他儿 惟予去耳。

佛司特 予不能赞成。君为予客,予必为君计安全。

梅希他儿 请任予去,予自能越山偷道。吾友极众,必助予破此敌。

司徒法赫 任彼偕上帝去。下林必无内奸为暴主用者,阿策勒亦必能相联合。

梅希他儿 事起之际,于何处聚集?

司徒法赫 集于商船所泊之所。

佛司特 不能如是明显,请察予言。湖左向井之处,与米藤石相对,有一为树林所遮之草原,牧人所名虑丽者,(顾梅希他儿言)为吾二邦交界之所,(顾司徒法赫言)又自瑞池来,以小舟过渡极便。吾侪可于深夜在彼聚议,每次携十人可信托者来,则与此诸邦之人结合极易耳。

司徒法赫 如是甚善。以此手与君等,君等亦以手来,予三人以真诚相结合。愿此三邦,亦复如是。相助相慰,死生无间。

佛司特、梅希他儿 死生无间。

【尚握手不释,良久默然。

梅希他儿 盲父,汝不复能见自由之日矣!然当闻之,当阿耳卜群山火光熊熊,暴主之战垒已破之时,瑞士之人必至汝家,以喜信报于汝耳,则汝之深夜如白昼也。

【同散。

第二剧(二幕)

～ 第一幕 ～

布景 阿廷好曾男爵之居宅。

钧特式室,以甲胄饰之。男爵为一老人,已八十五岁,状貌尊严,持一杖饰以鹿角,披裘,苦尼及他六仆执杖戟环之。

鲁登士服骑装至。

鲁登士 伯父,予在此,有何言?

阿廷好曾 愿稍待,吾将依古昔家法,以朝饮与群仆共之。

(举杯饮,以次及于群仆)

予甚愿亲至林野,督君等耕作,如昔时予之执旗而战者。予今老矣,日光不临我,我又不能至山间觅日光,终朝伏居一小室内,予命至短耳。今仅余吾影,会当仅余吾名。

苦尼 (以杯献鲁登士)幼主,谨以杯献汝。(鲁登士迟疑不肯接)饮之,此一杯所盛者,即一心所盛。

阿廷好曾 儿辈且去,俟夕阳西下,吾辈再从容谈田野间事也。

(群仆退,余阿廷好曾及鲁登士。)

阿廷好曾 予见汝戎装束带,汝将往古村之新垒乎?

鲁登士 然。伯父,予不能久留。

阿廷好曾 (就坐)乃如是其匆卒乎!汝年方壮耳,何吝惜其时间,不稍以与汝伯父。

鲁登士 予思汝良不须我,我实为此宅之外客。

阿廷好曾 (以眼视之良久)然,不幸乃如是,不幸汝乃自外于汝之家乡。五儿,五儿(鲁登士之小名)!予不复识汝矣!衣丝罗,戴孔雀翎,双肩披紫绒外套,遇乡人则傲视之,曾不屑受其敬礼。

鲁登士 予良愿与彼等以礼貌,惟不愿与彼等以权利。

阿廷好曾 此邦苦澳皇久矣。暴主之淫威,吾侪所忍受者,此邦之良民,谁则不愤,惟汝不感此苦痛耳。汝离去此间之人民,觍颜事敌,幸此邦之灾害,以博外皇之幸宠,彼实吸吾祖国之血者。

鲁登士 此邦受虐乎?伯父,谁则使之?蔽人民之目,为自己之利益,阻真实之幸福,环此邦之诸国,皆顺事澳大利,而独不愿。皇帝当管治此邦,非贵族也。

阿廷好曾 予乃自汝口闻此言乎?

鲁登士 汝促予言耳,请终之。伯父,于此间为群牧长,顺事澳皇;否则杂于群仆,静待刑罚。二者惟人自择。

阿廷好曾 五儿,五儿,是诱惑之言,既倾汝耳,毒汝心矣!

鲁登士 然。予实告汝,彼等时呼吾侪为农夫贵族,予亦痛之。惟此间之生活,予实不能受。此山之外,实为荣誉世界,戴甲执戟之士,辉映于一堂,间以军乐,贵显之少年,尽来集于哈伯司堡旄旗之下。此间何所有,惟鸡群及牛铃声耳。

阿廷好曾 盲者惑于虚荣,乃至鄙夷其生长之乡。汝以何颜对祖宗古昔之纯洁礼俗乎?汝当以热泪觅汝祖宗之山林,此英雄之歌调,汝所鄙弃者,汝虽在异乡,亦当含悲而恋慕之。祖国是何等大事,异乡终非汝乐土耳。

皇帝之宫廷,非所以待汝。汝自此山谷所得之遗传道德,终于彼非所宜。去矣!卖汝自由之魂,卖汝安乐之邦,以为人仆,弃此自由乡土之首领而不为。五儿,五儿,予终愿汝留此,勿往古村,祖国终不可弃。予无子,予名至此绝矣。此室内所悬之甲胄,当随我归坟墓。今一息尚存,必使予见汝入他人室,以予自由授诸上帝之遗产归澳大利乎!

鲁登士　天下皆归澳皇,吾侪何能反抗之?此邦之四围,皆属彼,何能与之断绝。市场属彼,法庭属彼,商道属彼,乃至赴沟塔之驿马亦彼属地。吾侪四至,皆为彼土地之所包围。吾侪能抗澳大利乎?上帝所不能助,他国皇王之所不能救。伯父,当此之时,有智慧者,当戴一强主。彼之皇冠世世相承,绝不负忠义者。

阿廷好曾　汝之智慧,高于汝祖宗乎?汝祖宗流血破产,以争此邦之自由。汝试适绿城,问其人民,澳大利之治法如何?彼将来数吾之牛羊,测量吾之阿耳卜,破坏吾之森林,阻断吾之桥梁,封闭吾之门户,敛吾之财,流吾之血,此真不可当,人终不以自由易奴隶耳。

鲁登士　以牧人敌百战之师,吾侪终无能为。

阿廷好曾　汝尚未识此牧人,予则识之,予曾率此牧人战。予亲见其战于法蕴池,此辈当不能忍受之时,利害自见耳。汝当思汝为何族,无以真珠易假石。汝当为此自由民族之主,彼等乃真爱汝,至死不二。其来归祖国,来归所生,是为汝之真荣宠,是为汝力之盘生地。汝在异邦,终孤立耳。无根之树,遇风潮则摧。吾与汝久未见矣,愿汝今日留此,只今日勿去古村,汝闻吾言乎?以今日给汝伯父。

　　【欲与之握手。

鲁登士　予已有约束。

阿廷好曾　(释手)汝已有约束,良不幸,是恋爱之约束耳。(鲁登士欲去)是韦达姑娘之魔力,牵汝向澳皇耳。汝欲背祖国而媚妇人,窃愿汝勿受欺。

鲁登士　是已足矣。

【鲁登士去。

阿廷好曾　狂少年,其留此! 彼遂已去乎? 予不能留彼,不能救彼。射狼者弃其乡,他人或从之。异邦之魔力,竟牵引年少者越此山岭而去,不幸哉此时! 自异邦人来此山谷,此间之旧礼俗,破坏尽矣。新者乃与强权偕来,后起之人,思想乃全异,予将何所为? 与予偕生者,皆已归墟墓,予之未来,乃在此地下。予于此世界,已无所用矣。(下)

～ 第二幕 ～

布景　山林间之一草地。

　　　　山边有梯,后有人自此下。后面为湖,新月初出,远见雪峰。时当深夜,惟借月光见雪峰及湖水,梅希他儿、包加登、云克利、迈儿、碧赫、遮华、佛勒、澳及他四人,皆带兵器。

梅希他儿　(尚在幕后)山路皆为予开,是峰上作十字形,予识之,予等已至虑丽。(手灯笼至)

云克利　是有声。

遮华　尚有人至。

迈儿　吾辈下林人实最先至,尚无他人。

梅希他儿　夜已深乎。

包加登　醉里司堡之守夫方报二鼓。(闻远方有声)

迈儿　是有声,静俟之。

碧赫　是瑞池林间教堂之钟声,渡湖而来也。

佛勒　空气甚洁,故传声若是其远。

梅希他儿　可燃柴以示后来者。

【二人下。

遮华　是为最美之月夜,湖水平铺如镜。

碧赫　渡者极易耳。

云克利　视之,汝等无所见乎?

迈儿　何物?夜间乃有虹现。

梅希他儿　是月光之所为也。

佛勒　是最罕见,毕生未见此者良多耳。

遮华　是为垂虹,居上者微淡。

包加登　彼处方有一小舟过。

梅希他儿　然,是司徒法赫之舟也。

　　【司徒法赫近岸。

迈儿　彼须绕山而过,以避总督之戍卒。

　　【此时已有二人于中间燃火。

梅希他儿　是谁?

司徒法赫　(方在下)此邦之友。

　　【同下接之,司徒法赫、雷丁格、项司、苦格、坤孔纳、乌里希、外纳及他三人,自舟出,皆带武器。

　　【同声欢迎。

　　【其他尚在下面,梅希他儿及司徒法赫行前。

梅希他儿　司徒法赫君,予已见彼,彼未见我耳。予以手自蔽,报仇之念,殆不能禁。

司徒法赫　勿复言报仇,惟去恶耳。下林之人对此大事云何?

梅希他儿　祖累伦之荒山,雪峰无际,康健之小羊,时或登之。予实越之以适阿耳卜之低牧原,牧人之自乌里及天使山来者归焉。予当渴时,饮自雪峰下流之石乳,倦则入了亭,自为主客,以达于生人之所居。此山谷间已皆苦虐政,凡予所叩所处,皆受欢待。彼暴徒曾无能为耳。阿耳卜山相连处,野藋之所生,泉水之所出,风云之所环,其地自祖至孙,纯守古俗,不受新风气之侵入,皆以手相受。其壁上挂已锈之剑,目光灼灼,富于勇气,当予述君及佛司特名,皆愿发誓相从,以至于死。予沿户受客礼，以至予乡，皆设床备寝。见予盲父，既已无所有，托食他人耳。

司徒法赫　上帝！

梅希他儿　当是之时，予殊不哭，予之痛苦，非眼泪所可浇也。予抱予父于胸前，思予所当为之事。乃复绕山路，凡人所未经者，自雪峰而下，所经之处，所见之人，皆愤虐政，予与彼说及，皆以口以心相扰矣。

司徒法赫　汝乃于短时间成此大事。

梅希他儿　娄司堡及杂能，吾邦人之所惧者，吾敌实居之，以虐吾民。予欲亲见之，乃登杂能以窥其垒。

司徒法赫　汝乃敢至虎穴乎？

梅希他儿　予易服为游僧，亲见总督坐于一几上，予殊能制予心。虽见予敌而未击之。

司徒法赫　甚善，勇者必受福！（此时余人来与二人相近）从汝来之友人，乞介绍，彼此开心相信托。

迈儿　三邦之人，谁则不知汝？予名迈儿，是为吾姊之子名云克利。

司徒法赫　汝等之名，予亦莫不知。有名云克利者，杀龙于外勒之泽，遂葬于是。

云克利　司徒法赫君，是予祖也。

梅希他儿　（指二人言）是天使山林间之人也，自食其力，不似吾侪之赖遗产生活者。

司徒法赫　（就二人）愿以手授予，不赖田地生活者，尤可赞耳。

坤孔纳　是名雷丁格，吾侪之老乡人也。

迈儿　吾识彼，曾因田产与之兴讼。雷丁格君，吾侪在法庭为敌，在此间为友。（与之握手）

司徒法赫　善哉言乎！

云克利　是为乌里之角声，彼等至矣。

【带武器者携灯笼自山石下。

项司　是乌里之牧师，上帝之仆，亦来乎？不避深夜，不辞远路，以为民牧。

包加登　彼得明从之来，佛司特亦来，惟未见退尔耳。

　　【佛司特、牧师勒则明、彼得明、苦尼、威尼、苦地及他五人至，共三十三人，就火而立。

佛司特　沈沈黑夜，所以蔽逃亡之罪犯者，吾侪乃于此为保障权利来集，黑夜亦如白日耳。

梅希他儿　良是。吾侪当自由快乐，如在白日。

勒则明　同盟诸君，请听吾之所感于上帝者。吾侪当代表全民族，为古昔之平时会议。今乃在此，是为时所迫耳。人之欲保障权利者，上帝与之。

司徒法赫　甚善，吾侪将依古法会议。今虽黑夜，吾侪之权利，将放其光明。

梅希他儿　人数虽不备，此心即全国民。

坤孔纳　书册不具，写之于心可耳。

勒则明　请环坐，主席者以剑归之。

彼得明　今临此者为三邦之人，谁则主席？

迈儿　是必须为乌里或瑞池之人，予等下林人不敢当。

梅希他儿　予等不敢当，予等难民，望友朋相助耳。

司徒法赫　以剑归乌里，其旌旗实已耀于罗马时代。

佛司特　瑞池之民族，极有名誉，当以剑归之。

勒则明　予请解之，乌里为帅，瑞池主谋。

佛司特　（以剑与司徒法赫）请受之。

司徒法赫　予不敢，请以年最长者，受此荣誉。

苦格　乌里希年最长。

项司　瑞池人不敢受。

司徒法赫　予以为雷丁格为宜。

佛司特　彼宜为主，赞成者请举手。

　　【皆举右手。

雷丁格　（就中位）此间无圣书，予就明星发誓，当永久拥护吾人之权利。

（二剑植立其间，各团坐。瑞池居中，乌里居右，下林居左，雷丁格倚剑而立）湖水所环，三邦之人，来此会集，于明星之下，结为联邦，为是之故。

司徒法赫　（行至圆内）今所结者，非新联邦，古昔已然，予等复新续之耳。同盟诸君，吾三邦者，虽因湖山之隔，各自为治，然同为一血族，同处一家乡。

云克利　歌谣所云，吾侪实自远方来迁于此。有识其历史者，愿言之，以坚旧盟。

司徒法赫　请谛听之。古昔牧人所云：有一大民族，迫于凶岁，乃议去其乡。于中夜用抽签法，得第十签者，离去其乡。既毕，男妇相率，含痛而出，以剑自卫。经过日耳曼，以至此山林之高地。在一旷野，今莫达河所流之处，夐不见人。河边有一小屋，有一人在焉，以待此群。湖波怒起，不可以渡，忽见一地，林木茂然，有泉可饮。彼等以为是真家乡矣，乃共留之，伐木建宅，是为瑞池。及后人浮于地，乃越黑山而至白原，旁雪峰而聚族居矣，是为司当市。又沿雷思河而建古村。饮水溯源，瑞池人之心理之血脉可识也。

【与左右者握手。

项司　然，予等实同一心理，同一血脉。（同声）予等实为一民族，当永久相联合。

司徒法赫　他族之人，服从外力之压制，顺事战胜者，虽吾国之沙森人亦然，以奴隶之根性，传诸子孙。吾侪为古昔瑞士人之正系，每能保障自由，不屈膝于王侯，而自择其主。

勒则明　吾侪自由择此土之保障者，佛里得力皇之敕书亦明载之。

司徒法赫　虽极自由者亦不能无主。吾祖宗当开辟此地之时，曾戴一皇帝，所以捍卫此土也。

梅希他儿　此则奴仆之记号耳。

司徒法赫　吾先人环甲适威须伦，以罗马王冠加于彼首，而以古法律自治其乡。皇帝惟从事于战争，其下一侯，不居此邦。有争讼则呼之来，于青天之下，依法律判曲直，是何曾有奴仆之痕迹乎？有与予异意者，言之。

项司 诚如君言，是邦从未受苛政。

司徒法赫 吾先人亦未尝言服从皇帝，皇帝以此权让诸教师。教师保持一最古之教书，得诸无人之旷野者。教书之言曰："吾民所有者，不能让诸皇帝。当吾民权利有妨害之时，可以此山邑与皇国分离。"是为吾先人之言，吾侪可蒙羞以服事强权乎？吾民以手足之劳，获此邦土。熊罴所居之古林，吾民辟之，以奠民居。杀大泽之蛟龙，拨旷野之云雾，凿山通道，此土之属吾民者，既数千年。今乃受外力之凌夷，甘受其锻炼，不加抵御乎？

（大众极感动）暴主之威力，亦有界限。苛政至无可忍受之时，当祷诸上天，恢复吾民无限之权利耳。如明星之灿烂，不可毁灭。吾民古昔之地位，终来复耳。刀剑为最后之手段，吾侪持此而前，以捍卫吾侪之财产，以捍卫吾侪之妻儿。

（众以剑击地同声言）吾侪将以是捍卫吾侪之妻儿。

勒则明 （入圆内）汝侪于未用此剑之前，或能以言语和平了结。今日威压汝之暴主，或谄谀汝，当是之时，仍当事澳大利。

项司 牧师何所言？吾侪当仍事澳大利？

碧赫 勿听其言。

云克利 卖国贼，此邦之敌！

雷丁格 勿扰乱。

遮华 既受若是之辱，仍顺事澳大利乎？

佛勒 吾侪之幸福，不许吾侪受此等威暴。

迈儿 若是者为奴隶。

项司 谁复言顺事澳大利者，剥夺其为瑞士人之权利。予所提议，当为此会所定第一条国法。

梅希他儿 当如是。有言顺事澳大利者，当剥夺一切公权，无人与之来往。

　　（同举右手言）是当成为法律。

雷丁格　（稍停复言）是为法律。

勒则明　汝等今自由矣。用平和方法所不能得于澳大利者,赖此法律得之耳。

外纳　请依会议秩序续议。

雷丁格　同盟诸君,吾侪已用过平和方法乎? 吾侪所受者,澳皇或不知,又或非其意,是亦为吾侪最后所当为者。吾侪当未用兵之先,须以吾侪所苦者达于其耳。武力虽用之正当,亦可畏耳。人之所不助者,上帝乃助之。

司徒法赫　（顾坤孔纳）君当报告其事。

坤孔纳　予曾为控诉总督之故,至法池谒澳皇,且求颁赐吾国古昔之自由教书,是为新皇登极所应行之故事。吾于彼处晤各处行人,自须瓦屏或莱因来者,皆各得所欲,欢喜而归。予为君等之使,澳皇之顾问与予相接,以空言相慰藉,云:"澳皇无暇相见,彼良念君等。"予戚然至一室,见约翰侯爵泣于一隅,瓦特及退格非亦在,呼予言曰:"汝曹当自助,终不能以公道待诸澳皇。彼且夺其兄子之遗产。约翰侯已及岁,欲得其母之所遗,而自治其土地人民,澳皇乃以一花环与之,曰:'是以饰年幼者。'"

项司　汝等闻乎? 权利公道,非所以待诸澳皇,汝曹当自助。

雷丁格　既无他法,请议吾侪达目的之所当尽。

佛司特　（行至圆内）愤怨之压逼,当脱离之。先人所遗之权利,当保守之。澳皇仍为澳皇,与吾人无与。总督及其群仆,当逐去之。其坚固之堡垒,当破坏之。

雷丁格　敌人手执武器,彼必不肯平和解决,当如何?

迈儿　言之易,行之难。此邦有二坚垒,娄司堡及杂能,非于三邦举兵前破之不可。

司徒法赫　迟疑太久,知此事者众,则易泄。

迈儿　此邦无内奸。

勒则明　激烈者亦易泄事。

佛司特　太迟则古村之战垒亦筑成。

云克利　敌垒易破耳。杂森之人,每以物馈总督,携至其所居。予等以十
　　　　人或十二人用此法至敌垒,暗摆武器,后至之众,潜伏林间,俟先至者
　　　　夺门。吹角为号,以招伏兵,则敌垒归我矣。

梅希他儿　予愿取娄司堡。予识此堡内一女仆,可利用之。乘夜以梯上,
　　　　后者继之。

雷丁格　众赞成否?

　　【多数举手。

司徒法赫　(数之)赞成者二十人,多数。

佛司特　当敌垒已破之日,于山顶炽火,城内鸣钟。兵既起,彼总督惟逃
　　　　去耳。

司徒法赫　格思勒拥重兵,非流血不肯去,此甚可畏。

包加登　予将当之。予之生命,实退尔所畀。今为祖国而死,名誉既全,
　　　　良心亦安。

雷丁格　时至智生,稍待可也。吾侪于夜间在此会议,今已近天晓矣,吾
　　　　侪当趁日光未出时先散。

佛司特　不须忙,夜间方长耳。

　　【朝暾初放,众脱帽观之。

勒则明　吾侪先市内人民,于此先见朝日,可对此发誓,以结新盟:"吾侪
　　　　兄弟当结为一民族,永久不散。"

　　【众同声举三指诵之。

　　"吾侪当自由,如吾先人,宁死勿为奴隶。"

　　【众复同声举三指诵之。

　　"吾侪信赖最高之上帝,不畏人间权势。"

　　【众誓毕,彼此相抱。

司徒法赫　今当各散。为牧人者,各牧其牛,暗结友朋,以待时至。俟暴
　　　　主恶贯满盈,一朝偿之。各制私愤,勿为单独之行动。公众之幸福已

被夺,不能自顾私事矣。

【众分三路分散,雪山上现红日。

第三剧(三幕)

～～ 第一幕 ～～

布景　退尔宅前庭院。

　　　　退尔手执斧作工,赫玉料理家事,瓦得、威廉在下面手小弓
　　　　游戏。

瓦得唱歌

　　弯此弓箭兮,渡彼山谷。

　　射者来过兮,晓日初出。

　　空气为国兮,谷岸深幽。

　　射者为王兮,一身自由。

　　箭所及处兮,国疆所恢。

　　获禽无算兮,献俘来归。

　　【跃而至。

　　父亲,弓弦已断,为我续之。

退尔　予不为,善射者自续其弦。(瓦得退)

赫玉　小儿学射,今其时乎?

退尔　欲为名工者,习之宜早。

赫玉　彼辈诚不学为佳耳。

退尔　彼辈当学者尚多,善射者毕生无所惧。

赫玉　人不夸其所长于家庭。

退尔　予之天性,不宜为牧人。予好动,一日无获禽,予终觉不快活耳。

赫玉　汝宁知汝妇之所忧。邻人每以汝所为者告我,我心益怦怦然。每当汝别去时,未尝不悸,若恐汝遂终不归者。予每见汝登雪山,由此峰越他峰,予诚恐汝遇野鹿冲过,同坠危崖。或风沙倾动,岩石下落,汝遂被生埋。阿耳卜之猎夫,死机诚一日千回耳,业猎者良不幸。

退尔　感觉康健,信赖上帝,具活泼腕力者,不受灾难。生长于山间者,山不能惧之。(彼工事已毕,弃其斧)作户已成,可终年不毁,木工可将斧入室内去矣。(携帽欲行)

赫玉　汝将何之?

退尔　至古村视丈人。

赫玉　是无危险乎?

退尔　吾妻,何出是言?

赫玉　人将反抗总督,已在虑丽会议,予知之,汝亦预其列乎?

退尔　予未去,若人需我,我不能弃此乡。

赫玉　人将以汝当危险,最难之事,尝以属汝。

退尔　人各为所能者。

赫玉　汝曾于骇浪中渡一下林人,汝等幸免耳,汝当是时,何曾思及妻儿。

退尔　爱妻,予实念及汝等,故予救人父之儿。

赫玉　于急浪中渡舟,非信赖上帝,尝试上帝耳。

退尔　顾虑太多者,于事无所成就。

赫玉　汝能助人良善,恐汝当急难时,无人助汝耳。

退尔　上帝佑予,使予不须人救。

　　【持弓箭欲行。

赫玉　汝何须弓箭,舍之。

退尔　无弓箭,予臂若有所失。(二儿来)

瓦得　父亲,汝何之?

退尔　将往视汝外祖,汝同往乎?

瓦得　自然愿往。

赫玉　总督适在彼,愿勿往古村。

退尔　彼今日当行矣。

赫玉　俟彼已行乃去,彼甚衔吾等,勿使彼见汝。

退尔　彼何能相害,予良不惧吾敌,且予无过。

赫玉　无过者彼乃最恨耳。

退尔　予念彼终不扰我。

赫玉　何从知之?

退尔　数旬之前,予往猎于瑞痕谷,至一无人之境,方登一峰,予之前惟见石壁,其下闻瑞痕泉水相激之声。(二儿左右绕之,凝视而听)忽见总督,彼孑然一身,其旁即绝壁。彼固识予,彼前因小故责予,今见予戎装至,其面殆无人色,足踯躅不能行,几将倾跌。予颇怜之,呼之曰:"总督,是予也。"彼口噤不能言,惟以手作号禁予出声,且召予去,予乃去,不远,见彼从者,告以其处使从之。

赫玉　彼对汝战栗,噫! 彼终不恕汝。

退尔　故予将避之,彼亦不复觅予。

赫玉　愿今日勿往古村,宁往猎。

退尔　汝何为如是?

赫玉　予中心极忧,勿往。

退尔　人不当无故而忧。

赫玉　诚无故。退尔,愿留勿去。

退尔　爱妻,予已约往。

赫玉　若汝必须去,可去,小儿当留。

瓦得　否,母亲,予偕父去。

赫玉　瓦得,汝乃弃汝母去乎?

瓦得　予将向外祖索美物遗汝。(偕父去)

威廉　母亲,予偕汝留。

赫玉　(抱之)汝为我爱儿,汝独偕予留。

【至庭户以目送行者良久。

∽∾ 第二幕 ∽∾

布景　荒野林地。

【韦达猎装上,鲁登士随至。

韦达　彼随来,予今可与彼言我心事矣。

鲁登士　(急上)姑娘,是处四围皆绝壁,仅余予二人耳。予所永久沈默不敢言者,今将倾吐之。

韦达　猎者不至此乎?

鲁登士　猎者去此甚远。今为决定我命运之良时,愿汝勿为此忧态。予为何人,乃敢以所愿相质。予朝夕杂诸骑士间,与战胜者相周旋,予心实以忠实及恋爱充塞之。

韦达　(极严厉)汝乃敢言忠实与恋爱乎? 汝对于所亲尚不忠。(鲁登士走退)澳大利之奴隶,自卖于外人之压逼汝者。

鲁登士　姑娘,汝亦以是责我!

韦达　汝以我为祖卖国者乎? 予宁以予手赠格思勒,不以赠瑞士之天亡子耳。

鲁登士　上帝! 予何所闻!

韦达　汝所最亲者,为汝国人。汝最重之义务,为保卫此被压逼者之权利,而助此无辜者。为汝民族故,予脑几充血。予爱之,故予爱其所忧。彼等聪明勇敢,予日益崇敬之。汝生于此邦,自然当尽捍卫之责,乃反弃之,谄颜事敌,助之为虐,此伤予最甚。予当强制予心,乃能不恨汝耳。

鲁登士　予甚愿吾民受福。服事澳大利,即所以保此邦之和平。

韦达　预备作奴隶耳。汝当破坏此邦之战垒,而保其自由。此民族确知之,惟汝首被网罗而已。

鲁登士　韦达,汝恨我! 鄙弃我!

韦达　然,予所恨所鄙弃者,亦良爱之。

鲁登士　韦达,韦达,汝推我坠深渊,又示我以最高之天福。

韦达　予念汝良心尚未尽埋没,惟暗隐耳。予将唤起之。汝曹当自用武力,彼等诚强盗,汝曹不可自暴弃。

鲁登士　愿汝信我,韦达,使我为爱汝者。

韦达　汝则为之。上帝使汝生长此邦,使汝为此民族,使汝保其神圣之权利而战。

鲁登士　痛哉! 若予反对澳皇,尚何能得汝? 汝实在彼权力下耳。

韦达　予之财产在瑞士,瑞士人自由,则予亦然。

鲁登士　韦达,汝实使予去暗就明。

韦达　汝思由澳大利之欢宠以得我,甚妄。欲等方思伸手夺我遗产,彼所用以剥夺君等自由之贪心,亦将以施诸我。予旦夕为牺牲,彼或以予嫁彼一宠儿,迁我至皇宫,诈伪腐败者之所居,永不复见天日。汝之爱情,或能救我耳。

鲁登士　汝能决心永居我祖国,以从我乎? 韦达,予除向汝外,无他愿望,是为我唯一名誉之路。予之野心,惟恋爱耳,汝能与我同居此沉寂之山谷,不问世界荣宠,则予之所愿偿矣。如是虽世界之怒潮来撼此山,予亦不顾。将以群峰为墙,以此原野为天堂,他非所愿。

韦达　予所信者不吾欺,予所梦想者,今实现矣。

鲁登士　予今将于予家乡内发见幸福。儿童生长之处,有千百种快乐环绕我。汝将归我,同居此林泉深邃之祖国,世界其他之幸福,予不复愿闻矣。

韦达　除此邦外更无福岛,诈伪之乡,永古黑暗,终非吾侪托命之所。予将乐见汝树伟大之人格,为自由平等之首领,受纯洁自由之崇拜,南面王何以易之?

鲁登士　予将乐见汝为妇人之冠首,化予所居宅为天堂。当阳春花发之时,以彼娇艳,饰我生活,快乐无极。

韦达　良友,予所戚者,今予方迫而与彼武官相周旋。此邦之压迫者,且从而出入所居暗垒。彼高耸之围墙,实不能使予与此民族隔断耳。

鲁登士 予自救之法,予头脑间尚茫然。

韦达 丈夫当有决断,与汝敌绝,去归汝民族,是实汝生长之所。(远闻猎人角声)猎人近,吾侪当别。为汝祖国战,为汝恋爱战,是实为吾侪公敌,一自由,则吾侪皆自由也。(同下)

～～ 第三幕 ～～

布景 古村草地。

前面为树,下面有长竿,上悬一帽。远景为彭山所隔,山上现雪峰。

佛里司哈、刘透充守兵。

佛里司哈 吾二人徒劳耳,是必无人来致敬礼。此地平时为闹市,自此帽悬高竿后,几无行人矣!

刘透 惟最下等之人或过此,一除其破帽。其稍上等者,皆绕远道而过,恐遇此帽。

佛里司哈 彼等由市厅出者,终必须过此。牧师勒则明昔从一病家来,彼得明携一小钟随之,适当此竿,彼皆跪,予亦跪。彼口中惟祝上帝,不及帽耳。

刘透 予窃思之,予等傲然立于竿前,守一空帽,殊为骑士羞。使人敬礼一帽,亦乱命耳。

佛里司哈 吾侪尝守枯骸,奈何不守空帽?

【希德格、美提、爱司伯偕小儿来立竿前。

刘透 汝真多事,注意彼不幸之过客。予将闭吾眼,让彼过去。

美提 总督悬此,汝曹小儿,当致敬礼。

爱司伯 彼既去,何故留帽于此?

佛里司哈　（怒视）妇人速去,吾侪不须汝,可遣汝等男子来,视谁则敢逆上命。（妇人退）

【退尔携弓上,手携瓦得,径行过帽下不理。

瓦得　（指彭山）父亲,此山上之树,以斧劈之,则流血,是实乎?

退尔　谁则言是?

瓦得　一牧人言之。有伤此树者,则伸一手出至地下,此树盖被谪者。

退尔　是或被谪耳,汝不见远山乎? 其雪白之峰,至天无际。

瓦得　是雪峰者,于夜间作雷鸣,而遗吾侪以其砂石。

退尔　然,若无彼丛生之树林,则此一点之古村,久为砂石之所埋没矣。

瓦得　（思良久）父亲,世间亦有无山之国乎?

退尔　由是高地顺流泉而下,至一平原,其间不闻林泉之声,惟有平静之河流,四围但见碧天,谷麦生于绿地,若一大园。

瓦得　父亲,吾侪何不速行至彼国,乃在此终日忧瘁乎?

退尔　其国虽美如天堂,耕耨者殊不能顺享。

瓦得　居此国者,非亦自由享其遗产如汝乎?

退尔　其土地属王及教主。

瓦得　彼等不能于林间自由射猎乎?

退尔　其森林亦属于王。

瓦得　彼等不能于河流自由捕鱼乎?

退尔　其河海以至于盐,亦属于王。

瓦得　谁则为王,人皆惧之。

退尔　其王保护供给彼等。

瓦得　彼等不能自保护乎?

退尔　彼处虽邻人亦不能信托。

瓦得　予实不愿居若是之地,宁在砂石下耳。

退尔　然,吾儿,宁背后有雪峰,勿背后有恶人。（欲去）

瓦得　父亲,汝不见彼高竿上悬一帽乎?

退尔　帽何与吾辈事? 行耳。

【欲行之际，佛里司哈执枪迎前阻之。

佛里司哈　以皇帝之名，命汝停止。

退尔　（接执其枪）汝欲何为，何以阻我行？

佛里司哈　汝违命令，当随我去。

刘透　汝未向此帽行敬礼。

退尔　吾友，且让予去。

佛里司哈　去向狱中耳。

瓦得　执吾父向狱中？（在台上大呼）救助！救助！诸君！善人！速来！暴力！暴力！彼等欲捕吾父。

【勒则明、彼得明及他三人来。

彼得明　何事？

勒则明　汝何为施无礼于此人？

佛里司哈　彼为皇帝之故，国贼。

退尔　（甚怒）奈何呼予为国贼？

勒则明　吾友，汝误矣！是为良市民退尔。

瓦得　（见佛司特至，急趋就之）外祖父，速来助，人将施暴力于吾父。

佛里司哈　速偕我向狱中去。

佛司特　（奔至）予将以市民籍保之。上帝乎！退尔，是为何故？

【梅希他儿及司徒法赫至。

佛里司哈　彼乃敢抵抗，不承认总督之权力。

司徒法赫　退尔为是乎？

梅希他儿　汝诳耳。

刘透　彼不向帽行敬礼。

佛司特　若是者遂入狱乎？且释彼，收我市民籍。

佛里司哈　汝自身且不保耳，吾侪惟知职守之所在。

梅希他儿　（对众人言）是为暴力，吾侪不能受。在吾侪眼前，不能任退尔去。

彼得明　吾侪人众，此不能忍，吾侪当彼此相助。

佛里司哈 谁则敢抗总督之命令?

其他三人 (急来)吾侪来相助,彼欲何为,击之扑地可耳。

【希德格、美提、爱司伯复至。

退尔 予当自助。良市民,若予欲用武力,岂惧彼之枪乎?

梅希他儿 (对佛里司哈言)汝试敢自此将退尔去!

佛司特及司徒法赫 且安静无躁。

佛里司哈 (大呼)暴徒造反!(闻角声)

众妇人 总督至。

佛里司哈 谋杀!造反!

司徒法赫 何为如是狂叫?

勒则明及梅希他儿 汝不止呼欤?

佛里司哈 (呼声更高)来救法律之仆。

佛司特 总督至,结局如何不可知。

【格思勒骑马,手执鹰章。禄多福、韦达、鲁登士从之,兵士执戟拥护,
围满戏台。

禄多福 总督来,让步。

格思勒 可驱散之。彼等何为来集于此,谁则呼救?(众无声)谁则呼救?
予当知之。(顾佛里司哈)彼来前,彼为谁? 彼所执者何人?

【以鹰章付一仆。

佛里司哈 总督,予为兵卒,奉命守护此帽。此人不对帽行敬礼,予当遵
总督命捕之,众市民乃欲以武力夺去。

格思勒 (停良久)退尔,汝乃敢轻侮皇帝及我,不敬礼此帽。予故悬此帽
以试人之服从心者,汝之恶意,既显露矣。

退尔 愿恕之,是出于疏忽,非出于轻侮。予良不怀恶意。此次蒙宽恕,
下次不如是矣。

格思勒 (沈思半晌)人言汝善射,矢不虚发。

退尔 是实。百步之外,可中苹果。

格思勒 是小儿,汝之子乎?

退尔 然。

格思勒 汝共有几子？

退尔 共二子。

格思勒 汝所最爱者谁？

退尔 二者皆吾爱子。

格思勒 退尔,汝言,汝能于百步外射中苹果,予窃欲观汝之技。汝今手挟弓,速张之,射汝儿头上所置之一苹果。须第一箭即中之,若不中,即取汝头。

（众人战栗）

退尔 此诚不可思议！予何能以吾儿之头为的？上帝禁之！总督,此非所以望于人父。

格思勒 汝当射汝儿头上之苹果,是予所欲。

退尔 予宁死不能射吾儿头上之苹果。

格思勒 汝或射,或与汝儿同死。

退尔 父不能杀其子。汝无子,故不知父心之所痛。

格思勒 退尔,汝今忽有良知。人言汝为梦想家,尝离人独处,故予以是命汝。汝可闭双眼,以心计算射之。

韦达 总督,愿勿与此等穷民谑戏,试观彼等战惧,殆面无人色。

格思勒 谁言我戏谑？（自头上悬枝取一苹果）是为苹果。汝等立开,让出地步。予今限八十步,不能更少。彼自夸能射百步外,今射之,勿失其的。

禄多福 上帝！此遂真乎？小儿,速跪下,求总督恕汝死。

佛司特 （梅希他儿立于其旁,殆不能忍）愿安静,勉自制。

韦达 （对总督言）总督,是亦足矣！以人父之急苦为戏,非人道。彼虽以小过当死,所受者既已十倍于死矣。释彼归宅,彼已知总督威。彼之所受,已足为彼子孙世世之纪念矣。

格思勒 予命汝等让出箭道,汝等何所迟疑。汝罪当死,予姑恕之。汝之运命,悬于汝善射之手。良工无诉言,汝既自夸,此为汝显其所长之处。其的不恶,其价不廉。能射中箭牌之黑圆者,亦能射中其他。若予赞汝为善射者,汝真善射矣。

佛司特 (跪总督前)总督,吾侪知汝威严,窃愿恩先于罚。愿献予所有者之半,或尽取之,勿以此酷罚待人父。

瓦得 外祖父,勿跪于彼诈伪者之前。请言予当立于何所,予无所惧。予父能箭中飞鸟,必不射伤其所生。

司徒法赫 总督,汝无所感于此可怜之小儿乎?

勒则明 愿思天上有一上帝,监督汝之行为!

格思勒 (指小儿)缚此儿于柳树上。

瓦得 予不受缚。予当如一小羊,闭息受射。若缚予,予终不宁。

禄多福 惟蔽汝眼何如?

瓦得 何为蔽吾眼?予岂惧吾父之箭乎?予将不交睫以静待之。父亲,愿示彼曹以汝为善射者。彼等不信汝,欲杀吾曹。射中之,以馁此恶夫。

【往柳树下,人以苹果置其头上。

梅希他儿 (对众人言)吾侪不能眼见此等罪行,吾侪之誓何为?

司徒法赫 是无能为。吾侪无武器,汝不见此如林之剑戟乎?

梅希他儿 吾侪遂反,上帝当恕彼等之迫而为此者。

格思勒 (顾退尔)善为之,是为危险。汝等农夫平日主张权利,实触予怒。彼等无武器,汝手执弓矢甚乐,予故与汝以的。

退尔 (张弓引矢)请开出箭道。

司徒法赫 退尔,汝何为?予见汝战栗,汝手虽举而膝欲颠。

退尔 (掷弓于地)予眼已晕。

众妇人 呜呼!在天之上帝!

退尔 (顾总督)乞免予射。(启其襟)是为予心,可命兵士取之。

格思勒 予不须汝命,予命汝射耳。退尔,汝实无所不能。汝善渡如汝之善射。当救人时,曾不惧风涛,汝能救他人,今当自救。

【退尔摩手苦甚,时视总督,时仰视天。忽探箭囊取第二箭,出藏诸腰际,总督默视之。

瓦得 (在柳树下)父亲,射之,予无所惧。

退尔 当如是。(引弓欲射)

鲁登士 (良久欲言辄止,今行前)总督,不能更有所进矣! 汝特欲试汝之威严耳,弓过张则断,威严过用则损。

格思勒 人未呼汝,汝勿言。

鲁登士 予不能不言。为皇帝名誉之故,若是之治法,徒招怨愤,必非皇帝所欲。予敢断言,吾民不当受此苦痛,此非汝权所及。

格思勒 汝乃敢言此!

鲁登士 予所见大事多矣,皆噤口不言。予尝闭予能视之眼,强制予膨胀之心,今若再不言,则予实卖祖国,实欺皇帝。

韦达 (跪于总督及鲁登士之间)上帝! 汝若是更激怒彼耳。

鲁登士 予舍吾民,弃吾血族,断绝一切自然之关系,以与汝等周旋,窃幸有所济。予尝务巩固皇帝之威权,今乃无望。予今临绝崖,予之所判断者皆虚妄,予实受欺。嗟乎! 予害此民甚矣!

格思勒 汝敢以此言至汝主人耳乎?

鲁登士 予之主人非汝,乃澳皇。予为自由人,与汝同等。汝以澳皇之名来此,予敬礼此名。有污损之者,予将以予手套掷之。予要求汝与予以正当之答复。汝试以汝兵士来,予非无力如彼曹。(指众市民言)有近予者,予将以剑答之。

司徒法赫 (大呼)苹果落矣。

【当韦达跪下之际,众人目光注之,退尔已射中苹果。

勒则明 小儿无恙。

众人声 苹果射中矣。

【佛司特惊颤欲倒,韦达持之。

格思勒 (甚惊)彼已射乎? 恶徒,如何?

韦达 小儿无恙,来就其爱父。

瓦得 (持苹果跃而来)父亲,是为苹果,汝必不射伤汝儿,予既知之。

【退尔弯身立,若欲随箭去者。弓下垂,见儿至,张手抱之心际,同倒于地,众大感动。

韦达 呜呼苍天!

佛司特 (就父及儿)吾儿! 吾儿!

司徒法赫 上帝之赐!

刘透 是射也,奕世之后,人将称道之。

禄多福 当以群山立地上时,人终不忘善射者退尔。

【以苹果献总督。

格思勒 苹果适中贯,彼实善射,予亦赞之。

勒则明 射则善矣。迫之使射者,尝试上帝,必无幸。

司徒法赫 退尔可去,问题既解决,可自由还汝家。

勒则明 去,以子还其母。

【彼等欲拥退尔去。

格思勒 退尔来。

退尔 (复还)总督有何命令?

格思勒 予亲见汝暗藏第二箭,是将何为?

退尔 (惶急)总督,是射者习惯耳。

格思勒 否! 退尔,是非真答,必有他故。退尔,汝当实告我,予贷汝死。此第二箭将何用之?

退尔 总督,汝既贷吾命,予将实告汝。(自腰间出箭怒视总督)若予误射中吾儿,此箭当以赠汝,今幸无恙耳。

格思勒 退尔,予既贷汝死,予不食言。予既知汝恶意,是不可赦。予将囚汝于日月之光所不至之处,以免予将受汝之箭。兵士缚之!

【退尔被缚。

司徒法赫 总督,是人为上帝所宥,汝不能复加罚。

格思勒 予不信彼第二次复得救,速引彼至予舟,予即来,予将自押彼赴曲司纳。

勒则明 汝将缚彼去此邦乎?

众人　汝不能为此,澳皇亦不能为此,是非吾侪之自由教书所许。

格思勒　何为自由教书,澳皇所许乎?澳皇曾未许此。汝等欲受此惠,须先知服从。汝等终日抵抗王法,谋造反,予知之甚明。予今只缚去一人,汝等皆同罪耳,智者当务沈默顺从。(格思勒退,韦达、鲁登士、禄多福及兵士随之。佛里司哈、刘透尚留)

佛司特　(悲甚)无他言,彼已决意破吾全家矣。

司徒法赫　(顾退尔)汝何故激怒此暴夫?

退尔　有识予悲者,愿勿复言。

司徒法赫　无他言,吾侪与汝同归于尽耳。

众人　(环退尔)吾侪最后之希望为汝,今已矣。

刘透　(近前)退尔,当怜我,我乃守上官命令。

退尔　别矣!诸君。

瓦得　(悲甚,无语)吾父!吾父!吾爱父!

退尔　(举手指天)此上为汝父,汝当呼之。

司徒法赫　退尔,有言告汝妻否?

退尔　(抱儿至胸际)小儿幸无恙,上帝将助我耳!(急下,兵士从之。)

第四剧(三幕)

～ 第一幕 ～

布景　四林城湖之东岸。

西边视线,以高峰遮断之,湖水急涌,时得雷电。坤士及渔人,渔童日里。

坤士　予所言者,汝等当信之。事既如是,此吾眼所亲见者。

渔人　退尔乃被捕至曲司纳,此邦最良最勇之人,吾侪所属望以恢复自由者。

坤士 总督自监之至湖上。当予在佛吕伦时,彼等方入舟。大风遂起,予迫而在此登岸,彼等或停留耳。

渔人 退尔乃落于总督之手,彼将深埋之,使永不复见天日,彼盖深惧自由人之报复也。

坤士 阿廷好曾老人亦病危将死。

渔人 噫! 此吾侪最后之希望,惟彼能出言以争民权。

坤士 风浪益剧,予将宿村中赫倍格家,今日终不能渡耳。

【下去。

渔人 退尔已捕,自由遂死。暴主,汝额愈高矣! 此羞几时可雪乎? 真实之口闭,光明之目盲,强健之臂束,痛哉!

渔儿 父亲,是下雹。留此天空下何为,且入彼小室。

渔人 暴风来,急电来,狂浪来,以破坏此土,以摧崩此雪山。熊罴豺狼复来,化此国为荒原,无自由之国,诚不可生居也。

渔儿 狂风怒起,悬崖有声,此地从来无此奇象。

渔人 以生儿之头为的,人曾未有以此要求于一父,上天得勿怒乎? 虽此,群山下沈于湖底,雪峰融化,陆地变沧海,遂起第二次洪水。生人所居,一切漂没,亦非予所怪耳。

【闻钟声。

渔儿 汝不闻乎? 山上鸣钟,是必有舟遭难,故鸣钟祈祷也。

【登高。

渔人 谁则于此际泛舟,风浪与人为球戏。彼为主人,渡者何能为。远近已不见一舟,皆已避去,奇峰突立,惟以彼石胸示人。

渔儿 (向左指)父亲,是有一舟,盖自佛吕伦来者。

渔人 上帝助此灾民! 风浪既起,如猛兽居铁槛,终无户可出。此处四围皆石,彼无路可逃也。

【登高。

渔儿 父亲,是为总督之舟,自乌里来者,予识其红盖及旗帜。

渔人 上帝之所罚! 总督自来,彼乘舟与其所囚者偕来,乃于此受报复。

此狂浪恐不能受命令,是为其更强之主人。此无知之石山,断不向其帽行敬礼,吾儿不必祈祷,静俟法官行罚。

渔儿　予非为总督祈祷,予乃为退尔祈祷,彼亦在此舟内。

渔人　彼无知之狂浪,欲罚一恶人,乃亦牵连善人。

渔儿　已无复望,是在布几格拉,已为自魔鬼峡所来之狂浪所冲,流至斧山,遂不复见。

渔人　是处有石如利刀,舟之被覆者多矣,渡者不善避,舟辄被割碎入洪浪,卷入湖底。惟退尔能渡此,惜手足被缚耳。

【退尔弯弓急上,至台内以手扑地下跪,继而仰首视天。

渔儿　(见之)父亲,彼处来一人跪于地。

渔人　彼以手扑地,若狂人。

渔儿　(来前)父亲,速来视。

渔人　(近前)是为谁? 噫! 天上之上帝! 乃退尔,汝何以至于此?

渔儿　汝非在舟内被囚乎?

渔人　汝非被缚送曲司纳乎?

退尔　(起立)予遂得免。

渔人及渔儿　遂得免? 噫! 上帝之神力!

渔儿　汝何以至此?

退尔　自舟中来。

渔人　何言?

渔儿　(同时言)总督在何处?

退尔　在波浪中飘流。

渔人　是不可能! 谁解汝缚,此波浪乎?

退尔　是上帝之恩,请听予言。

渔人及渔儿　噫! 遂得救,遂得救!

退尔　汝得古村消息否?

渔人　予已尽知之,愿续言。

退尔　予在舟中,手足皆被束缚,已无复重见日光之希望。予妻子之颜色,更无论矣,惟向水波流涕耳。

渔人 呜呼,苦人!

退尔 总督、禄多福、众兵士及予同行。予之弓箭,置于柁旁。舟行至斧山,遇大风自沟塔峡来,舟子皆心悸,意将束手待死。一仆向总督言曰:"今危矣! 吾侪皆将与鬼为邻,众舟子皆无策。退尔强有力善渡,何不释而用之。"总督乃顾予言曰:"退尔,若汝愿救予等出此难,予当释汝之缚。"予乃言曰:"总督,予将托上帝之力勉为之。"予遂被释,立于柁前,逆风而渡。近就予弓箭所在之处,择近岸方便之所,跃而过之。

渔人 予识其处,是为斧山,甚悬峭,汝何能自舟上跃过乎?

退尔 当舟至斧山脚时,予大呼众勿惧,吾侪将近至岸,乃用全力离舟跃登山壁,手挟弓箭,一霎时间,吾身已至一石板上。予足用力过猛,此小舟已倾斜,为波浪所卷去矣。是将在湖上飘流,候上帝处分。予乃脱去暴风及恶人之厄,以至于此。

渔人 退尔,是非上帝之神功不及此! 请言汝今将至何处? 设总督能出险,汝终不得安全。

退尔 当予被缚在舟中时,闻彼言将在灵泉上陆,过瑞池,至所居垒。

渔人 彼将取此路乎?

退尔 彼将如是。

渔人 善遁藏,恐上帝不能再相救。

退尔 请告我以至曲司纳之捷径。

渔人 顺大路当经司坦能,但有一较捷之小路,经过罗伟石,予当使吾儿导汝。

退尔 (与之握手)上帝赏汝善行,别矣! (去而复返)汝亦在虑丽结盟乎? 是若曾有人告我。

渔人 然,予曾在彼结盟。

退尔 烦汝一至毕格伦,告予妻,予已得救,彼甚念我也。

渔人 汝将逃至何处? 是当告彼否?

退尔 汝或在予家见予丈人或其他亦在虑丽结盟者,愿告彼等勿退缩,退尔今已自由,汝等会当闻予所为耳。

渔人 汝将为何事? 愿实告我。

退尔 予所为之事,人终知之。(去)

渔人 日里,善导退尔路,上帝助之! 退尔所为,终有成功耳。

【下。

～ 第二幕 ～

布景　阿廷好曾之居宅。

　　　男爵卧一几上将死,佛司特、司徒法赫、梅希他儿、包加登,围绕之,瓦得跪于前。

佛司特 已矣! 彼遂已死。

司徒法赫 似尚未死,其唇尚微动,现笑容,彼静睡耳。

【包加登去门首,与人说话。

佛司特 (顾包加登)是为谁?

包加登 是汝女儿赫玉,欲与汝说话,且视其子。(瓦得立起)

佛司特 予将何以慰彼? 予且不能自慰,世间苦恼之事尽集于一头矣。

赫玉 (闻入)吾子在何处? 予欲得之。

司徒法赫 愿汝思室有死人,幸自制。

赫玉 (抱其子)吾瓦得,汝幸无恙。

瓦得 苦哉吾母!

赫玉 汝真未受伤乎? (详视之)噫! 彼何忍以汝为的! 彼何能为是? 彼真无心肝,乃以箭向所亲生子!

佛司特 彼被逼为此,良苦,是生命所系。

赫玉 若彼有父心,未射之前,已死千回矣!

司徒法赫　汝当感上帝之恩,是儿未被伤。

赫玉　予终不能忘,虽予活至八旬,亦尝见是儿被缚,其父以之为的,此箭来贯吾心也。

梅希他儿　夫人,汝未见总督之若何逼之耳。

赫玉　男子每自夸,有人伤诮之,则不自知其所为。为子者之头,为母者之心,皆不遑计矣。

包加登　汝夫命运良苦,汝尚何忍责之?

赫玉　(向彼怒视)当汝友被缚时,汝曾流泪否? 救汝者何往? 汝等亲见此暴行,乃能忍之! 汝等眼见汝友任人缚去,退尔曾以是待汝等否? 当总督马卒追汝之时,湖水高起,彼曾不坠一点之泪,跃入小舟,忘其妻子,以使汝出于难,汝尚忆之否?

佛司特　吾侪少数,且无武器,何能救之?

赫玉　(投入其怀)呜呼! 吾父。汝失其婿,此邦失一良市民。彼已绝望,上帝幸怜救之! 彼今为堡内囚,不幸遇疾病,友朋不能慰之,彼长埋于此黑暗潮湿之狱内矣,如阿耳卜山之玫瑰,堕落憔悴于低泽中。彼非新日光新空气不能生活,彼所呼吸者为自由,今既被囚必死矣。

司徒法赫　幸自宽慰,吾侪终当破此狱。

赫玉　汝曹无退尔,何能为? 当退尔自由时,尚有希望,无辜之民,尚有一友。被捕之囚,尚有一救星。退尔能救汝曹,汝曹皆集,曾不能释其缚耳。

　　　　【男爵醒。

包加登　彼复醒,愿勿出声。

阿廷好曾　(欲起)彼在何处?

司徒法赫　谁?

阿廷好曾　予需彼,彼不当于最后之顷离我。

司徒法赫　是指鲁登士公子,已去觅彼否?

佛司特　已遣人觅之。幸自慰,彼既属吾侪矣。

阿廷好曾　彼曾为祖国有所言乎?

司徒法赫　具英雄之勇气以言之。

阿廷好曾　彼何故不来受吾最后之祝福，予即死矣。

司徒法赫　贵主人勿言此，经此短睡，汝目愈有神。

阿廷好曾　生命即痛苦耳，是将离我。灾难乎，希望乎，皆一切除脱矣！（见瓦得）此小儿是谁？

佛司特　愿为之祝祷，是予外孙，今为无父之儿。

　　【赫玉与瓦得向阿廷好曾前跪。

阿廷好曾　予死后，汝曹皆无父之儿矣，痛哉！予将死时，乃见我祖国陆沈。予乃活至如是高年，今日与予之希望同死。

司徒法赫　（顾佛司特）彼不当如是愁惨而死，当以美好之希望告之，贵主人勿忧，吾侪非遂绝望不可救。

阿廷好曾　谁则救汝？

佛司特　吾侪自救耳！三邦之人，已结盟抗此暴主，今年内必有举动，汝身后所托，乃一自由国也。

阿廷好曾　已联盟乎？为我言之。

梅希他儿　三邦之人，已预备同日举事，一切已完备。预其事者虽人数极众，今尚未泄。暴主之威力已穷，其命运可以日计，会当灭迹矣。

阿廷好曾　坚垒如何？

梅希他儿　同日可下。

阿廷好曾　此邦之贵族，亦与盟否？

司徒法赫　彼等能与盟固佳，今惟农民耳。

阿廷好曾　（甚惊起坐）农民自信力能当此，不须贵族助乎？能如是，予安然就坟墓耳。此后当有他势力发现，主治此国。（以手抚瓦得之头，彼方前跪）此为苹果所置之处，自此当发现自由之新绿。旧者已矣，时序变易，新生命来代老废物耳。

司徒法赫　（顾佛司特）彼眼光灼灼，不当死，是新生命之光线欤？

阿廷好曾　贵族亦已在各堡结盟，两赫伦已毕，土儿高方始，推本伦为首，佛来堡亦加盟，徐里须已备战。澳皇之威力，即坠落坠矣。（其声愈高)予已与诸贵族会见,期生死不渝。此终不免血战,汝曹农民坦胸当枪戟,为祖国牺牲,以扬此自由之旗帜,贵族终退耳。(执佛司特及司徒法赫之手)愿为永久坚固之结合,自由乡之人民,彼此为昆弟,立高山上,联诸盟为一团,一致,一致,一致。(身落枕,其手尚不放。佛司特、司徒法赫静视之,良久而退。众相顾流涕,诸仆人走近作悲痛状。有跪者,以手遮面哭,钟声间作)

【鲁登士来。

鲁登士　(奔入)彼尚生,能闻吾言否?

佛司特　(摇手示意)汝今为吾侪之主人及保护者,此宅将易名矣。

鲁登士　(见死者,极痛)上帝乎!予之悔过乃如是其晚,彼遂不能暂延其息,以视我已变之心!当彼尚生时,予背其教训。今遂已死,吾罪终不能偿,彼临死时尚责我否?

司徒法赫　彼临死时闻汝所为,尚赞汝之勇。

鲁登士　(跪死者之前)忠实者之遗骸,灵魂已去之躯壳,予今惟能执汝已冷之手言耳。予已离去外人,来归吾族,予今为纯全之瑞士人。(立起)彼为吾侪之友,亦为吾侪之父,其能勿悲!予不惟继续其遗产,亦当继续其心志。此老人所负于汝等者,予将偿之。汝曹长者,其以手授予,梅希他儿其以手授予,其受予誓。

佛司特　以手与之,复归之心,当与信赖。

梅希他儿　乡人固汝所素鄙弃者。

鲁登士　愿勿念予幼年之过。

司徒法赫　(顾梅希他儿)愿念老人将死之言,必一致。

梅希他儿　是为予手。贵族无农民,亦无能为。吾侪之地位,较汝更古耳。

鲁登士　是予所崇敬者,予剑即以保卫此曹。

梅希他儿　男爵,吾侪之健臂,平时以耕种土地,战时以保卫生命。

鲁登士　彼此互相保卫,能相结合者强,今复空言无益。吾祖国尚在暴主权力之下,当此土无敌人时,吾侪再于平和中比较耳。(沉思片时)汝侪皆沈默,无言告我,汝等尚不信赖我乎?汝等已在虑丽聚会结誓,凡所为,我已尽知之,而未以告人。予从未为此邦之敌,从未恶待汝曹,汝曹徒责我耳。时已急矣,当速动,为迟疑之故,已失退尔。

司徒法赫　当待耶稣节举事,是吾侪之誓。

鲁登士　予未与誓,予将先发。

梅希他儿　汝将为是乎?

鲁登士　予今已居此邦诸父老之列,保卫汝曹,为我义务。

佛司特　以此已死者之遗骸归山邱,是亦汝之义务。

鲁登士　当此邦恢复自由之时,吾侪当以战胜之花圈置棺上。诸友,是不独为君等,予尚为他故,当与暴主宣战,君等未闻乎? 吾韦达忽被劫不知所向。

司徒法赫　是等恶行,彼暴主乃以加于此邦之贵族乎?

鲁登士　予亦许助君等,君等亦当助予。吾所爱者既被劫,不知暴徒藏彼于何所,如何虐待之? 愿勿弃我,助我救彼。彼最爱君等,曾为此邦有所尽。

佛司特　汝今将何为?

鲁登士　彼之运命,将决于今夕,予心诚不能安。彼必为暴徒之所埋藏,此则无疑。尽破诸垒,必可得也。

梅希他儿　吾侪即起从汝,不必俟翌日。当吾侪在虑丽结誓时,退尔尚自由,今则何如? 再延多时,不知又有何新法令,今夕不起者为懦夫。

鲁登士　(顾司徒法赫及佛司特)其各备武器,俟山中火起时,有一渡船来,即予等捷音。此可欢迎之火光,为破敌之信号。君等见此,可速破灭暴主所筑垒也。

【同下。

∽∽∽ 第三幕 ∽∽∽

布景 曲司纳之山路。

　　路甚高,自山而下,四围皆山,近前之处,两旁有小树夹之。

退尔 （弯弓上）是无他路至曲司纳,彼必过此,是为最好之机会。小树可以蔽身,彼自高处来受我箭耳。路甚狭,从者不能前。总督,汝只宜与苍天算账,汝钟已停摆矣。

予安居与世无忤,所射者惟林间禽兽耳,杀人之思想,初不至于吾脑。汝实破坏予之平和,使清洁之牛乳,变为浑浊之龙毒,汝实逼我为之,射吾子头上苹果之箭,亦可以射吾敌人之心。

无辜之苦儿,清洁之幼妇,予当保护之,不使受汝威虐。总督,当予张弓射吾儿头时,汝实用魔鬼之恶欲迫我,吾手惊颤,吾魂失知觉。当是之时,予暗誓第二箭必中汝心,上帝知之,予将于此偿此神债!

汝为皇帝所托之总督,以保持此邦之法律为务。若徒逞杀人之淫威,暴恶无所不至,亦非彼之所许。上帝之责罚与报复。汝终不可逃耳。汝所持来者何物,惟痛苦耳。予将赠汝以一箭。是为我最宝贵之物,汝其勿辞。箭乎! 汝在平和之时,既不予欺,今既急迫之时,幸勿负予。弓弦乎! 愿汝能固定,汝助我中的之时多矣,予终不赠彼第二箭也。

（行路者来过）

予将坐彼石几上,此所以备行客之休息者。此地无人家,行路者各有所痛苦,彼此不相问。多计算之商人,诚虔之游僧,狂悍之劫贼,快活之猎客,载重之马,远方之异客,来过者不知几何。此道直通至世界尽处也。行路之人,各有所事,予今之所事者为杀人。（就坐）

爱儿乎! 当汝父外出者,汝等必乐。盖汝父归家时,必有所以遗汝等者。或为阿耳卜山之美花,或为希有之鸟,是皆山头所易得者。彼今乃具杀人之思想,所欲得者,为敌人之生命。爱儿,彼固无时忘汝曹,

捍卫汝曹。无受敌人之报复,彼将张弓以杀敌人。(立起)

猎者亦何所忧?当冬季严寒,终日来往山谷间,行一山复一山,或越绝崖。其体被血模糊,所欲得者,为一兽耳。予今适旷野,所欲猎者,其价格最高,是为吾敌之心。(远闻乐声)

彼平生挟弓而行,依法习射,或于黑夜放箭,尝得善价,是皆快乐时之所射耳。予今日将为一名射,以得此国内最高之价。

【结婚者由高山上行过,退尔视之良久,倚其弓而立。守田者司退西来,与之言话。

司退西 是克劳司迈之婚仪也。彼甚富,于阿耳卜山间,有田百亩,迎其妻于依密湖。今晚在曲司纳宴客,盍偕往,凡乡人皆可往宴也。

退尔 忧郁者不宜于新婚之室。

司退西 汝有忧乎?速释之。及时行乐耳,时艰如是,且容易为欢。此处生不知何处死也。

退尔 祸福每不单至。

司退西 世间事每如是,不祥之事亦多矣。汝不闻格拉勒山崩,其地遂沈一角乎?

退尔 山亦崩乎?彼之立脚地稳固如是。

司退西 奇事更多耳。客有自巴登来者,言一骑士乘马将谒其王,途中遇蚁群噬其马,马毙,彼亦落地,终徒步而适王所。

退尔 弱如蚁尚能噬。

【阿能格与其诸儿来当路口。

司退西 此邦良不幸。暴政逆天。

退尔 何日无暴政,此不足奇矣。

司退西 此时以安居田舍不预外事为佳。

退尔 恐恶邻不许耳。

【退尔频视高路,现不安之状。

司退西 汝是否有所待?

退尔 然。

司退西　愿汝安归,汝盖自乌里来者,总督今日当自乌里归。

行客　总督今日不来矣,雨后水发,诸桥皆坏。

　　【退尔起立。

阿能格　(来前)总督不来乎?

司退西　汝有所求于彼否?

阿能格　然。

司退西　汝何以恰当此高路?

阿能格　彼在此不能相避。必闻予言。

佛里司哈　(自高路来,大呼)避路,总督骑马来。

　　【退尔避去。

阿能格　(激动)总督来。

　　【阿能格与诸小儿向前,格思勒、禄多福骑马,在高路上可见。

司退西　(顾佛里司哈)诸桥皆为水冲去,君等越水至乎?

佛里司哈　吾侪适与水战,阿耳卜水曾不足惧。

司退西　君等乘舟破浪来乎?

佛里司哈　曾为之,予终生不忘此。

司退西　愿留为予言之。

佛里司哈　予当去,至垒内告总督来。(下)

司退西　是必舟上有善渡者,否则人与群鼠同沈耳。吾人终不能与水火
　　争。(四顾)适才与我谈话之乡人,现何往乎?(下)

　　【格思勒、禄多福骑马来。

格思勒　汝欲何为?予为帝仆,彼使予适是邦,非欲予谄诱此民,欲此民
　　能顺从耳。今之所争,为彼农民当为此邦主人欤,抑澳帝?

阿能格　时至矣,予必前。(谨向前)

格思勒　予以帽置古村,非为谑戏,亦非以试此民。予识此民久矣,故激
　　之使彼向我折腰,勿昂然直行,特置帽于彼等所必经之路,触目警心,
　　使常记念其主人。

禄多福　此民亦有一定之权利。

格思勒　今已无可复避,事既如是,皇室惟当尊耳。其父所作,其子成之,此区区小民族,不啻吾侪路旁之一石,彼等舍顺从无他法也。

【欲复进,阿能格跪其前。

阿能格　慈悲之总督,求恩。

格思勒　汝何为阻吾道?其速避。

阿能格　予夫下狱,此诸小儿哭索面包不可得,愿怜吾侪之穷。

禄多福　汝为谁?谁为汝夫?

阿能格　予夫为利济山之刈草夫,尝在山壁刈草,使牛不得沿上。

禄多福　(与总督言)此苦命人,愿汝怜之,释其夫。彼或犯重罪,其所作苦工,亦足罚矣。(顾妇人言)汝当至堡内请愿,此非其地。

阿能格　否!总督不畀予夫,予终不去此。彼囚堡内已六月,呈诉终无用耳。

格思勒　妇人,汝敢犯我怒乎?速去!

阿能格　公正之总督,汝代理上帝及澳皇,为此邦之法官,愿尽其职,维持公道。

格思勒　逐去此恶妇!

阿能格　(执马缰)否!予已无复所惧。汝不释吾夫,终不能去此,汝皱眉睁目,终无所用。予与诸小儿已处于绝望之地位,汝虽怒亦无用。

格思勒　妇人,汝不避路,予马将越汝而过。

阿能格　愿越我而过。(以诸小儿及己卧地上)今予及诸小儿在此,此孤苦之无父儿,可以马蹄踏之。

禄多福　妇人,汝颠乎?

阿能格　此邦被汝践踏已久矣,予乃为一妇人,若为男子,将他有所为,不卧此尘土上也。

【高路上乐声尚遥遥可闻。

格思勒　诸仆何往?不逐去彼等,予将为所欲为,无所悔。

禄多福　诸仆不能至,是为迎婚队所阻。

格思勒　予待此民太善,彼等仍敢向吾饶舌。是诚不宜,予尚有他法。彼等所谓自由者,予终将完全破坏之,予将立新法令,予将……(一箭来射中之,彼以手扪心欲倒,以微声言)上帝佑予!

禄多福　总督,是何事,此箭从何处来?

阿能格　(起立)杀人! 杀人! 彼已中箭,适贯其心。

禄多福　(自马跃下)是何酷事? 总督,求上帝恩,汝将死。

格思勒　是退尔之箭也。

【自马上倒下,禄多福以臂拥之卧于地。

退尔　(自高山上现)汝识此射者,是非他人。此间之居宅人民,皆得自由安全,不受汝害矣。

【自高处去。多人来。

司退西　(居前)是何事?

阿能格　总督被射。

众人　(奔至前)谁被射?

【迎婚队之前驱来,其后队尚在山上,乐声复起。

禄多福　血出矣,去追杀人者! 汝平日不纳予言,遂终于是。

司退西　呜呼! 彼遂死!

众人　谁则为此?

禄多福　颠哉此民,乃于杀人时作音乐,速止之。(乐声忽止,至者更众。)总督,汝尚能言否? 有所托否? (格思勒以手作势)予当何之? 至曲司纳乎? 汝所示予不能晓,勿更躁急。释彼地上者,汝当思天上悔过之事。

【迎婚队来绕此死者,现酷意。

司退西　彼面已无人色,眼珠欲裂,心尚无尽死,然亦速矣。

阿能格　(携一儿向前)吾儿视之,彼暴徒遂死。

禄多福　狂妇人绝无感情,幸灾乐祸,孰助予拔剑出?

众妇人　(退开)是上帝所击者,吾侪勿以手抚之。

禄多福　(拔剑)奴才当死。

司退西　(执其臂)汝何敢为是? 汝曹命运已尽。暴主既死,吾侪不复受汝压制矣,吾侪今为自由之人!

众人 （同声高呼)此国自由!

禄多福 大事已去,无复有畏惧服从者矣。（兵士来)此处有人为谋杀之恶行,其人已逃。吾侪当速往曲司纳救彼坚垒。此时秩序已乱,无可信赖之人矣。

【偕众兵士下。教士六人来。

阿能格 教士来,请让步。

教士 （作半圆围绕死者,以低声诵歌)

人生如行路,死者不复返。生命一朝绝,桥梁中道断。更无他言说,冥间待审判。

【当其再诵末句时,前幕下垂。

第五剧(三幕)

～ 第一幕 ～

布景 古村之公地。

后面右边筑垒未成,如第一剧第三幕。左边现群山,山上有火光,时当初晓,远近之钟乱鸣。

苦地、苦尼、威尼、司吞梅及他多人上,妲孀亦来。

苦地 汝不见山上之火号乎?

司吞梅 汝不闻前林之钟声乎?

苦地 敌既破矣。

司吞梅 诸垒已得。

苦地 吾乌里尚容敌垒独留乎? 乌里当为宣告自由之最后者。

司吞梅 大众速毁此垒。

众人　毁之！毁之！

苦地　乌里之号夫在何处？

乌里之号夫　在此，有何事？

苦地　速登高吹角，使声达四山，皆起返响，以便人民来集。

　　【乌里之号夫下，佛司特上。

佛司特　诸友待之，下林及瑞池如何，尚未可知，且待报者。

苦地　尚何所待？暴主已死，自由之日至矣。

司吞梅　火光起于四山，信号已确。

苦地　大众来，男女齐来，毁此屋基，裂此墙土，使片石不存。

司吞梅　各工人来，吾侪筑之，未知所以毁之。

众人　来，毁此垒。

　　【皆向垒去。

佛司特　机已动，不可止矣。

　　【梅希他儿及包加登上。

梅希他儿　杂能之垒，已成灰土，娄司堡亦破，此垒尚存乎？

佛司特　梅希他儿君，君等持自由来乎？

梅希他儿　（抱之）此土已复干净。老父，吾侪此际谈话时，瑞士国已无暴主踪迹矣。

佛司特　且言君等如何夺此二垒。

梅希他儿　杂能为鲁登士所破，予于晚间登娄司堡，遂夺之。敌人皆逃，乃以火焚之。忽总督之一仆来，言韦达姑娘将被焚死。

佛司特　公正之上帝！

　　【闻垒墙崩摧声。

梅希他儿　彼方被囚于暗室，鲁登士急起。当是之时，屋基已倾，遥自火烟内闻彼呼救声。

佛司特　彼遂救出否？

梅希他儿　是千钧一发之时。若彼徒为贵族，吾侪谁肯舍命为此？鲁登士为同盟者，韦达良爱斯民，故吾侪置生命于不顾，奔入火中。

佛司特　彼遂救出否？

梅希他儿　已救出。鲁登士及予实自火中拥之出，四围已闻木板爆裂声。当彼醒觉时，以眼视天光良久，男爵抱我，誓生死不相负。

佛司特　汝如何处置县官？

梅希他儿　是实取吾父双眼者，彼已逃，予追获之，掷之于吾父之足下，以剑拟之。吾盲父殊怜彼，恕其死，彼亦誓不复来。

佛司特　敬贺君，不流一人之血，以成此大功。

众小儿　（持垒木来）自由！自由！

　　【乌里角声作。

佛司特　是何良日！此辈小儿当白发时，犹记念今日也。

　　【诸女儿以竿持帽来，人民充塞台上。

苦地　此为吾侪昔时所当敬礼之帽。

包加登　请言当如何处置？

佛司特　呜呼上帝！吾外甥曾立此帽下待射！

众人　毁此暴主之记念物，投之于火。

佛司特　否，当保存之。是曾为暴主之机器，当留为自由之永久表帜。

　　【男妇群儿坐立于已破垒之横梁上，成为半圆。

梅希他儿　同盟诸君，吾侪今日欢集于此，俨如在虑丽会议时。

佛司特　今事方初始耳，去成就尚远。奋勇一致，实为要图。澳皇闻其总督之死，必以武力来加。

梅希他儿　国内之敌已死，国外之敌易御耳。

苦地　通此国内仅有数路，可以吾侪之身塞之。

包加登　吾之团结坚，彼武力亦无如何。

　　【勒则明及司徒法赫来。

勒则明　（近前）可畏者天罚！

众人　何事？

勒则明　吾侪生于何世？

佛司特　何事？请言之。司徒法赫君亦来乎？

众人　又有何事？

勒则明　汝等闻之，亦当惊耳。

司徒法赫　吾侪今真无所惧矣。

勒则明　澳皇被刺。

佛司特　慈悲之上帝！

　　　【众人起立，环司徒法赫。

众人　澳皇被刺，呜呼皇帝！

梅希他儿　是不可能，汝曹自何处闻之？

司徒法赫　此信甚确，澳皇在白鲁克被刺，米勒在沙佛好曾闻之。

佛司特　谁则为是？

司徒法赫　其事甚酷，刺被者即其兄子须瓦屏侯约翰。

梅希他儿　彼何为弑其叔父？

司徒法赫　澳皇靳不与彼以遗产，欲自夺之，仅以一教主虚衔了其事。此少年乃与其友爱纯伯、退格、瓦特、巴伦诸贵族谋，若不得遗产，当亲手相报复。

佛司特　请言被刺之事。

司徒法赫　澳皇自司坦因适巴登，至其莱因河域之离宫，约翰利甫儿及诸贵爵同行，至于累司，乘舟而渡。诸刺客入与同舟，使澳皇与其从者相离，往观哈伯司堡，是为澳皇先人发祥之地。上陆后，约翰以剑刺其喉，巴伦以枪助之，爱纯伯割其头，澳皇遂卧一血滩之上。对岸之人虽见之而不能助，河流甚急，狂呼而已。

梅希他儿　澳皇生时，无物不欲得，死后乃仍归其古昔之坟墓。

司徒法赫　各处皆戒严，自保疆界。徐里堰之城，三十年常开放者，今已闭矣。是恐刺客之至，且因他故。匈牙利皇后已率众至，是人极严酷，不似妇人，誓欲得刺客，以报父仇。且将诛其子孙，毁其居宅。闻彼在其父墓前对众发誓，是不知当流多少血耳。

梅希他儿　刺客已逃至何处？

司徒法赫　彼等行刺后，闻分五路散去，人言约翰在山间失路。

佛司特 复仇者无善果,彼曹以杀人为快乐,以暴动为满足耳。

司徒法赫 刺客诚无所济,不如吾侪以洁白之手,除去暴虐。吾思哈伯司堡家之运命已终。帝绶将易诸他姓,澳国人会得选举自由权矣。

佛司特及众人 当如是乎?

司徒法赫 闻众意属鲁桑堡侯。

佛司特 彼当权,或有公道。

司徒法赫 彼当保护吾侪,不受澳大利之报复。

　　【众人彼此相抱。

　　【彼得明偕澳使止。

彼得明 此邦之首领尽集于是?

勒则明及众人 彼得明君,何事?

彼得明 澳使持书来。

众人 (顾佛司特)启而视之。

佛司特 (读之)“皇后爱司伯敬问乌里、瑞池、下林三邦之人民,锡以慈惠。”

众人 皇后欲何为?吾侪与彼国已无关系矣。

佛司特 “皇后遭父凶,丧其所天,不胜痛悼,仍念念不忘瑞士旧日之忠爱。”

梅希他儿 彼决未如是。

勒则明 愿少安,静听之。

佛司特 (续读)“皇后念此邦忠实之人民,必痛此凶祸,同负深恨。望此三邦,勿庇凶人。或助之捕获,以正典刑,尚念旧皇禄多福之所遗恩泽哉!”

　　【众人现不满意之状态。

众人 何为恩泽?

司徒法赫 自其父所受者,非所望于其子。旧皇所颁与吾侪之自由教书,彼已靳不与。无辜之民,失其保护。吾侪所遣之使,且不得见。澳皇于此民无所尽,对于此民族之苦难,曾无所动于心。吾侪不得已,至以己手恢复权利。吾民对彼,毫无感谢之可言。彼据高位,自称民父,乃不恤民瘼,惟知利己。彼所积赀产,或向彼流一滴之泪耳。

佛司特 吾侪不幸凶灾,亦不念旧恶。澳皇素无恩于此邦,今既死矣,继之者与此邦尚无关系,无从相爱。此邦对于澳国之义务,与死者同归于尽,他无所言。

梅希他儿 皇后遭新凶,向天诉其痛苦。此邦之民,向天伸其感谢。欲得泪为收获者,必先以爱为播种。

【澳使下。

司徒法赫 (对众人言)退尔在何处?吾侪不能让此自由主人独处。彼所受最酷,所尽最多,愿众人同往所居宅,呼救主万岁。

【同下。

～ 第二幕 ～

布景　退尔居宅。

中间燃火,门开,通外间。

赫玉、瓦得、威廉。

赫玉 今日汝父归。爱儿,彼尚生。自由,吾侪皆自由。救此国者,实为汝父。

瓦得 母亲,予实与吾父偕,人称吾父,亦将称我。当吾父以箭射来时,予曾不少动。

赫玉 (抱之)然。汝乃复为我有。我二次生汝。为汝故,予受为母者之苦痛二次。往事已矣,予有汝二人,今日汝爱父归。

【门首一僧人来。

威廉 母亲视之,是处来一虔僧,彼欲有所赠耳。

赫玉 延之入,以便赠食。彼亦自觉所至者为自由之室也。

【赫玉入,持杯来。

威廉　　（对僧人言）请入来,吾母将有所施赠。

瓦得　　请入此少安息,饱后再远行。

僧人　　（入而张皇四视）此为何地? 愿言之。

瓦得　　汝迷路乎? 乃不识此为何所。此为乌里之毕格伦,由此再进,即瑞
　　　　痕谷。

僧人　　（向赫玉言）汝乃独处,汝夫不在室乎?

赫玉　　予方待之。汝为何人,殊不似一僧。汝甚渴,可饮此。（以杯与之）

僧人　　予虽渴甚,俟汝答我后乃饮耳。（牵其衣）

赫玉　　勿牵吾衣,远立,勿相近。

僧人　　美哉此火,可以御寒。美哉此小儿。（以手抚小儿之头）

赫玉　　汝何为? 愿勿弄吾儿。汝必非僧人,汝面貌殊不良善。

僧人　　予为人类中之最不幸者。

赫玉　　不幸者能感人心,汝之状貌,殊可畏耳。

瓦得　　（跃起）母亲,吾父来。

赫玉　　呜呼,吾上帝!（欲向前,惊颤不能行）

瓦得　　（在外言）汝乃复归。

威廉　　吾父,吾爱父。

退尔　　（在外言）吾乃复归,汝母在何所?（入内）

瓦得　　彼立门侧,为惊动及快乐故,遂不能行。

退尔　　赫玉,赫玉,吾儿之母。上帝助予! 暴主不能复使予二人相离。

赫玉　　（抱其颈）退尔,退尔,予为汝所受之惊恐已备矣。

【僧人甚注意。

退尔　　往事可忘,今当享快乐之生活。予已复归,此为予宅,环予者为吾
　　　　妻儿。

威廉　　父亲,汝之弓何往? 予乃不复见。

退尔　　汝不复见彼矣。人将藏诸名市,不复为射猎之所用。

赫玉　　退尔! 退尔!（释其手）

退尔 爱妻何所惊?

赫玉 汝今复归,汝手,予当复握汝手乎? 呜呼上帝!

退尔 (亲切而言)此手曾以卫汝曹,曾以救此邦,予可举之上示于天耳。

(僧人甚不安,退尔见之。)此僧人为谁?

赫玉 噫! 予几忘之,予良不愿见彼,汝可问之。

僧人 (近前)汝即杀总督之退尔乎?

退尔 是即予,予良无所隐。

僧人 汝即退尔。上帝佑予! 导予至其家。

退尔 (以目度之良久)汝决非僧人,汝为谁?

僧人 汝曾杀行恶之总督,予亦杀一仇人之夺我权利者。是吾仇,亦汝仇。予杀之,使全国不受其害。

退尔 (却立)汝即……是可怖! 诸儿可退,吾妻亦退。是良不幸! 汝即……

赫玉 是为谁?

退尔 不必问,可即退。诸儿不宜闻此,且离家远去。汝曹不宜与此人同居于一屋盖之下。

赫玉 是为何事? 诸儿来,吾侪且退。

【与二儿同去。

退尔 (顾僧人言)汝即澳大利之约翰侯,杀澳皇,杀汝之叔父及主人者?

约翰 彼为夺吾产之劫贼。

退尔 汝既杀皇帝,杀叔父,此地尚载汝,此日光尚照汝乎?

约翰 请听予言,乃责我。

退尔 汝以叔父皇帝之血所染之身,乃敢入吾清洁之室,以汝颜示一善人,而求为其客乎?

约翰 予望汝曹怜我,乃反为汝敌人报仇乎?

退尔 不幸之人,汝敢以谋杀之野心,与一父之正当防御相混乎? 汝曾保护一爱子之头欤? 曾保护一邦之自由欤? 予可举吾洁白之手,以示上天。汝所为则何如? 予实代行神圣上帝之所欲为,汝对此惟有羞愧耳。予所为汝言者,汝实刺客,予则保护最贵重者耳。

约翰　汝乃拒我,使陷于绝望欤?

退尔　予今与汝言,心实不安。愿汝速去,使无辜者之室,保其清洁。

约翰　(欲去)如是,予实不能再活,亦不愿再活矣。

退尔　为上帝之故,予实怜汝。汝贵而年幼,为予旧皇禄多福之孙,今为谋杀之故,逃至予家,予能勿悲!

【以手蔽面。

约翰　汝勿悲,予命良苦。予为侯爵,若能忍耐,则予生亦甚乐,为嫉妒之故,至于此耳。予见予堂兄利甫儿王冠以治其国,予年相若,乃局促若一奴。

退尔　不幸之人!汝叔父不与汝以土地人民,予知其事。然不当如是粗野无谋,陷此不义。汝之同谋者既何往?

约翰　自行刺后分散,不见一人。

退尔　追汝者甚急,藏匿者有罪,汝知之乎?

约翰　为是之故,予不敢向大路行,且不敢叩一门,惟沿荒野而逃。为恐惧之故,失路山谷间。有时至一小涧,由水光返照见吾颜,辄羞惭而退。设汝有爱他心及人道,当知予所苦耳。

【向退尔跪。

退尔　(走避)愿起立,愿起立!

约翰　汝不以手相援助,予跪不起。

退尔　予何能助汝,人何能助有罪者?愿起立!汝虽行不义,汝亦人类耳。退尔不使向彼者失望而退,凡予所能,予将为之。

约翰　(跃起执其手)退尔,汝实自绝望处救出吾灵魂。

退尔　请释吾手。汝当去,久留此被人觉,必无幸。汝将何之?汝将于何处得安宁?

约翰　予苦不知耳。

退尔　上帝启予!汝当速往意大利,至圣彼得宫,跪教皇足下,以悔汝罪。

约翰　彼不以予献出受罚乎?

退尔　彼所为者受之,如受诸上帝。

约翰　予何能至异乡? 既不识道,又不敢与人同行。

退尔　予将以道路告汝。识之,由此登山,沿累思河而行。

约翰　(惊叹)予乃复见累思河,予杀人时,彼实傍予而流。

退尔　至山尽处,有多十字架,所以纪念行客之为山上所落石埋杀者。

约翰　若予能驯制吾心之痛苦,殊不畏险。

退尔　汝当在十字架前,跪洒汝悔罪之泪。若汝能过此山,不为大风所
　　　卷、山石之所埋,汝当至一桥。过桥后至一暗黑之山门,永远未被日
　　　光者。过此山窟后,即为乐国。惟不宜迟延,安宁之宅,非所以为汝。

约翰　禄多福,禄多福,吾之皇祖,汝孙将如是越汝国土!

退尔　汝登山至沟塔高处,有湖焉,其水自天上来,是为日耳曼国尽处。
　　　顺水而下,即意大利。(闻角声)愿汝速行。

赫玉　(奔来)退尔,汝在何处? 吾父来,同盟者皆联队来。

约翰　(蔽其面)予何敢见此乐?

退尔　爱妻来,饮食此人,且厚馈之。彼当适远路,前路又无朋友,速为
　　　之,众且至矣。

赫玉　是为谁?

退尔　汝不必问,当其去时,可蔽汝目,勿视其所取之路。

【约翰急向退尔。退尔但以手指示令去。

【分道下。

～⁓ 第三幕 ⁓～

布景　退尔宅前空地。四围皆山,至者极众,无余地。佛司特携退尔
　　　二子、梅希他儿、司徒法赫居前,拥挤不堪。高处尚有人行且
　　　至。退尔出,众皆欢呼。

众人　退尔万岁！保护者、救助者退尔万岁！

【众人争向前抱之。鲁登士偕韦达来，鲁登士与众人相抱，韦达与赫
玉相抱。既毕，韦达居中发言。

韦达　乡人，同盟诸君，乞许我入盟，为第一快乐人。愿得握诸君奋勇之
手，且愿诸君保卫我为此国之一女市民。

众人　是愿以吾侪之财产及血肉为之。

韦达　予先以右手与此少年，常为瑞士国之自由女市民。

鲁登士　从此不分主仆，大众自由。

【乐声大振，前幕下垂。

（完）

据《威廉退尔》，中华书局，1925 年

第四编

哲学社会科学著作

法兰西近世史①

[日]福本诚

序

泰西人论中国事之书,迩年以来,汗牛充栋,然盈简连牍,有惯见之二字焉,曰:Old China, Dead China。译言:老中国,死中国也。英国哲学家斯宾塞曰:社会者,有机之生物类也。吾中国乃老乎? 死乎? 然审思之,吾中国之老死,已不始于今日。中国盖初生而殇之婴儿也。唐虞以前之事,不可考矣。尧舜禅让,民政萌芽,夏禹传子而遽斩矣。自时厥后,民贼代兴,故吾中国尘尘四千年乃有朝廷而无国家,有君谱而无历史,有虐政而无义务,至于今日。奄奄黄民,脑筋尽断,血液尽冷,生气尽绝,势力尽消。尚何言哉! 尚何言哉! 法兰西,欧洲文明开化最先之域也。自脱罗马缚束而后,虽其中分而为封建,变而为帝政,列国之所侵凌,皇王之所虐

---

① 该书封面题"法兰西近世史",但译序、书内页眉为"法兰西今世史"。本书在编选时采用封面上的书名。《法兰西近世史》原名《现代欧洲》(一作《现欧洲》),日本福本诚著,1900 年 6 月由耕读社出版刊行。明治三十五(1902)年八月十五日,该书由出洋学生编辑所编辑,上海作新社刊印发行,马君武有壬寅二月晦日译序。原书作者福本诚(1857—1921),号日南,日本明治大正时期的史论家、著名报人,日本国粹主义团体"政教社"主要成员,曾为《日本》《日本人》的主要撰稿人,1905 年回故乡九州任《九州日报》社长兼主笔。《现欧洲》是他 1898 年 3 月至 1899 年 7月游历欧洲的结果。

辱,然三大战之名,光耀古今(三大战者,百年战、宗教战、覆帝国战)。亡而后存,暗而后明,至于今日。共和之政,固立于上,自由平等博爱之风,大昌于下。法人自夸之辞曰:"法国者,最有势力而不可破坏之国也。"又曰:"法人者,有如雷如电之脑气筋者也。"呜呼,雄矣。予于日本书肆检得此书,喜其言法兰西近事最详,为中国从前著译书之所未有,急译之以饷同胞。嗟乎!法兰西当一千七百九十三年路易第十六未伏诛以前,其困于暴君之专制,法国人民之困苦,正与吾中国今日之地位无异也。

壬寅二月晦 桂林马君序武于日本东京

凡　例

一地名用——号以记之,人名用——号以记之。[①]

一原书概删去法国字,今就所略知者如度量之类,以法国原字法注其下。

一原书出于一千九百年,距今二年耳。

《法兰西近世史》目次原名《现世界》

法国之现制

政　府

大统领

租税及岁计豫算

国制一内阁、外务、大藏、内务

国制二工务、农务、商务

[①]　原书中地名和人名加"——"号。本书在编选时,为遵照现代汉语习惯,不再加"——"号。

法国之现制

政　府

法兰西者,世界上一共和国也。凡法兰西之民,人人同等,主权在于人民。而其国则置代表者以行政。其代表者,由最低以至最高,一贯皆由选举。故法兰西人,其年龄达二十一岁,住村市六个月以上者,由裁判宣告未失坠公民之份,皆有选举之权。

村市之选举人,选举村市长以为村市之代表者。现法国之村市之数三万六千。数村市众合为乡。乡之选举人选举其郡区长,以为郡区之代表者。现乡数二千八百七十一,郡区数三百六十二。郡之选举人,亦同时选举州长,即其州之代表者。州数八十六。其所谓州县,日本之府县。此其经国上第一之秩叙也。以上所谓村市长、郡区长、州长,不得干预政略上之事,仅理其地方义务而已。

国政之事,惟上下两议院可干预之。两议院者,通国民之代表也。

其下院议员,每一州选举一名。然州之人数过十万者,得增选一名。下院议员总数,约六百名。内六名选自阿奴些里,又若干名选自他殖民地。议员之任期四年。

其上院议员,于各州及殖民地,自候补名簿投票选举之,即关之村市会郡区会及州会,出委员于各州作选举团体,以选举之。上院议员总数三百名,每三年改选。

此上下两院有立法权。一切法律,非经两院之协赞不可。而两院任每岁协定岁计出入之豫算,并议定租税之增减兴废。

法国上下两议院议长之地位,敻乎在诸部大臣之上。此共和政体所必当然者也。

大统领

大统领以七年为任满。届改选之期,上下两院之议员集于威尔塞宫殿①。所谓构成国民会议所者,以更选举大统领。其于威尔塞之宫殿者,遵古例也。大统领有统帅陆海两军,免内阁大臣,易置文武官僚,及赦免之权。大统领经上院之协赞,得解散下院。

内阁十大臣。十大臣之行政,其关于政略上之施设,对下院有连带之责任。故其施为常要下院多数公论之一致。其中之一人臣,不能制下院之多数。故一旦陷于多数下议员反对之时,遵例自行辞职。又一大臣干犯法律之时,下院弹劾之,上院裁判之。要之共和国之大统领,非得内阁大臣之和协赞翼,无一事得为也。

州之行政权由州长,郡区之行政权由郡区长,村市之行政权由村市长,皆人民之代表也。其村市长于村市会员中选举之,但巴黎、里昂二府,由特别市制选任。

故凡法国人者,能由直接或间接以选任一切行政员。故各人莫不有其一己之国民主权也。

法国政府内置参事院,以起关于法律敕令,及行政上规定之草案,并置行政官衙,以掌对人民间诉讼裁判之事。

租税及岁计豫算

举租税现制于下

第一间税 即饮料税、烟草税、旅客及商品之运搬税、火药税及其他若干之生产税。其他为间税者,为拍卖、借贷、登记及印花税、关税。以上

---

① 今译凡尔赛宫(Palace of Versailles),位于法国巴黎西南郊外凡尔赛镇,世界五大宫殿之一。1979 年被列入《世界遗产名录》。——编者

间税收入,为岁计豫算财源之主。其额达十亿佛郎克以上。

第二直税　即地租及家屋税、人头税、动产税、户税、窗税、专卖特许税。就中人头税限值三日间之作业,盖如中国古时之雇役法,近时所谓丁税是也每人当服公役三日。又其动产税物件可移动者,法家谓之动产,视借居人赁屋之多寡,以为课税之标准。其户税窗税,视户及窗之数以课税。然其国人冀纳税额之少,于其家屋免减户窗之数,大不利于卫生。故卫生论者,往往生反对之意见。

尚有岁计豫算之入款,为邮便及电信、国有之土地及森林等之所收入。

其他各都市,其商品输入之时,课入市税,是于租税以外之所得。现巴黎入市税一亿二千万佛郎克,敌于其他各都市之所收入。

按法国之岁计豫算数过三十亿佛郎克,而其国债数为三百十亿佛郎克。每年须偿息十亿佛郎克以上。

按国债最多额为法,俄罗斯次之,其额二百三十亿佛郎克;英国又次之,其额几乎百七十亿。以英法之富,如彼国债之多,偿还尚极费手;况俄罗斯财源之不继,财政之困难乎。

国制一 内阁、外务、大藏、内务

法国行政之组织,其来已久。溯其源盖滥觞于近古王朝,破封建制度、统一政权于中央之时代。降及十八世纪之末叶,虽政体一大革命,然行政组织之大体,依然保守。迩来经科西尔之时代、帝政时代,益愈发达,以至见今日之现制。

内阁　内阁会议者,以诸部大臣构成之。内阁议长为之总理,以诸部大臣中之一人任之。其内阁会议,或于大统领之官邸开之,或于诸部之任一部开之,初无一定之处。

外务　此部之大臣,办理对列国政略及贸易上之事,配置列国大使馆,统理公使馆及领事馆,且掌鸠里息及马达加斯加之保护。

大藏 此部之大臣,掌租税之征收,国费之支出,并任货币及赏牌之制造;又监督国债局、金库局、预金局、法兰西银行、法兰西劝业银行。

会计检查院 任行政上一切支出之检出。

邮便及电信 关一切之行政者,亦属大藏大臣之司掌,如电信高等学校,亦在其监督之下。

内务 内务大臣,任内务一切及诸州之行政、监狱、警察、救恤、出版、新闻等事项,皆其所监督也。又大臣之下,济贫会议、卫生会议等之诸会议,诸州之知事、郡区长等,皆在大臣命令之下。

内务省之下,幼盲学校及聋哑学校属之。

国制二 <small>工务、农务、商务</small>

工务 公共土木之工,皆工务大臣掌之。如国中桥梁及沟渠之行政、道路、航路并港津之维持、铁道之监督、矿山之行政等,巴黎之桥梁、沟渠、学校及矿山学校亦属此部。

农务 各州农事咨问会及农会,皆在农务大臣监督之下,并农业协会、牧畜协会、竞马会等。其他属此部者,于平之牧马学校、拉模不衣之牧羊所是十八世纪法国移殖明里罗羊种著名者,耕术学校、农业讲习所、谷里农南特及蒙扑柳之三农学校,拉六咳尔里昂及兹尔司三家畜学校,南西之森林学校、农学师范学校、法国农业国民协会等。

商务 实商工务部也,为避前所称之公共土木工务部之称。恐其混淆,乃单称商务部。此部之原名,实商工部也。其关于工务一切之工业,多属此部大臣监督之下。如诸多之会议所及咨问会,在各州之技术及制造咨问会、商业会议所是也。其商业会议会之组织,不单备商业上之咨问而止,如财产、图书馆,又关于技术及学问补助之制,皆会议之所职。此外法国人居留海外诸多之埠头,所设同会议所,亦置于本部监理之下。

尚有属于商部所管者,一切资于商工业发达之所为,如汇集成列各种技术及机械之陈列馆、技术及制造之中央学校,尔克司松拍六容司、阿原邪尔、西牙龙之三技术及机械学校、工业改善学校等。

国制三陆军

陆军 此部大臣掌全体之军政。凡法国之兵役,一切法人皆有当尽之义务。其兵役年限,人各二十五年,即三年为常备,十年为豫备,六年为地方备,六年为地方豫备是也。

法兰西本国分十八军团区,每区各一军团。其第十九军团,理备于亚尔塞地方,而各军团区又分为八旅团区。

会举其兵种及队数之大概如下:

步兵 百四十五联队:要塞术戍兵十八联队,猎步兵十三联队,山猎兵十七大队,亚非利加揸屋兵四联队,撒兵四联队,亚非利加轻步兵五大队,外国人兵二联队,军纪兵四中队。

骑兵 胸甲骑兵十三联队,龙骑兵三十一联队,猎骑兵二十一联队,骠骑兵十四联队,亚非利加猎骑兵六联队,突尼斯骑兵一联队,补充骑兵八中队。

炮兵 十二中队编制之师团炮兵十九联队,同中队编制之军团炮兵十九联队,山炮兵二十四中队,步炮兵四中队。以上之炮数在三千门以上。次六中队编制之要塞炮兵十六大队,架桥炮兵二联队,修炮炮兵三中队。

工兵 土工兵四联队,铁道工兵一联队,电信工兵一联队,技手工兵二十中队,辎重工兵七十二联队。

其他在联队以外者,监督部军吏及同属技工、看护卒、马丁、自转车、乘夫、参谋部秘书等。又二十七管路之宪兵,巴黎共和护卫兵及消防队是也。又税关兵、监林兵、近设使馆兵。

更有地方备兵 步兵百四十五联队,骑兵百五十一中队,炮兵十八联队。

总平时定额 士官及军吏二万八千名,下士及兵卒五十四万四千名,军马及驿马十四万匹,野炮约三千门。

总战时定额 过三百万。(据最近真确之调查,过于三百七十八万。)

总举陆军管辖之数,那呼里息陆军幼年学校、圣西尔士官学校、诸艺学校、浑得奴拍罗之炮工学校、文圣奴之军政学校、军医及药剂学校、陆军高等学校、圣迷克圣之下士学校等。

为维持以上陆军诸机之兵员,实耗法国每岁岁入五分之一。其数实达六亿佛郎克以上。

国制四_{海军}

海军 海部大臣管理军舰军港,掌一切关于军之军政。

现法国所有舰艇举之如下:

铁甲战斗舰、铁甲巡洋舰、铁甲海防舰,合铁甲炮舰,属铁甲舰种,共六十余只,四十五万余吨。巡洋舰、水雷巡洋舰、报知舰、水雷报知舰、运送报知舰、炮舰及水雷母舰,属非铁甲舰种,共百三十余只,二十七万余吨。各种水雷艇合三百余只,一万七千余吨。其他四百吨以下之报知舰、水雷报知舰、炮舰,共六十余只,七千余吨。运送舰及练习舰,合二十余只,约十万吨。

总计大小各种舰艇五百八十余只,八十四万余吨。

此等舰艇充大小之舰队及警备舰队者,分为西地中海及累俄姆舰队、北部舰队、印度洋舰队、太平洋舰队、极东舰队、大西洋舰队、飞航舰队等。其他警备舰现置于以司伦得趺尔奴、交趾、东京、加尔多里等处。而以上之诸舰艇,在本国三面沿海之处,支伦、罗屑呼尔、罗里牙、交里司多及转尔拍尔五军港,建造武装,任修理维持之事。

其海兵编籍法,由于征集、服役年期限二十年以至二十五年,年龄达五十岁者,不得召集。若开战之际,沿岸一带之渔夫及商船管驾,皆在动员之中。

其将校于里司得军港定系练习舰别尔他之上,设海军兵学校以养成之。其他若里司得军港之海兵学校、别尔多军医学校、巴黎造船学校、支龙海军高等学校等。海军人员总数达四万。廿海军步兵及炮兵尚有超加,即海军步兵十三联队,东京人、安南人、牙业加尔人、司达人编有海军步兵六联队,司达中之哈沙人及达壳西阿里司人之海军步兵二大队,海军炮兵三十五中队,海军军记一大队,海军及殖民宪兵千三百名。

国制五<small>殖民 司法</small>

殖民 此部久属海军,近乃独为一部。部之大臣指挥殖民地之长官,掌其行政,主殖民地事者,属内务部直辖。经殖民会议之协赞,乃布之行政。其他印度支那印度支那者即安南法文,原名 Inde-Chine 此直译之之总督,有自治之权。

对殖民之政,本国岁出五千三百万佛郎克除亚尔塞。又自殖民地收入国库之岁额四千六百万佛郎克内二千二百万佛郎克自安南收入。关于殖民之学校,巴黎有殖民学校,所以养成殖民地派遣之官吏也。

法国由来称拙于殖民政略者,以此殖民节及陆海军节并观,亦足知其用意之所在也。

司法 司法大臣者,亦同时兼掌玺大臣。其关于司法者,分民事及刑事,掌高下大小诸裁判所之行政。

举其裁判所,则有各乡治安裁判所、各郡区民事裁判所、十六都府控诉裁判所。对重罪者有各州重罪裁判所,听陪审裁判之。其最高之裁判所在巴黎,为大审院。此院者,任解决法律之至严所也。

按国玺用以显证国家意思之实行,故国务大臣一人掌之,所以尊重国玺也。

国制六<small>文部、教部</small>

文部 文部大臣者,法国诸学校之长官也。所以助其下之教育高等会议及大小视学也。

法国分十六大学区，各以大学校长统之。

学校分为公立、私立，其属私立之学校，政府仅监视之而已。

初等教育为国民之义务，必当实行之。其学校亦分公立、私立。公立之小学校，无需修费①。初等教育者，卒业于高等小学也。徒终于寻常小学者，无所得于教育也。

中等教育，专教授近世之学术、文学等拉丁、希腊之古语除不教。其生徒男女皆于公私两学校教之。其私立中学之大分，概属宗教学校。

高等教育，于文科、理科、法科、医科之公立大学及高等药剂学校，并私立及特别学校教之。其在巴黎者，文科大学、理科大学、荷尔婆奴之亚加打米（Académie）。大学文理两科学生可寄宿。

初等学校之教员于各州之初等师范学校养成之。其初等师范学校之教员，则于圣枯尔之高等师范学校哈托米业罗司高等师范学校养成之。中等教育之教员，于文科理科两大学及牙乌尔两处之高等师范养成之。

其他特别学校，有荷尔婆奴之专科应用学校、古典学校、东洋语学校、巴黎私立政治学学校、生理学学校、雅典及罗马学校。

又学术上资考究之大建筑，有不收资之高等教育法兰西可里洗，有资众庶攻究之博物学之博物馆，有巴黎佛度局，有巴黎天文台及其他诸多之天文台及气象台等。

更资学人之团体者，不得不先屈指于学士会院，共合五大学区之学者而网罗之，即第一法兰西大学区，第二史学、语学、古典学及美文学之大学区，第三科学、第四美术、第五道德及政治学大学区。凡关于一切教育之岁用，文部岁需一亿六千万佛郎克。

究论国之隆替，当归于国民教育之振不振。国民之教育大进而国不振兴，我不信也。

…………

---

① 即收费。——编者

国制七 美术

美术 其关于行政者,亦隶文部。是亦分立之官衙,在文部本省之外。

巴黎之美术学校者,以养成绘画家、雕刻家、建筑家、累乌尔学者,以教关于美术及古典历史、音乐及唱歌馆者,以养音乐家及演剧家。尚有法兰西大学区,由以上两学校卒业来者收入此间,以玉成其技。此等学术之散在各州者,美术学校四,音乐学校十七及画图学校等。此外巴黎之妙龄女子,设有装饰术学校四,画图学校一。又有名制造品如些乌尔之陶器、哥巴仑及别乌之花毡,皆在政府监督之下。

转而顾国立著名之博物馆,巴黎之累乌尔博物馆,汇集各种之美术品于一馆。丰富美善,天下莫比。威尔塞之博史博物馆者,追示古今时代之历史。巴黎之古里尼博物馆者,收拾中古之遗物。圣查理曼之博物馆,网罗至查理曼大帝时法国之古物。其他巴黎之奇灭博物馆者,关于东洋之博物馆也。多六加跌口模型及人类两博物馆者,关于雕刻建筑及世界人类之博物馆也。

若夫市府立之博物馆,有巴黎之加奴拿里博物馆关于巴黎之沿革历史,有加里拿博物馆。其他里昂蒙布里、莎尔、南多等皆有富瞻之博物馆。以上特举其最著者而已,此等市府于立博物馆,政府皆特与以补助金也。

更现有名之大剧场,在巴黎者,如阿铺拿,如可米几呼仑咳司,如阿铺拿可米克,如阿跌阿姆等。又彼尔多、里昂、蒙布里、马耳塞、里尔、鲁姆亚姆邪尔等处之剧坊,亦皆年年受政府之补助金。

又凡关一国名誉历史之纪念碑,亦皆在政府保护之下,其数在二千以上。无论对何时代,及如何方式,无所不备。纪念碑法文为 Monument。凡铜像、石柱、建筑物、雕刻物皆属之。勿误以为单属碑碣之类而已。

法国用力以奖励美术如是。彼泰西所以称美术之国,决非偶然可知也。日本虽号开新,试以美术比泰西,诚如爝火之比日月也。当何以开奖励之道? 岂非文部所当极力任之者乎?

私设之诸会

法国于国设诸制,其壮如彼,但其广大如一国之制度,断非国家独力所能任。州会村市会之参助,由来已久。凡百新制,逐年增益设立。于是二十余年以降,私设之会,勃然而兴,郁然而荣,至与国家之事业相待而并行焉。

今举其美者,全国各地有射击协会及体操协会,以立强健,堪为兵士之准备;养鸠协会,以资传书鸽之供给;夫人协会即红十字会,任战时疮痍者之看护;海济协会,以协水夫海兵之掖济。若是者皆助国家之国防举动者也。

更对放免罪囚有劝化协会,劝其悔过迁善就业立产,以资社会之安宁,而消人类之罪恶。

其关于教育事业者,更有无数之协会,如呼伦克宁协会,如初等教育协会,如教育联合协会,如竞技协会,如法国少年协会。其正者或资学生之勤学,或促少年之竞走,或任读本之惠与,蓬蓬勃勃,格文明之盛焉。

若夫关于地理学之协会,其数亦不少。其在巴黎者,一地学协会,系千八百二十一年所创立。目下此种协会多至二十余会,而支会分社尤在其外,是亦准备法国势力向外之扩张,并帮助其实在举行者也。

又法语同盟,本部置于巴黎,而与散在法国之殖民地及散在各国之同盟会联络,以播布法国语于世界,以扩大法国之政略及贸易之势力为目的。

又亚非利加探检法国协会,方今日向暗黑之大陆,业已收派遣之莫大利益。盖探检者其数不少矣。

至关于农业者,则有农业协会。又惯土协会。惯土协会之目的,在考究从来在法国所移植之植物家畜等,使其顺应法国之风土,而收之以弘国用。

若夫慈善协会,多至无数,就中如贫民托宿院_{资贫困夜阴投困此无取其}

资,如面包施与院,如弃儿院。凡济贫之制,各州到处无处无之。

转而视对职工者之组织,其保护各种之职者,有职业协会。其协会之领袖,常勉力解决关于社会之问题焉。又职业协会之侧,有数多之经济协会,从事于他观点同问题之攻究。尚有视属于此种而设制者,有关于生产之协会,关于消费之协会,关于信用之组合等等,皆任经济原理之实行也。

其他关于文学及技艺之诸协会,若任音乐之表示会,勉劝绘画及雕刻之展览会等。至其他学者之集会,盖多至不可胜数矣。而私设诸会之逐日更有增加,以赴富瞻盛荣,亦可知也。

国之所以盛隆优进,不独国家之力。人人爱国,个个尽力于国,国欲不兴,不可得也。急索之评东西两洲曰:"亚细亚之诸国,只有帝王一人;欧罗巴之列国,人人皆帝王也。盖欧洲之国民知国家者自己之国家也,故自尊自奋图兴其国;亚洲之民以国为君主私产,君主亦以国为一己私产,故爱国者仅君主而已。"民间设会,悬为严禁。呜呼! 唯其与治道相背驰,不知几千里。故此节特娓娓以叙法国私设之诸会,以贡献我同胞也。

法国之经济

农 业

法兰西者,一个农业国也,农业之共和国也。全国各处之农民,皆分有土地,以从事农业。译其所以然,不可不归于大革命之惠也。何则? 自大革命废弃封建特权之后,分与村市共有之财产于居民,同时又公卖所谓国有财产者。故大革命者,人民不但申唯享受自由,且因之获有土地者。今日法国所以得为农业之民主国者,职是故也。

法国人约有三分之二住村落间,其数在二千四百五十万以上。更译言之,人民之大半,即一千八百万以上为农民及其家族仆隶,就中四百八十三万五千人为地主；又其十分之九为小地主。此等小地主实有土地四分之一，大地主有三分之一。若比较其小地主、大地主之数，则大地主不过小地主百分之一而已。

法国之全面积五千三百万叶克他尔①，就中除宅地、道路、荒芜地、硗确地等八百万叶克他尔外，其余之四千五百万叶克他尔悉农产地也。其农产大别为四种：第一为稼穑，面积二千五百万叶克他尔；第二葡萄园，面积二百万叶克他尔；第三森林及林野，面积九百万叶克他尔；第四秣场及牧场，面积亦九百万叶克他尔。此法国农业之区别也。

农产物

稼穑地二千五百万叶克他尔之中，一千六百万叶克他尔，即十分之六以上，为谷产地，每年产谷之价额五十亿佛郎克以上。在先代农学不精，全国各处有所谓休耕地，任其辍耕放置。十九世纪之初叶，以理化学改良肥料，借此改善肥料以轮转耕作，渐渐所谓休耕地者日益减少，加之此处有新各种农具之发明，彼处有耕作方法之改良，是以近日小麦之产额，多至当年一倍，即千八百十五年之顷小麦产额每年不过四千万叶克特里特尔。近二十余年来达一亿叶克特里特尔以上。每叶克特里特尔为法国百斤，原文为 Hectolitre。

马铃薯移植法国仅百余年，而其收获今日有一亿二千五百万叶克特里特尔。又如野菜在大都之近部及门西海岸，及大西洋岸一带，栽之颇盛。

凡属制造农产物，一年之生出额，达十五额佛郎克。

如甜菜自一千八百四十年以来始播种，约六十年来，至今日而大繁殖，就中北部占全产四分之三，收额每年约一亿五千万肯特尔。一肯特尔当百基罗，原文 Quintal。基罗原文 Kilo。一基罗为法国二斤。

---

① 今译公顷（hectare）。——编者

其他制造养产物,有新旧代谢者,如五十年来麻及大麻衰,而棉代之。甘蓝及其他油质植物废,而橄榄油、土豆类及石油等兴,采制染料之用。茜类移而用油类,如烟草由来属政府之专卖,以播布各地,就中加仑米一带极盛。四十年来收额增一倍,每岁由政府制造贩卖之,岁收额在三亿佛郎克之上。

家畜、渔业

法国家畜之生产,每年达六十亿佛郎克以上,就中马匹之数百年以来增加及三分之一以上,现数达三百万匹。而布尔西仑之产最称强健,所谓汗血名马之出处,不殊于大宛冀北者。其此地歁,加之采英吉利种及亚拉伯以资改良,马种之优,更进一属。今日陆军所用战马至十三万匹之数。次之驴数亦不少,是小农必要,不可缺者也。次于驴者骡数为多,生产于婆兹,为输出西班牙货一大宗。

牡牛、斗牛、牝牛之类,入十九世纪亦增一倍,现达一千三百五十万匹。次之为羊,自达尔哈羊种输入以来,羊种日益改良,多至二千二百万头。至后半世纪其繁殖稍减少,是因耕种方法之进步,荒芜之地,逐日垦辟,且由外国产输入之加多故也。但由米尔罪种之输入,乳羊益益改善,食羊所益益繁息。山羊数所不少,其数在一百五十万以上。

豚数六百万。其他家鸭及鸡类,亦经一大改良。又荒芜地之面积日削缩,牧羊地虽减少,然其地既垦辟,芳花芬葶,种满其上。蜜蜂之饲养日益发达,蜜糖之用,几凌砂糖而上之。惟野禽山兔之类,年渐减少,是因猎者之次第增加也。

河川之鱼族,亦逐年减少。于是于千八百五十二年,在阿尔沙司州之可林谷设置鱼族繁殖所。迩来于各地实施繁殖之法,至晚近而鱼族复渐繁荣。今日沿海之渔舶有一万只以上,渔夫之数达四万六千。远洋之渔船亦数千,其渔夫亦及一万三千。至牡蛎之培养,自伯尔他里沿海一带及阿尔如兴地方,极其繁盛。

以宇内优胜劣败之理论之,身体之强健,亦最急之务,然强健必资食物补养。故牛羊之繁殖,不可忽也。

工业、矿业

法国者一大农业国也,亦一大工业国也。其国民中男女共有一千万以上从事工业。

欲知其工业之逐年如何繁盛增加,现五十年来煤之消费额过十四倍,铁之消费额达十倍,各种之织物超三倍,棉丝之织物至六倍,可征而知也。

法国煤之产额二千万吨。英国一亿六千万吨,德国七千三百万吨,全欧洲二亿八千万吨,美国一亿吨以上。

北部一带哈得加里所产煤占其半数,六尔一带所产次之。

今者法国之工业益进,国产之煤不足充其需用。每年由邻国输入者居一千万吨以上。

次之,铁之产额亦不少。今试举一年产额之大概。

铸铁二百万吨,铁九十万吨,钢铁五十万吨。其产出地以摸尔多约姆州为最。

法国各处之地质各异,其各种石类之产出,曰花岗石、曰镕化石、曰深红石、曰石灰石、曰水漉石、曰燧石、曰大理石、曰白玉石、曰板石、曰圣浊姆司之陶石、曰巴得加里之石灰磷酸盐及结晶之山盐等是也。此外产矿泉者亦不少,如有名之盲西饮料,亦其一也。又海盐制造之业,见于地中海岸一带者甚盛。

织物、衣服

毛线、毛织、罗纱、天鹅绒等物产于法国者不少。

其绢织物之精好巧致,凤冠宇内。盖南部之大河六奴①一带桑田茂盛,无地而不养蚕,制茧抽丝,以供给第一之资料,汇聚受收之,为无比之好绢。法国绢之擅名天下者,即里昂及圣铁精迷里昂专出绢布,铁精迷主产饰纽,其资料所处之茧,然国内尚不足以供给,每年不能不取之于意大利、支那及日本。此人人之所凤知也。

棉布之织物,虽非法国之所专,然累昂、里尔、六卜生、坑定阿米昂、奴托路夫、里尔、乌西、他拉尔、六迷等处产出此种织物亦盛,而其资料之棉花,则仰之于北美合众国。但此棉布织制之一大中心,为米尔司、阿尔沙司二州。二州割卑德国一事,法人所为至今长叹咨嗟者也。

次之麻布之制丝并织物之有名地,为里尔及北部一带。出产大麻之著名者,盲及西部一带。

以锦缘之饰织著名者,拍衣及加里②一带,以至罗尔盲己地方,绣箔多出于东部之各地。妇人帽之制造,巴黎所擅长也。

若其男女之时服,各种军服裁缝流行品,洗涤染色,帽子打纽,珍器之细工,化装道具之制品,到处都会皆有之,就中尤以巴黎为最。广而言之,单指时样之衣服、珍器而言,巴黎之制品,不独法国之冠,亦冠于同时之世界也。闻每年夏季,美国人来游巴黎者,消费之金额盖约五千万佛郎克,而其一半皆消于买衣服、珍器,则其精好巧致可知矣。腰缠十万贯,骑鹤上扬州。后人读其诗,每每想其豪游。今以火轮代鹤,以巴黎代扬州,亦人生一风流快事也。

凡法国于织物衣服之产额,每年在二十八亿佛郎克以上,其输出额达八亿四千万佛郎克。然原料等之输入亦不少,其额盖六亿佛郎克云。其织物除输出额外,约二十亿佛郎克之织物衣服皆供本国人每年所用,是如何之富豪国民欤!

① 今译罗讷河(Rhône),法国第二大河。——编者
② 今译加莱(Calais),位于法国北部的加来海峡大区,法国重要的港口城市。——编者

舰船、兵器及机械之制造

支仑、铺业司特、西尔巴尔、六里牙及六西夫尔之五军港,为法国造船所;克里尼为锚及锚锁之铸造所;累育尔为大炮制造所;昂多业为机关汽罐及自动水雷之制造所。除属国家所立外,其他之造船所及造兵器所等,言其大概如下:

地中海铸铁及造船所,有支仑之近傍叶米及阿巴尔两处之造船所。于阿巴尔造船所之旁,有水雷艇制造所,次之有路尔造船所,圣拿邪尔造船所,圣多尼机械制造所,南特造船所及机械制造所。且于南特之旁亦有水雷艇制造所。次之有西南多造船所,别尔多造船所,育叶姆会社于支仑之近傍西阿已置有造船所及机械制造所,多仑沙多仑朱克会社有圣拿邪尔之造船所及机械制造所,罗尔门会社有阿铺尔之水雷艇制造所,一古尔索会社亦有西仑削尔索之水雷艇制造所。

古尔索会社之在索奴、六尔州者,其本色在铸铁及造兵,能铸造长十二梅特(Métre)一梅特法国尺三尺之大炮,镕出厚五十法方之钢甲,以及重五万基鲁(Kilo)一基鲁法国二斤之大铁杵。无论如何顽铁,捣碎之如捣饼然,是何如之壮天事业哉!

其他于里尔之近傍芜乌于六尔州之里乌多几,于加尔州之阿业及于首府巴黎,皆有机关及机关车之制造,于西多尔路及圣大机米有兵器之制造,于批衣罗州之久尔有刀剑之制造。皆法国之名产也。

各种制造

法国之陶磁器,世界所夙著名者也。其磁器出产之地为里几尔杀奴乌尔、乌六里等处,就中些乌尔之磁器制造所,为国家所立,此最著名者。其次等陶器之产地,为巴黎、蒙多、六克里耶等处。

玻璃之制造,亦法国名产也。碳矿地方之玻璃缸类,巴加里、盆灯、里昂、马尔塞、撒尔多之小玻璃器类,就中圣可盆玻璃板之制造,当甲于欧州也。

钟表之制造,自巴圣送、支拿一带,推及巴黎皆有之。各种之家具、马车及青铜器等,为巴黎所专长。白蜡烛制造所有巴黎及马耳塞。

洋碱多造自马耳塞。香水造自巴黎、可拉司及里司。手套造自巴黎、枯尔罗铺尔。纸之制造有亚克业、里邪尔及育送迷。

关于技艺、学术、文学等之制造物,即图书、雕镂、写真、乐器及珍器等之制造,巴黎实为中心点。其他新奇意匠之源泉,亦在此。世人之赞赏巴黎非无故也。

商　业

法兰西国内之商业,欲统计其真确之数,虽法人亦难之。观上编所列叙,可以察其梗概也。至于国外之商业,近六十年以降,几增至十倍。与法国之商业最有关系者,曰英吉利、比利时、德意志、美国是也。

放眼观外国之贸易,英国占第一位,其额百七十亿佛郎克六十八亿元。德国占第二位,其额九十四亿佛郎克三十七亿六千万元。法国占第三位,在德国伯仲之间,其额九十亿佛郎克三十六亿元。美国占第四位,其额八十亿佛郎克三十二亿元。和兰①占第五位,其额五十亿元二十亿元。俄国占第六位,其额四十亿佛郎克十六亿元。奥匈国第七位,其额四十亿佛郎克。比利时第八,其额三十亿佛郎克十二亿元。意大利第九,其额二十三亿佛郎克九亿二千万元。西班牙第十,其额十六亿佛郎克六亿四千万元。瑞西第十一,其额十五亿佛郎克六亿元。

---

① 今译荷兰(The Kingdom of the Netherlands)。——编者

交 通

法国内外水陆,四方交通,然于今尚实行改善伸长之策不已。试概举其道路之统计如下。

所谓国道之延长,四万基罗迈当一基罗迈当为法国尺三千尺,法文为Kilométre①。州道之延长,亦几四万基罗迈当,其外之大道十二万基罗迈当。村市间之道路八万基罗迈当,是皆坦坦之大道,驾驷车可驰走。若其村道至四十万基罗迈当,而其半尚可行车马,故统计之。其便行驰之大道,共四十八万基罗迈当。若是之延长,几有由桑港②至纽约百倍之远矣。

更考其国内之水路,千七百八十九年,运河之延长,不过一千基罗迈当。至今日乃至五千基罗迈当,可行船舶之河川八千基罗迈当,可行小舸之川流尚三千基罗迈当。如是皆由浚浚开掘而来。然法人犹谓内地水路之交通,未达所期之半,可见其孜孜尚未休也。

转而考其铁道,其初年之敷设,始于八百二十三年,国家立法制以规定之。在千八百四十一年,近于千八百五十二年至五十五年,自巴黎中心南至里昂及马耳塞之线成,北部线阿尔业阿线,南部线、东部线、西部线皆成。千八百七十七年始悉全然联络为国有之线,今日铁道线路之延长,为三万九千基罗迈当,约英里三万二百里。

德国铁路四万三千基罗迈当,英国三万二千基罗迈当,全欧洲二百二十万基罗迈当,美国二百八十二万基罗迈当。

法国人常夸称法国铁道之建造华美及巩固,能保乘客之愉快及安稳。此两因两缘,德国所不及云。

电信之干线十万基罗迈当,其支线几及三十万基罗迈当。陆路之交通既如是,若夫海路,则法国亦如欧米列国。然帆船年减,汽船月增。千

---

① 今译公里(kilometre)。——编者

② 今译旧金山(San Francisco),美国加利福尼亚州太平洋沿岸的港口城市。——编者

八百六十三年,汽船吨数达十万吨,千九百年达五十万吨以上;加以帆船之吨数现四十五万吨,总吨数九十五万吨,船只数一万五千只。与欧洲列国比较,帆船居第八位,汽船居第二位。

沿海之船业及亚尔塞之交通,归法国人之特权。至远海之航业,其万国交通之大埠,南于马耳塞,一年出入约六百五十万吨,北于累阿乌尔年亦三百五十万吨。其他别尔多二百万吨,多克累克百五十万,累阿、圣拿悉尔、加业、几撒、邪托、铺六里在百万吨及百六十万吨之间。

法国之科学

凡例 学者关于名匠,必须概见其人之终始,故于其姓名之下,例用括弧以注其生死之年,如拉奇仑机(一七三六—一八一三)者,即耶稣纪元一千七百三十六年生,耶稣纪元八百十三年没也。其他类推。

算 学

当十八世纪,法国之学术技艺勃然而兴,学者名匠辈出,不可胜数。延至大革命及拿破仑第一帝政之时代,郁然而荣粲然而耀。学者名匠辈出于世,起有名之技艺学校、师范学校、大学校及关于经度局及教育上之诸大建设,概在此时。就中科学之领土扩大张皇,亦在此时。

意大利及布鲁斯争招聘之一人,即拉奇仑机①(一七三六—一八一三),著有《解剖的机械学》《算学一新》。定法国米突法国尺名,原文为 Métre 者。其人为蒙机②(一七四六—一八一八),即创造图解总式之几何学者,

---

① 今译约瑟夫·拉格朗日(Joseph Lagrange),法国籍意大利裔数学家和天文学家。——编者
② 今译加斯帕尔·蒙日(Gaspard Monge),法国数学家、化学家和物理学家。——编者

亦即改善大炮制造之术者;埃及远征之际,充欧罗府阿司机纠之长官。有名之加累①(一七五三——一八二三)著《堡塞防御论》,是亦一大几何家也。天文学者曰那仑多(一七三二——一八〇六)著《天文史》。拉巴拉司②(一七四九——一八二七)承米东之学统,其所著有《世界组织之统览》,示简洁天文知识之大概;后更著可惊之《天文机械论》,是为此世纪之一大著述也。出于此等人之门下,得名者,曰可西,曰朱米尔,曰米尔西司尔,曰育尔米,曰彼所,曰累乌里。累乌里于千八百四十六年,于其数理上推测之结果,指示天体间,证出一尚未知之行星,于是学者争努力探究之。累乌里之说果不谬,是为今日所谓之海王星也。夫其尔改善远镜之制,又于千八百五十一年始试验钟表之震摇,得目观地球之自转。千八百六十八年,行孙赴印度观测日蚀,由之得群集星座之上之一决定。千八百七十二年创设算学协会。天文台亦于此世纪设置于各处,就中巴黎之天文台,于千六百七十二年创始,至今经二百二十七年,愈益完备。巴圣孙、里昂、别尔多、朱尔司、马耳塞、亚尔塞之天文台,皆于十九世纪为国所立。其他里司一处为私设天文台之始。

理　学

当十九世纪之前半理学者之中,其最不数见者,不得不先屈指辜里师克③(一七七八——一八五〇)。关于煤气容积法则之发明,即此人也;发明曲管晴雨计,亦此人也。欲知此人究理学之勇,观其寄身于气球,腾升碧落空气稀薄中七千米突,亦可知矣。胡里奴尔发明光力异常烛灯之工夫,千八百二十七年始试用之。若求其入十九世纪理学上之最进步,及为电气、电话机及回声机等之发明,亦在此世纪。千八百二十年,阿巴尔及阿

---

① 　今译拉扎尔·卡诺(Lazare Carnot),法国数学家。——编者
② 　今译皮埃尔-西蒙·拉普拉斯(Pierre-Simon Laplace),法国天文学家和数学家。——编者
③ 　今译约瑟夫·盖-吕萨克(Joseph Gay-Lussac),法国物理学家兼化学家。——编者

拉各发明关于流电气及磁石电气之法则,至终定电信机可应用之原则。李可尔创造卷机,其名大著;至千八百五十一年,视为感染电流之一大实用。又马尔沙多巴业,千八百八十一年用电线试远隔地之运输电力。

理学之一分,即气象学。入十九世纪来,全然为一科学。祖之最有名法国人中,如索西尔,创立气象学协会;于千八百五十三年次设气象中央局于巴黎。迩来不但巴黎之气象台接踵而兴,且于法兰西育多多山之绝顶彼可尔之山巅及白山之高岭,皆设地以察气象焉。

化　学

四望科学之世界,有一人会,名胡尔克罗①(一七五五——一八〇九),著有《舍密哲学》。其书久为世所凭轼焉。与此人同时创立大学者,为布累多业②(一七四八——一八二二),最致力于溶解性结晶物之讲究,至后其名大著于其发明之法则焉。由格鲁尔之作用以改善洗濯,又改善火药之制方,此人又为埃及育司机久组织者之一人。次之有鄂克林③(一七六三——一八二九)出胡尔克罗之门下,发明灰色金所谓格鲁母者。

其由化学始推广农业、工业之应用者,为西巴他尔④(一七五六——一八三二),供给法国科学之制造品及共和军精良火药之受用,即此人也;一新葡萄酒酿造之技术,亦此人也。故鄂氏实业之经济家也,又一大行政家也。更举其由此道以得名者,如爹拿尔男⑤(一七七七——一八五七)有种种之发明,如由个拔尔土中抽出美丽之青色,以应大绘画之需;又雅丽三多古叶尔、多乌及多巴里,于千八百五十四年发明一新金属之用方,为工业上之导。今日此金属为炼锻铁甲上不可缺之质,而此物法国产之最富。

---

① 今译 A.F.孚克劳(A.F. Fourcroy),法国化学家。——编者
② 今译克劳德·贝托莱(Claude Berthollet),法国化学家。——编者
③ 今译路易·尼克拉·沃克兰(Louis Nicolas Vauquelin),法国化学家。——编者
④ 今译让-安托万·沙普塔(Jean-Antoine Chaptal),法国化学家。——编者
⑤ 今译路易-雅克·泰纳尔(Louis-Jacques Thenard),法国化学家。——编者

又仲马概括《舍密哲学》讲义上试斯学之原则,同时指示诸原质之一致,为乌尔朱,其化学字书最行于世。

入十九世纪,于有机化学上有新创立者,一人名旭路易①。此人由献脂上抽出所谓硬脂者;千八百十一年发明白色蜡烛,以代前人用有烟之蜡烛,旭氏又一新染色之法。氏生于千七百八十六年,没于千八百九十年,保寿一百五岁,萃化学毕生之事业,然自谦称曰"书生中之最老生",至死研究不怠,学者法之。最后巴司朱尔②(一八二二——一八九五)及巴尔多六(一八二七生),二人皆化学大家。巴司氏就酵母发明原理,巴尔氏发见亚伯尔,由是砂糖、麦酒、葡萄各酒、酒精之制造上,其改良举不可言。

工业之发明

入十九世纪以来,关于生活之资料,成古来未曾有之变动,人人所夙知也。法国于此有许多之平和革命焉。

就印刷事业论之,著名者即多之一族。就中胡尔明即多发明所谓纸型者,印取纸型之活板,恰如往昔贮于刻板者,有一般之效能。又马业里之轮转印刷机出后,一时间能出万板以上;又制纸机械,创于育孙奴制纸会社之累鲁巴尔多。

可留名于钟表及电信之发达史者,有布业古一族。司多拉司布尔之大教堂著名大钟,乃西尔古费五年精力以造之也。

邪乌尔磁器制造所师巴仑里尔③(一七七〇——一八四七),绘玻璃器之术复古,且由此人创立陶磁器之博物馆焉。内罗尔(一七六五——一八四

① 今译米歇尔-尤金·谢弗勒尔(Michel-Eugène Chevreul),法国化学家。——编者
② 今译路易斯·巴斯德(Louis Pasteur),法国微生物学家、化学家,近代微生物学的奠基人。——编者
③ 今译亚历山大·布隆尼亚尔(Alexandre Brongniart),法国矿物学家、地质学家和博物学家。——编者

〇)导法国之棉丝及羊毛之纺织,又创机织机械,且加改良。悉可加尔[①](一七五二——一八四五)发明织绢之机械。胡里布[②](一七七五——一八三四)创造麻丝纺织之机械。董巴尔发明锄及拔取根株之机械,利于农业不少。

千八百二十八年邪肯考出汽机使用上细管汽罐之良好。

布累乌尔发明水管汽罐,其名大著。此水管汽罐之价值,为今日天下海军社会所齐认。其关于船舰者,索乌西发明推进机,同时亦有一人发明,而索氏先见实用。

大古尔创为影术,由大古尔及李乐比之工夫更进为今日之写真术。其写真术又经李伯芒氏之发明,再进而为有色之写真术。

法国学者名匠之辈出,多由教育之用力。千流万水皆归教育之源泉。教育哉! 教育哉! 国民之生命灵魂也。

博物学

十九世纪者,科学之世纪也。其为科学世纪中之魁者,其博物学乎。于今百年为法国长足之进步者,在天然界之研究也。其最初名人为谁欤? 即千八百〇一年之瞽者,于矿物学有著述之阿育其人也。阿力己圣度尔、索仑里尔以新思想于千八百八年著《巴黎附近地质研究》一书。布蒙[③](一七九八——一八七四)于法国地质之地图及地球之下底,考究关于大破裂线之定论。德布尔试工学的地质之探究。

进化论者,昌自英人达尔文,然始创自法人拉马克 Lamarck,而达氏祖迷完成之。至今达氏其名遍扬播,而觅得新大陆之科仑布、始创进化论之拉马克者,殊少知者。其人即改造至今之巴黎植物园者也。地底草木之研究所,开设于千八百三十七年,而开设之者即胡仑里息其人也。至千八

①　今译约瑟夫·玛丽·雅卡尔(Joseph Mari Jacquard),法国发明家。——编者
②　今译菲利普·德·吉拉尔(Philippe de Girard),纺麻机发明者。——编者
③　今译埃利德·博蒙(Élie de Beaumont),法国地质学家。——编者

百五十四年,有植物协会及惯土协会之设立惯土协会见前法国现制篇私设诸会。植物学之研究,至后半世纪最盛,其翘楚推古拉脚业及别尔布尔。

十九世纪之初,其著名动物学家曰拉耶比多①(一七五六——一八二五)是最有名比红之传统者也。古育②(一七六九——一八三二)著《地球变革论》,定动物之分类,比较解剖上之先世物学,开一大新科学。讲明鱼类者,有阿加西司。海中特别动物之研究者,有育得尔。人类学之研究,自比红以来,愈益进步。而专从事焉,其关于脑盖量积,出新意见者,有补鲁加;其唱万类一致之论者,有克得西。而人种学及人类学之协会,各处皆兴,以从事于人种及人类之讲究。

攻究生生之理,阐其神秘者,为生理之一科学,原属医学之一分,其全然分离而独立为一新科学,则至十九世纪始也。且此一新科学与医术分离独立后,其启沃于医疗及制药者,更新甚多。今世纪法国之生物学大家,若累林③(一七九四——一八六七)攻究自体及精神之关系,特发明胎孕之理。克虏得布南尔(一八一三——一八七七)发明试验扣拉尔毒之一器。巴司朱尔由化学之方法,以从事于微动物之探究,发明活纤维之酵母,腐性病之作因,传染病之媒物,证明微生物之遍布世间及进入减杀其凶焰之事业;最后发明种毒免传染之法,如种痘免痘疮一例,以及发见牡鸡霍乱症、石炭霍乱症之治法。千八百八十五年十月二十六日,公然明示狂犬病之治疗,是实人间生生上一大纪念日也。世界之罹狂犬病者,皆来巴黎医之,且欲传习斯术之学者,皆接踵而来巴黎焉。

凡十九世纪法国之著名医学家,举其数,曰布施④(一七七二——一八三八),此人当革命之际,出身军卒,最后充军医总长。曰拉路克⑤(一七八

---

① 今译德·拉塞佩德(de Lacépède),法国博物学家。——编者
② 今译乔治·居维叶(Georges Cuvier),法国动物学家。——编者
③ 今译皮埃尔·弗卢龙(Pierre Flourens),法国神经生理学家、解剖学家。——编者
④ 今译福朗格斯-约瑟夫-维克特·布鲁萨斯(François-Joseph-Victor Broussais),法国医学家。——编者
⑤ 今译勒内·雷内克(Rene Laennec),法国病理学家、临床学家。——编者

——一八二六）。曰比奴（一七四五——一八二六），此人发明精神病之治疗及癫狂原理。曰西克①（一八二五——一八九三），此人为非斯的里及非布诺斯之开拓者。

若夫外科术者，有路易②（一七六六——一八四二）对帝国时代之负伤者，出勇敢之庇护，又创全疮洗疗方。曰鸠比特仑③（一七七七——一八三五），为解剖博物馆之创造者。曰乌尔波④（一七九五——一八六七）等是也。其他讲究使负伤者之失知觉及改良腐败豫防之法，亦不可不归功于外科家诸人也。

史 学

十八世纪之特色，在于人物辈出。至十九世纪而描绘各种人物之部面，以会其特色，于是史学一新，地理学亦一变。

入世纪以来，史学界发一新知识之光明，此新知识之利器为何物乎？曰解剖，曰批评，曰意象。此世纪之史家，仗以上之利器，直溯史源，各以手探获宝玉而来。于是史学全然为一种学科，为同时最良之一活术。此世纪以来，史学实一种活学也。

法国之大革命，荡簸一世。布奴大克东之耐忍派史学有大功焉。当帝国之时代，人好草备忘录之类，多秘录而不宣。今日皆露其形影。观今日之史学，如观抽象文字之一种，是则一变当时年代记之史体端绪矣。迩来法国得见一新之真史学，固由近体文学之刺激，而千八百二十一年古典学校之创立，亦与有助焉。今举新史学之大家大概如下：

---

① 今译让-马丁·夏科（Jean-Martin Charcot），法国医学家。——编者
② 今译巴伦·多米尼克-让·拉瑞（Baron Dominique-Jean Larrey），法国拿破仑首席外科医师。——编者
③ 今译巴伦·纪尧姆·迪皮特伦（Baron Guillaume Dupuytren），法国外科医生、病理学家。——编者
④ 今译阿尔弗雷德·韦尔波（Alfred Velpeau），法国解剖学家、外科医师。——编者

兹里①(一七九五——一八五六)实创造新史学者,其所著有诺耳曼人侵略英国史《米老西时代记》。此人不但为一代之史家,又同时之讲谈家,又画家。同时有名之箕索②(一七八七——一八七四)解释哲学家及政事家、史学之问题,说明凡百事之原因,并著其所以然。其所著有《英国革命史》及《文明史》,所谓箕索文明史是也。

米西业③(一七九八——一八七四)不但为今世之良史,亦是一代之时贤及先觉者,所谓一身备识学才之三长者欤! 其所著有《万国史绪言》《罗马共和政史》《今世史要》,人人可共知,如新地展开之平线然。又其《法兰西史》,凭一翰之铁笔,发挥法国之须眉,唤起法人之心日。法人称之为法国民复活书,非溢美也。同时并镳驰驱史界者,有米细及支育尔。米细④(一七九六——一八八四)以著名之论理家,具解剖之史眼,所著有《法国革命史》,大观也。支育尔⑤(一七九七——一八七七),其所专力在帝政史,叙檎西拉时及帝政时代之价值。秩叙光辉,发扬天职。且氏之史业不独焉于翰墨,亦有一半显彰之于其讲义,而氏之名声及政绩史业亦人所夙知也。

若夫今世名史家之良著,概举如下。兹里之《罗马史》,马京之《法国史》,托克乌尔之《美国民政史》,累南之《索米己克语史》,起奴之《革命史》,克能悉之《古都史》,跌迷之《今世法国之本原》,皆一代佛观也。

西姆波里安白千八百二十一年讲究埃及之形象文字,破埃及史上之暗影。其始染于他东方及极东之古文学,亦此人也。又有累里开罗马之碑碣考铭学,久克定中世技艺术史学,皆稽古征今。资今世之文明不少,分科定业,各尽其妙。

---

① 今译奥古斯丁·梯叶里(Augustin Thierry),法国历史学家。——编者
② 今译弗朗索瓦·皮埃尔·吉尧姆·基佐(François Pierre Guillaume Guizot),法国哲学家。——编者
③ 今译儒勒·米什莱(Jules Michelet),法国历史散文作家。——编者
④ 今译弗朗索瓦·奥古斯特·玛丽·米涅(François Auguste Marie Mignet),法国历史学家。——编者
⑤ 今译路易·阿道夫·梯也尔(Louis Adolphe Thiers),法国政治家、历史学家。——编者

即今法国之良史,其最名驰中外者,曰拉姆别氏,曰拉乌司氏,曰息里别氏。拉乌司及拉姆别两氏统督之下,编成《万国史》,自三世至今日,概括世界万国之政史,历历如指掌。

地理学亦入十九世纪而一变其面目,其关于大地及人类者,如娄克里之大著述,末有焉之比肩者也。

哲　学

于哲学有克孙①(一七九二——一八六七)之折衷说,大行于当初。折衷派②之所期,乃讲究内外古今之哲学而归诸一致也。尔后此学派之重复代表者,若急六、西些西门、累敏吾。就中西门其人之学派,为日本人所亲灸者不少。

真诚之法国哲学,即怀疑说,为比仑所首倡。而再兴其希腊之哲学,由拉吾孙而一新复活。德国哲学,即康德之哲学,由鲁敏吾所导入,即所谓新批评派也。

此外阐明人道之根本,不入于不可识之探究,既知讲究,乃限于实在之境。开一派实在说,即抗特③(一七九八——一八五七),是正与孔子之教义不期而合。若以其人置于东洋,是则亚圣人也。法人之继述此学者,曰李多蒙④(一八〇一——一八八一),其所著之实在哲学,竭毕生心力以注之。

今者法国宪章抗特之学说者,有克里君及拉胡特君,皆主张实在学说之翘楚也。

社会学

社会学今尚在少年之境。从事于社会学者及经济学者之间,论难往

---

① 今译维克多·库森(Victor Cousin),法国哲学家。——编者
② 今译折中派。——编者
③ 今译奥古斯特·孔德(Auguste Comte),法国哲学家、伦理学家、实证主义哲学的创始人。——编者
④ 今译埃米尔·利特雷(Émile Littré),法国哲学家、词典学家。——编者

往不绝。

经济学者至巴己司特些及巴司己而稍稍革新其面目。

盖社会学者有二派之对立,一共产派,一个人派。

共产派主张于国家之权力下分起一切,主张个人之专制。首倡者即巴比尔,千七百九十五年以谋叛处刑。胡里①(一七七二——一八二七)虽亦同属此派,而稍温和,意在共同之组合。圣西门②(一七六〇——一八二五)即创立新基督教派者,亦属此派,曾著一小说曰《意加里旅行》,耸动一时之耳目;是又如欲干涉国家一切事相之秘密派娄鲁所著之《人道》,一般也。布仑者,主张大小之工场悉为国有一派,以上皆共产派之属。此属个人派者,起于布鲁东③(一八〇九——一八六五),是即国家制及所有制之大反对者,为劳动者自由组合之祖师。

要之社会学今尚在趋赴成熟之道途,至其成立为科学时,尚须历几多之前程也。

法国之文学

十九世纪初叶之文学

十八世纪为法国之旧文学,延及十九世纪之初叶,放其末光于革命时代之下,处灯火欲灭未灭,其光反显。次及帝政时代,渐渐衰微,比及千八百二十年复古时代拿破仑第一帝政废止,复波良宝王政时代,寂然终焉。

---

① 今译科兰古(Caulaincourt),法国政治家。——编者
② 今译克劳德·昂利·圣西门(Claude Henri de Rouvroy, Comte de Saint-Simon),法国哲学家、经济学家、空想社会主义者。——编者
③ 今译皮埃尔-约瑟夫·蒲鲁东(Pierre-Joseph Proudhon),法国政论家、经济学家。——编者

新共和政既产出,忽然新文学又怀胎。此新文学之母,为希腊及罗马之文学。十九世纪之初,其代表者即教会长爹里①(一七三八——一八一三)也。爹氏以巧妙文法,翻译希腊诗人吴鲁机尔之古诗,感动一世。

当是时演剧之风,亦渐富盛。

此间有一真诗家,为司里叶,是即千七百九十四年断头台上之人也。而其时至二十余年后十九世纪之初叶,始见于世。盖此人之所作,沈潜于希腊古诗,默契法国之精神,掬取其感想镕冶变化而成名作。其所作之《野木波》,又刑前几日铁窗下所作《俘囚之少女》,至今为人所称叹不置。

又此时代于法国之激动产出巨篇如司里叶别一人振腕所作之《出阵歌》是也,是实为真中之真诗,大中之大歌也。而顾此真诗大歌所由来,乃渊源于古时米些里之第二战,雅丁诗人己鲁爹之军歌,以慷慨悲歌唤起斯巴达人勇气之骨头者也。

又十九世纪之初,公认政事上言论之自由,法人久忘政事上之辩论,忽然如春草之初抽芽于地上,茁然复发。会议高坛之上苛尔人种固有之洪声,乃破层云而迸发也。千七百九十三年刀下授首支仑东党之巴尔南及吴鲁阿后,挺身承其风者,如乡同如出立宪议会下之代议士教长。孟里皆雄辩家也,是数人者以其雄壮之音,大胆之辩,冲动法国,并刺激全欧洲之人,如火燃之情念,如雷发之勇气,不可当也。就中其最雄最大天下无比者,即彼米拉补(一七四七——一七九一),君之动作如雷霆之轰轰,际遇千载一时之机,逞辩论于议会之高坛,宣扬国民之意思,人称之为爹模司铁迷之再生,绝非溢美也。

拿破仑一世之天下,谁为第一文豪乎?即眼中无拿翁其人,不忧摈斥放逐远谪,言所欲言,记所欲记,快自己一身之自由,而无拿破仑其人之可门爹尔也。其胜敌布告兵事之演说,读者谁不首肯也。

是时帝威赫赫,如日中天,阖国收声,皆守缄默。文学之观,罕然欲绝。其间在帝之左右,或公文,或私乘。坛文名此,即伍他迷其人也。既

---

① 今译雅克·德利尔(Jacques Delille),法国诗人、翻译家。——编者

而文豪踵接辈出,昂然抗帝政发天真,虽万钧之羁轭,不得维之。崭然发新思想之著述,离政权之集于中央矣。

近体文学之起源

自千八百二十年至五十年,烂烂然发为美华之近体文章,谓为法国天才之再生可也。然今日之发达,其根之树于地中,其华含于枝头,突起源于十八世纪也。卢骚者,抱满腔之感慨,忽以热情,忽以悲想,忽以欢喜,埋没一世,著书发挥,实开近体文学之影响者。圣比叶鲁以如醉如狂之烂熳天真,其所著之《今世》,写现象之风景,亦近体文学之一因也。其倡出近体文学之名称者,路克鲁之女,拿破仑之敌,傲慢自尊之史大陆女史①(一七六六—一八一七)也,女史所著之《日耳曼》,祖述西鲁里尔及古铁之名作,宪章康德及伍铁之意象说。一言蔽之,摘赠灿烂北德意志北诗之精华者也。

闻之,一日盛宴,一时之美人名流,皆聚焉。有春花灿灿之观史大陆女史亦在众中。会拿破仑来临,女史自尊而不自抑,进谓帝曰:“此众媛群姬之中,君王爱敬何人乎?”皇帝固真率,压声答曰:“我最憎骄矜自高者。”女史暂恚而退,毕其生为帝之敌。

际此时代,一时之所喜者,如英之古诗人阿司西行之悲歌,古代邪鲁特之英杰歌之类。顾一代之人喜之者多,知所以喜者少。然亦皆厌旧文学之烂熟,莫不喜新文学之到来也。

其后息特比里孙②(一七六八—一八四八)运千钧之力,为近体文学之起源。盖息氏之文章富瞻绮丽,固不待言,尚奋其余力,一新法国之诗歌及基督教之诗歌。其所谓韩昌黎之诗文,起八代之衰者乎。当彼著《基督

---

① 今译斯塔尔夫人(Germaine de Staël),法国文学家。——编者
② 今译弗朗索瓦-勒内·德·夏多布里昂(François-René de Chateaubriand),法国作家、政治家、外交家。——编者

教之天才》(一八〇二),如欲指导拿破仑第一时代基督政教略然。

息氏当拿破仑一世之时,与之对话及寄段,必称奔那拍拿破仑之名君,未尝用皇帝陛下等字,亦可想见其人矣。

息氏既不为拿破仑所容,乃离法国远游异域。千八百二年,著《马鲁己尔》,由历史之小说体,对多神教述基督教信仰之捷利;又千八百十一年,著《所里沙林于巴黎之道路》,俱耸动一世之耳目。其游美国,著《阿他鲁》,观察美国未开辟时之寂寥情形,妙意入神。又著《鲁业》,说不幸癖好之忏悔。此最后之二名作,为短文小说之权舆。尚有关于文学起源之一人,不可不记者,即米司特鲁①(一七五四——一八二一)是也。其所著《法皇及圣彼得堡之夜会》,千八百十九年及二十一年公于世。注郁勃之热情,攻击共和之思想,振矫激之诡辩,鞭挞社会之新秩序。当时评米司氏之语曰:"王之王政党无王权家,教皇之皇教党无教权家。"有此热血,所以文名垂于后世也。

二大文豪上

法国之二大文豪人人知之者,即拉马己奴②及育欺③也。所谓法国之近体文学,至二大家而大备。盖二氏掬取世体、事物及人情,生特得之感想,空绝古今;用语自在,驱使韵文,运以大胆,发挥天上地下之神秘。于是法国始和优美高雅之瑟琴,歌以新诗矣。千八百二十年,拉氏著《迷其他行》公于世。一世惊叹非常,人皆以晓日出海喻之。次著《新迷其他行》(一八二三)、《诗之和声》(一八二九),其诗其人,益耀于天下。惟人之思想非一定而不变。初拉氏主张王政主义,后为热心民政主义之人后著《小石林史》及《小林定史》,用诗体为之,皆不失为一代杰作。祸福如绊绳,荣

---

① 今译约瑟夫·德·迈斯特(Joseph de Maistre),法国君主主义者。——编者
② 今译阿尔封斯·德·拉马丁(Alphonse de Lamartine),法国19世纪第一位浪漫派抒情诗人。——编者
③ 今译维克多·雨果(Victor Hugo),法国小说家、剧作家、诗人。——编者

枯不可测,及拿破仑第三为法国大统领,直指拉氏为野心,此第二帝国出现之祸征也。帝政仆废之一年前,即千八百六十九年拉氏坎坷不遇,没于是时。

闻之拉氏之为人,傲岸自尊,不肯下人。其始为议员,各党争延就之。一日出议坊,人欲问其属何党派,拉氏扬手指屋上曰:"我天井党也。"其意以已在五百议员之上,欲狂意指麾之,是以君于议员之生活,常占独立之地位,别放异彩,亦可察君之为人矣。当其立屋坊之演坛,演自己之意见,骇他人之辩难,言言粲然成文,语语斐然成章,是以当拉氏之辩论出于官报之新闻,人皆争先购读之云。如拉氏者,岂非所谓天才乎?拉氏亦潇洒奢豪,其东游之行,挥万镒以资逸兴,其所著《东方之纵游》,读之者可想见当时也。是恰如李太白腰缠玄宗所赐金三十万游山东,一挥尽之。所谓胸间如光风霁风者也,其后二人皆失意。吁!何其相似也。

又闻之拉氏没后,育欺之著作风靡一世。拉氏之诸作一时有被其所掩之情形,然拉氏之诗想深远,实优于育氏。至晚近育氏声价渐减,仍推重拉氏矣,或谓拉氏似少陵,育氏却几于太白,此须待二十世纪后之论定矣。

二大文豪下

育欺者,其所谓诗圣欤。千八百二十二年,其大作《阿多》及《巴鲁拉特》出。时春秋仅不过二十岁,而名声已不可掩矣。盖育氏一生与名誉相终始,在学校时常为诸生之冠,出学校时常为社会所推。生有十九世纪文字王之尊称,死被国葬于烹铁安①。自有文士以来,未有如育氏之盛者也。

千八百八十五年,翁易簀,一世皆异常叹息。法国以国士之礼与卢

---

① 今译先贤祠(Panthéon),位于巴黎市中心塞纳河左岸的拉丁区,是永久纪念法国历史名人的圣殿。——编者

骚、甘必大①等诸名士,同葬于烹铁安之国葬院。未葬先三日,举枢表彰法国之国誉,驻于凯旋门。内外之人闻之,来惜别于枢前者,二百万人。行葬之日,放灵鸠及六万,巴黎之天地物影一时如彩云焉。

总作翁之洪大诸作,出滑稽外。就中节奏有韵之诗,实占第一位。其少壮时之名作,如《东方》《秩木之叶》《黄昏之歌》《个中之声》《光及影》(一八二九——一八四〇),五十岁后抗帝政放逐间之名作,如《默想》《世世之古传》(一八五六——一八九五),以上皆属诗体之类者也。

又翁有天赋之韵文,下笔而为院本。所作甚多,皆极力反对旧悲剧派螳螂百斧,悉被挫于一车。翁又著有有名之历史小说《罗特尔打得巴索》是也。若夫翁以恻怛之至情。沥注新想,以著社会穷苦无告之小说,有《米撒路拍尔》《海之劳动者》,是乃自千八百六十二年至六十六年所著者。此等著作,刺卫人间之天良,其裨益于人道决不少也。

翁思想之变迁,亦如拉氏。少壮时为王政党之一人,讴歌拿破仑之名誉;至后乃改宗自由主义。路易布立夫为法国王,举充上院议员。千八百四十八年,入立宪议会,振得意之快辩。千八百五十一年十二月二日之变,被拿破仑三世所放逐,久隐遁于沙路些,在此作痛快之讽诗《惩责》。谁谓文士之笔砚不可当剑戟也,三世败,复共和政,翁乃复为巴黎,负不朽之名誉,终乃此京。

近体派

十九世纪近体文学系统之大概,其先觉为德拉乌里②(一七九三——一八四三),其所著之《米司西里雅奴》,咏滑铁卢大战之翌日不坠法国之国誉。布仑甲③(一七八〇——一八五七)虽多短篇之著作,然以诗体颂出国

---

① 莱昂·甘必大(Léon Gambetta)是法国资产阶级政治家,第二帝国时期共和派领袖,反对拿破仑三世的独裁统治。——编者
② 今译卡西米尔·德拉维涅(Casimir Delavigne),法国诗人。——编者
③ 今译皮埃尔·让·德·贝朗瑞(Pierre Jean de Béranger),法国诗人。——编者

誉、爱国心及自由最为世所知。而前篇所言之拉氏及育氏,乃集古今之众美者也。

米司些①(一八一○——一八五七)亦近体派之大家。其大胆奇矫之著,如《西班牙及意大利之传说》;其绝望浩叹之作,如《世纪一儿之悔恨》;就中感动世人最深者,如《五月之夜》及《十月之夜》。其诗形诗想,于近体文学之进善,与有多力焉。又吴里②(一七九七——一八六三),此人执道德及哲学之思想,以镕冶近体之文学,欲以化出新诗,凝意匠惨憺之工夫多年,是以其初久不为世所知;迨所著之《古诗及今诗》出,渐渐名显。此种诗实为近世诗家之翘楚也。其他著有若干之院本及历史小说,如《沙克马鲁司》,如《从仆及军备之洪大》,最行于世。又布伍③(一八○四——一八六九),初为主观之诗人,后乃为客观之诗家。又巴鲁比④(一八○五——一八八二)著严厉之讽诗,于千八百三十年嘲刺平民议会之卑屈。其他布里司⑤(一八○六——一八五八)出微辞之短诗,以咏布鲁特尼及布鲁东人。寄几(一八○八——一八七二)有配合句法独得之技,所作有《叶莫叶加迷》。此人于近体诗之用语及音韵,进于最后之区域。此等诸家奉持近三十年诗想之主神,一任我之成式,自是以外,有所谓非人诗者,倡主自然之说,是即自然派出现之天使也。

自然派

自然派名目之兴,盖自千八百五十年始。凡昂首任意新派之诗家,莫

---

① 今译阿尔弗雷德 · 德 · 缪塞(Alfred de Musset),法国诗人、小说家、剧作家。——编者
② 今译阿尔弗雷德 · 德 · 维尼(Alfred de Vigny),法国诗人、小说家、戏剧家。——编者
③ 今译圣佩韦 · 查理 · 奥古斯丁(Sainte-Beuve Charles Augustin),法国诗人、文艺评论家。——编者
④ 今译奥古斯特 · 巴比埃(Auguste Barbier),法国诗人。——编者
⑤ 今译奥古斯特 · 布里泽(Auguste Brizeux),法国诗人。——编者

非自然派也。是不独于诗任自然;于小说,于绘画,于雕刻,亦莫不倾向自然派。

今略述自然派之系统于此。盆吾尔①(一八二三——八九一)者,为自然派中一派之泰斗,其所著有《人像塔》《钟乳石》《踏绳师的歌》。又此自然派中有主最悲最惨者(好写出遭难遭害濒死、死等之派),如别德业②(一八二一——八六七),其所著《害恶之花》,极言可战栗之害恶薰香。又自然派正派之中,不得不数布以业③(一八二二——八六九),其所著《地之之发检物》,说明天地开辟之真相。若夫自然派中之一大家,即路康得·德李尔(一八一八——八九五),其所著之《古诗》《蛮诗》及《悲诗》相次出世。其诗态有富赡之致,其色彩焕乎灿烂,能归文学之正宗,又能发挥幽玄。又惑情微妙之解剖家,哲学之吸噏家,有现在之布里敦氏,有可补平氏。就中可氏之著作,能发畅最新之思想。今此自然派中最近又发出所谓零落派者,所谓征证派者。前者捕零落之萌芽,后者捉事物之征证,更能开新面目。最后又有所谓革新派,此派中之知名作家不少,而其最著者为吴鲁林(一八四四——八九五)。

小　说

小说之盛,其种类之夥,未有如十九世纪者也。名家辈出,累累可数,如比鲁,如西多布里孙,如育欺,如吴里等。视其著作之一面,亦皆一代之小说名家。然此诸人之著作,不过出其绪余。故本篇之所叙,余此诸家不论,论其专以著小说名家者。

其小说之专家发见最早者,曰巴鲁自克④(一七九九——八五○),从

① 今译泰奥多尔·邦维尔(Théodore Banville),法国诗人。——编者
② 今译夏尔·皮埃尔·波德莱尔(Charles Pierre Baudelaire),法国19世纪最著名的现代派诗人、象征派诗歌先驱。——编者。
③ 今译路易·布耶(Louis Bouilhet),法国诗人。——编者
④ 今译奥诺雷·德·巴尔扎克(Honoré de Balzac),法国小说家、剧作家。——编者

事于著作二十余年如一日，其气力之旺盛，为世所称叹。其所著之《育杀里辜仑跌》最为杰作，开永不可忘小说界之一体，但好抽写社会上之魄恶。后世乃出索鲁一辈，皆此作俑也。仲马①（一八〇三——一八七〇）者，快活之物语也，亦可惊之冒险作家也，此其一种奇想，虽东方国人亦夙知其名。此人之所主择，乃根据于历史，取其事实，而发挥自由，如《可特得蒙特克里司》②，如《三统卒》③，几乎无人不知，最脍炙人口，是小说一体之开山祖也。又若有纵横自在之灵笔，兼三四体之名作，出于一手者，不能不推既鲁司孙女史④（一八〇四——一八七六），描妙龄，写情欲，著流畅有韵之一体，若所著之《人机雅南》《吴仑京》；其所著之历史小说类，有《蒙布鲁》；关于社会主义宗教主义之论难者，有《康西路》；对山河自然之景象，见感情者，有《夫仑索鲁行布里》《鬼之池》《布知特夫多》《撞钟主》等。加之女史轮黑，晚年益入妙境，更创淡泊如水而醇专纯粹之一体，如所著之《马六奇得吾路》，是其一也。其巧思才藻，亦可惊也。

自仲马死后，冒险之小说失其正路，陷入邪径，多不可看。然名家之子，复出名家，小仲马⑤（一八二四——一八九五）复兴。其悲慨之著作，如《茶花女》按此书经候官陈氏译出中文⑥。又米里迷⑦（一八〇三——一八七〇），其正经之作有《可仑布》。佛禄别尔⑧（一八二一——一八八〇），其精彻之作，著有《马当别里》及《沙拉别》。以上三家发挥巴鲁自克所创之现实小说，非人性格派，与玩鲁司孙之迷作，同有自然之妙趣，可玩味。迩来如孔托尔氏，如索鲁氏，其势力所及，决不鲜少。但可悲者，自然说之通行，不

---

① 今译亚历山大·仲马（Alexandre Dumas），又称大仲马，法国小说家。——编者

② 今译《基督山伯爵》（*Le Comte de Monte-Cristo*）。——编者

③ 今译《三个火枪手》（*Les Trois Mousquetaires*）。——编者

④ 今译乔治·桑（George Sand），法国小说家。——编者

⑤ 小仲马（Alexandre Dumas，fils），法国剧作家、小说家。——编者

⑥ 此书经候官陈氏译出中文。——译者按。有误，应为闽县林纾译，题作《巴黎茶花女遗事》。——编者

⑦ 今译普罗斯佩·梅里美（Prosper Merimee），法国作家。——编者

⑧ 今译居斯塔夫·福楼拜（Gustave Flaubert），法国小说家。——编者

幸而不进化,相率以向卑猥亵渎之境。现一往不返之状,为伦理社会之恶影响,决不鲜少。是以爱国家爱社会之健精法国人,常为之嗟咨长叹也。

此外尚有分途扬镳之作家。德大著有《泥马鲁司顿》;鲁兹著有《阿仑多之渔父》;又如孟巴行布鲁司。此等晚近之诸作者,大概吸厌世之空气,为悲想之诗人,为现今国人之所倾向者也。

院 本

十九世纪之初叶,拿破仑帝政之时代,悲剧院本之作家,如搭鲁马①(一七六三—一八二六)后亦有拉路女史。然十七世纪之名作甚多,作者多不出其范围。求之当今,不为所限者,如千八百四十三年何司尔所作之《里蒙司》是也。

育欺及吴里仲马著有《显理三世及朝廷》《查耳斯七世于其大名邸》之所作,亦甚擅长。司克里吴(一七九一—一八六一)之所作,丰赡美丽所谓滑稽剧及狂言剧是也。当离贵族时代,移入平民时代之际,世人异常欢迎之。所著有《一杯水》《女合战》相次出世,此为十九世纪中叶之新现物也。

所谓今世之院本者,自千八百五十年后,如彼小说家一般所谓现实派者。然好采取人之失德及可笑味之事,研究历史之院本,傍立以描写出现代社会之状态。于是自感情之解剖上,又悲愁剧,而为滑稽剧,别包一种活动之彩,而发挥真确之人情。波司尔之所著,如《名誉之金》《爱狮子》,能调和旧体新体而成。

新种院本之真创造者,不可不推阿兹(一八二〇—一八九二)。此人之思想势力及文章俱优,可推为新派之祖。其名作如《冒险家》(一八四八)、《波里之婿》(一八五六)、《铁面皮》(一八六一)、《镜猎者之子》(一八六二)等等,滑稽剧之派愈振。

阿兹虽为滑稽院本之作者,同时小仲马能描写人情之冷淡,最能运奇

① 今译弗朗索瓦·约瑟夫·塔尔玛(François Joseph Talma),法国剧作家。——编者

癖之意思,其所著有《半世界》(一八二五)、《私生之儿》(一八五八)、《外国人》(一八七六)等,其成绩影响之所被实不少。次有沙鲁兹,此人所作富赡巧妙,且多变化,所作有《我亲爱者》(一八六一)、《爱国心》(一八六九)、《离缘者》(一八八六)等,皆妙作也。又法国所有欢待庆喜之著作,如拉比西(一八一五——一八八七),所著有《补里新之旅行》《意大利之麦蒿帽子》,发扬过六固有之思想,而直接步于蒙里,虽谓蒙氏再生可也。其谐谑嘻笑之中,自觉人间深远,为万物之灵,而不陷于厌世悲哀之结果。此法国人所为称叹不置也。

向后世纪作者甚夥,兹略举其院本作家之著者,如胡一(一八一二——一八九二)之《一贫人之小说》、巴里尔(一八二三——一八七七)之《虚无结构者》、鲁多吾所作之《胜者之权利》。又普仑所著之《嫌岁》《光辉》《苦世界》等,皆近日之名作也。

凡法国自有院本以来,未有如十九世纪之盛也。然不但法国演剧繁华,即通欧洲各都,其戏台之段闻,诚有不可形容者也。

讽刺及辩论

拿破仑第一时之法国,如该撒大帝之罗马然。国内之讽刺批评,不能自由。自帝国覆后,讽刺先见。自克以①(一七七二——一八二五)始,读其讽刺之书,恰如金针之刺背也。次有可鲁明所著之《针路》,攻击当时之政事家所谓七月政府之代表者,不遗余力。

其议会演坛上之辩论术,自拿翁一世之帝政之败后,千八百十五年再有急鲁,具有天赋之快辩。今举其最著之人如下。波良冰王家复古之时代,有岂鲁拉尔(一七六三——一八四五),此人同时于哲学之讲坐,亦有名闻。又康司东(一七六七——一八三〇),此人又一面以其所著之小说《阿多尔》著名。在七月政府之下有将军夫阿(一七七五——一八二五),又布鲁

---

① 今译保罗-路易·库里埃(Paul-Louis Courier),法国作家。——编者

（一七七七——一八三二），又有著名之历史家及有名之辩论家急索。其他有支尔、蒙他能布。而千八百四十八年擅雄辩名者，即独步古今之文豪拉马己奴其人也。

拿破仑第三树帝政后，辩论之风又寂然消灭。三世仆后，言论自由之风又再恢复。千八百七十年，法国再得闻支尔之供声。同时又有一大爱国家甘必大，当其快辩时，声震议院之议场屋瓦。于议会之演坛外，又有辩护士之辩论席，亦不乏辩论家。其人如布里（一七九〇——一八六八）、周夫尔（一七九八——一八六八）、胡语（一八〇九——一八八〇），皆其最著名者也。

数世纪以来，不过株守臆说，于讲坐之上，其快人心目之新辩论，亦在此世纪也。关于讲坐之辩论及著述者，有二三人等，如：拉司鲁跌尔（一八〇二——一八六一）主宗教及革命之调和一致；拉门奴（一七八二——一八五四）于一千八百十八年著《宗教材料之无顿著》，一千八百三十一年后著《一信徒之谈》以讽刺神密，兼侍社会主义者之福音，此其惹起一世之感动，亦不少也。

文学的批评

文学之批评，亦至十九世纪而大发达。今试考之，其关于最初史学研究之方法者，拉阿布之文学批评，实为权舆，是于史学面目一大刷新也。次有吴鲁明①（一七九〇——一八六七），此人者，历史家而兼文学家、雄辩家、政事家也，常于有名索鲁冰奴之大学②试其文学之批评等。后有布

---

① 今译阿贝尔·弗朗索瓦·威尔曼（Abel François Villemain），法国文学批评家。——编者
② 今译索邦大学（La Sorbonne），是一所位于法国巴黎拉丁区的世界顶尖研究型大学。——编者

伍①(一八〇四——一八六九)著有《礼拜二日三讲义》以培斯学。又支鲁东(一八〇一——一八七三)、支仑②(一八〇四——一八七四)、倪沙路(一八二八——一八九三)之徒出。最后铁奴③(一八二八——一八九三)出,刺卫文学之诸大家,入其批评之环内,其所著之《英国文学史》等,感动一世纪不少。

以上所记,其初起于史学研究之方法,及其发达乃不独止于史学,直弥亘一切之文学,再进而批评社会一切之生事及不可缺之要具,即之以刺卫事物之进步,以启诱其发达,其力为何如也!

法国之美术

建筑术及纪念物上

自十八世纪之末造,以至十九世纪之前半,法国之建筑,概追古风。若夫大革命之时代,亦非建设之时代,无建筑以遗留于后。

拿破仑一世者,其古埃及王拉姆司之再来乎。其人殊为大喜切,欲纪念之战捷之名,永留于后,故一世之治世时,兴壮大之建筑极多。英雄所为,古今东西,固同轨钦!今举其最著最大之建筑,即帝命西鲁古林建筑之星座大凯旋门是也,是法国最有名之兴作。其建筑费三十年,从帝挂冠以后,更二十年,至千八百三十六年而后成功。

闻之,千八百六年,拿破仑欲留阿司跌里朱大捷④之纪念,乃命名匠西

---

① 今译夏尔·奥古斯丁·圣佩韦(Charles Augustin Sainte-Beuve),法国文艺批评家。——编者

② 今译儒勒·雅南(Jules Janin),法国作家、剧评家。——编者

③ 今译伊波利特·阿道尔夫·泰纳(Hippolyte Adolphe Taine),又译丹纳,法国文学批评家、历史学家、艺术史家、文艺理论家、美学家。

④ 指1805年12月2日的奥斯特里茨战役,是役拿破仑指挥法军打败俄奥联军。——编者

鲁古林兴星座凯旋门之建筑。西鲁氏先于帝挂冠之时而殁。过司特代之董役,二十年过氏又殁,布鲁氏承其后而始成之。其门拔地而起,高日本尺三十尺,费金九百五万佛郎克。名将勇卒之貌,龙拿虎掷之状,影明效著,极尽镌镂之州。登览其门之中心,大小街衢,四方来集,如众星之拱北辰,此所以称为星座也。

乌多姆之高柱、加鲁息尔之凯旋门,亦皆帝所命之建筑也。

加鲁息尔之凯旋门者,在鲁布尔宫①之间。其门上之文曰:"欧洲列强联合来敌一法国,皇帝建大纛出师。百日,彼之大联合军如云散雾消,不留痕影。"是亦今日伤心之一纪念也。

此外出于帝之方寸三大建造,其一为当日之名誉宫,后变为寺观;其二阿鲁些宫,后改为外务部及会计检查院,最后千八百七十一年康名之乱烧失;其三为立法院,后帝政之后,为波良冰之王宫,后改为下院及商业会设所。

复古时代亦受帝政时代之遗绪,勉为同样之建筑,如赎罪圣堂等是也。七月政府之举,亦据古式而兴建筑,如莫里尔之泉观、圣西鲁比司寺观。然吾里多之拿破仑一世永眠宫,巴尔几尔之七月革命标柱是也。

一世之永眠宫,非常庄严。入其中之人,不觉正容。棺前之楣上深刻帝之遗言曰:"冀我之死灰,能措于我亲爱之法兰西国民之中央赛纳河上,是我之愿也。"嗟乎!读之者不泣下,非人情也。

建筑术及纪念物下

十九世纪之中叶,历史研究一新。基督之讲究法再生,其他近体文之派兴起,而美术技艺之领界,亦一击而俱来。及千八百三十五年,建筑家之脑中,忽崇尚古罗马之建筑。就中如大殿堂之建筑法,玩味模仿,忽然

---

① 今译卢浮宫(Louvre Museum),位于法国巴黎市中心的塞纳河北岸,世界四大博物馆之一。——编者

触起掬受之概念,于是有诸处之圣寺殿寺俱建后古式,如克里尼之博物馆及拉龙宫等是也。

地平线既扩大,建筑术再盛。各时代欧洲建筑方法之发明,或由建筑家之探检,或由其他专门家之启沃埃及、阿司西里亚、波斯、古印度等之古技术,远及支那、日本、墨西哥之特别技术,悉为所发检习得。加之他处之科学及机械应用皆大进步,于建筑之事业,资料丰富,铸铁及铁之使用,逐日渐繁,以至建筑术豁然一新。

于是建筑术集以上之数新材料,乃生出所谓"科布西朱特"式。此新建筑术生出后,法国乃有如许之纪念物。拿破仑三世命筑新鲁吾尔,由鲁夫尔接旧鲁吾尔宫,见一层新技之妙处。来集巴黎之游客,皆观感称叹。阿布拉者,系加鲁尼之所建造,费二千七百五十万佛郎克,于此一剧场,极意匠技术之精好。

尚有各种之建筑,于此略论之。寺院、殿堂、楼塔之中,用古罗马殿堂之建筑者,所谓阿兹五阿尔式之建造,有圣特克六之特,用君士但丁之古式创兴者,有马耳塞之殿堂。若夫铁制之建筑物中,其尤大者,有巴他尔所构成之中央市场,支铁尔经营之机械馆。就中育夫尔组建之育夫尔塔①,高日本尺千尺,为世界上最高之塔。此等皆铁质之所构成也。

雕刻术

当十九世纪之初叶,法国之雕刻术犹建筑术然,一遵古风。如西爹雕刻拿破仑一世之像于吾多姆标柱上,宛然一古罗马帝出现也。又如鲁莫刀刻新桥上之显理第四像,及加鲁节凯旋门之驷马二轮车。其他当时诸名匠用心力以装饰之凯旋门,无不皆然。

夫雕刻者,建筑之兄弟也。兄既受近体文学之感化,弟何独而不然?

---

① 今译埃菲尔铁塔(the Eiffel Tower),世界著名建筑,法国巴黎城市地标之一。——编者

于是雕刻术亦到一新之时代。其魁即布鲁仲其人也。此人一代之杰作，即所刻之布西克半神时代现美身可恋之小女，溯希腊时代夫业尼克美审之古传，而加以最新之意匠以刻出此像今尚在。而全然开辟今代之雕刻者，即自唐侠（一七八九——一八五六）始。自此人出，乃废罗马古像之半靴，废甲胄，废外套，表大革命时代之伟人，一依当时之服装。后出之大胆改革技术者，一人，即索多（一七八四——一八五五）①，千八百三十八年镌刻星座凯旋门，传为一代之名作。又巴里者，好雕刻动物，能别开一生面。今代之雕刻既发生于意匠及本原，相异之巨匠名工，接踵而起。法国之雕刻于是焕乎光辉四肘。总之可归之为现实派、相像派二派，其名作甚多，兹不具举。试游法国而求之于都邑之间，探之于博物馆之内，可见其无尽藏也。

克拉喜克之画派

如诗歌，如文章，如建筑，如雕筑，如绘画及音乐，其归结不一其致。其经过之道络亦不一其致。今请更征之于绘画。当十八世纪之末叶，法国之绘画多举仿古画，是亦如他之诸技术。其效法尚古，即产出今日进步之母也。

此绘画复古之时代，试举其名画，则有达吾多（一七四八——一八二五）②者，不能不推为首领。顾达氏当日所以独绝者，有三等：第一用雕刻华丽之笔，以写古代之事迹，如在鲁吾尔宫内之《沙比掠劫图》是也；第二用生动快活之笔，以尽现在之活剧，如在路易十六世下召集平民会议《支得别之盟誓图》，是其一也；第三挥抉心直入之笔，在绘人物之肖像，如《李加米》及《法皇比尔七世》之像是也。

与达氏同时，以优雅独得之色彩家闻名者，即布里敦（一七五八——一

---

① 今译弗朗索瓦·吕德（François Rude），法国雕塑家。——编者
② 今译雅克-路易·大卫（Jacques-Louis David），法国画家，新古典主义画派的奠基人。——编者

八二三)①。其名作如《些夫尔夺恋爱之神女布西克》,最著于世。又出达氏之门下,各为一家,极丹青之妙。人人所知者,有支六底②(一七六七——一八二四),其所画有《阿他路葬式》及《洪水滔天》之杰作。又耶路尔③(一七七〇——一八三七),以巧妙之肖像家知名,其名作有《恋爱及布西克》之画。又其门下达路司④(一七七一——一八三四),长于历史画像之大作。拿破仑一世之大战,多为此人之所写出。就中如育路大战之画,真其杰作也。

近体画派

所谓近体画派,其开先者则有耶里其尔⑤(一七九一——一八二四)。千八百十九年,此人画有著名之《米仲司号难破图》,一举而成画法之革新。达路克鲁⑥(一七九八——一八六三)亦近体画派先达之一人,其所作有《司西阿之鏖杀》《阿路耶之妇人》等画,就中《十字军入君士丹丁府之图》尤称杰作。盖达氏夙私淑于近体之文学,于活动、于色彩、于感情欲念激荡之印象,发为画图,天然一致。陆波尔所属此派,其名作有《拿布尔派名画家》之图。些布尔亦为同派之人。拉鲁西⑦(一七九七——一八五六)称近体画家中之温和派,其所画之《美术学校》之半圆球,现希腊、罗马、哥支克及法国复活四时代之技术,盖杰作中之杰作也。

---

① 今译皮埃尔·保尔·普吕东(Pierre Paul Prudhon),法国画家。——编者
② 今译安-路易·吉罗代·德·罗斯·特里奥松-特里奥松(Anne-Louis Girodet de Roussy-Trioson),法国画家。——编者
③ 今译弗朗索瓦·热拉尔(Franois Gérard),法国新古典主义画家。——编者
④ 今译巴伦·格罗(Baron Gros),法国浪漫派画家。——编者
⑤ 今译泰奥多尔·席里柯(Theodore Gericault),亦译籍里柯,法国浪漫主义画家。——编者
⑥ 今译欧仁·德拉克洛瓦(Eugène Delacroix),法国画家。——编者
⑦ 今译保罗·德拉罗什(Paul Delaroche),法国画家。——编者

其属此派而一翻族帜之人,有吴鲁业①(一七八九——一八六三),其《由亚尔塞侵略》之画最有名。

于此有一佳话,吴鲁业居常不喜犹太人。一夕犹太人之富豪以鲁多开宴廷客,吴氏亦在其中。主人嘱吴氏画自己之肖像。吴氏知主人之吝,索三十万佛郎克之润笔。主人难其价太高,求减之,终不许。后法军占亚尔塞,蛮酋加爹尔抗之十五年,最后战败,取"司马拉"之幕营,此际犹太人斯集之金银财宝掠夺无余,世人丑之。后吴氏尽此战图,意匠惨憺,当时激辟混战之然,历历如目睹。图成张于威尔塞宫,一世之人称叹异常;而犹太人之丑态,一见令人唾弃。其中有一犹太人,最逞贪婪者,视其面貌,宛然以鲁多也。前以氏索多金而不画者,今乃无价而画之,欧洲之恶犹太人者,对之无不拍手称快。于是吴氏之名动欧洲等。

其同派中最近之作者,有夫奴门敦色彩家,亦意匠也。其亚尔塞之画出,人皆以为真亚尔塞之风光等。又有米鲁业最富悲想,如所画之《恐惶世下之惨状》,乞推杰作。又克己路画《罗马颓坏时代之淫乐图》,在鲁吴尔宫中,最惹人目之注视。

新克拉喜克之画派

虽近体画派如彼之勃兴隆起,而克拉喜克之画派依然继承其画法不绝。其间有殷各尔者出,以其图样之醇粹,排列之美妙,意象之高尚,更与其画法而一新之。于是人谓之为新克拉喜克再现。此人所画有《路易十三世之誓》,有《喜迷尔之崇敬》,有所谓《源泉》者,一淑女之肩,肩一瓮,而清泉自瓮中迹出。与殷氏同时代同流派者,有可疏(一七九四——一八八一)。其所画之大画家丁特尼死,其《女梳发之图》,称为杰作。其他买巴业画之《吴尼司之生诞》,为世所推。耶陆善画古代著者之活剧,布过陆所画之《吴尼司之凯旋》,皆名画也。

---

① 今译贺拉斯·韦尔内(Horace Vernet),法国画家。——编者

景色画派

十九世纪之中叶,即千八百五十年之际,更生出一新画派,即景色画派,是时之用景色者,或以为人物画周边之装饰,或以又历史人物画之点色,如是而已。景色画一派出,催美术进运一派之技艺,而从事于捕捉山川原野天然之风物。其初当事者寥寥数人,攻击之者不少。而景色派确乎自信其可成功,热心讲究,而不疑。果然终能远其大目的,而奏凯歌于画界一面,翻然树新帜焉。

其创业之主人即寄六①(一七九六——一八七五),此人以霭霭春霞丹青之手,于郁树茂草流水过云乃至林间之寂地,阐发其神秘。其所画之《山川神女林芙翔翔鹿上》之图,一世之心目,皆为倾倒。同时出二巨匠,其一为鲁索②(一八一二——一八六七),其画中如乔框之下,绿树之边,游鹿之诗趣,最为杰作也。他有米业(一八一五——一八七五),此人之名画,如《夜中之祈祷》,乃千八百六十七年所画,观于村夫家畜田舍之景,据所触目者而映象趣笔笔入神。

杜少陵咏名画家曹氏之不遇曰:"但看古来盛名下,终日坎壈缠其身。"米氏一生亦如此。氏尚不自给,洒其心血以画《夜之祈祷》,仅鬻二千佛郎。氏殁后,其天才始为世所知。美国人以七十万佛郎购其画归本国。法人视之不胜咨嗟,后投以百万佛郎购归法国,其画之美可以想见。而法之尚意气,亦可嘉尚矣。

以上三位一体之名家外,尚有特禄殷者,取林狭之景,作《耕牛》及《耕耘之归》二佳画。多比尼者,善写些奴河畔及阿治莫鲁吴之风景。最后鲁巴治(一八四八——一八八五)于其画室弃人为之光线,捕捉大气中之真光

---

① 今译卡米尔·柯罗(Jean-Baptiste Camille Corot),法国巴比松画派最重要的画家之一。——编者

② 今译艾蒂安·皮埃尔·西奥多·卢梭(Etienne Pierre Théodore Rousseau),法国巴比松画派画家。——编者

线以试其画。

现实画派

千八百五十年之际,与景色画派同时出现者,为现实画派。与米业齐名者有克鲁伯①(一八一九—一八七七),虽同一景色派,而热心主张近世画上一切之现实主义。经此改革后,而丑恶及奇异之二真相,能以笔墨捕捉之。自是而后,现实主义愈益发达。驱一世以归此方面,破除古格旧法,有森罗万象自然之状态,画入笔端,一切现其自在。

属此派者,有细吾好以诗意之美想,写生活之现状;西布林以珠玉之纯粹,现少妇之心身;本纳为光辉之肖像家,有一世之势力;机南者,著名之彩色家;郭灭者,写出亚尔塞之真景;陆仑者,为近世历史画之独步。此等诸氏,皆属实画派之豪杰也。最后米孙尼②(一八一五—一八九一)起荷兰画派,其画英雄能现无声之色彩,如《益拿之大战》《千八百十四年之拿破仑一世》等,观者无不感叹。其余作家甚多,兹不具录。

印象画派及征象画派

绘画之改良既如彼,然犹不驻其足。此间特记有天才之一人,其人名马业。千八百六十年之际,现出奇异之现实主义,一世皆惊,印象画派之祖,即此人也;及其结果,废图样而独出心裁,亦此人也;布衍光绿屈曲之反映,亦此人也。

次印象画派而来者,即征象画派。此派谓徒现实为未足,欲指导于灵异而不可识之境。以上印象、征象之二新说,尚非法国绘画进步之结果也。

---

① 今译居斯塔夫·库尔贝(Gustave Courbet),法国画家。——编者
② 今译让·路易·欧内斯特·梅松尼尔(Jean Louis Ernest Meissonier),法国古典主义画家和雕塑家。——编者

十九世纪初叶之音乐

十九世纪初叶之法国音乐,不过继承十八世纪之所传而已。当大革命之时代,乃制爱国歌,以作军乐,作者不少。其中有甚美者,但限于一时,今概不存。至今视之,当时之音乐,非在老衰之域,而居小儿之境。然玩其音乐,亦挟有可感而有价值之雅趣,固不待言。

顾多尼者(一七四一——一八〇三),始为阿布拉可米克制出法国风之乐种。次有尼可拉(一七七七——一八一八)生于拿翁一世帝国之时,又西尼比尼①(一七六〇——一八四二)制有《将军阿西吊葬之军乐》。导乐器调制之法甚多,此人后于宗教制有许多之音乐,益知名。

同时代之司本其尼②(一七七四——一八五一)原为意大利之产,寡后基夫奴闻其音乐之能,庇保之。又米尔③(一七六三——一八〇七)、脱克拉、喜克单调之辞色,著今世音乐之先鞭,其所作之《出阵歌》《西仑敦之军乐》《若显理》,就中据圣光《即些夫》之诸名作,皆出其一手。

十九世纪中叶之音乐

自千八百二十年至三十年之十年间,法国音乐由种种之影响,渐趋于富赡,渐渐变化一切之嗜好;亦逐日由明白以趋于精密,即于千八百二十四年,在阿跌阿姆之戏场,导入外国乐。千八百二十八年,创立音乐馆。

加之德国有名之音乐家莫杀鲁持及比特吾之杰作,渐为法国人之所欢迎。而意大利大家之奇趣及光明,几全为所噏吸于巴黎。所谓法国音乐者,至此时为一新繁荣开始之时代。

---

① 今译路易吉·凯鲁比尼(Luigi Cherubini),法国音乐家。——编者
② 今译加斯帕罗·斯蓬蒂尼(Gaspare Spontini),法国音乐家。——编者
③ 今译艾蒂安·尼古拉斯·梅于尔(Étienne Nicolas Méhul),法国音乐家。——编者

当是时有可爱之歌曲家,继承奇米克之古传,名别鲁浊者。其名作有《达布仑西》,作于千八百二十五年。

当是时有两意大利人挟其音乐以移法国。其一李些朱(一七九八——一八四八),此人亦可推为吟咏家,所作有《夫以己虑西门》及《宠姬》。其一为布里尼(一八〇六——一八三五),其名作有《罗鲁马》及《比里敦》。同时亦有法国一名家米鲁比尔,奉其宗旨。又阿业吾[1]者,擅长于感激之音响米氏生于一七九九,殁于一八六二,所著有《西吾》《西布鲁王》及《查理六世》。

最后布鲁里亚(一八〇三——一八六九)[2]者出,其人以特有之感得及色彩而革命近体音乐,名作甚多。

十九世纪季叶之音乐

马些者,音乐家中可爱之近体派也,其所作有《掩歌妓》《金业特之婚姻》《买拉跌》《女后特巴司》等,最著名。又倪尔亦近体派之一人,凤噆吸德意志之森严律,有新改革乐家之称。又拉路所著《以司王》为一世所称。

圣孙之所作,美丽坚确。比息[3](一八三八——一八七五)享寿不长,世少知者,而所遗科学色彩之名作《加鲁明》,殁后为天下所传称。又近千八百九十四年意大利之名家吴路急来巴黎,以其名作《阿路司拉夫》擅名。最后有可记之小演剧,如阿夫痕巴克所著有《地狱之伶人》《美育业迷岛》《巴黎人之生活》《大公爵夫人》。卢奇克者,著有《马典痕起之女》,声声啧啧。

周之善政大兴,殷太乐乃抱乐器就之。法国文明焕发,意之名作赍美想而来。美者愈美,善者愈善。国之兴隆,古今一也。

---

① 今译雅克·阿莱维(Jacques Halévy),法国作曲家。——编者
② 今译艾克托尔·路易·柏辽兹(Hector Louis Berlioz),法国音乐家。——编者
③ 今译乔治·比才(Georges Bizet),法国作曲家。——编者

法国之性格

地势及人民

余居常以谓历史及地理,终结不可相离者也。故讲史学者不可不并究地理。一国之统一及拨离,大半坐于地理之关系也。英格伦不能化爱尔兰,墺大利①不能和匈牙利,西班牙邦内不能一,虽半由人种、宗教、言语等之异同,亦半由于地理之关系也。

法兰西者,最善于统一之国也。而顾其所以善于统一之理不能不归重于地理之关系焉。其地势大概、平坦,夙资人民往来之交通,易集于中央,此其统一长久之一大原因也。但入而视其细目,则见夫启法国统一之端者北自里路,西至朱路一带。法人自称为真法兰西者,在此一带。而此一带最平坦,最便交通之地也。

彼之中央山脉相通,南方一带亦与真法兰西能相结合。盖十六世纪以降,即经人为之交通开进以来。视其大要及其细目,盖以地势为统一之大原因者,不可不察;而以同时之交通为统一之媒介,亦不可不察也。

顾视此国之民种则些鲁特者,实肇国之祖。其聚落之中心,在寄尔地方称以苛路,至今日视之,其布鲁他尼之地方乎。苛路同时尚有称以急之一民族,称以布尔之一民种,今尚住比业叶山下,存一种特别之言语习俗等,即巴司克之子孙也。此外南方有夫里西之及希腊人留居。今之马耳塞者,即其纪念也。次乃有罗马人群来于此。以上概称拉丁人种。次习如云霞而入苛尔者,即日耳曼之蛮族,所谓法兰克是也。法国王朝建立之初,南方有撒尔逊人之来往,北方有司京几拿人之侵入,与共一方。其后

---

① 今译奥地利(Austria),位于欧洲中部的议会制共和制国家,首都维也纳。——编者

至中世纪,英、德、西、意,皆久占据此国之一分,亦皆遗留其种裔焉。故今日之法国人者,乃以苟路六安法兰克之三原质且混和各种多少之民血,而后镕出者也。而溯之历史,此等诸血混和以至镕出所谓之法兰西人,盖不知经几多之激触,过几多之冲突。故法国人自称曰:"吾人乃不易破坏、有抵抗力之人民也。"虽其自许可之辟,亦实理也。

风 气上

试突然而游巴黎,见夫歌欢笑语之声,充于衢巷;画题蜃气之楼,夜开不夜之城。世界主义乎?博爱主义乎?阛都士女社交者忘人种之异同,往来者不置人为之国域。名优献技,十里红楼,美酒千觞,花亦解语。故观者谓世界人之游惰,莫若法兰西者。世界人之奢侈,亦莫若法兰西者。然若巴黎者,门户弘开,以迎四海万国之客;倾倒其财囊,以为所欲为。故以全体言,法国人者,游惰之人民,亦极勤劳之人民也;极奢侈之人民,亦极节俭吝啬之人民也。

世人皆知法兰西者,世界之大农产国也,是即以农为本之民也。法国者,富强兴盛以介立于列强之间者也。出巴黎而视之,其农民之耕作勤勉而不挠,可称为顽强。且彼等爱自己之土地,如妻之爱其夫;彼等之土地,即自己亲爱之夫也。彼等常力务节俭,一钱不苟费。积钱财,蓄产物,以为彼等毕生之心愿。故其佃农虽无多少之财产,比之他邦则其富力贵乎超越焉。法兰西之富国基础,全在于此。且欲保护其财产,故国民之结合力甚固。其立于强国之基础,亦多由此来也。如彼之好农民,其最可感者:当国家危急之际,多以其财供给都府者,在此田舍;多以其人物供给都人者,亦在此农民。

但其利之所在亦害之所在。法国之一大病,亦此胚胎焉。法国之人口久不繁殖,至最近数年,虽不减而微增,然其增殖之迟,为人人所目击。撒格逊人中之学者,皆断言拉丁人种有灭尽之征。然昔日移住加拿大之法人,其先祖不过少数,而其子孙今乃达二百万以上。此其繁殖为何如?

论者不比类视之,而妄加论断,亦臆说也。吾人久疑其故,今始得其实因,是乃农民重财产、重土地之结果也。盖如产有多子,则其土地不得不分割以颁于诸子,而彼等心中,以为累代之遗产,不忍分割,其所养育之子女,不过一二人。此其人口减少之第一因也。若细考之,其副因尚多。一民法不许以遗言分产,法律建平等之基础,不得不平等分其遗产于众儿。二普通教育尚未普及,旧染污俗无由脱却。三移住殖民之事业未能习惯。四个人主义之弊毒,深入人人之脑中,只求自己之快乐,此可贱可恶之恶病,不独农民,今乃波及于上流之都人。而都人于上所举之主因外,多犯第四之副因。避妊之术,人多知之。巧施人工,以防多儿。此法国民现时之大可唾弃贱恶也。

风 气下

此法国人者由奇异之思乡心以结合,各务蓄财,而各啬子孙之繁殖。然自一面视之,法人为守钱虏;自他面视之,其出奇妙奇态之介甲武士,亦此法人也。仲马画出法人徒党之冒险家及抢掠者,著有《三铳卒》,盖善为此人民风气之写生矣。勇敢者,法国人本然之性格也。征之历史,自苛尔之时代,忘引以赴危难,盖彼之特色也。且有决斗之习惯,虽法律如何禁绝之,亦终无效。试取新闻纸观之,彼处之原头,此处之林间,扣约而赴决斗之活剧。虽为难其身,陷于罪辟,而不辞也。且女子之勇敢,更胜男子。自古女丈夫之出现,其迹不绝于史上。自此点观之,法雄辩之美词者,自近三世纪视之,十七世纪有基督教之教士苛路尻及拉西奴,至十八世有基隆乡及米拉坡,十九世纪有可拉尔及康司登、爹亚、甘必大,法人之欢呼何如也。

若夫诗文之嗜好,其法人之生命欤! 若古诗、散文、近体诗、小说、院本以至院曲、歌曲。以笔相战,时而欢呼,时而攻击,至近体之文学家而极;时而恶戏,时而谑刺,刺卫政治,风动社会。法人常自称:我精神之动力,如无尽藏下之矿脉,以达我文学界之地底。盖非夸言也。

今法国以辩谈及诗文,代古之刀枪剑戟,一快辩而废大臣,一名文而更内阁,此今世之最好武器,正甚铁火之影者也。

德 能

就今日法国之社会视之,仰瞻其高处,往往声骄奢之峰,仰瞰其低地,处处潴污浊之水。更出而视其演剧,入而翻其小说,法人之德能,其几麻痹欤!无能何国民,代表其性格者,在中等社会。而法国今世之演剧,今世之小说,滔滔相将,求奇售异,往求喝采,一路奔驰。法人属言吾人之佳处,目不能见,言不可表。

盖十八世纪之时,维持法国社会之道德者,宗教实占首力,而大革命之一举,凡社会道德之振抵,大加变革。故入十九世纪以来,宗教之势,几尽失其精神,虽然千有余年扶植而来之信仰,决非百年之所能移。于今日刺卫人民之德能,维持社会之效力,尚不少也。

然彼德能之一大改,即各有美好之感情,如彼人民结合之濑集力是也。虽内外国难频至,而随即愈益,昂腾所谓爱国心者,如自有生以来便各分配于其脑髓者然。故吾人可认继续法人之宗教心者,即爱国心。此现代法国道德之主人,以维持法国者也。

此爱国心之畅发,自息奴达鲁克至甘必大,史上历历其迹不绝,有一人焉。唱《马鲁些诗》,则虽工场之职工,田间之农人,深窗之佳人,小学之生徒,莫不手舞足踏,以赴三色旗之后,不辞而慨然赴千里之征。其学校之教育,自初等普通之教育,凡历史地理之教程,皆教以国之不幸,诲以国之耻辱,以为将来建社会上事业之感觉。大革命以后,虽废弃国内一切之特权,不废地方自爱之法式,乃至人人有小团之爱乡心,而集合为大团之爱国心,此国际发扬所由来也。虽然法国之智能,进步极速,至其德能,则见其迟迟而行也。

势　力

法人常夸称曰:吾人蒙最大之创,前后三次。其一为百年战,其二为宗教战,其三为拿破仑一世帝国之覆亡。每次出吾辈之血太甚,一次之后,生血几枯,势力全竭。然吾人气平之后,创口立愈,血液旋又如旧。承百年战之后,有查理七世驱英人于境外;承宗教战之后,有显理七世及李西索时代,几羁欧洲。帝国挫败之余,近体文学之繁,光被四方。吾人自该撒时代以来,未尝失坠我之勇气,直起拨斗不甘属他人之轭下,此其言可味也。

顾亲彼之操行,其出于不义之举,逞暴戾之欲。虽多,然此人民之势力,颇多可举者。于基督教徒之名,先罪人而屡屡兴十字军,法兰西人民也;留共和民之名,复天赋之权,成古今之大革命,法兰西人民也。

徇自由平等博爱之名,为人权之大宣告,法兰西人民也。加之彼以高尚之目的,见其势力于他人之域,又有功业可纪焉。彼曾助美国之独立,助波兰之独立而未成,法兰西者,女丈夫之国欤!

但其勇敢疾速之点,不能继续。此彼之弱点,所谓勇而不刚者乎?彼既勇敢,而其头脑则如火山然,谚所谓"法兰西人之热衷"是也。当彼热衷之时,如黄河之决大堤,如大火之烧咸阳,不可响迩。试自革命时代以视拉丁儿之可爱,在此等处矣。

自以上一面视之,法人者,如徒勇后顽强者然。然其平生为人,又有一种可爱温和之意气。自其爱家、爱家族、爱乡土、爱男女等等性情观之,父子夫妻,皆不忍其远适他乡。寂寂山村,殷阗都府,其间罹思乡病者不少云。

智　能

若问其智能之发达,法国人民实占优等之地位。彼之政事、立法、经济、科学、文章、美术,皆显彰其智能之发达也。

自道理崇尚上观之,法国者合理之境域也。常采用秩叙、方法、证明、论理之法式,宗教信仰之法式。新学说之创倡者,为一切宗教之大开山。开拓十七世纪之世运者,能文之记者,巧妙之技艺家,为十八世纪准备宪法可恐之哲学家,世所罕有之诸博识家,乃至绘画家、建筑家,莫不遵奉采用。

从夫三段论理法之论断,如斧钺之向材木,丁丁然向社会之全面打来。即大小之痕迹不已,此可恐论理学之结果,乃驱彼论理之人民,屡屡多出不论理之行动。观夫圣息司之举,大革命之举,就中惶恐之乱举,皆此三段论理法之结果也。盖彼以道理信仰之故,驱彼固有之热衷,为所敢为,成败利钝,非所逆料者。

此智能之动力,使彼人民热爱智能之发畅。所谓精神之动力者,如辩谈,如诗赋,如文章,自苛尔之草昧时,在在不断。有爱建希腊之自由,投一臂以扶埃及之自由,关与南美共和政之创立,策成意大利统一三事业。彼于此点,所谓义侠主义之热衷者,非欤。又彼人民所谓生灵三德,扩播于世界。其势力之功德,吾人所当永记忆者也。

虽然彼非所谓发挥势力之人民欤,非所谓光耀文明之国民欤,乃甘拜于此世界最暴戾、最野蛮国民之后尘指俄罗斯,从其颐指,甘为彼牛马走,是毕竟人民之变性乎?抑自该撒时代不失坠之勇气已凋衰乎?不然,是今日代表政府者措置政事之误也。

据《法兰西近世史》,上海作新社,1902 年

俄罗斯大风潮

［英］克喀伯

序　言

人间之最可恶者,莫如野蛮时代之所谓圣贤矣。其识见局于社会之中,受社会之等等影响而不可脱却,故顺社会之风潮所趋而立说,不能立足社会之外,以指点批评现社会之罪恶,出大力以改造社会,破坏旧恶之社会,另造新美者。其人又稍有知识,愈于庸众,其说既出,则万千之庸众奉其言为经典,视为神圣不可干犯,于是旧社会罪恶之根蒂因之愈固。虽然,野蛮时代之圣贤,在如彼之时代固不可无,而在文明之时代,可谓之为大怪物矣,其功罪每每相抵也。予敢决一言于此曰:无改造社会之思想者,其人断不可谓之大豪杰。

休乎哉,抱改造社会思想者之豪杰乎! 其目的或全达,或达其一小部分,或历数世而达,或历数十世而达。当其生时,世人皆辱之、逐之,以至于戮之,谓其人为诞人,视其说为邪说。然历数世或数十世之后,则莫不敬而崇拜之,至读其书而永叹曰:吾何不幸,不生与斯人同时也!

法兰西之国民者,世界上思想最高尚之国民也。圣西孟(Saint Simon)之徒,倡社会主义(即公产主义)于世,其势力日盛。至十九世纪而英人达尔文、斯宾塞之徒,发明天演进化之理,由是两种学说发生一种新主义,是新主义英文曰 Anarchism(无政府主义)。今予所译之书,即所种主义之历史也。

人间之最可恶者,莫如野蛮时代之所谓贤君英主也,若俄彼得大帝,其一也。

日本人福本诚谓予曰:子曷不读福禄特尔之《彼得大帝传》？是于子国之前途有大影响也。呜呼,岛国狭陋之民,固不足以语大理哉！说者动谓俄无彼得则亡,使吾而为俄罗斯人也,则宁为亡国之民,而不愿为贤君英主之奴隶。渐文明之世,凡可以亡我国者,必其国之文明程度远胜于我也。彼既亡我,必不能不与我交通,而输入其文明;文明既输入,则独立之举可立兴也。当彼得之时,瑞典最强。瑞典者,自由最强固之国也。俄罗斯而被灭于瑞典也,俄罗斯人犹可以得自由,惟因有彼得之故,其国至今无宪法,无议院,因自由而举革命被杀戮者已如麻矣。俄罗斯诚人间之最黑暗地狱也。

无政府党人者,各国政府之最大公敌也。英人克喀伯作此书,称赞之不已。美哉！言论自由乎！凡非人间最黑暗之地狱,未有不许国人言论自由也;凡非人间最无耻之卑下奴隶,未有不出死力争言论自由之权者也。

千九百二年八月二十二日　独立之个人序

目　录

有翻天覆地之精神,具挟山超海之气力,弄神出鬼没之手段,扫去世间一切君主教主重重网罗,万人一魂,欲造出其理想中之新世界,前者死,后者继,无论男女、贵贱,莫不勇猛侠烈,以杀君相贵族等等恶类,为独一之目的,烈烈乎,无政府党之主义也!堂堂乎,无政府党人也!

无政府党主义

无政府主义者(Anarchism),实发源于公产主义(一名社会主义,Socialism),而创此无政府主义者,实世间上思想最高远最活泼之法兰西人布鲁东(Prondhon)也。布鲁东既创此主义,其扩充而发达之,则有俄罗斯国无数游说者。游说者中第一巨子,则轰轰烈烈世界上有大名之俄罗斯人巴枯宁(Michael Bakunin)也。

无政府党创始者布鲁东

巴枯宁者,俄罗斯之最高级贵族也。一千八百十四年,生于偷尔斯科(Torshok),年弱冠从军,为炮兵官。会俄罗斯方有战事于波兰,巴氏与焉。见夫波兰之人民,为俄罗斯专制恶政之所荼毒,杀人如麻,气象可怖,巴氏大伤之,剧解职归田里,从事学问。一千八百四十七年,巴氏游观于巴黎,遇布鲁东,与语大悦之,终身佩服其议论,从为弟子。

无政府党魁杰巴枯宁

俄罗斯一千八百四十八年革命之运动,实巴枯宁逞其说客之天才第一机会也。于一千八百四十九年,遂于得累司等(Dresden)兴革命之军,然不能敌政府之抵力,及警察之严密压止,革命军无成功,而巴枯宁被收入图圄。巴氏叹曰:"予志玛志尼(Mazzini)之志,事玛志尼之事,不成天也。"巴氏被幽禁甚久,终乃定罪永流于西伯利亚。西伯利亚之总督母拉味夫(Muravieff)者,与巴氏为姻党,遇巴氏极厚,举动任其自由。巴氏居西伯利亚四年而逃,经无数之大危险,达加里科尼亚(California),于一千八百六十年至伦敦。

巴枯尼之运动及遭遇

自一千八百四十八年革命不成之后,巴枯宁饱经幽禁之苦、放流之惨,所处之境,皆黑暗可惧,不睹天日。昏浊罪恶之政府,恃其势力,压止革命;摧残志士;无所不至。天下事物之最可痛恨者,未有甚于专制之罪恶政府者也。巴氏至伦敦之时,适值亚历山大第二即位,大赦罪人。巴氏后得归国。于是巴氏又出死力经营第二次革命之运动,助赫辰(Herzen)在即娄叩尔(Kolokole)激动其国人之心。谓其人曰:"革命之后,则我国人共同重造一新世界。世间最可乐之事,未有甚于革命者也。国民乎,与其服从丁专制政体之下,为奴隶而生,何如堂堂正正,为我国民造福,为我国家请命以兴革命。成则我国民受永世之休,不成亦不失为世界上最有荣誉之革命豪杰。诸君诸君,盍自择焉?"然巴枯宁者,绝世之大豪杰也。大凡聪明太高之人,必不能受人之善谋,而常拒朋友之忠告。是以巴枯宁之第二次革命又不成。

巴枯宁之晚年,常居于瑞士,为万国无政府主义最热心之主干。一千八百六十九年,巴氏开社会民主党同盟会,随于是年解散。一千八百七十年九月,巴氏于里昂司(Lyons)谋举革命,覆第二之帝国,又不成。哈格(Hague)万国国会开会之时,巴氏为马格司(Marx)[1]党所屏逐,不举入会。巴氏一生既过劳,至晚年精力衰耗。千八百七十六年,卒于瑞士国之本(Berne)城[2]。

巴枯宁之著作　　巴枯宁著书一小册,名曰《神及国》(*God and the State*)。法人译之曰 Dieuet L' Etat。其友人加斐娄

---

[1]　今译卡尔·马克思(Karl Marx),全世界无产阶级和劳动人民的革命导师,无产阶级的精神领袖,国际共产主义运动的开创者。——编者

[2]　今译伯尔尼(Berne),瑞士首都。——编者

(Cafiero)及尔李碎勒克吕(Elisée Reclus)序之曰:"巴氏之思想权强,其志定,其心力坚固,百折而不可挠也。常人平居议论慷慨,一遇失败,辄灰心垂首,不复有生人气,其故为何?盖因思想权弱,其志不定,其心力脆,故不能蔑视人世之光宠名誉,而常易为外遇之所屈。壮哉巴枯宁!其思想权强,其志定,其心力坚固,巴氏之朋友及仇敌莫不知。巴氏固俄罗斯帝国之最高贵族也,弃富贵如敝屣,掷身组织世间最荣耀之革命社会,为天下倡。脱尽己国自古遗传之一切恶谚陋俗,弃尽己身固有之私利,以求其理想中之快乐世界。并以己微渺之身,与世界等等险恶搏战。若囚虏流放诸难,莫不备尝之。患难避我,我不避患难。盖巴氏以患难为己身不可须臾离之良友。己身须臾离患难是若好色者之离其爱妻,好货者之失其沃产也。"

其序又曰:"人莫不无恒业。巴枯宁者,盖以革命为恒业者也。巴氏在俄罗斯时,可与学堂之学生共革命;在德意志,与得累司登之暴徒共革命;在西伯利亚,与其同兴革命被放流之同胞益亲;在亚美利加、英伦、法兰西、瑞士、意大利,交结其国之志士。凡有奇想高愿之人,巴氏莫不识之。巴氏之宗旨既定,辅之以如火热如画清之口辩,百折不挠,以传播其主义于四方。气象尊重迫切,生活力强盛。凡世界上革命党人,皆欲得之以助成功。虽革命党目的方法,与巴氏或稍不同,然莫不爱敬巴氏。巴氏实革命世界之大明是也。方其擘画革命大计时,或累终夜不睡,由是可见巴氏之天才,固优于常人哉。巴氏所著者,惟《神及国》一小册耳。人或批评之,巴氏应之曰:'我之生命固极微小,我所著书焉得不亦微小?'呜呼,世人之溺于俗,偷生苟活,不敢冒大险,发大难者,皆由其视一己之生命太重大也。巴枯宁谓其生命本当微小,故能轻生犯难,兴欧罗巴无数之风波,加欧罗巴无穷之动力。巴枯宁乎!巴枯宁乎!公苟为吾愿投五洲亿兆之人民而共铸兹性质也。"

巴枯宁之主义　　巴枯宁之社会主义,最直截爽快之主义也,是为革命社会主义,而以唯物论(Materialism)为之基,剖击一切推源上帝之名义,剖击一切外部之威权,若君主之权,若民党之权,皆外部之威权(External Authority)也。其所著之《神及国》有曰:"所谓人之自由者,惟服从自然之法律(The Law of Nature)而已。自然法律者,人人自有之,而自熟知之,非由外烁我也。人之生也,莫不即具有自然之法律。匪得自神,匪得自他人,匪得自多数人,匪得自个人。惟提出自然法律为第一宗旨,则一切之自由问题可解也。不明自然法律之义者,不足以言自由。人莫不自知其自然法律,且势不能不顺从之,何也?盖自然法律者乃生人固有之法律。世界所需之政治机关,若行政,若法律,皆外来之事。自然法律之理明,则外来之事,皆可不用。"

巴氏不认世界上之有特权者。其言曰:"人之有特权者,必至自杀其良知。试观人之有政治特权,或生计特权者,其不怀邪恶之意念与者几人乎?吾乃断以一言曰:握立行政之特权,而入官者,其意识恒因之而坏。吾常尽吾力以除去之。专制之君吏,吾固当除去之。即被民选举者,吾亦当除去之。盖无论专制共和,既握特权之人,必固利亲私之少数人,而屈伏大众,为其奴隶,夺公众之利益。放眼观今日之世界,其得失,岂不然哉?岂不然哉?吾所以不能不痛恨于握特权之独夫也。"

观于社会民主党同盟会之宣言,亦可见巴枯宁主义之真相也。同盟会宣言之第一条宗旨,曰:"不信有上帝,故当弃一切宗教。与其迷信,何如学问?与其言不可知之神道,何如言人道?"又曰弃婚姻之制,男女有自然之法律,以

相交合,何限制之为?又弃等级之制,无不平等之政治,无
不平等之生计。弃承袭遗产之制,人人作工,自食其力,各
有其分。田地为公共之物,资本为全社会之公产,惟作工
者能用之。然依自然法律,世间固不庸有不作工之人。不
作工则无所得食也。人有二类,曰农,曰工,由斯二类组成
极自由之社会。

巴枯宁欲实行其主义,故不能不先革世界之命。盖必
速扫去现世界政治社会之组织,而后将来可实行己之主
义,而无阻力也。其革命之手段,则以铁石无怜恤之心肠,
尽覆去现存之社会,而重造世一联合极自由之社会。

巴枯宁所主张之道理,不但深印于俄罗斯人之脑中。 巴枯宁之势力
法兰西及瑞士现今之社会,实一染其印记而不可复洗。一
千八百七十九年,无政府党,逞其游说之天才,里昂司
(Lyons)之工人,蜂起举革命。一千八百八十二年,孟特守
累米勒(Monteecau-les-mines)之矿夫继之,其政府及警察
大惊恐,用大力以压止之。及其终也,革命义举,为无理政
府所覆与。无政府主义万国会连合之人被严讯。最可奇 无政府党魁杰
者,此六十六人中,克娄剖特京亲王(Kropot Kine)与焉, 克娄剖特京
法国大著名地学家尔李碎勒克吕(Elisée Reclus)与焉,俄
罗斯名士拉吾娄夫(La'uroff)亦与焉,可谓极无政府党一
时之盛矣。

读近世欧洲革命之历史,至克娄剖特京亲王之事,诚
可奇异而令人读之津津有味也。克娄剖特京亲王,为俄国
最高之皇族,与巴枯宁同。或曰,亲王之家,原有权为俄皇
帝。克娄剖特京为欧洲有名之学者,天性良善,容仪娴雅,
其父故蓄田奴甚众。克氏幼时读美国人所著小说名曰

*Uncle Tom's Cabin*① 者,魂大感动,觉惯受虐待之无数田奴,自然可怜,自然可爱。十六岁,入帝廷学堂,克氏读Cabin 一书,既觉人民之极可爱。在帝廷学堂,复觉君吏极可恶。长从军,既复入官,当俄罗斯政府之无道,压力之巨大,而政治之改革,无望也。初犹专从事于学问,著书以觉民。及革命社会之运动既萌芽,克氏与焉,兴革命以求自由。不成,下狱。在狱中备受惨遇,被刑失常性者九次,威逼自杀者十一次,终乃大病,送入医院医之。克氏乃由医院逃出,潜居于瑞士。克氏以为人民受苦,莫甚于被监作工。克氏观于各处,莫不有若是之惨状,以为此乃政治及社会上之大罪恶。若欲救此苦难,非将社会破坏而改造之,固不可也。

千八百八十三年,里昂司之无政府党人大严讯,实惹起世人注目之举动也。严讯既毕,布一公文,世人欲知无政府党人运动之原因志意及目的者,皆不可不留心读之。是真可以解明无政府党之情状者也。兹载于下:

无政府党之宗旨　无政府党之宗旨,曰:欲得十分完全无制限之自由,家给人足,人类所需,无少缺乏。各奉有自然之产,无他界限。互相助济,人人有平等之价值。一切政府威权,地方法治,为人类所连结者,皆删废不复用。而代之以天然自由之契约。社会中有少数人,厚资本垄断利权者,必不可名自由。资本者,为人类公共遗产,为已往或现今人族公共力所生出,当为人类所公用,不当谓任何一人共享此公产之权;亦不当谓任何一人有专据此公产之权,以不利于其余。无政府党主义者,极平等之主义也。欲极自由者,必以极平等为始基。

---

① 今译《汤姆叔叔的小屋》。——编者

人之秉赋至不同也,何以能一切平等?曰:因其天才,定其工事。平等主义者,不知有一人,惟知有公共也。学问公共,饮食公共,工作公共。公共之极,仍各独立而不失正义。

法兰西之政府,虽为民党所组织,然无法以救贫穷。八百万之人民,其能自由选举者,不过五十万而已。国事艰难,为恶贱之卑夫所坏尽,人民是以有神权以反抗之也。

在控诉院,尔米勒苟体尔(Emile Gautier)自护之诉词,最能感动人心。公原告诘之曰:"苟体尔迷失真性,为热性有权之大说客,传播无政府主义于法兰西。"苟体尔以如画之辩才答之,曰:"时至今日,尚忍不言革命乎?尚得置无政府之党人为乱党人乎?试放眼观今日之社会,负债者日众,歇业者日众。社会之现状,盖有滔滔趋入凄凉之境,而不可复返之势。若任其势之所趋,而不思改造之方法,吾不知其何所底止。有资本者握社会之大权,而一切人皆为之牺牲而已。"

苟体尔之诉词

无政府主义者,最明白最单简之主义也。一言蔽之,曰:不认外界之威权,不许有土地或资本之私产,人人按其才力之所近,以作自由之工。无工业等等自养之法,不能成自由社会也。自由社会者,人人有平等之自由,而互相连合。故改造社会之宗旨,不过使其成为自由社会,而自由联合耳。善人之尽其义务,非惧政府及警察也,因义务乃其自己之义务,而自尽之。譬之人之有生,即须自然呼吸空气也。

著者曰:道德自由及理性自由者,乃世界社会进化之标本。吾敢昌言曰:欲社会之安存,断不可无适当之法律,又不可无守规矩之政府,以力行其法律。志士仁人,伤社会之腐败,民生之多艰,则改良其法律政治可也,兴大难革命以改良之可也。欲将一切政治法律一扫而空之,无乃不可。

俄罗斯国二种机关　　读俄罗斯之历史者,必知其组织国家二种重要机关。其一为皇室,一为农党是也。皇室为其国政府生脉机关,农党乃成立社会机关,而为其国民生计之基。

王室　　俄罗斯皇室为其国发达最重要之基址,无可疑也。皇室集权于中央,合集其人民,为最久最烈之战。胜鞑靼、土耳其、波兰、瑞典诸国。若无王室,则俄罗斯遂为波兰,亦术可知也。波兰既骄暴而愚弱,其秉政之贵族,自私之性,不可药治;虐政通行,遂以亡国。

俄罗斯集权于中央,王公操之,而皇帝以强力忍悍之手段镇压之。其皇帝若彼得大帝者,力驱其民离出其所爱之旧世界;废杖笞斧钺之刑,逼其贵族入欧洲西方进步之世界。然其皇帝固无真诚爱其人民之理性也,不过出于自利之心,欲练其人民,有更善之法与其邻国相战斗耳。

是以俄罗斯之贵族,断不敢倡首与皇帝为敌。其教徒不惟不能,且亦不敢萌是心。俄国之教徒,无国际交涉之权。如罗马教皇然,徒为东希腊专制之古谚所束缚。革命之思想,无从兴于其人之脑中。乡人毫无政治之权,不过闲时为专制虐政所逼不堪,偶一驱而入造反之场耳。俄罗斯为等等情形所限,以皇室为历史上最大之拓基。其威权无对,举欧洲无一国似之,利用其国民与强敌战。而俄国之境土日辟,权力日张,其国民生息泰然自足,无特别高远之思想,而皇帝之专制自恣,不知何时可倾覆也。

农党　　俄罗斯之执工业者及居城市者,不能成国民之大党。惟居乡耕田之人,聚合力甚固,而组成农党之机关,其势力极大,遍于全国。其象冷淡不动,而其农功日趋于发达。

组织俄罗斯之两种机关,有生活力及重要权者,惟皇室及乡民而已。其贵族及教士,徒拥空名。至于其国之中等社会,盖不足论也。

当十八、十九两世纪之交,西欧罗巴革命之风潮,有一泻千里不可遏止之势,人民蜂起,倾君主,覆贵族,抗教徒,而俄罗斯国民方蒙蒙然不知革命精神为何物。其乡民顽顿艰辛,情状可怜。朝廷朝下一令曰征兵,夕下令曰纳赋。人民莫不奉令惟谨。虽有时受逼不堪,起而作乱,然而无宗旨,故无势力,旋起旋灭而已。加特林(Catharine)及亚历山大第一(Alexander I)在位之时,俄国之上等社会,莫不热心于改进主义。然其改革也,所以利贵族,而非所以利平民也。当尼可拉司(Nicholas)践位之时,贵族连合卫兵作乱,尼可拉司极连极简之法平之。

亚历山大第二新即位,俄军被英法土之联军所攻,大败于克里迷亚(Crimea)。亚历山大以为俄政府之旧法,断不能复用,决意改弦更张,效西方之治法。盖当战争之际,证出西方治法之美善,而俄罗斯不可不勉效之也。于是此幼帝先着手于政治之革新,放农仆,更修法律,及地方自治之制度,以实力整顿教育。

亚历山大第二之善政

天地间勇敢忠直果决独立之气,几为无政府人所独有。无论世间何党派,皆不能及之。无政府主义者,消极主义也,破坏政府社会宗教家族一切旧义,行其所谓绝对自由之宗旨。夫消极主义者,于个人或国民之发达,未尝无暂时之功。然用消极主义为药材则可,用之为食物则不可。

凡世间一种党派主义,必源于数册之小书,数人之空想。无政府党之识见,因读达尔文、斯宾塞、穆勒约翰之书而益扩充。其初盖发源于圣西孟(Saint Simon)、佛李尔(Fourier)、娄卑尔特翁(Robert Owen)之议论。近年以来,拉沙勒(Lassalle)①及马格司(Marx)所著书,亦有大力焉。无政府党之结合也,盖真有悲悯众生而谋救苦难社会之心,故常著多种诗歌,弄多种戏艺,以唤起世人之迷梦,其力量亦不弱哉。于一专制极无道之国,若俄罗斯者,用无政府之消极主义为猛攻之药剂,其为益固不小。但消极主义不长能独存,又不可不用积极主义以继之。

无政府党魁杰 那屋娄夫　　巴枯宁诚大豪杰矣。继巴枯宁而兴者,又有俄罗斯人,曾被放逐之那屋娄夫(Lavroff)亦最热心传演无政府主义之人也。然巴氏譬之耶稣,创教之人也;拉氏譬之保罗,传教者而已。

去与人民为伍 主义　　俄罗斯革命之运动,有一新主义,曰"去而与人民为伍"(To go among the people)。去而与人民为伍者,以自己之新思想普及人民也。一国阔矣,随时随地,可以己之新思想普及人民,为政府所不能防,警察所不能觉。茶寮酒馆之上,豆棚瓜架之下,皆可以发挥己之宗旨,开扩人之知识,诚煽动革命最良之法也。先是有俄国学生男女共数百人,读书于西欧洲。而在瑞士国之主里希(Zurich)②者尤多,常与俄国人因革命被放流者相遇,语及民生之困苦,君主之专制,相对哀痛歔欷;又为西方自由风气之所薰染,不能复脱。千八百七十三年,俄帝诏学生皆即回国。学生既回国,新智识亦随之而回国。而"去而与人民为伍"一语,遂成幼年学生之通谚。彼等既回国,不复愿奴颜婢膝,卑事君主。又无机会,即举革命。舍"去与人民为伍"主义而外,盖无他法也,各人尽己之心力,以感化他人;逞如何

---

①　今译费迪南德·拉萨尔(Ferdinand Lassalle),德国早期工人运动活动家,全德工人联合会创始人,联合会主席。——编者

②　今译苏黎世(Zurich),位于瑞士联邦中北部,是瑞士联邦第一大城市、全欧洲最富有的城市。——编者

之辩才,以传播其新理论。俄国人之为此等少年所唤醒者,盖不少也。

此自西欧归来之男女学生,散之四方乡村之间,或为教师,或为产婆,或为看护妇,气象极其谦卑。如是乃能与寻常人一式相和也。或为木匠及鞋匠,在俄国是二者最易学成,转为匠师也。或投身杂货店,每日作工多至十五点钟,因是处交接人众,有好机会与人谈话也。其学生原为上流社会者,则去与贵族往来款洽,以文明之理,输入于无形。其与乡人交者,则粗皱其手,烟染其颜色,服乡人之服,与乡人同,以取信于乡人。凡俄国乡人之习俗,见有贵人来,皆以为是乃政府之代表,携刑杖来取我之租税,莫不先惊而却走也。

然学生运动之成功亦有限。盖乡人之脑中,充塞无量之俗见,惑于国中向来之俗语。忽闻反对皇帝反对政府之说,瞋目迟疑,不解其意,毫不动心,反以道是说者为非常奇怪不合于理。

志士之散于四方为教师者,习集西欧之风俗,以为可言论自由,无所忌惮,而不深知俄罗斯乡人之性情。乡人莫不诧其人为奇人,诧其语为奇语,里巷相传,达于政府,命警察严捕禁之。至千八百七十六年之末,志士几于尽被捕入狱。计自千八百七十三年至七十六年,三年之间,就逮者多于二千人。在狱中一年,至千八百七十七年,刑死者二百余人,余皆流之于西伯利亚。

观于雅各司替芬娄昧(Jacob Stephano Vitz)之革命运动,亦可见俄国人之性情矣。雅各司替芬娄昧者,革命党中一大脚色也。在俄国西南一带地方,假托皇帝之命,以结秘密社会,谓皇帝无权,权皆为贵族教徒及官吏等所夺;皇帝欲赐自由及土田于民,其事皆被贵族等所阻挠,故皇

帝命己组织一秘密社会,以复其权,而杀是等不义之贵族
教徒官吏。入会者约千余人,其事为警察所觉,乡氏大怒
雅各氏之用计诳计也。雅各氏被捕。

刺客惨杀主义　　苦心游说革命之志士,既不得志,在俄罗斯国中,几无
立足坚稳之地。于是其方针一变,以杀贵君吏贵族为直捷
之办法。先抉去哀怜之心,舍身家,掷头颅,与皇室决革命
之死战。变巴枯宁之宽缓主义,为强有力之机关。立一秘
密之中央议会,定其党中之新主义。

　　俄罗斯之革命运动,可分为三级:第一级为巴枯宁等
之手段,舍唆众造反外无第二法也;第二级为学生之"去与
人民为伍"手段,既皆无所成功;遂变为第三级,即刺客手
段,以杀人流血舍身成仁为独一法门。

俄罗斯女豪杰　　伟矣哉,俄罗斯之女豪杰韦拉沙嫂丽支(Vera
韦拉沙嫂丽支　Sassouhitsch)也。可与法兰西之救国女豪杰贞德(Jeanne
d'are)并美矣。韦女杰何以奇?奇其以一小女子挺身杀死
将军特累剖夫(Trehoff)遂以鼓动全俄国之人心,而大振杀
人流血之风气也。先是有一国事犯者,被总警察特累剖夫
将军之虐待。韦女杰本不知此国事犯为何人,闻其事而大
愤,叹曰:"是我国之志士,而我之同志也,猥被小人之凌
辱。是可忍,孰不可忍。我誓必报此仇矣。"遂只身刺杀特
累剖夫,就审意气慷慨,言词侃侃不屈。皇廷闻之大惊,卒
释之,逃于瑞士。

俄罗斯人心大　　韦女杰之事既闻,俄国人心大震。虽乡村之父老,里
激动　巷之儿童,莫不叹惜其勇敢也。夫俄国革命党人杀人亦多
矣,何独韦女杰杀一将军而举国怜之? 于此见人情之所
趋。而妇人女子之尽力国事,较之男子尤愈易也。革命党
人闻其事,遂大激昂宣言曰,彼女子犹能如是,我辈不杀尽
国中之独夫民贼,不如自刎而死。于是白昼横行,痛杀政

府之官吏,各市之警察,毫不怜惜。梅审特碎夫(Mezontsoff)将军白昼被刺于市,亲王克娄剖特京(Kropot Kin)者,查叩夫(Charkoff)之总督,而革命党人之亲戚也,为手枪所击死。得能吞(Drenthai)将军亦白昼被刺于市。其余官吏死者不可胜数。革命党又宣言曰:"不杀皇帝,则大憝未去也。"于是分途设谋杀皇帝。叟娄味夫(Solovieff)枪击皇帝五次不中。三枪中其从者,皇帝朝饭必于冬宫。朝饭之时,炸药发焉。会皇帝是日朝饭较常时迟,又得免。革命大愤曰:"不杀死皇帝终不已。"遂于千八百八十一年三月十三日,杀死皇帝亚历山大第二。

俄罗斯革命之党人,迩年以来,势力极大。连合几遍全国。各等类之人无所不有,若贵族,若教徒及庶吏之子弟,以至陆军之军人,皆入其党。然俄国革命运动之最大奇观,在妇人女子亦尽其力以助革命。韦女杰之事,既记之于上矣。至尊无对威权赫赫之皇帝亚历山大第二,亦死于一妇人手。此妇人名薛非亚培娄屋司加牙(Sophia Perovskaia)。薛女杰贵族也,甚美,被面障引数人入见俄帝,掷以炸弹,俄帝立死。 **俄罗斯女豪杰薛非亚杀俄帝亚历山大第二**

然俄罗斯之革命党人,无论或贵族,或乡民,或男人,或女人,皆以年幼为贵。革命党人之宗旨,曰:"杀身破家,以与独夫民贼决死战。"入其党者,限年岁不得过二十五。盖少年人热诚多,老年人智慧多。少年人作事,出大力以图即刻立成;老年人作事,审顾坚忍而待机会。少年人作事,勇猛冒险,不计安全。老年人作事,迟缓而求万全之法。凡非常之事,成功者必在少年之人,而断不可望诸智虑深沈之老人也。 **少年革命党**

人民之天性,莫不恶专制而慕自由,仇君主而爱共知。凡专制君主之国,必不能长保其安宁,此无可疑之理也。 **俄罗斯政府专制无道之情形**

俄罗斯政府之所为,常有激起人民革命之事,人民莫不愤怒,最甚者为大学堂之学生。彼专制政府之所为以禽兽之法待人民,非禽兽,孰甘受之?俄政府亦知人民之疑己仇己也,凡年幼之人,形迹可疑者,皆被捕入黑暗卑陋之狱中,候审经年,不易得出。而人民之公愤,年复一年,愈以加甚。俄罗斯革命党人之势,遂愈炽而不复遏矣。

俄罗斯人民无集会自由权,无出版自由权,无迁徙自由权,随处皆有政府之暗察。一言一动,有为之监者。定人民之罪,可由刑官任意,而不必合法律。每年之被囚丁暗狱及流于西伯利亚者,不可数计。是人民何罪?无非欲得其与生俱来固有之自由耳。

亚历山大第二既惨死,其子亚历山大第三嗣立。鉴于往祸,欲慰人民之心,许国民集会自由。然革命党人既众,其势力极大,其党人数在百万以上,连合遍于欧洲各国。司拉夫民族之在今日,诚革命之国民(Revolutionary Nation)也。美哉革命之国民!美哉革命之国民!所以保卫其种国,不被灭亡于独夫民贼之手也。凡世界上亡国之民,强国之奴隶,皆由不知革命何物,故贾覆国绝种之惨祸,不可救药也。

革命之国民

据《俄罗斯大风潮》,少年中国学会,1902 年

三

斯宾塞女权篇①

[英]斯宾塞

第一节

公理固无男女之别也。人之为学也,实男女二类之总名,而无特别之意义。人莫不有平等之自由(equal freedom),男人固然,女人何独不然?本人类之良知,以定为法律,妇人莫不有良知也,故莫不于法律界有同著之力。且自道德感情论之,男人有心才以崇德行守法律,女人亦然,故反对男女之同权之说者,诚无根之言也。

男女同权者,自然之真理。稍有知识者孰不认之,然反对者正不鲜,夫皆无说以自坚也。古语有之曰:人类之幸福,上帝之所欲也。世间一切之权利,皆自此言生矣。男女身体之机关虽少异,心灵则无不同,何能屏

---

① 赫伯特·斯宾塞(Herbert Spencer,1820—1903),英国哲学家、社会学家、教育家,人称"社会达尔文主义之父",提出的一套学说把适者生存的进化理论应用在社会学尤其是教育及阶级斗争上。该书是中国第一部关于西方女权思想的译著。全书共十节,第一至九节分别叙述人权与女权之关系,认为男女才智相同,驳斥男女不同权之说,叙述专制政体与家族专制和女权之间的关系,批驳奴役女子的野蛮旧俗和观念,认为男女平等是社会进步的需要,爱情是幸福婚姻的基础,平等自由是男女平权的必需,主张女子参政权。第十节是对前面九节之总结。全书显示出,斯宾塞完全以18世纪启蒙思想家的"天赋人权"观和19世纪中期达尔文的进化论为依据阐述了他的女权思想。——编者

之于人群之外,使不能均受天然幸福乎? 盖平等自由者,天然法律,固应如是。凡是人类,孰不当均享之。凡古来女权问题有三说于此:

第一,女人无一切权。

第二,女人之权不能大过男人。

第三,男女之权同等。

第一之说不攻而自破。盖欧人不信造物主,造物主之爱人,男女一也。与以生命,即与以幸福及自由。谓女人之生命与男人不同不可也,谓女人之幸福及自由与男人不同如何而可?

第二说所谓女人之权不能大过男人,亦甚窒碍而不通。女人之权少于男人者,以何为限乎? 其一定之比例若何乎? 孰能以极准之度,均分之乎? 是皆难定之问题也。或谓当以论理法定之,则犹难。凡野蛮之习俗已成,贤智者亦熟视之而无睹。土耳其投犯罪之涉加西亚妇人(Circassian)①于保司法老司之水。雅典之法律侵妇人之权利,许其国人卖其姊妹及女儿。我国之法律,许男人殴其妻,且能闭之于一室,是岂非道义上之所禁乎? 且吾国之法律,虽既嫁之妇,不能有产业;男人可执行己意,使其妻弃其本意而屈从之,是皆不合天然之原理也,是不合理之事,苟从第二说,可有词以塞人之口曰:女人之权之小于男人者固如是。

第二说之不通既明,而后可知第三说之不可驳,而男女之权,固自相平等,不容有差异于其间也。

第二节

反抗男女同权之论者,多以为女人之心性卑下,不及男人远甚。

然是不可徒执空言,当验之于实事。若政治、若学艺、若文章、若美术,妇人之擅长技获大名者,何可胜数。由审娄比亚(Zenobia)以至加特

---

① 今译切尔克斯人(Cherkesses),高加索人之一支。——编者

林(Catherine)①及马利亚地累沙(Maria Theresia)②,有权有学之女后多矣。于学艺则由所墨雨尔(Somerville)、黑司缺尔(Miss Herschel)、钟林(Zarnlin),令名赫然,孰不仰之;于经济学有马亭娄(Miss Martineau);于哲学有司他尔勒(Madame de Staël);于政治有罗伦(Madame Roland)③;诗词有梯夫司(Tighes)、赫门虽司(Hemanses)、伦敦司(Londons)、布晏林司(Brownings)④;戏曲有钟纳培利(Joanna Baillie)⑤;小说有欧斯天司(Austens)⑥、布累墨司(Bremers)、苟儿(Gores)、达得文(Dudevants);于画有某公主所画之(The Momentous Questions),可为女人能画之确证。由是观之,女人之心才必不劣于男人也。且女学之在今日也,可谓极不发达矣。学业不发达,故思想才技皆不发达。而其中之杰出能自表见者,尚如是甚众,然则女学大兴之后,其进步岂可量乎? 窃以为女才所以不发达者,盖有二因:

一、女人不许入中学、大学受高等之教育,惟男人能入之。故男人挟大才,以建大名鸿业于世者不少;而女人入世既浅,自无诸等刺激发起其雄心。

二、女人之教育多因旧日习俗,不能发扬其高尚之才智,且又不及许其与男交通往来,于妇人修学之途,未免大有阻滞。

然则女人之心才,非真劣于男人也。世界上之事业,女人所以不及男人之光大者,则陷于上所云云之二因也。

---

① 今译凯瑟琳大帝(Catherine the Great),又称叶卡捷琳娜二世·阿列克谢耶芙娜大帝。——编者
② 今译玛丽娅·特蕾莎(Maria Theresia),奥地利女大公、匈牙利和波希米亚女王,有"欧洲女皇"之称。——编者
③ 今译罗兰夫人(Manon Jeanne Phlipon),法国大革命时期的著名政治家,吉伦特党的领袖之一。——编者
④ 今译勃朗宁夫人或白朗宁夫人(Elizabeth Barrett Browning),英国维多利亚时代女诗人。——编者
⑤ 今译乔安娜·贝利(Joanna Baillie),苏格兰剧作家,其作品包括《蒙特福特》等。——编者
⑥ 今译简·奥斯汀(Jane Austen),英国女小说家。——编者

反抗男女同权之说者,知上说之不可胜也,又变其词曰:女人之才智,所以劣于男人者,妇人易为情之所制,最易激动,无反复思虑之力,故妇人必不能与男人同权也。

如彼之说,则才智不同者,权亦不同。其说不可通,当据下三说驳之:

一、若男女两类之权,一一以才智为量,而定其比例数,则男人之才智,亦各不相同也。一一量其才智而定其权,无乃繁杂太甚,虽有圣智者为之宰,亦不堪此困难也。

二、天下女人众矣,其间必有才智远过男子者。若据才智以定其权利,则此等女人之权,必将大过男人而后可。

三、即依或人之说,据才智以定男女两类之权利,然此乃必不可行之事,何则? 因天下固无若是不差之尺度,以量世人之才智及权利,而一无所误也。

不宁惟是,一切反对之论,可以一言破之,即明辨何为权利是也。此所谓权利者,即人人能自由练习其固有之能力是也。反对者之说曰:女人之心才不及男人,故不能与男人有同等之权。其说不免先后倒置。正惟女人之心才不及男人也,则当有同等之权利,以练习其固有之能力,而发达其心才。女人有生命,即莫不有能力,惟无与男人同等之权,故不能自由练习之,遂较男人为劣耳。

第三节

欲验人之性质,则必验之于其行为矣。主神人同形之说者曰:人之所志,必于其所信仰见之。然试取一人之议论分析之,必知一人之嗜欲其真面在行为,而议论不足据也。私欲既炽者,不但抹杀一切之证据,且熔铸一切之证据,以为达自己目的之武器焉。设伪言以行恶事一再不已。征之史乘,所在多有巴徒娄秒(Bartholomew)之杀戮,至惨之事也,辩护者反以为是上帝之所欲矣。世之寓言有曰:狼将食羊,遂先鸣羊之罪,旨哉。言乎人类之中,尝有是事也。古来兴兵戎以侵略他国者,莫不以己兵为义兵。自该撒(Caesar)之野战,以至于今,虽盗边之小寇,莫不祈祷曰:上帝助我也。两军既战,获胜者奏凯歌谢上帝①,上帝固无与也。亚提拿(Attila)自以为天赐己以统御世界之权。西班牙人之征美洲土人也,曰:我将以耶稣教化之。英人之辟殖民地也,曰:天将以英国人种遍布世界也。有巧思之窃贼,为斯巴达人之所誉,然是岂惟斯巴达? 广而言之,耶稣之徒莫不然。载生(Jason)及其徒,以海盗为英雄,罗司门(Norsemen)②之族亦然,马来之族亦然。惟利是图之人民,勤勉营业者,为人所赞,至于今日;守钱之奴,犹获崇敬;道德之天则,不以贪吝为非。有政权之贵族,谓议政之权,与其附之于人,无宁附之于财产之为愈也。贫民自谓有受救助之权。僧侣谓印书术为魔鬼之创造,虽今日教徒,或目其异宗派者为魔鬼之属,且莫不以国立之教会为正教,而用力维持之。尸位之员忽视公益,以为当然。呜呼,世界社会之情状,大略如是矣。

蓄奴之主人,谓黑人为非人类。……从己之欲,饰言以欺世,一切妄说,皆由自私而来也。肆口狂吠,偏僻无所底,惟知从欲而已,野蛮国之所谓道理者,莫不如是也。是说也,臆测之虚言乎? 抑明明可见之于行事乎? 蔽以一言,曰是从欲之妄言也。虽然,我英国之法律,我英人之同意,莫不以男女同权之说为非。其说为臆测之虚言乎? 抑从欲之妄言乎?……

第四节

欲知一国人民之文明程度如何,必以其国待遇女人之情形如何为断,此不易之定例也。此说之范围内所包括之实事极多,放眼观宇内之情势,其国之法律,苟规定男人与男人之关系,极严酷也;其规定男人与女人之

---

① 原文是 Te Deum。——编者
② 今译诺斯人(Norsemen),指定居在法国北部(或法兰克王国)的维京人及其后裔。——编者

关系,亦必严酷。欲知其国民政治之组织如何,于其国中之一家可见之。其国而专制也,虽其国中之任一家族必亦专制,二者并立而不相离。若土耳其,若埃及,若印度,若中国,若俄罗斯,若欧洲之封建国,皆足为此说之明证也。

所最可奇者,东亚诸国之事,吾曹孰不知之。平居倚茶椅,肆口评讥国民之性质,未尝不訾他国为野蛮,诩己群为文明,以为己国必远胜于他国也。未尝不诋古人为野蛮,夸自己为文明,以为今人必胜于古人也。其评讥东方诸国之虐待女人也,东方社会之规则固不良矣。我英国之人亦知英国今日政治及家族之压制,亦与东方诸国相同之点甚多乎? 如英国之法律及风俗,常侵人权,与富者以大权,过于贫者;与男人以强权,过于女人,是定非野蛮之俗乎? 此非吾一人之偏见也。吾亦非谓英国民之性情皆如是也。是乃古代遗传专制之风,存于议院及家族之中,脱之而未能尽,故有若是之失而不自觉也。

一国之人,其公众之行为,如有不正,则一人之私行为,亦必不免于不正,此殆必然之理乎。欲知一国之中压制之痕迹如何,其关系颇复杂而不易见,不若验之于一家之内,观于家内男女间之压制如何,则其国君民间之压制如何可知也。

第五节

天下事之至可痛恶,而为野蛮之极点者,莫如尊己所言谓之命今,而强人以必从我矣。俄帝所颁于伊顿(Eton)学院之敕谕暴恶残忍,与禽兽之声无异,而亦尊之曰敕谕,岂不可羞? 总而言之,命令者,野蛮时代之怪物也。命令者,其言本不善,以强力逼人以必从也。人类交际,以礼相维,欲人之行一事,必商量允协而后可也。命令者咆哮矜大,以力屈人,其声音动作,无一不可为未开化者残虐之证。命令者,平和之仇也。野蛮之国视皇帝之敕谕,为神圣不可犯,犯之者诛。在文明之国,直目之为与百姓挑战之书,其语意之中,常伏杀机,而易产出战祸,是道德法律中之所无,而为犯伦背理之事,无可疑也。

往日之野蛮风俗,常留遗其形式于今日之社会,而难于尽化。盖野蛮风俗,能铸成其时人之一定性质。今日者,其性质虽变更已多,而不能悉绝除也。夫人类本平等也,何谓命令?何谓服从?有命令者,故有专制;有顺从者,故有奴隶,二者本无异也。专制何谓?谓屈他人之意志使必从己也。奴隶何谓?谓不能自有其意志,而服从他人之意志,以为己之意志也。专制者之凌辱他人,固背理矣,奴隶之屈从他人,其背理惟均。何则?人莫不有完全之自由,依特别之界限,以练习其天才。奴仆则放弃此自由之权,让于他人而不自保有;劳其力以供他人之需,而非以供己需;甘受人之命令,而服从之,背理莫甚焉。命令之本意,若曰:依予之所命而行,勿执汝之己意。呜呼!殖民者之对黑奴,夫之对其妻,皆用此道矣。以废弃他人之意志为原理,无论事之轻重,皆以伸己屈人为独一之目的。东方暴君之对其奴隶,亦莫不用此道也。

于上云云,起而反对者固不少,以为服从者乃人类之正当美德善行也。且命令之当于正理者不少,而女类柔弱,服从于较强之男类,有益不少。呜呼!若彼之说,迷邪路而不悟,吾固无暇与之深辩。彼不记国民之制度及信仰,固依其性质如何而定耶?彼不记人之知觉,固易为情欲之所左右耶?彼不记吾社会之状态,吾人高等感情之发达,固甚不完全耶?彼不记往日野蛮之风俗,吾祖先以为合理者,吾曹无不深恶之耶?以同理推之,则今日许多风俗,吾曹以为合理者,吾后世文明之子孙,必大嫌弃之,此一定之理也。如往日野蛮之俗,禁女人与其主人同席而坐,今人莫不嫌之,则后人必有嫌今人之以妻为其夫之奴属,而指此俗为野蛮者,无可疑也。

以平等之自由为原理,可断一切事理之是非。欲决命令之合理否,以平等之自由决之已可矣。盖一人出令使多人从之,则一人得自由,众人失其自由,于是自由不平等矣。由此推验,吾可断定命令之背公理也。

第六节

夫世界日进于文明,人类之感情,日有变迁,则女人屈属男人之俗,不久必变,乃必至之势也。夫同类不平等,而以力相压服,乃悖乱之制,禽兽之道也。今日者,抱优美感情之士,不惟不以力压其同类而已,有卑谦而下屈于己前者,反推让而不受,必欲其贫愚之同类,脱尽服从之习而养成其自重之风。盖接同类以严厉之言,傲慢之色,与暴君虐其民之所为,其异几何?故虽待其下人,言语之间,亦无一毫专制之风仪。其家中服役,何尝不需仆人,然有契约焉,以礼相接,不以主人自居。凡欲其仆行一事,必不用命令也。是有二句常用之语焉,曰:"如你愿!"(If you please.)曰:"敬谢你。"(Thank you!)

今日之善士,对其友朋,益加长其诚敬,而深厚其爱情,必使二人交际,平等相得,无所偏过。有二友人于此,苟一稍富者对其他有示恩之状,而他一人有畏惧之状,则人皆知非之。又有三友人于此,一为主二为宾,苟一人耸其主人凌其他友,则人亦莫不知非之。

待仆人及友人如是,何独于妻子不然?待其家之仆人,且不敢以主人自居,对其妻反以主人自居何耶?待友人以平等,不敢凌驾而独凌驾其妻何耶?何背谬之甚也。且妻也者,又非友人、仆人之比,而为己爱情所专注之人也。其关系最固结,天然相好,则其妻之权利位格,不可不用深情爱护之,侵夺凌驾云乎哉!

第七节

命令者,爱情之荼毒也。男女结合之情,如何优美,如何婉丽,如何雅致,一触妄施威权之冷风,倏焉憔悴,倏焉枯槁。夫欢爱之与压制,二者相去甚远,适相反背,而不能并存也。一为最善感情之起因,一为最恶感情之根原。欢爱者,同情也;压制者,无情也。欢爱者,温和也;压制者,苛酷也。欢爱者,利他也;压制者,利己也。是岂能并存耶? 与前一性相牵引,必与后一性相背驰。故二性常互相争,常互相灭。夫世人之用压力凌驾其妻者,欲其爱情之无伤,不可得也。爱情既伤,而欲一家有好效果,不可得也。故命令者,决不可用之家庭夫妇间也。

夫妻不平权,遂变本极自由平等之好关系,一为主,一为属,是诚极野蛮风俗,不可不改良也。此风不变,则夫妻之间,必无真爱情。必奴主之势尽革,则夫妇之真爱情,乃充满而无极,是非虚言随处有实事可验也。人间有所谓结婚之幸福焉(connubial happiness)。夫与妻之相结不可有一毫势力施于其间,欢爱无极乃为幸福。若现今世界夫妇间之情状,苦辱而已,幸福乎何有?

第八节

或难曰:威权及强逼者,乃管治人类惟一之器具,无论政治如何,皆不可不有威权。苟无威权,则人不畏威,而国之安宁秩序,皆不可保。惟家亦然,苟男人无大过女人之威权,则家政必致紊乱。夫男女同权,各行其意志。夫人人之意志各不同也,夫妇亦然,各有意志,各欲行之,则必相反对。反对则必相竞争,若是则夫妇之战祸,无日可息,夫妇之道,岂不太苦? 男女同权之论,其终不可行乎?

曰:否。人类而欲安居相亲,非咸遵平等自由之法律不可也。文明之世,人人重道义,男女婚嫁各有平等之权。权之界限既明,守其界而不相犯,则为自私而争竞之事自少矣。家庭之争,多由自私而起,文明之人民,重视己之权利,而不许他人犯之,自必重视他人之权利,而己亦不敢犯之。对自己正义之感情甚深者,对他人之正义感情必亦甚深。今日之人,主张个人之自由者,比之往日封建之时代,已大增矣。即今日个人自由大倡之时代,比之往日,今日人民间之争竞,岂非较往日已大减少乎? 个人之自由盛,则社会间之争竞少。此不可驳之例也。由此推之,则男女同权之理大明,自由极固,社会必愈进于文明,争竞自少,夫何疑焉? 女人既有一定之权,男人既以前日所侵之权与之,男女之权,秩然有限,各守其界,不相侵越,一切争竞,可以永息矣。

夫妻而果有平等之权也,虽互有意志,必不至于竞争,惟共商量而行事耳。不固执其意志,肆行无忌,夫不商诸其妻,妻不商诸其夫也。如是,则两类之权,乃各巩固,不徒利己而徒两利,争竞何有焉? 不惟不争竞而已,且亲睦更逾于寻常。夫妇之间,知保二家之安宁为重要,常兢兢然恐有侵犯权利之事,致起争端,而常防之于未然也。

是非幻想之世界(Utopian)也,今日者,文明渐盛,有德者之于朋友交际,其权不相侵者,争竞亦愈稀。男女之间,何独不然? 且今日夫妇之间之亲爱最甚者,其迹可验也。男女同权之理,必为后来人类所公认,而定为一世之准绳。吾何疑乎? 彼一孔之夫,蔽于目前之俗习,啧啧争辩,诚无当也。

第九节

或曰:依平等自由之例,则今日男人所有政治上之特权,亦将让之于女人乎? 而今日之女人,无操政治上之特权者,岂非以女人莫不暗于国事乎? 且女人虽暗于国事,其夫与兄弟岂不可代表其意见,与各有选择权之男人以二枚投票权,待女人既惯熟遂独立自行乎? 使今日之选举人,巧用其权,而独自私据之也。

或应之曰:女人之天职,主持家政而已,其性质位格,决不能担任公众问题也,故政治上之问题,乃在女人身分之外。依是说也,吾不能无疑焉。政治问题果在女人身分之外,则女人之身分,将何从而定之? 捧尼司(Pawnees)①及西亚司(Sioux)②二族之人,役使女人,几若负担之兽。运行李,拽柴薪,及一切劳役贱业,无非女人也,是真女人之身分乎? 奴隶之

---

① 今译波尼人(Pawnee),北美印第安民族之一支。——编者
② 今译苏族(Sioux),北美印第安民族之一支。——编者

国,女人作工,惟从男人之意,而无异词,是诚女人之身分乎?法国中女人之身分若稍高矣,女人可充书写,司出纳,及其他高等之责任,是诚女人之身分乎?土耳其及埃及之贵妇人,不许越门阈一寸,是诚女人之身分乎?何妇人之身分,若是其参差不同也。意者,是皆非女人之真身分乎?吾敢昌言曰:是等等者皆非女人之真身分。女人之真身分,固不可不操政治上之特权也。

或又难曰:男人与女人共公事,操政治权,于男人大不便,因是必致乱男人之感情。其说亦不可通。驳之曰:土耳其之女人,行必以布覆面,试问其何以故?土耳其人必曰:若行不障面,必致乱行路者之感情。俄罗斯之女人,在礼拜堂不许与男人共唱赞美上帝之歌,试问其何以故?俄罗斯人必曰:是将乱同堂礼拜者之感情也。中国之妇女,无不缠足,或谓如是乃为美观,或谓不如是则女人行动自由必大扰男人之感情。或告以美国女人之不缠足,乃为高尚,中国人必不信也。欧洲古时不许女人著书,亦执害感情之说也。据害感情之说,以阻止女人操政权之理,其真不可通乎。

抑感情又有二种:一为不易且长久者,一为习惯之结果,而可变易消化者。不易且长久之感情,乃报于自然,原于至理。若徒与一人相爱好而已,则不过因境遇习惯等事所生而已,本无价值也,二者常不能相敌。与妇人以政权,乃自第一感情而生,因人生当依平等自由之天则,以获人类之最大幸福,故不得不尔,固非第二感情之所能夺也。

第十节

约而言之,第一节之要旨,事论男女之权,起伏相同,自同一报据而来,本同一元素而出,据同一辩论而显。第二节之要旨,论平等自由之天则,男女两类,莫不适用,诸等反对之辞,皆有说以破之。第三节之要旨,辟男女不同权之论,若东方女人无灵魂之谬说。第四节论今日妇人之状态,与正理悖。盖利己之心,可败国事,亦可败家事。第五节论女人服从男人之风,必当弃绝,因用命令,乃野蛮时代之遗风也。第六、七节证夫唱妇随之格言不可用,一唱一随必至大伤夫妇间之优美感情。第八节驳夫妇同权不相睦之说,论夫妇和睦,组织家庭之幸福,非有平等之自由不可。第九节论妇人可操政治权,而反对之说,皆无根据,终焉。

据《斯宾塞女权篇　达尔文物竞篇合刻》,少年中国学会,1902 年

四

弥勒约翰自由原理

[英]约翰·弥勒

梁 序

梁启超

十九世纪之有弥勒约翰[①]，其犹希腊之有亚里士多德[②]乎。论古代学术之起原，无论何科，殆皆可谓滥觞于亚里士多德；论今代学术之进步，无论何科，殆皆可谓集成于弥勒约翰。弥勒约翰在数千年学界中之位置，如此其崇伟而庄严也。顾吾国人于其学说之崖略，曾未梦及，乃至其名亦若隐若没，近数年来始有耳而道之。吁！我思想界之程度，可以悼矣。弥氏著述始入中国，实自侯官严氏所译《名学》。虽然，《名学》不过弥氏学之一指趾耳。且其理邃赜，专为治哲理者语思索之法，畀判断之力，虽复博深切明，然欲使一般国民读之而深有所感受焉，非可望也。《自由原理》一书，为弥氏中年之作，专发明政治上、宗教上自由真理。吾涉猎弥氏书十数种，谓其程度之适合于我祖国，可以为我民族药者，此编为最。久欲绍介输入之，而苦无暇也。壬寅腊将尽，马子君武持其所译本见示，则惊喜

---

① 今译约翰·斯图尔特·穆勒(John Stuart Mill，1806—1873)，英国著名哲学家、经济学家、逻辑学家。——编者

② 亚里士多德(Aristotle)，古希腊著名哲学家。——编者

忭跃。以君之学识,以君之文藻,译此书,吾知弥勒如在,必自贺其学理之得一新"殖民地"也。岁暮迫人事,未获卒业,而剞劂敦迫,仅能草数言以归之。顾吾以信君武者信此书,深喜《天演论》以后,吾国得第二之善译本,以是为我学界前途贺。癸卯正月十日,新会梁启超。

自 序

二年前予获见弥勒氏之《自由原理》元本,且读且译,成"总论"一章。间以他事,遂尔中止。后又得见槐特氏①之法文译本,名 *La liberté*,及日人中村氏之日文译本,名《自由之理》。壬寅十一月复渡日本,居东京上野之一小楼。北风已至,林木萧然,独居无事,复取弥勒书续译成之,十五日而毕。总计不过费二十日耳。近日自由之新名词已渡入中国,而其原理未明,遂多有鳃鳃然虑其有流弊者。欧文书善阐自由之原理者,莫如此书,故急译行之。词取达意,不求工丽也。壬寅十二月,马君武。

目 录

第一章 总 论

---

① 今译夏尔·杜邦-怀特(Charles Dupont-White),法国翻译家。

国社会之特质　政府对个人不能用强力压制　童子无自由　野蛮无自由　利人之学　政府所以保护人群　思想自由言论自由出版自由　择业自由　结会自由　自由之空气　共和政体　宗教之弊　社会之权限　权势与道德

第二章　论思想及议论之自由

出版自由　英国出版自由所由得　政府及人民　禁制公论之害　禁制公论之谬有二说　以习见决断事理人之不幸　非大哲人莫不泥于现在　真理难确定　比较　辩论与试验……

第三章　论个人为世间福祚之一原质

自由之界　意见纷歧人群之福　个人之自由发达为世界之福祚　汉保德之言　人不可以法古　独断独行不依赖古人　不可法古有三说　不效他人　人不可如机器当如树　法教与理义　英雄　古昔欧洲个人之力甚强　心灵之轭　加尔文之僻说　人人自尊自重不受束缚是谓发达　专制政体之毒　能言之人与能行之人　守旧非人道乃畜道　豪杰与自由国社会之大表记　思想自由与行为自由　欧美公论之弊　英雄自覆之故舆论之专制　风俗为自由之害　人非羊　人不可以限于一定之法则奇行不容于舆论乃今世之患　道德改良　支那缠足之俗伤天理戕人性立一定规矩之弊　风俗之威权与自由之精神　东亚诸国拘于风俗之害变迁所以进化　支那受病之源　第二支那　偷克味之言　个人分异主义乃救今世之良药

第四章　论社会之主权对于个人上之界限

个人对社会之义务　二则　自由与自私不同　天然性　公例　劝善

规过之自由　道德之所禁　对己与对人之天职　过与恶　个人有罪社会之过　社会不可干涉人民之私行　查尔斯第二　公论不可以断私行　私行之价值……

第五章　论自由之用

　　本书之二格言　社会所当干涉之事　自由贸易　社会当敬重个人之自由　贩卖毒药问题　父母有教养子女之义务　娼寮、赌局当禁　禁酒之善法　契约　放弃自由　自由非受诸他人　婚姻契约　自由者世界之魂　夫妇同权　强逼教育　国家教育之弊　教育之精神　小儿试验　限婚姻之法律犯人自由　政府不可干涉人民之自由者有三类　文明与革命　法兰西、美利坚国民自治之精神　自由民　政府不可无反对党　中央政府与地方自治之关系　小人秉政之害

第一章　总　论

自由之大旨　　　　此书论自由之大旨,乃解明人民社会之公众自由,而社会加于个人之权,如何依法而行;且讲究其权之本性及界限,非如哲学家言之仅托空想也。

　　　　自由者,不可驳议之名义也谓人必当各有其自由无疑。但在今世纪十九世纪,论其旅行之微义者说各不一。至于将来,必成一活泼明晰之问题可知也。

文明野蛮与自由之关系　　试观由最古之时以至今日,其国之文明野蛮,恒视其民所得自由之多寡为断。近世占文明多分之新民种,其国民之自由,必最巩固而特不同。

争自由之义战　　　为自由而与国中盗权者战,其事不绝书于历史。最著者,如古之希腊、罗马及英伦,其政府与人民皆有恶烈之战

争。其战争之目的,即人民争保自己之自由,而敌君主之暴虐。当时君主亦以为此人民乃予所治理,今起而敌我,是大逆不道也。

当时诸国或集权于一人,或集权于一族。其权或由遗传而来,或由战胜而得,而决非由于人民之悦服选举也。故习于用压制之手段,视其所盗得之权为理应所得之权。人民有不服者,用兵以摧杀之,与御外寇无异。呜呼!此国中之弱民遂如细虫纤鸟,日供秃鹫之掠食。而其国中无数之暴君污吏如猛兽恶禽,日以吞噬攫掠为事,绝无人理,毒嘴恶爪,随处遇之,有不可胜防之势。 古昔之国权

于是爱国之杰,不忍己国之占危,生民之多艰,起而兴革命,覆政府,群起而限制治国者对国人之权,是之谓能爱自由,能保自由。盖君权无限,未有不损害国人之自由者也。然限君主之权,其法有二: 限君权之法

一为渐法。要挟君主,得某某之自由,既得之,公认之为政治上之自由,或曰政权。若治国者背犯此条,即谓之为大逆不道泰西所谓大逆不道者,不在民而在君,此其立政之本也。若实背犯之,是为人民之公敌,人民乃共起攻杀之,为合于理。

一为顿法。君主之罪恶贯盈,无可宥恕,群起颠覆之,集公众之协商,举代议士以新定极美之宪法,与新政府以一定之政权,不许逾之。

欧洲诸国多用第一法,逼君主限制其权,少行第二法。行之者,惟义侠勇烈之法兰西人耳。然既行第一法,人民渐渐多得政权,至终所得者与行第二法者无异。试放眼观今日欧洲强国之民,孰不以爱自由为生人第一要理乎?虽或攻君主如仇敌,或仍存君主之空号,其外观似不同,精神实同。盖遇君主之无道侵人自由者,莫不深恶而反对之也。

人民为主君吏为仆　　在野蛮未开化之时代,人民莫不视君主有无限之自然权,可以侵害人民之利益,无所不为。及时代渐趋于文明,人人乃大悟往日思想之非,乃知国中一切君吏不过人民之借地役人或代理使者耳。用之革之,惟主人之意。故政府断不能妄用其权,以不利于人民。于是民政乃兴,人民皆争得选举之权。选举短期任满之君官,以代表人民之愿欲。选举权者,限制君权之大源也。欧洲国民之得此权也,不知费多少死力以争之。此权既得,国之公权乃自民出,君主盗权以压制人民之恶习乃渐绝。

主治者与人民同一　　欲国内之安宁强富,非使主治者与人民同一,固不可也。何谓主治者与人民同一? 曰:主治者之利益,即人民之利益;主治者之志愿,即人民之志愿。若是者,人民之与政府,必永无争竞。盖天下断无与自己利益志愿为敌之人也。而人民亦无恶君主加乎其上之惧矣法人谚曰:君主者,人间第一恶怪物也。主治者既为人民之代表而握人民之公权,即担当其责任,动作皆视人民之意向。盖人民以此权托之,必不可违犯人民而妄用此权也。主治者本无权,因受人民之权而后有权。人民何故以权授之? 因集权于中央,而后施行,乃便利也。此等思想在欧洲几成为公同思想矣。

　　人民立一定之界限,俾政府守遵之以行事,既如上论矣。然亦有某事不能拘定,而政府有格外权焉。欧洲政论家皆许之。若一事已经公众之协议,而同声决定之,非时境大变,不可改易也。

自治　　大哉,自治乎! 自治者何? 自限其权以治自己是也。不知自治而言民政,则痴人说梦而已。法兰西之革命,世界上最大之快活剧也。而丧心者或指为篡弑矣。因法人之革命,而世界上之共和国乃如春草怒生之不可遏,今已占地球上之一大份矣。法兰西之国民,诚造成世界共和政治最有力之匠人哉！夫惟共和国之民权力最大，结合力最固，其余在他等政体下之国民，皆莫能及之。将来世界各国之政府，必皆变为选举有责任之政府，而专制暴虐之政府必一切革除无余，无可疑也。

所谓自治者（self-government），所谓民权自制者（the power of the people over themselves），不可不明晰其义。自治者，非各一人自治。夫各一人也，谓人人莫不被治于公众之法律也。所谓民志者（the willing of the people），亦非各个人之意也，乃公众之志，或有才智者之志也。因是而任何一国皆不可无党，一国之中不止一党而已。众党分立，以利国利民为目的。此一党滥用公权，则彼一党敌之防之。虽然，苟执政权者乃依规矩而行，不失利国利民之宗旨，则人民必不容有异举，而政府之权必不可缺。政府者，集权也。集权而后国强。今日之欧洲，有所谓多数之专制焉（The tyranny of the majority）。多数之专制者，党势盛则执权大也。

分　党

欲专制之政、暴虐之执权者永不产于国中，则亦有法焉。盖社会者，出产此社会内一切事物之源也。社会者，聚分散之个人而成。必社会无力，不能限制行政者之所行为，故专制之政出现焉。社会者，出令者也。出令不当，乃致产出可惊怪之专制者。故欲专制者永不出现也，先须改良社会。社会者，公众之魂也。一社会而有奴隶魂者，欲专制者之不生产，不可得也。苟欲保自由，除专制，不在敌暴君污吏也，先须自改良此社会中之公众思想。奴隶思想既净，则暴君污吏自无从生产也。且一切行为莫不受治于思想，欲改良行为，不如改良思想之易为力也。专制之政府既成，起而敌之覆之，费力甚巨，则莫若改良思想，使吾社会中无奴隶不合规则之思想，彼专制之政府何所藏其形乎？

改良社会

社会对个之权 　　人民自主之权,与社会管治之权,不可无界限也。然当立如何之界限,始使其权皆合宜而整齐乎? 曰:社会者,非一人之社会,人人之社会也。一社会之中,须人人受福,凡所行为,皆合法度,故首须立定法律焉,且以教化辅助行之。

　　治理民事之规则究当如何,此第一重要问题也。夫一国与一国不同,一世与一世互异。故甲国之规则,乙国惊之;前世之规则,后世怪之。盖无论何世何国,莫不以自己

风　　俗 之习惯为风俗,而不悟其非。风俗既成,则能束缚其国人之思想,浸假而不识真理为何物矣。故风俗之权最大。谚有之曰:仍初次之误而不改,将成第二种天性。盖泥夫习惯,则处己待人,于一切公理,皆不深思。丁是时也,有理学家出焉,为其时之人所崇信。然其立教也,亦多泥于风俗之习惯,多不合真理者。在彼之意,以为世人之行为,皆宜法我而行;不知一人之知识有限,己以为是之道理,断不

公　　理 能皆合于公理也。世运日进,则公理日明。当公理未大明之日,务使众人服己之道,是教世人法一人,非教世人法公理也。凡一人之所以为便者,未必人人以为便;一世之所以为便者,未必世世以为便。若是者,非公理也。公理者,无定而有定。逐时而明、逐时而变,此其无定也;以利一世之人为归结,此其有定也。于此有一人焉,著一己之意见,为一世之伦理道德,务使举世之人奉为不可违之大教,是大贼也。故一人之意识,或好或恶,苟专恣自尊,而使天下之人屈从之者,皆与公理大反也。

野蛮国之道德 　　野蛮国之道德,非道德也,服从居上位者之私欲而已。盖野蛮国之道德,常不本于公益,而为居上位者之所提倡建立。居上位者所建立之道德,其不合于公理者多矣。特本于忌嫉骄傲之私图,便己欲借道德之名,以保自己所处

地位之利益而已。有若勇敢者对于奴隶之道德,殖民者对黑人之道德,君主对人民之道德,贵族对平民之道德,男子对妇人之道德,可谓之道德乎? 有强权者,图一己之私,妄定一种无理之规矩,谓为道德。道德乎,道德乎,何其偏护强者而不利于弱者也! 是无他,野蛮时代之道理,固徒为居上位者建设而已。如有一人先据上位,后又失之而居下位,则彼必自觉其向日所以为便之道德,今日忽大觉其不便而不可忍受,反憎居上位者之压制无道矣。

居上位者之力甚大。彼所提倡之一种道理,必易通行于人民之间,而为一切行为之法则焉。或立为法律,或成为舆论,以力压人,于是一国之利益,遂为居上位者所占尽,而下等人民不能不服从之。下等人民知识本浅,常误认居上位者所建设之规则,为真实之道理。于是下等人民遂永为此等妖邪之道理所束缚,而不易脱除矣。 居上位者之势力

夫以正理论之,社会中之公众利益,人各有其一分。道德者,所以保此一分平等之利益者也。自居上位者所建立之伪道既通行,则社会惟现可怜可恶之象。夫此可怜可恶之象所由生,即原于居上位者以私意及强力建立道德,而不顾社会之公益也。 社会之公益

人间社会,无论同不同,其一切行事,皆有一定习惯之例以制限之,或以法律,或以舆论。于此有人焉,欲其社会之思想意识变迁进步,挺身与其旧有之不合理而有暗害之道德挑战,出死力以更正法律,改造舆论。是时也,其国人已久陷于异教,而不知自保其自由。国人之思想,莫不为俗尚道德之所束缚,既为宗教之所迷,复为习惯之所限。其时之所谓道德云者,多属极可恶之污秽神学而已。时人之已为神学所迷者,莫不执认为是固最高等之道德也。伟哉! 宗教改革之功乎! 宗教改革以来,虽无赫赫之功乎, 宗教改革之功

而其束缚之宽假已多矣。

一人与社会挑战　　事之确有阔大之道理者,虽一人可与社会挑战。社会莫不狃于旧习,累世而后,常有造新时势之英雄,与社会开大争端,而进之于更善者。此社会改良家之所为也。

宗教信仰自由　　近世之大著述家,无不主张宗教信仰之自由。盖思想自由者,人类决不可无之权也。各有思想,即各有信仰。信仰一事,断不可以强人以苟同。然历史累累,神学之战,常见而不息者,何欤? 盖在信教者之意,以为信仰自由之权,苟为人人所共有,则宗教之势力必大减,故不可不严其约束焉。……人智既开之世,人性常不乐于服从而受人之缚束。其激起而兴奋勇之战,何足怪也?

英国社会之特质　　英国有特别之一境于此,盖英国舆论之压力,或较别国为重;而英国昔时法律之压力,则较别国为轻。读英国之政治史可知也。英国之立法权及行政权,不许干涉及于人民之私行。英人莫不视政府为图人民之利益而设,不许政府损害人民独立之权。英人初亦不知政府之权利即人民之权利,政府之意志即人民之意志也,徒恐个人之自由,被政府之所侵害而已。此俗既成,故英国人民常有本然之人权,择善而行,择恶而改,不许政府有一毫干犯人权之事。积时既久,遂成民政,政府不能不从民意,而保人权。人民所是,政府不敢不以为是;人民所非,政府不能不以为非,是为人间政府建立之原理。天下之民政,皆于英取法焉。反是者为恶政府。

政府对个人不能用强力压制　　此书所论之理,单简言之,即阐明政府对个人不能用强力压制之理。压制不同,或以法律之刑罚焉,或以通行之道德焉。虽然,人当自护其固有之行事自由权,阻他人使不能来相妨害。政府管理人群之权无他,保人民平等之自由,而防止其有害于他人之行为而已。凡一人有一人之身体，一人有一人之道德，不受别人之主持也。作一事而诚有益、有福也，他人固无权禁止之，或使之另作一事；即他人自谓更智、更合理，亦不能强行事者以必从，徒可劝谏之，比喻以晓之，不可强迫也。其不得已而有强迫者，必因由是将生恶害于社会。个人者，社会之一小分子也，故与他人不能无关系，而于一国之公事，一人断不能有无限制之自由权焉。人之有无限制之自由权，于一身而止。盖身也心也。实服从于此身心之人，而有无限制之自由权焉，非他人所能干预也。

虽然，自由之理，止可为成人者言，不足为童子道。此人所易知也。盖童子之年既幼稚，方须他人之留心保护，防其自己之行为，如防外害焉。以同理论之，凡一国方在幼稚之年者，必不能无所发起扶助，而能自然进化也。当是之时，其国之管治有司，苟真有进化之思想，可用不一之方法以图之。故专制者，诚最恶之物，当开化野蛮之时，亦为合理之政府焉。但不可背进化之宗旨，乃为善耳。

童子无自由

自由之理，非为野蛮而设也。必俟人类进化，有普通明远之知识，而后可受自由。在野蛮之时代，有阿克把（Akbar）①、沙尔曼（Chalemagne）②出于其国，诚其国人之幸福也。至于国已进化，则压制之举，如刑罚、苦痛之类，万不可行。专制者，非可长久用之，只为权宜之计耳。且必其心真将以谋他人之利益，若为自利而害他人，则用专制者，固不免为民贼也。

野蛮无自由

论自由者，不可不知利人之学。利人之学，道德学最大之一问题也。利人之学者，讲明为他人图无穷乐利之学

利人之学

----

① 今译阿克巴（Akbar），印度莫卧儿王朝著名皇帝。——编者
② 今译查理曼（Chalemagne），法兰克国王。——编者

也。是学也,亦随世运而常进步,人在社会之内,固不能无交涉。有交涉,则必重视他人之利益。一人之行为,有害众人者,必罚之,或罚以刑律,或与众共弃之。利人之事多端,人人可随其份地,合理为之。或作有益于社会之事,或作有益于个人之事,如救一人之生命,阻不善之行事,皆个人对其社会之义务也。一人加害于他人,不但以行事,亦可以不行事焉。

政府所以保护人群　政府亦然。政府加害于人之大者,即不阻止恶事之流行是也。政府者,保护人群团结之力也。一切事之有关于个人者,政府当尽其责任而不可坐视不理。夫不理民事,不图民益,不防民害者,为不尽政府之责任。不尽责任之政府,人民固有权以改易之也。

任一人之生命行为,各有其人之专意,他人不能越分干涉之。其有干涉者,必当出于其人本心所自愿,而请他人以来干涉也。人类合宜必需之自由,大要有三:

思想自由
言论自由
出版自由　第一,思想自由。任一地,任一事,人人皆有思想自由之权。于学问,于道德,于宗教,人人之会心不同,而各有一己绝对自由之主意焉,不可强从也。言论及出版之自由,与思想自由稍异。因思想自由与人无关涉,而言论及出版之自由与他人有关涉也。然言论及出版,皆所以发布其思想于外界也,故亦当得同等之自由。

择业自由　第二,好尚职业之自由。各人随其性之所近,而择职业,如己之意志为之,他人不能相阻。我之所为,苟无害于众人,虽众人谓我愚蒙、谓我刁诡,谓我错误固无伤也。

结会自由　第三,结会之自由权。此为普通个人之自由权,苟无害于众人,则结会聚合之事,固不许用势力以禁止之。

任一社会,任一人民,皆须有此三自由权,且此三自由权,当绝对而无所制限。自由者,依己之法,图己之利,不

侵犯他人，他人亦不侵犯我也。人各有身体，各有心理，各
有志气，必各有法则焉，以图其身体、心理、志气之发达安
宁，固不任受他人之干涉压制也。

　　社会中无论何人，莫不当吸此自由之新空气。凡社会　　自由之空气
公众意志之倾向，力量极大，不可阻抑也。虽然，苟关于人
民之德性及社会之幸福，则出大力焉，以阻遏一世之风潮，
亦合于理。古昔之所谓共和政体，非真共和政体也。古时　　共和政体
人民之私行，咸为公权之所干涉。国家有大权，以监制其
国民之所为。当其时之哲学家，亦不以国家之干涉私行为
非，反从而主张之。故古昔之时，人民之自由极不完固，有
如巉尔一国，四面大敌环而攻之，其民所得之自由亦少矣。
及至于今，文明之国家，设法律以保全公众之利益为目的，
而不干涉人民之私行。其最侵人之自由者，惟宗教而已。
宗教之弊，在缚束人民之道德心，而必使之出于一轨，以一　　宗教之弊
孔之理，束万夫之行。故路德之徒，出而改新教，使自由复
生，功诚不细。然犹有宗教之界限焉，犹未极思想之自由
也。善哉！法儒孔德（Comte）所著《行政制度之言》①曰：
古昔之理想家，皆社会中之专制怪物耳，因彼所主张之理，
多助政府以侵个人之自由也。

　　社会对个人之权，不可无限。社会有立法之力，又有　　社会之权限
造舆论之力，苟无界以限之，则受害者必多矣。社会中任
一人，无论施治者，或被治者，苟以力强人服从己之意志而
行事，皆有害于人类自然之天性。虽然，贪权势者，人类之　　权势与道德
本性，必赖有道德等以限制之。事理愈明，道德乃兴，道德
既兴，人事之失误乃鲜矣。

　　自由之大纲，及思想自由也。由思想自由，发为二枝，

━━━━━━━━━━

①　原题为 *Traite de Politique Positive*。——编者

及言论自由及著作自由也。宇内万国,皆当以此三大自由为政治道德之本原。有此本原,而后其国乃有自由之制度,而不受宗教之弊。此三大自由之出现于世也,三百年以来矣,议论纷然,莫得要领,故予于此书反复申明之。

第二章　论思想及议论之自由

出版自由

　　大哉,著述出版之自由乎！此诚人民最不可少之权利,而当与腐败暴虐之政府力争以求其必得者也。国中立法、行政之有司,苟不与人民同意而许其出版之自由,则人民可视之为公敌,以力强之,使必服从人民之公意,而允许

英国出版自由
所由得

出版之自由而后止。大儒著书论此旨者甚多,不俟赘言。今日英国之法律,于人民出版自由一节,许之甚坚,是乃起于民党革命之际,人民奋大力以与政府争,驱除旧日之大臣刑官,而代之以新者,建英民出版之自由,以至于今。今世之下,凡有宪法之国,而对其人民有责任之政府,莫敢压制舆论者。其敢于压制舆论者,必其自愿为人民之公敌者也。

政府及人民

　　政府者,因人民而后有,故当与人民合一,而不当与人民相歧异,自除去人民之害恶以外,无所可用其压迫焉。苟用压迫之手段,而不合于理,则诚世间最恶之政府也。

禁制公论之害

　　凡压迫公论者,较之徒反对公论者,其害更大。群群人类之中,一人之论,固若渺乎小哉,然无谓其小也。天下最大之势力,莫若舆论。夫亦常有以一人之力,唤起舆论者矣。人各有志,持论各不同,阻抑一人之论,其害似仅在一人,然其害实广被于众人,不可不察也。盖人间之事业,全由议论而来,苟其国之政府,禁制舆论,则人人皆莫敢发言,于是则其国之事业不兴,政俗守旧,日趋败坏,是弱种

之道也。任何一人之言论,皆不可禁制。使其人之言而果是耶？是阻遏天下之公理,不欲世人之矫时正俗也。使其人之言而果非耶？则非者亦未尝不与世有益。盖世间之真理,每因有伪误者反映而后益明。谬误者,产出真理之母也。

吾今有二说于此以证明压制舆论之谬：

一、人必不能决定一种议论确为谬误,而压制之。

二、人虽决定一种议论确为失谬,而压制之举,即是大恶。

第一说,执国权者所压制之议论,未必其非真理也,其所以压制之者,彼固谓此论为失谬也。然难必其无误,何则？因执国权者,固无权以决断人类之一切问题,遂执己意为是,而谓他人决无推断之能也。执一人之意以息万人之论,非天下最可恶之专制者不出此。

人之不幸,莫甚于以素习之见识,决断事理矣。世人虽有自知其误者,而能预防者终鲜。故其所断之事理,自谓必无所误者,或即为误之大者焉。专制之君王,及等等放恣自专者,常以己意为是,而强其人民共服顺之。

辩难多则真理见,由非见是,由伪见真,事理之常固如是也。一人所断,不及天下人所断之公也。个人者,世界之一小分子也。人自有生,固已与其国之党类,其国之教法,其国之教堂及社会,有密切之倚点矣。故常泥于己之国俗、己之时代,而不易脱除。自非大哲人,莫不泥于现在。而能自脱于时代、国俗、教法、教会者卒鲜,彼此相反相攻,自是也则必非人。伦敦之耶教徒,与北京之儒生、僧侣,决难相合,此异国相反之证也。此一时之舆论,至彼一时而变为无稽诞说者有之,不徒以为谬误而已。由是推之,今世之所谓公论者,至移世而变弃无余,与前世之舆论

禁制公论之谬有二说

以习见决断事理者人之不幸

非大哲人莫不泥于现在

为今世所变弃者同,盖必至之势也。此异代相反之证也。

以公权禁止社会流行之非失,固为当理,然不可无分别焉。人莫不有决断性,既有其性,则人人可用之,以决断事理。虽用之而误,他人固无权以禁制之,徒可安止之而已。何则?苟吾侪自谓己意有误,遂决不立一意行一事,是放弃自己之利益,荒废自己之义务也。

真理难确定　　政府也,人民也,莫不有权以正己之心,诚己之意,而无权干涉他人之心意焉。有之必惟确觉其事之非是,而大有害于人类者耳。然此亦最难确定者。文化未盛之时代,虽今日之所谓真理者,亦尝被其时人所禁制焉。

政府苟科不经之赋,兴不义之战,人民可不纳赋不与战乎?是一问题也。曰:是难定也。总而言之,人类当善用其天才,以保全生命之安宁。一人之志意,苟合于真理,亦徒为一人行事之向导而已,无干涉他人之权也。

真理难定,以辩论而后出。凡论一事之是非,当有多种之论兴焉。议论多则真理明,人人有完全之自由以论事理,不可禁也。所谓人类之天才者(human faculties),固一切真实公理之所自出,在善用之而已。

人类遗传之力巨哉!有一事于此,九十九人皆不能决也,而最终第一百名之人能决之。非其人之决断力独巨也,其所以能决者,因有前此之许多比较也。前此九十九人之意既皆谬误,最后之人得之以资考证焉。心才虽同等,而已有前车之可鉴,故能改过善断也。

比　　较

辩论与试验　　人之能改其过,不徒赖试验而已,必兼资辩论与试验二者方可。辩论者,试验之镜也。由过失而后有辩论,由辩论而后有事功。辩论者,事功之母也。故人类决断力之所由生,必由非而见是。是非者,对待之辞。苟无非与是比较,则是亦不见,由非而生之是,乃真是也。

真是之所由生，必经众志众行之批判而后出焉，必经众难纷乘，伪误尽见，而后出焉。众情之洽，实验焉而果无不合也，斯之谓真理。

…………

第三章　论个人为世间福祉之一原质

思想自由之所以为人类不可一日无之天然权，以至于发抒此思想之自由，如言论自由，著书自由，亦同为人类不可一日无之天然权，既如上所论矣。盖人类天然之道德智识必如是而后能发达，断不可被外力之所禁制也。然人既莫不有思想自由矣，其不本此理以得实行此思想自由之权，而为完全之行为自由权者，何故？

苟人人有完全之行为自由，而无所防制，同群之人，亦不立德制（moral hindrance），及形制（physical hindrance）以限之，其害于此世也必甚。行为断不能如思想之自由，此实天下之公言也。不宁惟是，有时因发抒一人思想之自由，必致兴起不良之行为，而实足为一群之害者，则不能不暂时禁之，而失其发抒思想自由之特权焉。如谓米商为饿死众人之罪魁，或谓私有财产者为盗贼，此等议论，苟徒笔之于书，持之有故，本不可禁。苟聚大众演说于米商之屋前，或揭告白于丛人之通衢，则是显然犯害他人之行为，不可不本人类安全之天则，以禁制之也。个人之自由，不可 自由之界 无界。其界惟何？即不犯害他人是也。至于甘屈一己以行一事，或屈他人而他人甘受之，则亦如思想之自由，不可禁制。

人类之所谓真理者，常徒得真理之半，必经众说繁兴， 意见纷歧人群 有反对之说相比较而后完也。意见纷歧，乃人类之福，而 之福非其祸。意见纷歧者,进步之梯也。今日者,世界之开化方始。欧洲之乾坤,与至善之境地,相去极远。断不可无分歧之意见,以改良生活之行为,变化人类之性质,以日进于改良而不已焉。一新意既兴,必滋世人之疑怪,要在个人持之甚力而已。由各人之性质发为种种之品行,而不当为古昔遗言风俗之所拘,是乃人类幸福之原,社会进步之本也。

个人之自由发达为世间之福祚 世间之福祚,必以个人之自由发达其品行为之原,此人之所易知也。若开化,若教育,若修养,亦同为不可少之要分。诸分皆全,自由乃完,个人及社会管辖者之界域,乃整齐而无偏过。

人世之大恶,莫甚于不知发达个人之思想,以造出自己之品行矣。俗人之常情,皆视现世界之现象为已足,而务保守之;决不思现世界之现象,何以尚未能尽善尽美,而务发个人之天才,以改良现世之道德及社会。遇有出力以兴改良之事业,图人类之大福者,反嫉妒而抗阻之,诚可怪也。日耳曼人之知此理者曰汉保德(Wilhelm von 汉保德之言 Humboldt)①,最长于博物学及政治学之人也。其言曰:"人类之最大目的,即发达其心才于无极,而不以暂时未良之现象为已足是也。有此目的,而后可发达其权力至最高极善之域,乃可望有臻于最大幸福之日。"又曰:"人类当自强不息,各务发达其心才,而不为其同类寻常耳目之所欺,是之谓个人之权势,是之谓个人之发达。吾谓达此目的,不可无两要件:一曰自由,一曰能变。二者合而个人之精神、力量及许多之殊异皆发生焉。此诚团结众人,以达此

———————————————

① 今译威廉·冯·洪堡(Wilhelm von Humboldt),德国语言学家、教育家、政治家。——编者

目的之原本也。"

　　既知汉保德之理，必须思个人之价值甚高，勿沉滞于今世界之程度，而不图更有所进也。世俗之论动曰：法古。此最不通之论也。若是，是教世人空无所为，徒抄袭古人之成本而已。世俗之论动曰：勿自作聪明，勿轻下论断。此最不通之论也。是教人失其生活之方法，弃其适宜之行为，废其个人之性质也。虽然，若谓世人当茫然不知此世界已往之事，则又不合理。考世界已往之事，方知前人存活之法，行为之序，而后一己有所抉择也。故幼年时代，必须受教育，以知人类所已经历之局焉。至于年岁已长，心才已熟，则当有特权全依己法以行事，依自己之境地及性质，独断独行，不可有一毫依赖古人之心。以古人之遗言、遗俗为鉴，而不以为法。然前人之遗言、遗俗，所以不能为后人之法式者，其故有三：

　　第一，前人之所历验，境界甚狭，或解说多误。

　　第二，虽前人之历验解说不误，至于今日已不相宜。常有前人之风俗，与前人之境地性质相宜，至时势迁移，后世之境地性情，已全与古异，断不可犹执古俗以绳之。

　　第三，虽前世之俗，与今人犹甚相宜，是特风俗而已。人固各有其天才焉，修育之，发达之，各如其所能，是乃天赋灵贵之才，风俗固无权以蔽之也。

　　所谓天赋之心才者，如思想才、决断才、辨别才皆是也。一切智识道德，当全由我心才以拣择之。如此有人焉，行一事而无拣择，问之则曰：吾依风俗而已。茫茫然不知何者为善，何者为恶，是谓至愚。智识及道德，亦如体力焉，用之愈出，以进于善。善用心才者，必不人信亦信，人为亦为，若奴隶然也。奴隶依人而失本性者也。人各有思想焉，各有性质焉，凡作一事，必求其合于我之思想性质，

人不可以法古

独断独行不依赖古人

不可法古有三说

其心才乃日活泼灵敏。不然,必致天赋之心才,麻痹死滞,成一完全之奴仆禽兽而后已。

人既生于地球,而据有此地球之一分,则当各拣择一己生活之方法。如猿然,自用其心才以自为,无事沾沾然效他人也。用观察之才以为视,用理论及判断之才以为预知,用灵敏之才以聚材为定断,用精明之才以为定断。既定断矣,则用刚毅之才及自治之才以守之。已有是才,则当用之恰如其分,凡行一事,必合诸自己之决断思想,就善避恶,自辟新路。人类之所以能超出万物者在是矣。

今将以一物比人类之价值。可用何物以相比乎,是诚要重之问题也。人之作工也,诚完全而美妙矣。然不惟人能作工,机器亦能之,如造屋,如种谷,如战斗,如审讼,如建寺,如祈祷等事,皆可以机器为之,代人作工。今天下最文明之国之男女,其作工或有不能及一机器之善者。然机器者死物也,依一成之式,而不能自变,人类则不然。人类者,断断不可依一成之式以作一件之工者也。人类之精神,当似一树。春日既阳,生长发达,自由无碍,如其内力之所向,其生机活泼而不滞也。呜呼!人类岂不当如是哉!

人固不当茫茫如机器然,为风俗之所缚;而当尊己所知,以定从违。既如上所论矣,于此犹有说焉。知识者,己之所有也。至于嗜欲所沈溺,血气所冲激,每有本心不能自持,而随之以往,遂以败事陷身者。然嗜欲也,血气也,固此身之一分,而人人尤必有法教之信心,及理义之检束焉。二者相剂相制,乃不为害。人之恶行,非由嗜欲之强而遂生也,嗜欲强而又无良心而后生。虽然,凡人之嗜欲感觉,较之他人强者,谓之人类天然材质较他人多。是人也,必较诸常人为优,而不为劣。至于血气冲激者,即能力之别名也。能力(energy)亦可以用之为恶,但能力之天性,

不效他人

人不可如机器
当如树

法教与理义

常向于为善。富于能力之人，必较之怠惰、愚蒙之人为优。天然感情（nature feeling）独优者，常能修养之使之最强，其感受性（susceptibility）亦必优。因是之故，其人遂常活动有强权，其爱道德能自治，亦必较之他人为独胜。故天然材质独优之人，苟能修养之，其对于社会，不徒能尽其义务而已；且社会之利益，反常资其保护焉。即世所谓**英雄**是也。由是言之，嗜欲及血气者，人类所固有。既有修养以发达变化之，则为其人之性质；人而无嗜欲及血气者，必亦无性质。人无性质，与汽机何以异？反而言之，苟人之嗜欲血气独强，而又能受制于独强之良知，其性质必独强，能力必独优，此诚社会中之英杰，不可反以为病也。

　　古昔欧洲社会之国家，个人之力甚强。社会之握主权者，欲屈抑个人，管治其身心，使之顺从，其势甚难。破此难之法有二：曰法律（law），曰教条（discipline）。当教皇之初与欧洲皇帝争权也，欲己之权力出于一切人之上，谓己有权以管治一切人之生命性情，当时之社会，多不从者，因个人之力强也。是时人民之天性，常兴战争以抗国立之法律及敕谕，而保社会之安宁。至于今日，人民已由最高之级，降至最低，日怀畏惧之心，其关系于他人者无论矣。即关系于彼自己者，亦不问其事之合于一己之性质气禀与否，又不思何者可以致己于发达兴盛之域，以得最高、最良之地位，驯致自己茫无目的，惟风俗习惯之是从。夫人而至于茫无目的，徒茫茫然从风俗习惯，其心性之受轭已甚矣。甚至日用常行之事，亦不辨何者为乐，何者为辱，问之则曰：吾从众而已。是其罪莫大焉，因是必丧其天然之才能。才能既萎死，乃至无嗜欲，无乐意，甚至其家室、财产之何如，彼亦无意问之，遑言国家，遑言社会。呜呼！其何使我人类之丧失其天性，至于此极也。

（右栏旁注）

英雄

古昔欧洲个人之力甚强

心灵之轭

加尔文之辟说　　　加尔文助路德改教者,见前之论,适与余论相反。彼谓人不当从己之意,从己之意为罪,而人类之天职,惟顺从而已。苟从己意而有拣择,必致坏其天性,而其罪至不可救赎。人之心才、能力、感性,皆不可恃,惟皆顺受上帝之命惟谨。加尔文之论如是,其论颇能博世人之信从。从加氏之论者,惟知顺从,而不知拣择以适其生活,流弊甚大,不可以不辩。

从加氏之论,必至狭小人群之生活,缚束人群之性情,而至人人莫不牵制坠落,徒徇一虚空无凭所谓上帝者之意,是犹种树者不务顺其生机之自然,而剪刈删截之,曲其形以象禽兽,缚其枝使之整齐,而树之天性失矣。彼信教最笃之人,何异于是? 人之有天才也,当修而适之,而不当轭而坏之,人类之思想乃日富,行为乃日良,福乐乃日增。从加氏之言,是轭人群也。善谈耶教者,当取其自治之名理,合诸柏拉图自治之理,乃与希腊古贤人类自趋发达之理相合,与其为阿西比德司(Alcibiades)①(希腊古贤),无宁为娄克司(John Knox)②也,又无宁为培里克尔(Pericles)③之为犹愈也培里克尔亦希腊古贤。

人类之所以为尊贵美妙者,不在束缚之卑屈之,使顺从一教也。惟在修养其性质,活泼畅适,其权利皆以他人者为界。凡是人群之生命,莫不富丽,莫不分歧,莫不兴盛,又各有高尚之思想,深远之感情,合如是之个人,以成

人人自尊自重不　　　一种族,此种族之美,岂可量乎? 所谓个人之发达者,谓人
受束缚是谓发达　　　人皆知自尊贵,各有与他人争美之心是也。一群之人,莫

①　今译亚西比德(Alcibiades),雅典政治家。——编者
②　今译约翰·诺克斯(John Knox),苏格兰宗教改革家。——编者
③　今译伯里克利(Pericles),雅典著名政治家。——编者

不有争美之心,其群之发达也必极速。一群发达之源,必其个人各有目的,而各求达之,不为他人之所阻碍,彼此争为发达而不相妨。一社会之善发达者,必其社会中之各分,大略有相等之发达。其个人相对待以正义,而不以私曲。个人之感情及能力既优,其对待他人,未有不善者。反此而论,苟一社会中之个人,彼此皆牵制拘束,不知自重,其现象必愁惨,而发达必终无可望。盖个人之性质,既不活泼,而尽丧失其天性,欲其社会之发达,何可得也?诚欲社会之发达,当许各异之人,显其各异之品行,图其各异之生涯。不观历代已往之陈迹乎?专制政体者,乃败坏个人品行性质之一大毒药也。屈万人之心,以从一人之欲,故专制政体下之人民,断无能发达之理。而信教最笃之人民,亦决不能发达。因彼既笃信上帝之教条,其人群之本性,必已失坏,其被祸盖与服从于专制君主之下者同也。

【专制政体之毒】

个人之修养,乃为人群发达之原,其理既如上所论矣。然犹有说焉:人群之日趋于发达,乃自然之势,其所以不能发达之故,惟因其放弃自由,不知自贵重,非他人所能阻其发达,乃自阻也。

人事之兴,必有其始。人事之始,即始于人,非始于常人也,乃始于能言之人与能行之人。能言之人者,发明真理之人也;能行之人者,实行真理之人也。今世界之尚未达于完全无缺之文明域,此人所易信也。是必赖少数杰出之人,造起未来之文明,趋此世界以向于进步。此少数杰出之人,如地之有盐,染之者莫不有咸味。人群蠢蠢,智愚不齐,苟无此少数杰出之人,以为之创始而鼓激之,则彼皆将为迂滞之池沼矣。创造未有文明者,英雄也;保存现有之文明者,亦英雄也。世界苟无英雄,则无事业,人群之智识,亦几乎息矣。守旧者畜道也,非人道也。机器经久用

【能言之人与能行之人】

【守旧非人道乃畜道】

而亦坏,人事亦何独不然?是必赖人杰相继而兴,除旧布新,而不为习惯之所拘。古时之习惯,皆死物也,不可以之为新世界之妨碍,而坏人类之文明。如此洵廷(Byzantine)①帝国然也(按:罗马自君士但丁②为帝之时代起,至一千四百五十三年,君士但丁罗布被土耳其攻破之时代止,皆谓之为此洵廷帝国)。人则充世皆是,而豪杰不世出,豪杰固常居人类之少数乎?欲豪杰之产于其国,则不可不豫备产豪杰之地。豪杰者,惟呼吸自由之空气者

豪杰与自由国 也,故常产于自由之国。豪杰常显其个人之天才以自适,而不为社会固有之模范所限。每一社会,皆有一模范,以限制其社会中之个人,而铸成其性质。天才稍弱之人,无不入其社会固有之模范中,其天才遂日趋于低狭。豪杰则

社会之大表记 不然。豪杰之性情最强,常能破除桎梏,毅然以己身为此社会之大表记。此大表记者,固前此社会之所未有。故当此大表记初出世之日,一世皆惊,常有诬之为荒野谬误者。呜呼!是犹尼加拉(Niagara)大河,经荷兰之曲岸,以赴大西洋,澎湃震荡,欲其安流无声,固不可得也。

思想自由与行 英才之所由生,需二事焉:一曰思想自由,一曰行为自
为自由 由。今有人作一佳诗,绘一佳画,则世人莫不赞其有英才矣。然此佳诗、佳画,固莫不自思想及行为之自由来也。思想与行为者,万事之所自始,无始则无事。始也者,所以开拓世人之目,而人间一切福乐,皆其所生之果实也。始(originality)之为义,大矣哉!

欧美公论之弊 读古昔之历史,其自封建时代以至今日,个人固莫不

---

① 今译拜占庭(Byzantine),欧洲历史上最悠久的君主制国家。——编者
② 今译君士坦丁堡(Istanbul),位于巴尔干半岛东端,曾经是东罗马帝国和奥斯曼帝国的首都。——编者

有其自己之权,且若莫不有卓越之天才,而在社会所占之
地位甚高者然。其实不然。试以政治论之,今世界管治国
家之主者,岂尽出于公意乎? 文明之国,美其名曰:政府
者,集公众之权,而代表公众倾向之机关也。然不过徒有
其名而已,非尽出于公意也。其在美洲,操政权者惟白人,
而他族不与焉。其在英伦,操政权者惟中等社会,而他级
不与焉。可谓之为集公权乎? 且所谓公意者,不在教会,
不在国家,不在名士,不在书籍,而惟在新报。今日之人
心,尚得谓之为高尚乎? 不发达甚矣。

　　无论平民政治或贵族政治,其组织政治之行为议论及
材质,凡中等之人,常为一人或数人之天资优胜、学问超卓
者之势力能引导。天地间睿智贵重之事业,其初也,多自
一个人发起之。众人觉其良也,而从之,则人间睿智贵重
之事业以成。征之古今,莫不皆然。所谓英雄者,即英才
独优之人,出其势力以风靡一世,据世界上之政府,而自由
操纵之。虽然,古来之英雄,多自覆者,则因其缚束驰骤太　　英雄自覆之故
甚,大妨他人之自由及发达也。一群之权,不可不平。权
平而后人人宽舒,无所妨害。争琢磨自新,以与众相表异,
是非徒求异而已,乃求异以进于更善也。今世之人,所以
多为风俗之所缚者,则因有舆论为其专制君主也。舆论何　　舆论之专制
以能为专制君主乎? 吾见今世之人,偶为一二畸异之行,
则群咻之为怪物。夫必是人之性质独强,而后能有畸异之
行。畸异之行者,英才所自以表见也。是人也,必能勇于
进德,捷于得智,自有舆论专制以为之桎梏,世人遂多默然
与俗无忤,畸异之行息焉。是诚此时代大危险之现象也。

　　惟不为风俗之所拘,而后其人乃得完全之自由。凭己　　风俗为自由之
所固有高尚之心灵以行事,独往独来而无所依倚,是之谓　　害
大勇。人群之庶,不必使之行为同一,如自一模范出也。

人非羊

人亦不必尽与古俗反也。苟古人所经验之事,择以余心而亦觉其合理,而法之,亦不为过。因既经己心之抉择,是非以我从俗,乃以俗从我,我自有道,不为俗移也。人固非羊之比也,羊且各有分别而不相同,何况人乎？甲不能衣乙之衣,乙不能着甲之履,因体度各不同也。衣履尚然,何况性质及志气乎？由此可知人群之品行,固必当互相歧异,而不可以一模范相拘束也。树木之种不同者,苟植之于同一地质、同一天气之内,必不繁茂。人类亦然。人类之数既多,其心才发达之情状,必不相似,必不可拘之以一道也。同一道也,能助甲发达其最高之天才,用之于乙或反阻其发达焉。同一生活法也,能助甲之康宁,使其天质活泼,秩序井然;施之于乙或反扰其生活,而贻之以重累。由

人不可以限于
一定之法则

是观之,人类苦乐之原,固各不同。其身体之作用,德性之发动,彼此互异。故其生活之方法,固不得不任其异。苟限以一定之法则,其智识德性,必不能发出自然之美,以享其福乐也。

人生日用游戏之事,有好此恶彼者,有恶此好彼者。而其社会之主治者,不因好恶之不同,遂加禁止也,乃无不并容之。如棹舟,如吸烟,如奏乐,如角力,如弈棋,如弄牌,如读书,人之好恶虽不同,而为之者皆可以无罪。至于有人于此,为世人之所不为,或不为世人之所为,则世人无不控之为背礼仪、犯罪戾,加之以无状之诽谤,甚至加以发狂之罪,夺其产业,以与其亲戚,是何也？

奇行不容于舆
论乃今世之患

今世之大患,即个人之奇行,常不见容于舆论是也。是不惟人群之智识,受其节制而已,甚至寻常个人之嗜好,亦不敢自专,一举一动,谨守风俗,而不敢背,充其弊乃至

道德改良

不识己身为何物,诚可痛也。呜呼！今世之道德,其必不可不改良进步也明矣。改良之法,不在多立规矩,以为世

法,而在发起世人之精神,使知自贵、自重、自辟新地。若犹立规矩以强人之顺从,是犹支那缠足之俗,凡是妇人,莫不小其足焉。伤天理、戕人性,诚世间最野蛮之俗也。

　　立规矩以绳世人,其弊必至除绝上等之人,而生出下等之人。上等之人,常以最强之理论,导其最大之能力,以最良之心志,束其最壮之感情。下等之人,则感情与能力无不皆弱,驯至无理论心志为其行事之导,惟知服从流俗,诵法古训,岂非下等之甚乎?今日者,英国人民之精力微矣,惟工商之事业,差强人意。盖英国之工商,尚知自用其精力,自行其嗜好也,然亦仅矣。今日英国之所以不失为大者,惟在总体联合之上,其存在个人之力甚小。今日英国之道德家、宗教家,多黯然满意于英国之现势者。呜呼!致英国今日之盛大者,非今日之英国人之力也。其将致英国于衰颓者,则实今日之英国人,不可不防也。

　　风俗之威权可畏哉!人群进步之孽障,未有甚于风俗者也。能敌风俗之威权而免其害者,有一言焉,曰:随境变化,而不拘滞。随境而变者,自由之精神也,亦进步改良之精神也。虽然,改良之精神,与自由之精神,本不可混同。而自由者,实改良之最不腐源泉也。一个人者,实独立不倚之改良中心点也。爱自由,爱改良,悍然与风俗为敌,而解脱其轭者,又人群进步之原理也。读人间之历史,其往事既莫不然矣,呜呼!苟风俗之威权,能遂专制一世,而人群莫或能破除之,则世界之历史,或几乎息矣。不观于东亚诸国乎?东方诸国,每以风俗规矩为最后之断案,其所谓正义,所谓公理者,即指风俗而言,风俗之势力极大,无一人敢抗之。惟其国中之暴君,有制造风俗之权。夫东方诸国者,非世界文明起源之域乎?其美术文艺,高宫宏寺,巍巍乎垂于世间不朽,而既为西方诸国文明之先导矣,惟

支那缠足之俗
伤天理戕人性

立一定规矩之
弊

风俗之威权与
自由之精神

东亚诸国拘于
风俗之害

因溺于风俗之故，遂与自由及进步相分离，其文明戛然中止。吾欧洲所以能有今日之文明者，因吾欧之国民，受风俗规矩之害，不若东方诸国之甚，故能变也。吾欧洲自罗马倾覆而后，诸国继兴，势力相竞，有一岁之中再三变迁，

变迁所以进化

而弃其前人之式俗者，变迁不已，以求进于美善。欧人知惟变迁乃能进化，故能创造机器，发明新理。若政治、教育、道德之属，莫不务为改良。彼国既改，此国亦相随而改，故其影响最大而速。欧人者，诚世界上最能进步之人种，非虚夸语也。变异者天则也，此分既变而良，彼分效之而皆良焉。此进化之公例也。

呜呼！我欧人不可不以支那①为鉴。支那之国民，天才甚优，智识甚高，其发达最早，能创出比他国较善之风俗事业。其哲学宗教，为吾欧洲之所无。支那之在古昔，固矫然能进步之国哉，何以不能为今世界进步国之魁首，反止息孱弱，……其国中一切政教艺术，与其数千前之形状无少异，是其故何也？曰是风俗之为害也。支那之人，莫

支那受病之源

不崇拜其国中之古圣贤，而谨守其遗言。一切思想行为，皆以古圣贤之格言为大法，而莫敢稍异，此其受病之大源也。我英国之道德家不鉴此弊，不知独一与殊异，二者乃进步之源，反欲立一定之规矩，为一切政治教育之法则。吾恐信奉耶教之国，将变为此世界上之第二支那也。

第二支那

欲救欧罗巴，使其不为第二之支那，使欧罗巴之国民，进步不已，而无时停止，则亦有道乎？曰：有，即激励其精神，使之各有歧异之性质、歧异之教养而已。各个人异，各等位异，各国民异，充其极量，至无一相似者而后已。互相冲激，而路途殊焉。各由之而各得其益，彼此相容，不强他

———————————

① 即英文 China 之音译。——编者

人之似己。强他人之似己,是阻他人之发达也。今欧洲之通患,即在路途不多,故发达进步不盛。吾惧其后必至人人相似,治化衰退,而为第二支那也。法人偷克味(M. de Tocqueville)①之最后著书,深叹息于今日法兰西之人彼此相似,无健旺之精神,不及先代,吾英人实较之法人更无精神也。汉保德所谓人类发达之二因:一曰自由,二曰能变。能变者,谓国人之地位当互异而不相同也。吾英今日之人民,地位差异之度,日以减少,个人之性质日渐近似,是大可忧。昔时英国人之品位各异,邻地各异,商业各异,艺术各异,可谓之为各异世界。今世大反之,诵读同样之书,观听同样之事,来往同样之地。其所希望恐惧者,皆同样之目的也,且人民之权利及自由亦莫不互同似,汉保德所谓发达之第二要素地位不同一事,既已缺矣。

偷克味之言

欧洲国民所以致有今日之同似者,其因甚远而多。每政治一变,则降高者为卑,升卑者为高,此政治上之原因。欧洲之教育,驱人民有同等之感情,此教育上之原因。火车、轮船、电船既广达,交通便捷,转徙无禁,此团体上之原因。商工既兴,人民之日用便利,各欲求富,先则争竞,后乃同一,此工商上之原因。是数者固为致人民于同一之原因矣。然犹有其大原因焉,即凡自由之国,莫不重公同之意见是也。所谓公同之意见者,未必皆高识卓见也,是常不合于英杰之心,或且大与之相反焉。且英杰之人,既尝被挫于舆论,其特异高卓之论,渐降为卑平实习之政学者,抵抗舆论之心日少。呜呼!特异高卓之论,不见于社会,此岂社会之利也耶?

———————————

① 今译亚历西斯·德·托克维尔(Alexis de Tocqueville),法国政治思想家、历史学家。——编者

个人分异主义
乃救今世之良
药

以上云云,皆致人民于同一之种种原因也。诸原由既合聚,而与个人分异之主义为敌,其势甚大。个人分异之景象,何由而见?盖是主义几无其立足之地矣。今欲重建个人分异之主义,给公众有智识之一分,深知个人分异之利不可。个人分异之主义,乃救今世之药也,不可不提倡也。苟人人相似,极其弊必至合世人为一式,指分异之个人,为离经叛道,斥之为怪异不合天理,则人群之后祸,有不可思议者。

第四章　论社会之主权对于个人上之界限

个人之主权,其加于己身者,以何者为正界;社会之主权,何自而起;人群之生命,其归属于个人者几许,归属于社会者几许;其归属于个人者,个人利之;其归属于社会者,社会利之,各得其正分,以定其关系;是皆切要之问题也。

个人对社会之
义务

社会之组织,虽不实本于契约,然存在此社会中之人,莫不各有其义务焉。人莫不受社会之保护,则莫不当有以报其恩。报恩之道奈何?即个人在社会中之生活行为,各守其界线,而不侵害同居此社会之人是也。

社会之主权者,有保护个人之义务。苟放弃其义务,则与侵害他人之罪同。各个人之行为,本下二则:

二　则

第一,人各有一定之利益,不得稍相侵害。其利益或为法律所明载,或为众心所默许,皆人权也。

第二,存在此社会之个人,各视其分,出同等之工力以保此社会及此社会内之人,免于一切伤害困难。

社会内之个人,不能图自己之安福,致犯他人之权利。犯者有罚,或按国律罚之,或按舆论罚之。社会之刑律,即为罚个人行为之犯害他人之利益者设也。至于其人之行为，只与自己之利益有关涉，而不干及他人或由他人自请干涉之，遂致有干涉，则其人有完全之行为自由，社会及法律，皆无权以干之。

自由之理，与自私不同，不可不明辩也。误会自由之理者，以为是与自私无异，遂谓人类不当干涉他人生活之事，遂于一切有利于他人者，举无所为，惟知自利而已，是非自由也。自由者，利己而亦利他，甚至忘己而专利他人，以真实之仁心，崇人生之福祉。进风俗于善良，其效力较之刑罚鞭笞之力，及文章劝化之力更大。若夫独善其身、拘谨自重之人，最予之所轻视者，因其于社会无大益也。是不过为教育之力所迫而然，至教育之力已过，则或亦自放纵矣。人类天然之性，常需彼此互助，以进善而去恶，互相观感，以激起其天才，加增其感情，勉求智识而不为愚，日向上进而不低下，其目的乃日远，思想乃日高。虽然，人之年岁已长，则有抉择性焉。择事而为，以自求利益。然所谓利益者，各自不同，随其人之思想而异。有同一事此人视为利益，而他人视为非利益者。个人之利益之在社会也，其细已甚，不过九牛之一毛耳。然自此个人思之，则得之为大益，不得为大损。人之感情境遇，固各不同也，故个人之断定及一切只与其己身有关系之事，社会不能干涉之。干涉之，则为不合理。且社会之主权者，有其一定义务焉。苟于个人之私事，将一一干涉之，固亦势之所不暇也。

人群之事，个人各有其一己行为之专权。至于涉及他人之事，则不能不守公例。公例者，凡此社会中之人所公守者也。其非涉及他人者，自随天性所安，行为自由。若夫本一己之审断，以献忠告于他人，固无不可，然择而用之

自由与自私不同

天然性

公 例

与否,存乎其人。拒忠告者,过也。压制他人,使必从我之意,其过尤大。所谓自信力者,自以为是,则自为之,不必瞻徇却顾,惧他人之毁议我也。盖内省不疚于人类之本性,完全无缺,则自然愉快,何惧夫他人之议论?至于本质已亏,则他人诽毁之来,固势之所不免。盖其所居之位度已卑下,虽其行为无损于他人,而自不能免他人之厌恶。

劝善规过之自由 盖同居一社会,感情相引,见其下愚,则莫不欲其改免而警戒之,以使此社会完善无缺点也。盖人莫不有劝善之自由,即莫不有规过之自由。规人之过而人知改之,岂不善乎?此其故不仅于有过者有关系而已。彼既为此社会之一个人,彼而有过,公众之社会,皆与有不美焉。我亦此社会中之个人,乌可不尽吾意以规戒之乎?不宁惟是,苟有人于此,其谈论形式苟将有害于同居此社会之人,而我能先事预防之,不惟合理而已,抑亦我之义务当如是也,故我必有警戒他人不为恶之权,及其能改而止。至于人之过行,苟不仅在彼之一身,而与他人有直接之关系者,则必受严罚焉。刑罚者,过行天然之结果也。彼所自取,不可逃也。所谓过者,如躁率,如顽固,如骄矜,如浪费,如徇私欲,损身躯,纵肉体之乐,不顾心灵之害,有一如此,必为他人之所蔑视厌恶,而刑罚随至,不惟法庭所审判,乃谓之刑罚也。一切丧名、伤身、败事之类皆刑罚。呜呼!人之生也,即与社会有关系,固当堂堂正正,尽义务博大名于世间,为万人之所敬爱,舍此不图,徇欲取病,亦何必尔!

　　上所云云,惟个人之过行,只属一己,而与他人无关系者,故仅受诽议而已。至于害及他人之行为,又当别论。如犯他人之权利,加他人以危险,与他人共事而用诈伪欺骗,与他人均占之利益,辄取其多者,与他人共处患难而私**道德之所禁** 自免,凡此之类,皆道德之所禁,其甚至受干犯道德之大罚。不宁惟是,苟人之外面稍现不合于道德之象,即易为他人之所厌恶,如形状残虐,天性不良,疾世恣欲,忌疾诡诈,不诚易怒,多怨好上,垄断贪利,卑人自高,蔑人利己,自恣不疑,凡此之类,皆道德所病也。是较之修谨自为之士,更不及远甚。修谨自为之士,徒知自修而不利人,虽不合于道德,而不至于为恶也。呜呼!为恶之人,亦愚矣哉,不知自重而无人格,放弃对他人之天职,而自取戾于道德。人之存在社会之中,有对己之天职焉,有对人之天职焉。对己之天职,大要曰自尊,曰自进。不知自尊自进,已自放弃其天职,于世所病,亦何足异哉?

对己与对人之天职

　　过之与恶,二者不同,不可不辨。其不知谨慎,自失人格者谓之过,其害犯他人之权利者,谓之恶。规过亦有道焉:见人之过而规之,彼能受固善,即彼不能受,而拒我,则我即可置诸不论;不必因彼之拒谏饰非,遂谋有以不利之。盖饰非之人,必自受其祸,而自贼其身。彼已自贼矣,我何加焉?我不但不加罚于彼而已,且明知彼之必将受罚,而当有以救之,设策使彼能免于恶。无论彼之待我,或感或怨,我终不以为意,遂怒之忿之,待之如社会上之仇敌。盖我只有劝戒之权,而无干涉之权也。苟彼之恶行甚大,已破犯社会之法律,侵害他人之权利,则社会有保护此社会团体之权,自必有以罚之。若夫彼之过行,止于一身,则我除劝戒之外无他权。惟有自由之权,借鉴于彼而已。益进德励行焉,勿蹈彼之覆辙,如是而已。

过与恶

　　然所谓人事之只关一己与关及他人二者之分别,甚易混乱,难此者甚多。第一说曰:社会内之任一个人,行一过行,断不能与其同群绝无关系。盖人既同居于此社会,固无一事与他人无关系者,谓其过行只害其一人而毫不及其亲切之人,此必不能也。如彼之过行仅害及彼一人之财产乎,而与彼之财产有直接或间接之关系者,必不免受其害。远而论之,其财产固此群中财产之一小分,则此群亦不免阴受其小害也。如彼之过行仅害及彼一人之身体、智识乎,此不但其家族友朋中之倚赖彼之身体、智识以得幸福者受其害而已。凡一个人,必有服公役于其社会之义务,身体、智识既伤,必至废其公役,其甚者或至害及公益焉。不宁惟是,一私人之过失愚顽,虽不直接害及他人,其影响终不免波及于社会。见之知之者,或遂为其所引以入于恶焉,则害群甚人,不可不禁制也。

第二说曰:愚而恶之过行,生于社会,虽无害于他人,亦不可不禁。何以故?凡小儿及未成年之人,社会有保护之之责任,则人人所知也。其虽既成年而不能自治者,与小儿无异,故社会当与小儿一例保护之,禁其过行。如游戏无度,沈湎荒淫,怠惰不洁,皆幸福之大害,进步之大碍也,法律之所禁者,不必论矣。其法律所无,而为社会日用常行之事,则当以舆论为警察,补法律之所不及,而禁其恶,此社会乃完善无缺也。

主张上二说者之意,以为个人之行,不可不严制,万不可使有新奇之事,起于今世。自古至今,历年已多,古人本其所经验者,立为道德,为此世之大防,吾侪后人,谨守之已足,不必更起新风潮以破坏古人之成法也。

一人之过行,固足以波及于与彼有关系之人,且社会亦或隐受其害。予非不知,然固不可一概而论。为其过行初止关己之一身,后遂因是犯害他人,而为道德之所弃者,如人因奢侈无节之故,致负债而不能偿,或致放废家庭之道德责任,不能教养其家人,因是致罚,固当其罪,然是乃由家庭及债主之故罚之,非由奢侈之故罚之也。若因热心教养家人之事,致犯别罪,其得罚亦同。如奔威尔(Geroge

Barnwell)杀其叔,取金以与其爱妻,致处缢刑,然因取金杀人,虽不与其金于其妻,亦处缢刑也。又如因其人染恶习甚深,遂致得对家人无恩爱之罪,然恶习止关于彼人之一身,与家人本无恶也,惟因与其家人有密接关系之故,遂致为恶。故人之行事,当思此事于他人之感情何如,于他人之利益何如,庶免致失误,而取戾于道德。尝有发因只关一人,遂因是而波及他人,得罪社会者。徒饮酒必不致被罚也,至于兵卒及警吏,则因其饮酒废职而罚之矣。要而言之,苟其过行已出于己所有之自由界限外,而有害于公众或个人,则莫不应受道德及法律之罚也。

上所云云,皆就个人言之也。若就社会一面言之,则凡社会中偶然之过行,除害及己身之外,不犯个人,不犯公众,则社会不必理之,以保人群自由之大善。虽然,年纪已长之人,不能自修,以至于有罪,此则社会之过也。盖社会当人民幼稚之年,有教育之之责任焉,务使其明道理,修品行,乃为能尽社会之职任。今代者不惟后代教育之师,亦凡百事项之师也。后代之人,不智不良,皆由今代之不智不良所致,此其故关于一世,而不仅关于个人。若社会绝无教育,任其人虽长成而亦与儿童无异,其行事不能合于人理,则社会固已被莫大之羞辱矣。社会不仅有教育之权,又有建置道理之权焉。个人之无决断力者,莫不顺受社会建置之道理,又辅之有掌刑罚之权,有若是之权,不能使个人皆崇正义,敦礼仪,徒恃威力以强迫威令之,不亦误乎?

苟社会之权过大,至于干涉人民之私行,必至人民一举一动,皆无势力,其强烈独立之性质,必渐失去。若是,则人民因自求免祸也,可以兴起革命,以脱其轭,不为背理。盖合理之行,己所以为是者,而社会托于免害他人之

个人有罪社会之过

社会不可干涉人民之私行

名,以干涉我,是他人未受害,我亦先受其害矣,是之谓越
权□霸。有志有勇者,当一鼓作气,以反对之。呜呼!查
尔斯第二(Charles II)①之狂暴肆威,虐待清洁教徒之事,
亦足为行恶自恣者之鉴戒矣。苟造恶因,必得恶果。专制
之君主,欲加害于人民,常适足以自害其一身。总而论之,
专制之君主,只能得祸,而决不能得福。自作孽不可活,岂
不然哉!

私人之行为,所以当严拒明辩,不许公论干涉之者,盖
个人各有其利益,一经公论之干涉,则无所不误也。以社
会道德学对他人之天职一端论之,则公论有独胜之势力。
公论之非者固多,是者亦不少。其所以为是者,因自发论
以自断其事,自言之而自行之,必自觉为便宜也。若不以
公论断公事,而止以之断一私人之行为,则必不免于误。
因公论之所视以为是者,个人常视以为非,不能同也。如
宗教之迷信者然,己已迷信之,不顾他人之宗教感情如何,
妄强人以礼拜祈祷,几何其不为恶也。人各有意见,各有
感情,不能强同也。强人同之,是犹强盗劫人之资囊,而不
顾有此资囊者之情愿否也。一私人之行为,必本其专有之
意识,其价值较之资囊为更贵。由是可知本公意以立普通
之法则,强私人以必从,而不许其有自由拣择者之大误矣**中
国之无进步,即蹈此弊**。公论不必善,私行不必恶。其本公论
以立一世之宗教理学,拘束世人之行为、感情,尽入其牢笼
之中,使天下著书之道学思想家,十分之九,不能脱离其范
围,诚人道之厄也。呜呼!徇是弊也,人民不能自本其心
意,以为行为之法律,而惟他人之法律是从,则所谓公论

（左侧批注：查尔斯第二；公论不可以断私行；私行之价值）

---

① 即查理·伊曼纽尔二世(Carlo Emanuele II di Savoia),意大利萨伏依的公
爵。——编者

者,是非苦人之具乎?

近人某讲学,盛称汉武帝尊儒教之美。呜呼!岂知此即束缚中国人思想使其永不发达之大网罗乎?呜呼!专制君主之奇术,不惟足以愚尽一世之人而已,虽二十岁以下之志士,亦不免为其所愚,可惧也。

以上所指示之恶弊,不仅属于理论而已,请更举今世各国之实事证之。今世之所谓道德规则者,多本政府之好尚选择立之,于此不胜枚举。仅举其以道德政治相合,境界最广,侵个人之自由最甚,为世间之罪恶最大者……

…………

第五章　论自由之用

本书所论,乃自由之原理,众议之断案,其理贯于政事道德,莫不可见诸实用,而大得其益。今撮此书之大旨,附二格言于此,以解明自由之意味及界限,使自由之用,平均不颇。　　本书之二格言

第一曰:苟个人之行为,只关系一己之利益,而不涉及他人,则社会不必理之。若社会因个人之行为不合,而劝戒教诲之,其心本于为个人图益,则无不可。

第二曰:苟个人之行为,侵犯他人之利益,则社会不能置诸不理,必使之受社会法律之罚焉。因社会者,有保护个人之天职者也。

侵害他人利益之行为,社会有权以干涉之,固也。然亦有辨焉:常有个人按正理以行,而亦不免遗害失于他人者。如商贾争利,捷足者先得,其不得者苦矣;学生考试,能者高级,其不能者苦矣。虽社会之制度甚善,亦万不能免其有此事。凡二人争得一物,有得之者,即有失之者。

社会所当干涉之事 凡此之类,社会皆不能援侵害他人利益之例,以干涉之也。以法律言,以道德言,皆无可干涉之理。所当干涉者,即其侵害他人之利益,而不以其正,如欺诈、横逆、强恶之类是也。

贸易者,社会之行为也。售货物于公众,其关系于他人利益也大矣。社会管辖之之权当如何,是一大问题也。昔时常有以管辖社会之贸易一事,为政府之天职者,如定价值、稽工料之类,皆政府之所司。至于今日,则价值之低昂,工料之高下,皆听制造者、贩卖者之自由,而买者亦得**自由贸易** 同等之自由焉。此所谓自由贸易(free trade)也。(此与个人之自由原理不同! 此故书不详论。)夫贸易工产之属,苟无不受社会之干涉,则为恶甚大。然亦有在自由贸易一理之外,而必需社会之干涉者,如禁止混杂伪品,以害公众之卫生;保护劳动之工人,使不受资本家之虐待。盖社会固**社会当敬重个** 当敬重个人之自由,管理之不能过严,至必需社会管理之**人之自由** 事,乃干涉之,始为合理。如美洲缅邦(Maine)①之法律(其法律有关涉卖酒之事者),禁止支那鸦片之进口,管理贩卖毒药等事,政府皆不能干涉之,是不惟侵害制造者及贩卖者之自由,亦侵害买者之自由也。

贩卖毒药问题 贩卖毒药一问题,不可不详解之。政府固有管理其贩卖之职,然政府之职,以何以限乃不犯个人之自由,而能免社会之罪恶乎? 夫与其俟用毒药犯罪恶之后乃从而罚之,不如防祸患于未然,此政府之天职也。然政府常有因防患之故,遂妄用其权,以侵害个人之自由,而逾其天职之界者,求其行一事而无少碍于人类之自由者实难。虽然,无论政府也,即以一私人而言,苟见人之将陷于罪,亦无坐视

---

① 即美国缅因洲(Maine),位于美国的东北角的新英格兰地区。——编者

不理以干涉而救止之之理。苟毒药只能为杀人之用,而无他用也。则禁其制造贩卖,必为合理。无如毒药又有他用焉,则不能不设善法管理之。命卖者记买卖之时刻,及买者之姓氏居址,又问其将何所用,记之于册,是皆预防凶杀之善法也。政府者,人民以公权托之,而后成立,故必不可放弃其防患之天职。然无论政府也,即个人见他人行过一将坏之桥,苟时刻已迫,不及呼告其险,则可力牵其人使返,亦不为犯其自由。盖思想、行为,为自由之所存,断未有人甘坠死于河底者,此必然之理也。至其人之行事,苟非此类,而必将自陷于危险者,则旁观者政府亦然,只有警告之之权而已,不能用强力以阻之也(小儿痴人不在此例)。

社会之有防患于前之权,固已。其权之界限曰:个人之过行,只关系其己之一身,则无被防及受罚之理。如醉酒然,醉酒而不犯害他人者,法律固不得以干涉之。其因醉酒而犯害他人,固必受其应得之罚。既受罚矣,苟再因醉酒而犯罪,则其罚必更加重。盖因饮酒而犯害他人,其得罪固无可逭也。又如懒惰之人,除受公养及破契约者之外,苟立法律以罚之,皆不免于虐。但或因懒惰等故,遂废弃法律上对他人之义务,则法律可用强力迫之,使尽其义务,而不为虐。如父母有教养子女之义务,苟不尽其教养之义务,则得罪于社会甚大,不能不受罚也。

父母有教养子女之义务

又如行为之徒直接害其一己者,法律固不得干涉之,但虽直接害其一己,而其所为与公众实有直接之关系者,如败坏社会美善之规式之类,则不能不禁止之。美善之规式之败坏否,其事实与公众有大关系,而不仅关系于个人也。

于此有一问题,夫可责之过行,因其恶果只行者之一身受之,则社会敬重个人之自由而不加罚,然其过行或由于他人之煽动,则将何如？夫煽动他人者,社会上之事,非徒个人之事也。煽动他人行一善行,固为合理;煽动他人行一恶行,则社会不能不禁制之。如开娼寮、赌局之类,煽动他人为恶,而己则从中渔其利,此不可不禁也。若仅于私家密室,偶以赌为戏,外人无知之者,则社会不必理之也。至于行罚,则当罚开娼寮者,而不当罚往娼寮者;当罚开赌局者,而不当罚往赌局者。至于商业,苟其贸易不背理,虽彼或借此贸易以得特别之利益焉,则社会亦不可以禁制之。如缅邦卖酒之主人,皆最好饮者,彼特借卖酒以自便,社会亦不可禁制之,以伤害自由也。

人民行过行以自失其最大之利益,国家可用间接之法以禁制之。如限制卖酒店之数,且征酒商以极重之税,使买者难得。盖使其价值极昂,即与禁之无异,非至愚之人,孰甘多费其资,作无益而大坏法律道德上之义务,以自取戾乎？是使饮者自禁之法也。凡此类之税,谓之间接税,亦国家入款之大宗,于国于民,两得其利,诚善法也。

中国禁鸦片烟,即不能用严刻之法,立除其弊,亦当用此法征烟税极重,使吸烟者自困。

自来论酒类贸易之当禁否,说各不同,而主当禁之说为多,则社会犯罪之事,因是发因者多也。卖是类之商店,当限其权,开闭之时刻,不可不定;卖啤酒及火酒者若干家,其数不可不定;严其章程,总以使饮者难得为主。劳动社会之人,智识甚短,当待之如小儿野人,以管理为教育,而保其后来之自由特权焉。未受教育之人,不可无管理,不能得自由如小儿是。德育不兴之国,断不能有普通之自由,而失政府之管理也。

前章已论所谓个人之自由者,凡为一己之事,皆按己意而行,而又不侵他人之自由,同守天然互益之契约,以组

娼寮、赌局当禁

禁酒之善法

织一大团体,各守一定之契约,而不犯公众之规则。但亦 契　约
有格外之例焉:苟其规则不善,有犯害人权之处,则可除改
之,如近世文明之国,买卖奴隶之例,已皆废改是也。其或
自愿为奴隶者,则社会不能强使不为,因是乃其个人之自
由。凡行为之本于心愿者,则他人皆不能强夺之。人之自
放弃其自由者,他人固未如之何也。 放弃自由

　　自由者,人自有之,而非受之于他人。故常居主位而
不居客位,既有生命,即有自由。自由者,生命不可须臾离
之伴侣也。各有界限,守而不越,如有自然之契约然。汉 自由非受诸他人
保德曰:"契约者,系束人群之亲谊,然亦有一定之时限焉。
如婚姻之契约然,必两人皆有同意,而后其契约始有效力。
其时限以两人之亲情为断,若两人之亲情已离,则此契约
亦解散而无力。"此旨最要而最繁,于此不能详论。略论其
大意而已。

　　两人有相依赖之关系者,即当负道德上之义务,此契 婚姻契约
约所由兴也。于两人之外,又与他人有关系者,其理类推。
如婚姻然,不能谓除夫妇二人之外,则与他人无关系也。
此社会契约所由来也。盖以法律之自由言之,其契约虽或
可废,而自道德之自由言之,其关系决不可逃。

　　自由者,世界之魂,不可一日无也。今日欧罗洲人之 自由者世界之魂
爱自由也,可谓天下莫及矣,然其误会之处甚多。从己所
好,独行不惧,不干他人,是自由也。国家当敬重人人各有
之自由,而不使其所有偏重。今夫家族之关系,岂非于人
类幸福,有直接之大势力乎?以吾所见,今日欧洲夫妻之
间,污点甚多。盖夫常有莫大专制之权,以制其妻,此莫大
之恶也。妻亦当有同等之权,得法律上同等之保护,与一
切人民无异。不然,是犹未真知自由之意,恃权力而不爱
公理也。又如国家对待小儿之天职,其义亦混淆不清。小 夫妇同权

儿在应受教育之时代，不可任其愚蒙也，国家有逼使小儿不能不受教育之职焉。夫教育子女者，父母之圣职也。人既有生命，即当受教育，乃对己、对人分内必要之事。若父母徒养给其子女之体魄，而无教育以发达其心才，则于道德上负莫大之罪，是使此社会之后嗣不良也。然父母不尽其教育子女之天职者，国家固有强逼之权，而亦当设多法以助之，不可专赖之于其父母也。

强逼教育

国家有强兴普通教育之权，固已。然教育之派别方针，不可不定。夫政府欲兴一国之良教育，则当任其父母之如何教育之此在欧洲则可，在中国则不可。中国之为父母者，教其子弟，总不外图利禄，科第一大目的，诚可痛也。惟助贫乏者，使不出学费及供助一切学校之绌于经费者而已。国家教育(state education)之弊，不可不知也。国家教育者，一切教育之权，以国家一手握之。夫个人之性质及一切行为之模范，当各自相异，上章既论之矣，惟教育亦然。国家教育之弊，使人民出于同一之模范，而服从于政府莫大权力之下，夫教育有教育之精神，其能改变人民性质之权最大。专制教育，有专制教育之精神；僧侣教育，有僧侣之精神；贵族教育，有贵族之精神，皆能束缚人心，引之达于自然之一趋向。国家教育之权力大矣哉！故以正理论之，国家只当保护其国内之教育，助其经费，至于教育之原理，则听教育家之自择焉。

国家教育之弊

教育之精神

国家欲强兴普通之教育，则不可不立公试之法。公试之法者，凡及岁之小儿，能读书者，由国试之；苟犹不能读书，则由国罚其父母出小资或作小工，以供其子女入学校之费。每岁一试，其所试者随年不同，总以养成小儿之智识道德为主义。除此之外，有学成之高等试验，及第者得学位凭据焉。或试以政治，或试以科学，国家不偏执一定之

小儿试验

见,以求其人之合格,惟视其人实有之学力何如。学哲学者或试以康德及陆克①之书,或一切他书,其学果优,而为公论所共服者,乃与之以学成凭据焉。汉保德曰:无论何种艺术职业,苟欲受试验者,即试验之,其学果优,即以证书与之。

人类生存,为社会最重要之问题。人数过多之国,常设苛例,凡力不能赡其家之人,则不许婚娶者,是乃越国家法律界限之外,而大犯人民之自由者,不可不除免也。自由之界限不明,个人遂常受国家干涉之害,若立限婚姻的法律之类,则并害及人之子孙矣。

余作自由书至此已将终结,附论政府干涉人民之界限于此。夫政府不当拘束人民,而当常扶助之,常怀图利人民之心。盖苟事事任人民之自为,而政府无所助之,则何用政府为? 或一个人,或一团体,政府皆有扶助之义务,但不可为种种之干涉,以反侵害人民之自由耳。不可干涉之类,大略如下三项:

第一类曰:凡一事,苟政府为之,不若个人为之之更善者,则政府不可干涉之。盖一人专营其生业,己之大利在焉,其思虑比之他人代谋,必更精审。至于工业上之事,亦有须政府干涉,为之立法设司者,此乃政治生计上之事,别有生计学专书论之,兹不赘。

第二类曰:凡属个人智育之事,政府不可干涉之。盖夫练天才,习决断,扩智识等事,皆个人之事也。如决狱听讼,必以十二人为陪审,乃地方自由之善制。又如兴工业、建善举,人民皆可如愿聚众为之,此皆人民自图发达之事业也。凡一人群,皆须养成其高尚国民之资格。人民自

限婚姻之法律犯人自由

政府不可干涉人民之自由者有三类

① 今译约翰·洛克(John Locke),英国教育家、哲学家。——编者

由,受政治之教育,怀国家之观念,不使局于私人家族狭隘范围之中。人人习知公利公益,使人人脑中,常有共和之思想,卓荦大方,除去自私自利之秽习,常愿团结而不愿离散,是皆国民之大气象也。无此等气象者,自由之制度,必不能成立;即成立矣,亦必不能保守。故凡一国之地方自由基址不固者,则自然之政治自由不成,是其例也。地方之生业,须能自营;一切地方内之事,其地方之人民,已能集合理之;又必个人之天才,皆已发达,卓然能独立自治,而后地方之自治始成也。一国之内,一切事业,以等等不同之法经营之,国家集中权而总其成焉。若事事必须政府为之,则政府固不胜此疲劳也。

第三类曰:政府之权,已有定限,若政府干涉某事而可更增其权者,则必不可任其干涉也。政府之权过强,则人民之危险甚大。若道路、火车、银行、保险公司、大合资公司、大学善堂,既为政府之分枝,而地方会所又皆为中央行政之附属,一切事务,皆仰给于政府,则虽人民有著述之自由及立法之权,而所谓自由国者,已不过仅存空名而已。英国曾提一案,谓凡政府服民役之员,须由考试而公选之,惟勤力而有智识之人,乃得司其职。但反对者不少,有谓永远在职之服国役者,常能熟练庶务,建立殊绩,此说之流弊甚多。总之苟凡百国事,尽落于政府之手,则操政权者未必为极有才能之人,而国权遂散落于各局吏之手。此群之人,无不仰其鼻息,听其指挥,则国家之受害非小。不观夫俄罗斯乎? 俄皇无权,国权皆在各局吏(bureaucracy)之手,俄皇能流放反对者于西伯利亚,而不能违局吏之意,以行一事。俄皇之诏旨,局吏有权废之不行。若夫文明愈盛之国,则其国民革命之精神必盛,国行一事,不可不图公众之利益,政府负莫大之责任。苟行一过行,则万众攻之,若

文明与革命

更怙恶不改,则人民有立兴起而改换政府之势力,即所谓revolution(革命)者是也。

美哉,能自治之国民乎!不视夫法兰西乎?法国之人民,多知陆军者,平日已谙悉兵事,故当革命发起之时,其首领能操纵自如,遂克奏功。不又观夫美利坚乎?美利坚人最富于自治之性质,凡有美利坚数人相聚于无政府之地,此数人者,即自能组政府,办公事。有智识、有秩序、有决断,是诚所谓自由之民,不拘居于何所,皆能自由。中央行政官,断不能揽盗大权,降彼等为奴隶也。虽俄罗斯之局吏,其奈之何哉!国家之制度,乃国民的天才之组织物也。立一有法之活体,以管治其余,是谓政府。此国内之人民,莫不受最良之教育,而有最大之自治力焉。其团体乃完结而不可破坏。政府之有司,皆人民之公奴隶也。人民者,政府之大主人翁……

法兰西、美利坚国民自治之精神

自由民

尚有一事,不可不记:苟一国之政府,将一国才智之士,尽罗而入乎其中,则必大为进步之害。盖一国之政,必须旁观徒手之多数政论家,论列指陈其利害,发出等等与现在政府反对之政论,使政府知所法戒。其发挥政论之人,又必才智优卓,与现在政府之执权者相等,或大过之,指挥其疵瑕,而监督之,政事之失错者,乃可改良,而一国咸大得其益。盖任何一事,旁观者多清,当局者多迷,反对之政见,决不可无也。

政府不可无反对党

国政上最难、最复杂之问题,即看出妨止人群之自由及进步的根源,而不使人民之种种才智与政府同归于一辙是也。此弊之原,即政府集权势于中央,综括一切所有之利益。而防之之法,初无定则,其议论虽多,可以数言括之曰,"散布国权,而不集于一处。集学问智识于中央,又自中央分布于国中各处"而已。如亚美利加然,其地方自治

中央政府与地方自治之关系

一事,井井有条,由地方择举种种之有司,以任诸事务。其分类也极细,而于各地方各有其总理,如镜有之光心。至于治通国之事,则有政府,设官以监督各类之事。此诸监督官者,各任一类之事。自四方八极以至中央,集万异之学问,千殊之经验,汇合参同,以任各地方之公务,又周察外国事之属于自己分内者,故能长于国政,措施裕如也。所以集大势于中央,而传其意见于四方者,盖由中央传学问智识于四方,其势利便,苟僻在一隅,则必不免挟偏执之意见,狭隘之理论,故莫若居中央,占高尚之地位,博搜旁罗一切学识观察,以广知闻,此必不可缺也。虽然,中央政府既设律法以为引导地方有司之具,其遵依与否,仍有界限焉。盖中央既定总体之规则,先必任地方有司审察而决断之。苟有司不称职,则人民选之者皆负莫大之责任焉。凡地方之法律,皆于立法公会立之,苟地方官破坏其法律,亦一例得破坏法律之罪。中央政府于各地方之事,皆委之于其地方之有司,而徐观其成效,苟地方官不尽职则黜之,由人民别选。英国有救贫部院者,设监督官以管辖阖国贫民之事,居中央以察四方,与上所言之理合,不独救贫一事也。凡各类之事,虽由地方有司管理,其学识教化,莫不自中央以传于四方焉。虽然,政府当务发达各个人之才智思想,资助鼓励而不可妨碍之,不可偏于己之一面,以生阻遏人民才智之弊恶也。苟政府不务劝谕人民,图其发达,乃反桎梏拘挛之,则其罪莫大焉。一国之价值,所以高贵者,由于各个人之价值高贵,以次第合并而得也。苟一国之职事,徒循习惯之法则以管理之,务期同一,则人民之才智发达不速,智识卑下,是自屈其国之道也。国政犹机器也,苟以小人操之,不能成事而反败事,坏其机器,使失生活之力,逐渐至不能运动,以成弃物。呜呼!一国之政,大事

小人秉政之害

也。人民不知自由自治,甘心坐视,为小人之所坏尽,是岂
惟彼小人之罪而已乎?

> 老冉冉其将至兮,
> 恐修名之不立。
> 长太息以掩涕兮,
> 哀民生之多艰!

据《弥勒约翰自由原理》,少年中国学会,1903 年

五

足本卢骚民约论[①]

[法]卢 骚

序

卢骚《民约论》共四卷。一八九八年上海同文译书局刻日本中江笃介汉译第一卷,名《民约通义》。一九〇二年杨廷栋据日译成四卷。日译已多错误,杨译更讹谬不能读。二年前泰东书局复刻中江汉译第一卷。故《民约论》之书名出现于中国十余年,其真书竟至今不可得见。译事之难如是乎! 予居北京之暇,以法文原著与英文 H. J. Tozer 译本互证,译成今完本,共费八十日。卢骚之学说,近世多受人攻击。其反对代表政治,主张国教,崇拜罗马过甚,乃至主张独裁制,尤与近世政治原则相反。然主权在民之原理,推阐尽致者惟卢骚。故其书为法兰西革命之最大原动力,历二百年不废,永为世界大名著之一。各国皆有译本。予曾发愿尽译世界名著于中国。《物种由来》《自由原理》《社会学原理》后,此其第四种也。

民国五年除夕工学博士马君武记于上海

---

① 该书系马君武于 1916 年耗时 80 天,以法文原著和英文托泽尔(H. J. Tozer)译本互证翻译,除夕作序于北京的译本。1918 年 2 月由中华书局初版,32 开,平装,收入"哲学丛书"。后多次再版。至 1936 年 2 月印行 8 版。——编者

目　录

第九章　结　论

序　言

予幼时窃不量力,欲著一巨帙,阐明民约之理。此意已抛弃多年,今特撮约著为此书,多择前此成书之最重要者,以贡献于世,其余已不复存矣。

第一书

导　言

今予欲设为问题如下:以如是之人民,如是之法律,究能得正当稳妥之政治否?为研究此问题之故,予乃明见惟法权所许,与利益所归,二者能相调和,则义与利乃不相妨害。予所研究之问题,既如是其重要,人将诘予;汝既非王君,又非立法者,何为著书论政治?然予论政治之故,即在于是。设予为王君或立法者,则予所欲论著者,将现诸实行,否则含默耳。

予生而为自由国之公民,为主权团之一分子,对于公事,予所言虽无大势力,而既有选举权,则非对于公事毫无关系。予当思察政府问题之时,每有新发明,使予爱吾国政府之情益深,是予之所最乐者。

第一章　第一书之旨趣

人本生而自由,又处处受束缚,有多人自谓为他人主,其实为大奴隶。予诚不知此变化之原因,予所能解释之问题,即使其复归于正道是也。

若设人民失去自由之原因,为强力及施用强力之结果,则予可言人民惟受压迫而服从,若能自脱衡轭则善矣。如人民用其已失之权利,恢复其自由,盖夺去人民之自由,既不合于理,则恢复之为合理矣。社会之秩序,为一种神圣人权,是即一切事物之基本,此人权不本于自然,而本于协约。今所欲论者,即此协约为何物是也。

第二章　最初社会

最初之自然社会即家族。然儿辈与父相依附,以其须保护之时为限,当此需要既息,则此自然结合即解散。为父者不须复保护其儿,为儿者不须复服从其父。若此时父与儿此时之关系不解,则非自然的而为情愿的,故家族之结合,乃依协约之理。

寻常之自由,即人类本性之结果。其第一法律为自保护。其最初注意,为事物之属己者。人类达自主之年龄后,自能别择保卫之法,而为己身之主人。

家族为政治社会之最初模型。主政者即父也,人民即诸儿也。人民生于自由平等,为自己利益之故,乃放弃其自由。父爱其儿,儿还养其父。主政者爱其人民,主政者之幸运,即在于是。家族与政治社会之差异,如是而已。

格娄偸司(Grotius)①谓政府非尽为利民所设,即举奴隶为例。格氏之理论法,每据事实为权利,甚足以祖护暴君也。

据格娄偸司之理,不识人类属于一百人欤？抑此百人属于人类欤？(按:百人即指帝王一类。)格式全书所论,似近于前者。霍布士(Hobbes)②之书亦然。若是,则人类可分别如牛群,每群有一牧人豢养之,以击椎充食耳。牧人高出于牛群,君长为人民之牧人,亦高出于人民。

---

① 　今译胡果·格劳秀斯(Hugo Grotius),荷兰法学家。——编者
② 　今译托马斯·霍布斯(Thomas Hobbes),英国哲学家。——编者

故据费娄(Philo)①所述罗马皇帝卡里古纳(Caligula)谓君主为神,人民为禽兽也。

卡里古纳之理想,与霍布士及格娄偷司之理论相同。三人之前,已有亚里司多德谓人类非自然平等,有生而为奴隶者,有生而为主治者。

亚里司多德本不误,惟误认后效为前因耳。奴隶之子,复为奴隶,是为实事。奴隶团体既失去一切,且复无意离去,其自甘卑辱,与希腊由礼士(Ulysses)②朋僚之自甘横暴无异。故奴隶之所由成,因成为奴隶之先,已反背本性。最初为奴隶者,必以强力压服之,及卑懦性成,乃自甘为奴隶而不思离去矣。

予尚未言及亚当(Adam)或诺亚(Noah)。古书谓诺亚三子,均分天下,与所传撒但(Satan)诸儿事同。予今亦为诺亚三子之一后裔,或为支派中之最贵者。据古书之说,予亦当为人类之王矣。其实亚当为世界主,无异鲁滨孙(Robinson)为荒岛主。因彼为唯一之生人,可安据王位,无革命战争谋反之忧,此帝国之景象,为如何安乐乎?

第三章　最强者之权利

最强之人,非以权力变为权利,服从变为义务,不能为人主。故最强者之权利,其取得极可笑,而实定为一种原理,此固不难解释者。强力为一种物质的权力,其所生效应,不能成为道德。为强力所屈服者,乃强迫而非心服,不过自全之一计尔。至于义务一语,则是何意义乎?

今试以此假托之权利研究之,是诚毫无意识之所为。因以强力造成权利,其效果每随原因而变。有第二强力足胜第一强力,亦起而代取其权利,苟有术以不服从之,即合于法。而最强之人,即合理之人。人将争为最强者。强力既止,权利亦息。盖既因压迫而服从,即与义务无关,压迫

---

① 今译费龙(Philo),公元 1 世纪时的犹太哲学家。——编者
② 今译尤利西斯(Ulysses),罗马神话中的英雄。——编者

既不遂,则义务亦停止。故权利一语,于强力无所加增,不成为物。

服从权势,即为强力所压迫耳。是不过一表面语。人谓一切权势出于天,予姑不辩。疾病非亦出于天乎? 何以得疾病者须延医师乎? 设于深林间遇强盗,予苟被逼而以橐金与之;然予苟能藏匿不与,亦道德之所许。因强盗所持手枪,为一种优越之强力耳。

可知权力非即权利,吾人所当顺从者,惟合法律之威权。是为予所论之第一问题。

第四章　奴　隶

人类既无何种本然威权,以加于本类,而强力非权利之源,则协约为人类一切法律的威权之基本,无可疑矣。

格娄偷司言:"个人可放弃其自由,为一主人之奴隶,何以全人民不可放弃其自由以为一君主之奴隶?"其言之需解释者甚多,今仅就"放弃"二字言之。所谓放弃者,即畀与或售卖是也。人之成为奴隶者,非以己身畀与,乃自售卖以求生活耳。全人民则无自售卖之理由,且君主不能自生活,赖人民而后能生活。纳倍来(Rabelais)①言君主实不能自存活,人民既以己身相畀与,又尽失其财产,吾未见其尚有孑遗也。

或谓专制君主能保障国内之平和,是或然,然人民所得几何? 专制君主每为野心所驱迫,以惹起国外之战争,又行政喜怒无常,其弊尤甚于内乱。人民日在愁惨之境,何所得于平和? 彼处牢狱之内者,亦何尝不平和,岂能以是为满足乎? 格里克②等居西克娄卜(Cyclops)③之土穴中,亦何尝不平和,惟坐待屠食耳。

若曰人生无所求,此荒唐无思想之说也。若是之行为,决不合法,且

---

① 今译弗朗索瓦·拉伯雷(Francois Rabelais),法国作家。——编者
② 即希腊人。——编者
③ 即希腊神话中的巨人族。——编者

非出自本心,若曰全民族皆如是,是必为贱愚之民,疯狂之事,焉得谓为权利乎?

无论何人,可放弃自己,而不能放弃其儿女。儿女生而自由,除自身外,无他人有权夺之。儿女未成年之时,为父者当设法保护之,而不能任其受凌虐。因是实背反自然之目的,超出父母权利之外也。仿此欲一政府之合于法律,当使人民能自由选择,赞成之或反对之,则政府自不至流于专制矣。

剥夺一人之自由,无异剥夺其人之本质。即剥夺人类之权利及义务,此外更无物可以补偿之,是不与人之本性相合。盖失去意思之自由,即失去行为之一切道德也。一方主张绝对之威权,他一方主张无制限之服从,是与协约之旨,绝不相容。人与人相对,绝不能使其一能有无限之要求,无等待,无交换,一切行为,皆为无效。奴隶既属我,则彼更无权以反对我。彼之权利,既为我所有,则不能用此权利以与反对。天下事至不通者,莫过于是矣。

格娄偷司等又以战争为所假称奴隶权之他一原因。谓战胜者有权以杀战败者,战败者即可放弃自由,以赎其生命,两方俱利。所谓杀死战败者之权利,决非战争之结果。人类在自然界中,本非仇敌。当其初始独立生活之时,其交互关系,本无平和或战争之可言。战争之原因,乃事物之关系,而非人之关系。由单独个人关系,不起战争;惟因事物关系乃有之。然是在自然界中亦无其事。是时尚无确定之所有权,即在社会中一切以法律之威权治之,故个人亦无所争,而所谓私战者,亦无自而起。

私人争斗,非战争也。所谓决斗者,法国王鲁易第九曾许之。及僧侣托神意媾和,皆封建政府之恶制,与自然权利之原理及安良政府制,皆不相容。

故战争非人与人间之关系,而为国与国间之关系。是时个人偶然为仇敌,其为仇敌非个人,亦非市民,而为兵卒;非祖国之一分子,而为祖国之防御者。简而言之,每一国以他国为仇敌,而非以个人为仇敌。此其个人之真实关系,不能确定,若不同类之物体然。

此原理无论在何时代,无论在具何种文明之民族,皆已认为原则。战争之前,必先宣战,不惟警告此国也,且警告其人民。外国之人,无论为国君为全民族为个人,苟对一国之政府,未曾宣战而劫掠杀死,或拘留其国之人民,则不成为仇敌,而为土匪。虽当战争之时,已尽取敌国之所有,而必重视其个人之人权及财产权。盖敬重敌国民,即所以庇护己国民也。战争之目的,为破坏敌国,故其国人手执兵器以事防御者可杀之。若释去兵器而来降顺,则即非敌人,而为寻常之人,不能害其生命,故恒有征服一国而不杀一人者。战争以达目的而止,不取杀人也。凡此所云,皆与格娄偷司所主张之原理相反,彼所主张者乃上古讨人积习,与事物之本性及良心皆不相合也。

即战胜之权利言之,其根据为最强律。若战争时战胜者无杀死战败者之权,即不能据此以战败者为奴隶。杀敌之故,既非以防止其为奴隶,则使其为奴隶之权,非根据于杀敌权明矣。战胜者何得有权剥夺其自由以偿赎其生命,则自蓄奴权定立生死权,或自生死权定立蓄奴权,皆悖于理明矣。

战争时之不正杀人权,虽经允许,而将战败者迫为奴隶,此奴隶非被压迫不得已,亦无绝对服从主人之义务。因杀之无益,乃蓄为奴隶,以图己利。强力之外,生出一种权利,战争之状况永不改,若无平和条约之存在者,而成为一种协约,此协约即永远继续战争之状况者。

无论如何,蓄奴之权利,永不能成立。不惟不合法理,且绝无意识。奴隶与权利二名词适相反,而不能并存。或人与人言,或一人与一民族言曰:"我与汝立约,汝全受损而我全受益,随我之意,汝与我当常谨守之。"此非至愚之言而何?

第五章　最初协约之必要

今姑舍此上吾所驳斥者不论,彼主张专制主义者,亦不能有所进。盖压迫众人,与治理社会,乃判然两事。不合群之人,先后降伏于独夫之下,此纯为主奴之关系,而非国民与首长之关系。此等人能成部落,而不能成社会,因其无公产,无具体政治也。若是之独夫,虽使世界之半部为其奴隶,彼亦不过为一个人,其利害与余人不相关,而仅为私人利害。己身死后,其帝国必亦随而瓦解,有如巨栎既尽火烧,所余者惟一堆残灰而已。格娄偷司言:一国民可举身以献其君。据此言则民族当举身献其君之前,已成为国民矣。此举身献君之事,为一种民事,且本于一种公决,则当判决一民族选择君主之前,当判决此民族何以成为民族之理,因此为他事之前提,而社会之真实根基也。

据事实言之,若此选举苟非全体一致,其前无协约,则必有少数服从多数议决之义务。不然,百人欲之,十人不欲之,此百人之权利何所来乎?议决从多数,是必为一种协约,且众人对此协约,至少有一次无异议者。

第六章　民　约

设谓人类在自然状态中,有各种阻力以妨碍其保存,每一个人须有力以抵抗之,而保存其位置。但此等原始社会之状态,今已不复存,人类若不变其生存之状态,势必同归于尽。

人类既不能创造新势力,惟有合并指导已存之势力,故其自卫之法,惟在结合众力以抵御反抗力。既以众力结合,乃变为单独活动力。

此诸力之和,惟以众力合并得之。然每一人之强力及自由,为其自保之重要武器,当以何法善用之,使不自损,且无害于自保乎?是其解释如下:"今欲得一种结合之形式,合群族之全力,以保护群内各人身命财产,同力合作,不但自服从,且仍自由如前。"此为以民约解决之根本问题。

此契约之文字本性,至为确定,稍与更改,即空乏无效力。此契约虽未经正式宣告,然无论在何处皆同一,皆经默许承认。民约被侵犯,则各复其本来之权利,自然之自由,而失去协约之自由矣。

此契约之文字正确,解释之可简括为一句,即每个人对于全群,放弃其一切权利;每个人既如是,故一切平等。每个人不为一己利害之故,使他人有所不便。

　　每个人当尽让与其权利,而无所遗,因结合须完全,而每个人不能特别有所要求。若个人之权利有所遗留,则群中无居尊位以判决个人间及个人公众间之事,每人争为判决,人人皆效之,最初自然之状态,仍存不改,其结合乃变为专制无用矣。

　　约而言之,每个人弃己以让全群,非以让一人,各人让出同样之权利,一切平等,自卫之力,乃更强焉。

　　民约之精义,又可简言之如下:"每个人以本身及全力举献于公意监督之下,全族合一而不可分。"

　　个人既结合为协约群,依其行为,即产出一种道德的及聚合的团体。其分子甚多,如会场之诸会员,行为一致,成为一大我。有同一之生活及意志,即以个人集合成为公人。最初者名市,今名为共和国或政团。其本团体之分子,当被动时,名之为国家;当主动时,名之为主权体;与同体相比较的,名为列国;其团体之总名为人民;每个人因其为主权之一分子,名公民;因其服从国家之法律,名属民;但此等名词,每相混淆,彼此误用,而其本意固不可不明辨也。

第七章　主权体

　　如上所述,团结之行为,为公众及个人之交互作用。而个人于协约有两种关系:其对个人之全部,为主权体之一分子;其对主权体,则为国家之一分子。于此不能适用民法公例,谓对于本己所结条约不生效力。因对本己及对本己所团结之全体,固大有区别也。

　　公众之决断,既能使一切国民依前述两种关系,对主权体负一种义务;反言之,主权体对之则不负何等义务,而主权体不能以法律侵犯之,此其关系实与个人对自己所结条约无异。故对于人民团体,无负义务之根本法,民约亦然。但此非谓一团体不可以与此协约不相违背之他团体相结合,如就外国人言之,则彼不过简单一个人而已。

此公众团体即主权体,惟依协约之制约而存在,故不能对本己或他人负一切义务之与原协约相违反者,有如放弃权利之一部分或服从他主权体等事。侵犯此协约,即无异于自灭,所谓零之积仍为零是也。

民众既结合为一团体,则害其一人即攻其全体;犯其全体,每个人亦必感其恶效。义务及利害二者相迫,使两部分为协约者互相扶助;且因此二重关系,使众人之利益互相结合。

今已知主权体为个人集和之所成,无论何种利害,皆不得与个人者相反。故主权对于国民,不须有何种保证,因全体必不愿加害于四肢,个人之不能受害,与此同理。主权体简直如是,且必应如是。

国民对主权体之关系不如是。主权虽为公众利害所关,若国民对之不忠,彼亦无从实行所约也。

每一个人或有特别意思,与公众之意思相反或相异,且其私家利害或与公众之利害不同,其绝对的及本自然的自由,或使其视尽力公事为特别义举,谓不尽力于众,未必有害,尽力则于己不胜其烦;或以为构成国家之道德人,为理想中人,欲享公民之权利,而不尽国民之义务。此类不正当之事若大昌,政治团体,必致灭亡而已。

欲民约之不成空文,则必须默认下条之义。曰:不服从公意者,当以全体制限之。是即迫使其自由,是为结合一国公民使不为私人独立之条件。使政治机器,得以操纵工作,而国政不致流为误谬专恣,国民不致限于大不义矣。

第八章　人治之世

当由自然世进于人治世之时,人类亦起显著之变异,有如以正谊代本觉,行为必合于道德。当是之时,向之为血气所驱使者,今则受令于义务;向之直情直行者,今则秉承于法律;向之惟知有自己者,今则为他原理之所拘束,先就商于良知。因是其所牺牲自然利益虽多,而所得之报偿亦不少。其天才受训练而发达,其理想扩张,其感觉高尚,其心性优越,此快乐之时期,实使其由愚蒙之兽类变为聪智之人类也。

今就易于比较者言之,人类因民约失其天然自由及无制限之权利,而所得者为人治之自由及确定之财产。天然自由,惟以个人之权力为制限;人治自由,则以公众之意思为制限。又天然界之夺有权,为强力及最初占据之结果;人治界之财产,则以确定之文件为根据。

人治之世所得者,除上所述之外,尚有道德之自由。人类得此,乃实为一己之主人。因形气驱使,为奴隶之事,服从自己所定之法律,乃为自由。自由之哲学解释如何,本章尚不及论之。

第九章　财　产

民群成立之时,每人以己身及其权力纳入之。其所有财产亦属其,为其所有权力之一。此时所有权变为主权体之财产,其所属虽变,而性质不变。因国家之权力较大于个人之权力,故公产愈确实而不可侵犯。其对外国人尤甚。国家对国民,据民约之理言之,为其一切所有财产之主人,此民约即一切权利之根本。但以他种权力比较言之,其物主权实由个人之最先占据权而来者。

最先占据之权利,比之最强者之权利,虽较为真实,然必俟财产已确定之后,乃为真权利。每一人所需之物,自然有权利以求得之。而既成为某项财产所有者之后,则其余即非其所有;其所得之一部分既确定,则须以此自足,无权以更要求尚未分析之财产。故最先占据权,在自然界甚柔弱,国人皆尊重之,而此权惟对所有者生效力。

欲最先占据权之合于法理,必须附下列三条件:(一)其土地必尚无居人;(二)所占据之土地必仅足供其人之生活;(三)占据之后不可徒居空名,必须工作耕种之。是时文件不备,占据之记号,他人须尊重之。

若以最先占据权与必要及工作二条例相结合,尚有疑问;其权岂非被扩充甚远而无界限乎? 一立足于寻常土地之上,遂可宣告所有权乎? 暂时逐去原有居人,遂足以拒绝复收权乎? 一人或全人民取得广漠之土地,逐去全民族，夺取自然界所与此民族居住之所，生活之方，非犯法之篡夺而何？有如西班牙人卢枭巴布（Nunez Balbao）①据卡司提勒（Castille）②之名，宣告太平洋及南美洲之所有权，此岂足以夺去其居民之所有权，且使他君主不染指于是乎？此种宣告皆不过空言。若如是，则罗马教国王仅作数次宣告，即可以占领全世界，逐去其他已占据其地之君主矣。

若此可知个人之土地联合之后，成为公地，而主权则由国民扩充于所居之国土，成为真实产业。所有者非复独立无依，即以自己之权力为保障。此种利益，古时之君主未及知之，有如波斯王、西定王、马西顿王等，仅自视为民众之君长，而不知为其国土之主人。今世君主如法兰西王、西班牙王、英伦王等，据有国土，彼盖实知其居民之属己也。

此权力让与之特性，为公群既收受个人财产之后，即反与以法律的所有权，变篡夺为真权利，变享受为实主。是所有权者，自居于公产存贮主之地位，其权利为全国人之所尊重。集合全国人之权力，以对待外国人。故一转移间，公私皆有利益，其所让与者即复收还之。至于主权体及产业主人，对于此地产权利之区别，俟后述之。

有时人民于未得何种物权之先，已先集合而后占据一土地，足供全人民之用者，公同享受，或自分之，或由主权体均分之，或按比例分之。其取得不拘用何方法，每一个人对于所有产业之权利，必在全群权利之下。否则联合必不牢固，而无施行主权之实力。

今于本章及本书结束之时，复述全社会联合之根本，使人注意，即以基本民约破弃自然平等之时，实以道德及法律之平等代换自然界形气之不平等；故人类之强力及智力虽不平等，而在协约及法权上，则一切莫不平等。

---

① 今译努涅斯·巴尔波（Nunez Balbao），西班牙航海家。——编者
② 即卡斯提尔国王斐迪南五世（Ferdinand V）。——编者

第二书

第一章　主权不可放弃

上述原理之最初及最重要结果,即依公意以指导国家之势力,一切以公益为指归。因私人利害每多相反,不能不建设社会以谋此利害之调和。为欲利害不同者之能相同,乃为社会联合,故非有利害于某数点相协合,社会必不能存在。今因有公同利害之故,社会于是受治焉。

主权非他,即实行公意,故主权决不可放弃。而主权为集合物,故惟能自代表之权力可以推移,意思则不可以推移。

特别意志与公众意思,于某点不相符合,是为可能之事:而此符合遂恒久确定不变,是为不可能之事。因特别意思每趋于专嗜,而公众意思每趋于平等。又欲此协合得一种的确保证,则尤不可能,因此协合之存在,乃机会之结果,而非伦类之结合也。主体权可云:予所欲如某人所欲,或如己所欲。而不能云:予所欲将如某人明日所欲。因公众意思不能受将来之束缚,且不能依赖某人所欲,而与某人所欲某种有福益之事相反背也。若一国民徒誓相顺从,此即其分离之兆,而失去人民之性质。国民仅有一主人,而无所谓主权体,政治团体遂破坏矣。

此非谓首长之命令,必不能通过于公意之议决,主权体随时有自由与此反对之权,人意所向,有时可自一般含默中察得之。此事俟后详论。

第二章　主权不可分析

主权既不可放弃,依同理亦不可分析。所谓公意者,或属于人民之全体,或属于一部分。前者公意即主权之作用,成为法律;后者为特别公意,如行政作用,至多成为命令而已。

今之著书家既不能分析主权之原理,则分析主权之事件。有如分为权力、意思、立法权、行政权、征税权、司法权、战争权、内国行政及外国人待遇权等。时而混淆,时而分离,使主权变为以诸部分联和而成之怪物。恰如以数体合成一人,一体具眼,一体具手,他一体具足。世传日本幻术家当众人以小儿斩割之,以手足抛掷空中,复合为小儿坠下,复有生命如前。今世之著书家,实无以异于是。既以欺骗之言,以社会体截断后,又复联和之,人不知其操何术也。

此错误之原因,在彼等不知主权实为何物,而仅据自此分出之一部以立言。例如宣战媾和,已视为主权作用。其实不然。因此非法律,而仅为法律之应用,为决定法律之特别作用。其详俟后论法律章述之。

由其他所分析者,依同法证之。可见主权有时若被分析者,实吾侪设想之误。自主权一部分所分出之权利,皆立于主权之下,且大概属行政权,非最高公意也。

著书者论政治权利,每据其所立原理以决君主及人民权利,恒欠正确,其昏昧不可胜言。有如格娄偷司第一书之第三章及第四章,固执谬理,其翻译者巴贝拉克(Barbeyrac)亦然。为恐妨害其所欲调和之利害之故,言之不敢多,虑所言不足以发挥其意见。格娄偷司亡命法国,欲媚事路易第八,作书以献之,不恤破坏人民之权利,以与君主。巴贝拉克以所译献英王佐治第一[①],其用意亦相同。不幸遇遮晤士第二[②],为防止威廉[③]篡夺之故,使其说归于无效。若此二人能采用真原理,必可除去一切困难,长垂不朽。所说将为真理,造福于人民亦将不浅。然真理无报偿,人民无与以利禄,锡以公使教授,给以恤老金之权,故不为也。

---

① 即乔治一世(George I),英国国王。——编者
② 即詹姆斯二世(James II),英国国王。——编者
③ 即威廉三世(William III),英国国王。——编者

第三章　公意之错误

由前所述,公意必常合于理,而倾归于公益。然人民之决议不常如是。人类每欲自善,而不能常获所欲。人民固决不至腐败,而每易于受欺,即其所欲者为恶是也。

人民全体之意,与公意有大区别。后者以公众利害为重,前者以私人利害为重。即特别意思之和数,以不同者正负相抵得公意,即二派不同意思之较数。

若人民当决议前,明悉其事,又未与他市民交换意见,则所成公意相差必甚少,其决议必佳。若有一部分成为偏私之党会,就其会员之利益或地方之特别利益,成为公意,则于全体社会颇有害,所得较数不多,其结果不良。若诸党会中其一最大,则所成公意非诸较数之和,不可谓之公意,直可谓之特意耳。

故欲得真正之公意,国内不可有偏私之党会。每一公民得自由陈述其意见,是为来喀古司(Lycurgus)①立法之本。若国内既有偏私之党会,则须增加其数,以免不平等。梭伦(Solon)②、陆马(Numa)③、塞如乌司(Servius)④等为之。故如欲得明白之公意,而人民不致于受欺骗,不可不设诸法以豫防之。

第四章　主权之界限

如国家或市邑为道德人,则生命惟赖其分子之集合,如其重要之职务

---

① 传说中的公元前 8 世纪斯巴达国王。——编者
② 梭伦(Solon),公元前 594 年任雅典第一执政官。——编者
③ 今译努玛(Numa),传说中的罗马王政时代第二个国王。——编者
④ 今译塞尔维乌斯·图利乌斯(Servius Tullius),传说中的罗马王政时代第六个国王。——编者

在自保,则须有普通强迫力,以运动指挥其每一分子,以利便全体,有若自然界与人以绝对指挥肢体之权。政治团体亦由民约得一种超越于诸分子上之绝对权。此权当受公益指导之时,名主权。

但除公人之外,仍须论及组织此公人之私人,其生命及财产自然独立者。欲决此问题,每分明区别公民权及主体权,且须明辨市民为国民所当尽致义务,及为人类所当享之自然权利。

无论每个人依民约所放弃之权力、产业、自由为何部分,皆以群体所必须者为断,而惟主权体能判决何者为所必须。

当主权体要求之时,市民当献其所负之义务于国家。但主权体不能以实于全群无益之担负,责归国民,且不能有此意思。因据良知及自然公例,不可以无故作某事也。

人民对社会所生之义务,本为互利的。本性既如是,故当履行之时,为他人工作,亦须为自己工作。公意常合于理,而无人不欲一己之兴盛。岂非无人不重视一己,而当表决时,以是为大众之故乎?此可证权利平等,及自此出之正谊,皆由每一己之专嗜所生,是为人之本性。而所谓真实公意者,其目的及元素皆应如是。公意自全体出,所以谋适用于全体耳。若倾向于个人及一定目的,皆失去公意之本性。自吾人所不知者下判决,则无平等之真实原理以为吾人指导矣。

当某特别事实或特别权利成为问题之时,而非前此公共协约之所规定者,则其事甚难决断。是成为一种诉讼,与私人之利害相关者为此造,公众为彼造。当是之时,既无可依据之法律,又无能判决之法官,又不能诉之公意,以偏袒一方,陷于不正或错误。特别之意思,既不能代表公意;公意既有一定之目的,即其性质已变,不能判决某人或某事。有如当雅典人民举黜首长,颁予荣典,施行刑罚,及以特别命令行政府之职权,则人民已不具有公意,其行为不关于主权,而属于行政。予今此论,或与寻常理想不同,然予个人之意见如是,后将扩言之。

由是可知欲造成公意,所得之赞成人数,必不如公共利害所连合者之多。每个人皆依此服从条件为利害及正义之结合,全群讨论,为平等之精神,非议论私事时所可比,盖议论私事时,无公共利害,使法官原理及党派原理二者能联结调和也。

无论依何路途归至吾人所主张原理,其结论皆同,即公民依民约得平等。居同一条件之下,享受同样之权利。且据协约之本性,主权之每一行为,即公意之每一展施。皆使一切公民负相等之义务,受相等之惠益,而主权体惟认识国民之全体,无有分别。

主权之行为究为何说乎?是非居上者及居下者之一种和约,而为全体与各分子之和约。是以民约为根基,故为法律的和约;是为全体所同,故为平等的;是其目的在公益,故为有利的;是以公共力及优越权为担保,故为确定的。国民惟服从协约,故即服从己意。欲知主权体及公民之权利扩张至何地位,当先知公民间之结合如何,即个人与全体之结合如何。

由是可见主权虽完全绝对,完全神圣,完全不可侵犯,而不可越过公共协约之界限。协约所遗留之财产及自由,可以任其如何处分。故主权不能使一人受累,甚于他人,因如是则显示区别,其权力遂不完足也。

此区别既明,可知个人实不因民约有所损失,其地位且因此改善。其不确定且无常之生活,因此变为更善更安全;其天然独立,变为自由;其害人之权力,变为自卫;其可胜之武力,变为社会结合之权利,不可侵犯。人民之生命既奉献于国家,即永远受其保护。当其舍生卫国之时,亦惟以报其所受之恩。当在自然世,人各自卫,常不免于战争,其危险实更多。为国家战争,惟在必需之时,然因是即不须为己战争,人民因国家得安全,岂不应为是受危险,如昔时个人所常受者乎?

第五章　生死权

或谓个人无自弃其生命之权,既无此权,何能以此移送于主权体?此问题之称述更不善,故若难于解决。每一人为保护其生命之故,不惮冒受危险。有人自窗下坠,以逃避火灾,决不能坐以自杀之罪。船破死于海浪中者,当乘船时,实未加料,亦不能以此罪加之。

民约之目的,为保护结约之全群,凡欲达目的者,须有方法,虽经如何危险,受如何损失,皆所不恤。凡欲牺牲他人生命以自保者,当必要之时,亦须牺牲己生命以保护他人。法律须人死之时,公民不能自为审判人。故当首长谓为国家幸福之故,汝当死,则受命之人不能生。因凡结约之人因是得生活,无灾害以至今日,其生命不惟为自然所赐,且为国家依一定条件所赐也。

犯罪受刑罚之理,即本于是。人民不当被人虐杀,虐杀人者罪当死。当其结协约时,本以保护生命,且决未预料结约之某人,当被刑死者。

凡行恶之人,侵犯社会之权利,即对于国家犯谋叛罪。既犯法律,即复非社会之一分子,且对于社会宣战。当是之时,保护社会及保护个人,二者不可得兼。处以死罪,非减少一公民,乃减少一敌人。控诉审判,为其破坏民约之证据,及宣告彼已非复国家之一分子。彼既自认己罪之后,为破坏民约者,当处放逐;为公众仇敌者,当受死刑。因为国家仇敌者,已非一道德人,而为一寻常人,可援战争时杀敌之权利处决之。

或谓处决罪人为特别行为。此处决纵不属主权体,主权不能自施行其权,必可以易换行之。予之理论如是,今未能纵言也。

死刑频行,常为政府柔弱懈情之记号。人虽不肖,终未有一无所用者。吾侪无权杀人,且不能杀人以示警戒。然有等人若加以保护,即足以致社会之危险者,不在此例。

今即赦宥权论之,即罪人已为法律及审判官认为有罪,免其受罚之权,是必属于超过法律及审判官之一权,即主权体。但此权甚不明了,其施行亦极稀罕。政府良善之国家,刑罚甚少,非因其有赦免权也,因犯罪者少也。国家当衰亡之时,犯罪者每得免罚。在罗马共和时代,元老及执政人皆无赦罪权,人民虽有时反对判决,亦不许有赦罪之事。赦宥频行,犯法之事愈多,其结果如何,不难明见。予论此事,予心实踌躇不能复执笔。请俟极公正之人不致错误,且决不须赦宥者,讨论此问题也。

第六章　法　律

因有民约,遂有政群之存在及生活。然必须有立法之事,政群乃能活动而有意识,据最初之行为。此政群既造成联合之后,更进一步,即谋此政群之自保卫。

凡具有命令权者,必其本性如是,与民约无关。一切正义出于神,是为正义之渊源。然不能自神直接承受之,故须有政府及法律。而世间普通之正义,乃出自良知。今自人类之立脚点观之,正义之法律,无自然制限,在人类间不可实行。因有遵照法律者,亦有不遵照者,故不免恶人受惠,正人受祸也。惟民约与法律二者兼行,使权利与义务不偏废,正义乃有应用之途。在自然世,凡物皆公有,无取无求,于己无用之物,乃认为他人之所有。在人治世则不然,一切权利皆有法律规定之。

法律究为何物乎?若仅以形而上之理想解释之,则无论如何辩论,皆不能明晓。若已知自然界之法律为何物,则亦可知国家之法律为何物。

前此既言凡关于某特别事物者,即非公意。此特别事物有在国家内者,有在国家外者。若在国家外,既无关系,即无公意可言;若在国家内,则为国家之一部分。全部分对一部分之关系,可分为两方,一方为此一部分,他一方为全部分减去此一部分之较。全部分既减去一部分,即非复全部分,而为不相等之二部分。则此一部分之意思对于他部,皆非公意明矣。

若全部人民为全部人民之事,发出命令,则是属其本身之事。其全部事物之视察点虽不同,而大概无分歧。既属公事,即为公意。凡关于此类之文件,名曰法律。

如云法律之目的为公共的,意谓法律常合论一切人民;其行为乃抽象的,其所指之人非个人,所指之行为非特别行为。有如法律虽主张特权,而不指名属于某人;法律可以公民为数阶级,及颁予勋位,而决不指定何人;法律可建立君主政府,定世袭制,而不能选立君主,指命王族。简而言之,关于个人之作用,皆不属立法权范围之内。

由此立脚点可见立法为何人之职权,可不必问,因是为公意之行为也,又不必问君主超出法律之上否,因彼为国家之一分子也。不必问法律不正当否,因无人对自己不正当也,不必问吾人为自由,何以又服从法律,因法律不过为吾侪意思之记录也。

法律以普通意思与普通事物相联合。凡任何人以自己权柄所写定者,非法律。即主权体对于一特别事物所写定者,亦非法律,而为命令;非主权之行为,而为行政之行为。

故凡以法律治之国家,其行政制度不拘如何,即名之为共和国。因以公众利害为主题,以公共福利为要件也。凡合法理之国家,即共和国,俟后论政府章解释之。

法律不过为人民集合之条件,人民既当服从法律,即当为著作法律之人。有如立会之人,当自定会章也。至其如何决定,则应研究。或为公同条约,或为仓卒感应,或政群有一机关以表示其意思。谁则准备章句,且刊印之,于必要之时,如何公布。盲群聚处,每不知自己之意思如何,何以能胜此至大至难立法之事?是为须研究之问题。人民每己欲善,而不常得之。公意每合于理,而其抉择则每不当。故须知事物之实情,及其当然之现象。必择取正路,而不为私人利害之所导引,明察时间及地位,使显明利益之吸诱,与隐微恶害之危险,恒得平衡。个人能见所弃之善,公众每欲得所不见之善,故皆须有良导师。个人须自抑意志以就良知,人民当教导以知其所欲得。公众开明,则社会之知识及意志乃能会通,各部分以至全体之至大权力,乃能同力合作。由是可知立法者之为必要矣。

第七章 立法者

今欲发见与国民最适合之集合规则,须有上智以明察人类之情欲,而不须亲历;洞达人类之本性,而不为所溺。其幸福与吾侪不相依倚,其利益与吾侪不相关系,以未来之进步为职事,在此时代所作之工,将于他时代享受之。由是观之,惟神能为人立法耳。

卡里古纳为同样讨论,引至事实;柏拉图则注重权利,所著《国家论》即释述平民及良民之义。人皆谓伟大君主为稀有人物。伟大立法者则何如? 前者不过服从后者所树立之模型耳。后者如机匠,创造机器;前者如工人,用此机器作工。孟德斯鸠有言:"当社会初生之时,共和国之首长创设制度;此制度既创设以后,遂为共和国首长之模型。"

敢为一国民定立法制之人,必自审能变移人类本性,改造个人之本自视为完全独立之全体者,为大群之一部分,使其生活及全体,有与大群相同之处,改变其构造而更加强焉。使自天然界所得独立血气之生活,变为社会道德之生活。一言以蔽之,使人类弃去自然之权力,而受取外来依他人扶助之权力,其自然之权力愈消灭,则受扶助之权力愈大愈久,组织亦愈巩固完全。乃至使每一公民除与其余联和外,不成为物,至全群之力集合,与一切个人天然力相等。且超过之时,立法之事乃达完全之最高点。

立法者无论据何方面观之,皆为国家之非常人,其才识与职务皆然。是既非行政事务,亦非主权。其职务为共和国构造之一机关,然亦其本体之机关。是为一种特别超越之职务,而与寻常人类政府不相同,有如治人者不宜操纵立法之事,立法者不宜干预治人之事,否则以法律辅助情欲,适足以维持其不正之行为,既渎犯立法之神圣,即永不能阻抑私人之利益矣。

来喀古司当为其国家定法律之时,即辞去王位之尊。希腊各国之习惯,每依托外国人为制定法律之事。近世意大利诸共和亦仿行此法,日内瓦(Geneva)行此法,甚得其益。罗马当最隆盛之时,以为暴君一切罪恶皆自己出,洞见立法权与主权混和之害。

罗马行十二人会议制时,从未独揽立法权。常对人民言:吾侪所提议者,非得汝等之许可,不能成为法律,汝等罗马人其自为保固汝等福利之法律之立法者。

制作法律者,不须有或不当有立法权。人民之直接立法权,虽依本愿,亦不可剥夺之。因据根本民约,惟以公意使个人集合,特别意思之合于公众意思否,以人民之自由表决为定。此义早经陈述,今特重言申明之耳。

吾侪读立法著作,发见有不相容之二物,即超过人类权力之企画,即实行此企画之威权,实无一物者。

于此有他困难,亦当注意者。聪明之人,欲以己语与俗人言,而不用通俗之法,其意难宣。今者理想千种,断不能以俗语传达之。极普通之观念,极高远之事物,皆非言语所能至。每一个人除自己利害以外,恒不了解政府之计画,故不能识良法律因损失所受之利益。欲初造成之国民能赞和政府之良格言,观察国家政策之根本律,必须以效果为原因。而社会精神之由制度工力所致者,须超现于制度之上。且人类当为所造法律之所模范,因是立法者不能用强力,亦不能用理解,而必须归向一种特殊威权。不用强暴,而能威迫,不恃证明,而能劝喻。

因是之故,无论在何时代,凡建造国民者,皆以天干涉之,以自己之聪明托之于神,以坚其信用。使国民服从国家之法律,如服从自然之法律;承认造人及造国家者为同样权力,而顺从之。为公共福利之故,乐受羁勒而无所怨。

立法者每托神立言,主张最高之理,非常人所能至者。凡人智所不能动者,以神权胜之。但非无论何人皆可托于神秘,及自称为神之传话人;亦非尽人皆信之。故立法者须有证据以实证其使命。寻常之人,可埋藏石碑,贿托预言,假称与神秘交,畜鸟通语,或用其他方法,以欺人民。但此等方法,或足以聚合愚人,而断不能建立帝国,且每与所弄愚策,同归消灭。故虚骗之术,不过能暂用于一时,惟大智乃能经久。犹太法律,至今尚存。回教徒之法律,推行至世界之半。至今日尚证其立法者为伟人。骄矜之哲学,愚盲之党见,每谓此等立法家不过有幸运的欺骗者。而真实之政治家,则以为立此法者,实具伟大智力,故能指导此等法制,至今不坠也。

华白登(Warburton)①谓政治及宗教皆具有共同之目的,而在国民起源之时,则彼此为互相利用之器械。其语皆与此相印证也。

第八章　人　民

建筑家当建造大屋之前,必先详察地基足能任受此重否。立法者欲立良法,亦必先审查所为立法之人民,能承受此法律否。为是之故,柏拉图不受为阿卡丁人(Arcadians)及西雷宁人(Cyrenians)任立法之事,以为此二种人民多富人,不能忍受平等原则也。又如克雷特(Crete)之法律甚良,而人民则无价值。因密娄司(Minos)②所训练之人民,实已深陷于罪恶中也。

国民于地球上,曾经繁盛,而决未曾有良法律者,盖以千数。亦有可得良法律者,而生存不久,未能成就。国民之多数,与人之多数同。在少年时代,乃易指挥,及已入老年时代,则一切皆难更改。盖习俗已成,成见已深,欲为改革之举,鲜不失败者,人民不愿闻己之罪恶,恰如愚怯之病夫,见医生即畏惧也。

人类有因疾病致心理混乱,尽忘前事者。国家生存期内,亦有混乱时期,如革命势力,每使个人起极大之恐怖,不敢追念前事。既经过内乱以后,死灰复燃,遂复得少年时代之气力,乃致重生。有如斯巴达在来喀古司时代,罗马在达昆(Tarquin)③以后时代,以至近世荷兰、瑞士脱离暴政时代,其现象皆如是。

但此为例外稀少之事。其国家必有特别制度,故能如是。且同国民如是之经过,必不能多至二次。其自由或为野蛮自由,国家之财源已尽,必归于乌有,一起扰乱,国家或即灭亡,而不能成革命恢复之事。羁绊已

---

①　今译威廉·沃伯顿(William Warburton),英国神学家。——编者
②　今译米诺斯(Minos),希腊神话中的克里特之王,宙斯和欧罗巴的儿子。——编者
③　今译塔尔干,罗马成为共和国之前的王朝。——编者

破,即分崩而不能生存。所得者为豪主,而非救治人。"自由可得而决不可再得。"自由之国民,不可不记念此言。

青年者非幼稚之谓。国民如人,有青年时代,有成年时代。成年时代者,即服从法律后之时代也。然人民在何时为成年时代,颇难决定,时期尚未至,则工作亦不可徒劳。有国民当起源之时,已有政治可言;亦有经千年后尚未达此时期者。俄罗斯人有文明过早,故绝不能实有文明。彼得大帝有仿效才,而无自无所有之域创造及生产之才。其计画亦有良善者,而多不合时宜。彼诚知其人民为野蛮,而未知其于承受文明尚未达成熟期。彼当纳俄民于纪律之时,已欲进诸文明。彼当制造俄罗斯人之时,已欲变之为德意志或英吉利人。彼所欲俄民造就之域,皆与其境遇不相称。是如某法国教师教其弟子为童稚状,不成为物。俄帝国欲吞并欧洲,恐不免自被吞并,其邻国鞑靼即今为彼臣民者,或遂为俄国及欧洲之主治者,亦未可知。予以为此革命当不能免。欧洲诸国王,尚从而加工以促进之也。

第九章　人民(续前)

人类之体格,每在自然界得有常度。出乎此界限之外者为巨人及矮人。国家之制度良善者,其国土亦有界限,不宜过多,以致施政不便;亦不宜过少,以致失去独立。无论在何政群,其强力皆有不可超过之最大限。国土愈扩张,其强力亦渐减小;故社会之团结愈大,则愈柔弱。小国每较大国更强之理,即在于是。

此格言之合于理,有千万理由以证之。第一,距离愈远,行政愈难。有如重量居杠杆之一端愈远,则愈重。第二,部分愈多,烦累亦更甚。每一城市之人民,当纳税以供给行政,又当纳税以供给此城市所属之府县。次之有道有省,分级愈多,人民之负担愈重。中央政府费用更多。人民因此种种负担,每致力竭。且行政机关愈多,施政愈不良。民力既竭,遇非常变故,不能应付,国家每有因是以致危亡者。

不宁惟是,政府之实行遵守法律,防患惩恶,皆因土地广漠之故,效力小弱。且人民绝不识其首长为何人,感情亦少,视其国如天下,视其国人如外国人。法律之宜于此省者,不能与他省相适合。因习惯不同,气候互异,不能容受同样之政府。各种国民生活于一首长之下,交通不绝,互相通婚,以不同之法律治之,适足以起纷争混扰。甚至习尚不同,不识其父产果为己有否,才能不现,德行不彰,罪恶不加罚;人民群聚,彼此不相识,惟赖最高行政权勉集之于一处。为首长者政务极繁,不能自治事,其秘书等遂操国家之大权。一言以蔽之,欲设法维持威权,而威权为远方官吏之所把持,人民惟知其近处官吏,所谓人民幸福者,乃不知存在何处!乃至当危急之时,国防亦懈弛不可言。庞然大体,制度不适合,遂不免为因己重之故沈没消灭,破碎无复有余。

自他方面言之,国家必有稳固之根基,乃能稳固,而抵抗意外之动摇,且承认为自保持所用力之感效。以国民皆具有一种离心力,诸离心力相交错,以谋吞并其邻地以自大。如笛卡特(Descartes)①所谓动速力(vortices)。凡一国家非具有一种平衡力,使所受压力各处均匀,必不能自保。弱国不免吞并之害,其理即在于是。

由是可见疆土之扩大与缩小,皆有理由。不能据政治家之天才确定其比例,谓何者于国家之保存最有利益。然吾侪可断言主张扩大者,为对外的及关连的,不及主张缩小者,为对内的及绝对的之善。一种制度,最先须健康而强有力,有扩张疆土以得财源,终不及依赖良政府以得强力之善也。

国家既建造以后,每有时迫使战胜他国,又因谋自存之故,每迫使其扩张疆土。国家每以此自喜,不知广大须有一定之界限,过于广大,即其衰落之时,不能幸免也。

---

① 今译勒内·笛卡儿(René Descartes),法国哲学家、数学家。——编者

第十章　人民（续前）

凡一政群，可以二法测度之，即土地之广，人民之众，是也。既得二者之关系，则此国家之实状可知。国家依人民组织，人民依土地存活。若土地足以供给人民，人民足以敷布土地，是为关系适宜。按此比例，可算得可容人民之最大数。若土地过多，则照护不易，耕种之法不良，生产过多，防御之战争，即因此起。若土地不足，则国家供给所不足之物，专恃邻国，攻取之战争，即因此起。凡一国民所处地位，常恃通商及战争维持之，即为内弱。而必须倚赖邻国或他种事件，其生存必短促而不安全。或战胜而变其地位，或战败而至于灭亡。必其国土甚小或甚大，乃能保其自由。

土地之品质不同，肥瘠度不同，生产性不同，气候影响不同，人民之体质不同。有居沃地而消费少者，有居瘠地而消费多者，故土地面积与人数至难得一定之比率。此外如妇人之生殖力，国土之形势，宜于人口之增加否，及立法家所用以增加人口之法，皆当注意。故一种意见，不当仅以所见者为根据，尤当以先见者为根据；不当仅观察人民之实在状态，尤当观察其自然所必至之状态。简而言之，是实有种种机会，使地位起特别急变，而所需土地，较之必要者更多。有如人民居山地者，其自然产物如森林及牧地，需人工较少，其妇人之生殖力较之居平原者每更大。其地之多斜坂者，每不及多平原者生产之多，反之人民居海旁小地，其处为山石及细砂，殆绝无植物产生，而因捕鱼所得，足以补地利之缺。人民当集居以御海盗，且易离去母国，向他处迁徙，以免人数过多之患，是为海岸旁人民众多之原因。

造成国民，固有种种条件，但于此有一条件，虽不能代换他条件，而他条件无此即为无用。是即人民当享繁殖及平和之乐是也。凡建造国家之时，一如兵士排列方阵之时，其时团体之抵抗力最小，而最易破坏。当完全无秩序之时，所具抵抗力当较蕴酿时更大。是时各人只顾自己之位置，而不关心于公共危险。此时如遇有战争、饥馑或叛乱，其国家即不免推翻矣。

有许多政府皆建设于恶风潮期内,然破坏国家,即由此等政府。篡夺政权者,每借公众骚扰之机会,以通过破坏国家之法律。此等法律,当人民神志清白之时,必难通过。故选择建设政府时期一端,为立法者及篡夺者相别之最确记号。

今欲论何种国民适宜于立法之事,其国民必已因利害种原或协约之所联和。而受法律之部勒者,必尚无根深蒂固之习惯及迷信者;必无突受侵犯之惧,与邻国无争端,能以独立拒之或助之者;必国民彼此相悉,一人之担负,不较重于他人者;必不须他国民之助,能自维持,他国民亦不须其相助,乃能维持者;必不甚富亦不甚贫,而足自给者;必具老国民之固定性,及新国民之柔软性者。立法之事,不难于建设新者,而难于破坏旧者。立法成功之希少,即因不能使自然单纯性与社会之需要相合。此种条件,实有困难伴之。建设良善之国家,其数甚少,原因即在于是。

欧洲尚有能胜立法之一国家,即戈西加(Corsica)海岛。此勇敢国民,既富勇气,复富坚忍心,于其恢复及防护自由,既已表明。是当有聪智之士,教以保持之法。予以为此小岛必有使欧罗巴震惊之一日也。

第十一章　立法系

今当先论立法各系之目的,以何者为最良。是可总括为二,即自由与平等二者是也。个人相依,自国家团体分得强力,故须自由;而自由非平等不能维持,故须平等。

予前此既述人治的自由为何物,今请进言平等。平等者,非谓人民之权力及资财皆须绝对同一程度。就权力言,不能用为强暴之事,凡施行权力,必须按据地位及法律。就资财言,公民不能以富买人,亦不能以贫自卖于人。富者当善用其财产及势力,贫者当贬抑其贪吝心及需求心。

人恒谓平等为理想中之幻象,决不能施于实事。平等或不免有弊害,独不可设法矫正乎? 事境之势力,常足以破坏平等,必须赖立法以维持之。

凡一良制度之普通目的,必须更改之,以合于地方位置及居民性质之关系。为有此等关系之故,每一国民之制度,成一特别系统。其制度本非至良,而对于立此制度之国家,则为至良者。例如土地硗瘠不毛,或国土过小,不足以容其居民,则立法者须注意于美术及工艺,以其产物交易食粮;若土地平衍肥沃,富于生产,当招徕居民,则须注意农业,使人数加多,不可使人民专事美术,致人民聚居数处,其数不多;若土地为广漠之海岸,则当注意于通商航远,则国运必发达,惟难持久耳;若海岸皆岩石,不能通航,其居民必为食鱼之野蛮人,则当注意维持平和之生活。简而言之,除普通之格言外,在每国民间必有特别原因,影响于立法事业,使其恰能与己国相适合。古时之希伯来,近世之阿拉伯,以宗教为重要事项,雅典以文学,卡他基及太勒以通商,罗德司以航海,斯巴达以战争,罗马以武功。孟德斯鸠著《法意》,已详举其例,以示立法者所当注意之事。

欲一国之制度牢立经久,则须观察方便之法,使自然关系与法律二者常相符合。法律者,惟以保固维持及改良自然关系耳。若立法者误认目的,与自然之原理相背驰,须教以自由者,教以服从;须教以增加人数者,教以增富;须教以平和者,教以战胜,则法律必柔弱无力,而制度为有害。其国家必常骚扰无宁日,以至于败坏变易,复归其不可胜之自然界而后止。

第十二章　法律之分类

欲凡一事物皆支配得宜,民福得最良之形状,则不可不讨论各种关系。第一种为全体对全体之行为,是为全体对全体,或在主权体对国家之关系。此关系有直接名词,于下可见。

对于此种关系之法律,即宪法,又名根本法。若在各国家内有一法,使其支配得宜,则人民之发见此法者,须即保持之。国内秩序不良,何不可据根本法以改善之?且一国民皆有自由以变更法律,而得最善者。若视为有害,岂无权为防遏之?

第二种为分子与分子，或分子与全体之关系。前者关系可甚小，后者关系可甚大。故每一市民对他市民为独立，且对国家为绝对独立，是皆用同样之法致之。因分子之自由，惟赖国家之权力保护也。由此第二种关系，乃得民法。

第三种为个人对法律之关系，即加罚于不服从者，由此得刑罚。是以根本言，非法律之特别种类，而为一切他法律之制裁。

除此三种法律以外，尚有第四种。此第四种非雕刻于石版或铜版上者，而在公民之本心中。依此以创造国家宪法，每日得新鲜力量，虽其他法律废止歇绝，此能使其复活，取得而代其位，保存人民而创立法制之精神，补国家威权之所不及，是即人民之习尚风俗及舆论是也。当时政治家每不注意于此，此实为其他一切成功之由。大立法家必须以此为根据，此虽似惟能支配特别事项，而实如屋顶之圆穹。有如习尚一端，发达甚迟缓，而实为万事之钥也。

各种法律中，宪法为定立政体之要法，予书所论，仅及宪法。

第三书

于进论政体之先，当明晓"政府"一字作何解说，今先释其意。

第一章　政府通论

今先劝读者注意此章。然予不知使人注意之法，是所愧也。

凡一自由行动，必为二种原因之所生产；其一属于道德，即立定为此事之意思；其他一属于体质，即施行此意思之权力。如予向某处行，最先必有向此处行之意思，其次为举足行向此处。若瘫废者欲疾走，或懒惰之人不欲行动，皆一步不能行。政群亦具此二主动权，即强力及意思二者。后者名立法权。前者名行政权。凡为一事，非此二者合力工作不可。

立法权属于人民,且惟能属于人民。前既言之,依上所述原理,行政权不能如立法权或主权,属于人民。因行政权须依特别条件形行使之,不在法律范围以内,且不在主权范围以内。主权体之一切行为,皆为法律。

公共权力,须得一适合机关,集中于是。依公众意思之指导,施诸行为,使国家与主权体互相交通,成为公人,恰如灵魂与身体相合为人也。在国家内,政府之职司与主权体相混淆者,惟国务员。

今进言政府。政府者,国民及主权之中间团体,沟通两方之隔阂,实行法律,保存人民及政治之自由。

此团体之分子,名行政官或君王,即主治者,其团体之总名为行政首长。或谓人民服从首长之条件非协约,实合于理。此不过一种委员会,一种雇役。受雇者为主权体之官吏,借主权之名,以施行其所寄附之权力,限制之,更变之,继续之,一如其意,惟不可放弃某种权利。因是与社会团体之本意不合,与结合之目的相反也。

因是知政府或最高行政机关,为施行政权之所;首长或行政官,为此团体之一人或全体司行政之事者。

政府具有媒介权,以沟通全体对全体或主权体对国家之关系。以数学明之,主权体及国家为连比例之首末二率,政府为中率。政府自主权体承受颁给人民之命令,因国家须常居稳固之平衡,一切事恒得其平。而政府所取受之权及公民权二者之间,须常得平等。公民者,一方为主权体,又一方为臣民。

据上所述,主权体、政府、国家三者,既为连比例之三项,故变更其任一项,即足以破坏其比例。有如主权体欲主治,或行政官欲立法,或臣民不复服从,则有秩序变为无秩序,强力与意思不调和,国家必改散,变为专制或无政府。因连比例止有一中项,而一国家内只能有一良政府。但人民之关系,有千百事项足以改变之,故不惟人民不同,所视为良政府亦不同。且同一人民,在不同时代内,所视为良政府亦不同。

欲明了首末二项间各种关系之意义,今以人数为例,庶其关系易明。

假设国家为一万人之所组成,主权体为全体聚合所成之一体,而私人以国人资格则为个人。故主权体对国人之比例,若一万比一;而国家每一分子虽服从主权,而自为主权体一万分之一。

若国民数为十万人,则国人之地位不变,且每人皆服从法律之威权,而其表决权则减至十万分之一,较前者势力少十分之一。国人仍为单位,主权体之比例权,则依公民数加增,故国家愈大,国民之自由愈小。

予意以为比例权愈大,则距平等愈远。故以几何理言,其比率较大者;以常识言,其比率较小。前者之比率以量言,依指数定之;后者之比率以同等言,依类似定之。

特别意思与公共意思愈相背驰,即习俗与法律愈相背驰,则压制力当愈加。故人民之数愈多,政府当愈强,乃能有效。

又国家愈扩大,寄附公权之愈易诱感,愈多机会以滥用其权力。政府需力更多,以防制人民。主权体亦需力更多,以防制政府。予于此非指专制力,乃指国家各部分之相属力耳。

上所述主权体、首长、人民所连成比例之二率,非任设之理想,乃政群本性必至之结果。而两外项之一即人民,常以单位代表之,为定数,二比率加减如何,单比率亦加减如何,故中项为可变更者。由此可见政府不能为绝对相同之制。国家之大小不同,政府之本性即依之不同。

有以言相嘲笑者,谓求中率以造成政府,则求得民数之平方根已足。不知此不过一种比喻耳。予所谓比率者,非以民数度之,乃以行为之量度之。其原因甚多,简而言之,予借几何名词以立说,而几何准则非绝无地以容道德分量也。

政府为小,包有此政府之政群为大。政府为道德人之具有一定职任者,其自动如主权体,被动如国家,且可分解为他种相似之关系。由是起新比例,此新比例中又有他种比例,一依行政秩序而异,以至变为不可复分除之中级,即单一首长或最高行政官。在此级数之中,是可代表数列小数及全数之单位。

欲免数学名词之烦难,今可定政府为国家中一新团体,与人民及主权体相别,而居二者之中间。

国家与政府之根本区别,为国家自能存在,而政府则经主权体而后存在。首长之意思即公众意思或法律,且理应如是。首长之强力,即人民之权力聚集而成。若人民欲自为某种绝对独立之行为,其全体之关系,即变为松懈。若首长欲自发挥特别意思,而蔑视主权体之意思,且逼迫他人顺从其特别意思,必滥用其手中所寄公共强力,遂成为二种主权体:一为法律的,一为事实的。社会集合必因此即消灭,政群必因此解散。

欲政府团能存在,有一真实之生活,与国家团相别,且政府之分子能协同动作,以达其建设之目的,则须成特别人格,各分子具公同感情,且具自保存之力量及意思。此种个人生存之发现,为集会,为会议,为讨论及议决权,为权利、名位、特权之专属于首长者,因是使行政官之地位增其荣异。惟在全体之中,此一团体宜用何种方法行之,使其本体加强,而普通组织不加弱,实为困难。且其自保存之强力,与保存国家之强力,当显然有区别。一言以蔽之,政府须常能牺牲以为人民,而不可牺牲人民以为政府。

政府之人造团体,虽为他人造团体之所造成,而为诱导及次亚之生存,终无碍于其强毅有名誉之行为,及强顽之健康。若与其建设之目的实未背反,亦可依建设之方法,有多少差异。

因有此种种差异,故政府与国家之关系,每致不同,一依国家改变时所起偶然及特别之关系而异。政府虽本体极良,苟不能变其关系,以与所属政群之缺失能相对付,将亦不免为极恶制政府也。

第二章　各种政体建设之原理

欲知政体不同之大概原因,须先论首长与政府之别,犹之前章所论国家与主权体之别也。

行政官团体所具分子数,可多寡不同。前既言人民愈多,主权体对人民之比例大;依同理,行政员愈多,政府对行政员之比率亦愈大。

政府之全力,即国家之全力,无所变更,可知其对自己须应用之力愈多,则对人民所应用之力愈小。即行政员愈多,政府之力愈弱。此为根本格言,再明述之如下。

今明辨行政员三种根本上不相同之意思如下:第一,为个人特别意思,专以图其本己利益者;第二,行政员之公同意思,专以图首长之利益者,又可名团体意思,是对政府关系为普通,对此政府所属之国家为特别;第三,为人民意思,即主权体意思,是其对国家全体关系及对全体一部分之政府之关系,皆为普通。

立法系之完全者,特别或个人意思不生问题,政府专有之团体意思,亦居次位,惟普通或主权体意思独尊无上,其余皆当服从之。

反之,依自然秩序,此等各异之意思当集中时,每比较更为活泼。故公共意思最弱,团体意思次之,而特别意思最强。而在政府内每一分子为一,一己为主,行政员之身分次之,公民之身分又次之,恰与社会序秩所需者相反。

设全政府握于一人之手,则特别意思与团体意思相合,故后者达于最强之程度,而权力之设施,每依意思强弱之度而定,但政府之绝对权力不变。故一人当权之政府,当富主动力。

反之设政府与立法权相合,即以主权体为首长,一切公民为行政员,则团体意思与公共意思相合。而团体意思之无主动力,与公共意思相等,特别意思可自由活动,政府之绝对权力不变。其相关之自动力,遂达于最小限。

此等关系,实确实而不可驳难。试进论之,每一行政员之本身,必较每一公民为富于主动力;而特别意思对政府之势力,每较对主权体为尤大。因每一行政员必主管政府之某种职务,而每一公民不负有主权之职务也。且国家愈大,其实力愈加,虽此力不与增加之面积成比例,亦所不计。国家既不变,亦无须增加行政员,政府之力既为国家之力,故不需更大之真实力。

其力量常平均,即政府之相关力或主动力减小之时,其绝对力或真实力不必加大。

以商务比之,管事之人愈多,其进行每迟滞;策谋多者,幸运不佳,良机会任其失去;辩论愈精者,每失去辩论之效果。

前此既言若行政员加倍,则政府依其比例减弱;且人民之数愈众,压迫力愈增,故行政员及政府之比率,恰与人民及主权体之比率相反。即国家愈大,政府愈当缩小,而首长之数减少,与人民加增之数成比例。

此当言政府之相关力,而未就正义言之。因就他一方言,行政员愈多,则团体意思愈与公共意思相近,若一人操行政权,则团体意思即特别意思,前已言之,故一方为失,他一方为得。立法之术,在能使政府之权力及意思适于一点成反比例,以得于国家最有利益之比率。

第三章　政府之分类

前章既言政体之分类,乃依组织政府之人数而异,此章乃述其分类之法。

主权体可以政府职司付托全国人民,或其大部分,使与闻行政者之数,多于公民之数,是为民主政体(Democracy)。

次之若以少数人司政府之事,公民之数,多于与闻行政者之数,是为贵族政体(Aristocracy)。

再次之,若以行政事务集于一人之手,一切权力皆自此出,是为政体中之最普通者,名君主政体(Monarchy)。

民主政体及贵族政体,程度不同,阶级亦异。因民主政体可包有人民全数或全数之半,贵族政体可为人民全数之半或少数人。君主政体可分为数分。据斯巴达宪法,常有二王;罗马帝国曾同时有八皇帝,而帝国不分离。每一种政体,皆有某点与他政体相混。上述三种政体之中,实又有互异之形,恰如国家所有人民之数,各不相同也。

又同一政府,可以再分为他部分,此部分之行政与他部分不同;又可以以三种政体连合成一种混和政体,其每一部分各具单独政体之形。

无论在何时代,皆有人议论何种政体为最良者。而不知据事实论之。

其任一政体有在某境地为最良,而在他境地为最恶者。

如在不同之国家内,其最高行政员之数,当与公民数成反比例,则大概民主政体适合于小国家,贵族政体适合于中等国家,君主政体适合于大国家。此定律直接由原理得来。(按:此说已为重复代议制所打破。)然境地不同,例外之事,固往往而有。

第四章　民主政体

曾经立法者,必知法律应如何施行及如何解释。据理论言,法制之最良者,当以行政权与立法权合而为一。然据一定视点观之,实有各种情状,使民主政体不能实行者。因应当区别之事,无所区别,首长与主权体混和为一,虽有政府如无政府也。

以立法之人为行法之事,或人民除研究普通事项之外,复研究特别事项,皆甚不便。私人利益之影响,及于公事,尤为危险之至大者。政府误用法律之害,远不及立法者之自身腐败,是为追逐私人利益所必致之结果。当国家之根本已坏,则无论何种改革,皆不可行。人民之决不责骂政府,亦决不责骂其独立。人民之善于主治者,亦无需于被治。

就其名词之真义言之,真正之民主政体,既往从未曾有,将来亦决不能有之。因多数主治,少数被治,实与自然秩序相反也。人民决不能永远聚集一处,以处理公事,为此故设置若是之委员会,必致行政形状全然变更,此为甚易见之事。

据事实设为定理,试以政府之职司,分为数行政所,则其行政员数最少者,权威最大,而事务易于处置,其结果自然至于是也。

此种政府,有许多事项难于凑合者。第一,国家极小,人民易于集合,每一公民易与其余者相识;第二,仪式极单简,以免事务复杂,辩论纷纭;第三,阶级财产平等,乃至权利及权势亦平等;第四,少奢侈或无奢侈。因奢侈为富裕之结果,或富裕不必致,因是富人及贫人皆致腐败。前者失其所有,后者流为贪吝,以至国家成为萎靡空虚,其国之公民,彼此服从,互有意见。

有名之著述家,以道德为共和国原则,因此等条件皆无道德不能成立,但漫无区别。故著书家之立说,每欠的确明了,不知主权随处皆同,制度良善之国家,皆需此同样原理,惟依政体如何,其多少之程度有不同耳。

国家之最易惹起内乱及内争者,为民主政体。因其政体最易变更,须谨慎小心且奋勇以保持之,其公民须坚忍有力,每日默念巴拉丁(Palatine)在波兰国会之言曰:"予宁得哀痛之自由,不愿为平和之奴隶。"

若有神之国民在,则可以民主政体治之,如是完全之一政府,实不宜于人也。(按:卢骚谓民主政体只宜于小国,自北美联邦国成立后,其说已于根本上打破矣。)

第五章　贵族政体

政府及主权体,为完全有区别之二道德人,即二种公共意思。后者对一切公民而言,前者仅对行政员之全部而言。政府虽能如己意以定其内部政策。而对于人民有所言说,则必须用主权体之名义,即用人民本身之名义,是为决不可忘者。

最古之社会,乃以贵族政体治之。家族之首长,自聚会以议论公事,幼年者服从其经验之威权。故今日所用教长(Priests)、长老(Elders)、元老会(Senate)、老人(Gerontes)等名,皆自此来。北美洲之野蛮社会,今日尚用此制,治法极良。

及自制度所得不平等,超过自然之不平等,以财富及权力代年齿,贵族政体遂变为选举的。此种权力复随父产以传其子,其家族成为贵族,而政府为世袭的。国中元老有年不过二十岁者。

故贵族政体有三种,即自然者、选举者、世袭者。第一者惟宜于单简社会,第三者最恶,第二者最善。予所谓贵族政治,即指第二者。

即民主、贵族二种政体之利益辨之,后者有选举之利,前者则一切公民生而为行政员。贵族政体则限之少数,经选举后乃为行政员。有正直者,有智慧者,有经验者,以及其他受公众敬礼者,皆依次法得选举,是为国人被治必良之证。

且依此便于集会,议事甚便,办事亦有秩序而合于理。年长之元老,较之不知名及易受人轻侮之群众,在外亦易维持国家之信用。

最智之人,当治其群。若彼等为公益图治而不及其私,是为最善最自然之秩序。以二万人司行政,不如择其良者百人之为愈。惟如是,或不免因团体利益之故,行使公同力,稍与公意相违,且不免因他种倾向妄用行政权之一部法律耳!

据特别便宜言之,国家不可过小,人民不可过于单简质实,施行法律亦不宜直接如民意,似良民主政体之所为。又国民不宜过大,以致行政长官分布各处,占据本有之区域,渐成独立,而为其地之主人。

贵族政体所需道德,虽不如民主政体之甚,然须有自己之特质,即富者当事节约,贫者当知自足。在贵族政体国中,不能有过强之平等,如古时之斯巴达然。

在贵族政体之国家内,若人民之财产不均,施政权当托于有完全时间办公事之人,而不当如亚里士多德之言,以托于富人。此可以示人民财富非甚重要,而须知反面之选择,以期人之自能成功也。

第六章　君主政体

前此已言首长为道德人及集合人之与法律力相和者,且为国家行政权之寄贮人。今设此权集中于一自然人真实人之手,依法律惟此人有权以寄贮之。此人即君主。

前所述二种政体,皆以团体代表个人。此种政体则以个人代表团体。故组织此种政体之道德单位,同时为物质单位。而在他种政体由法律所集聚之一切权利使其有效者,在此皆自然集聚之。

人民之意思,首长之意思,国家之公共力,政府之特别力,于此皆顺从同一之主动力。机器之全弹簧,握于一人之手。每一工作,皆向同样之目的,无反对之行动,彼此相冲突。各种制度,皆不致行为多而效果少。阿起梅得(Archimedes)①静坐海岸边,指挥一大船,使其行动,是即有能力君主之写照。彼坐内阁中,若无所作为,而极大之国家受其治,国内各事,莫不被动。

政府非强有力者,则特别意思不能主治,而使他人受治。在君主政体之下,每一工作,固同向相同之目的;但此目的非即公益,而行政权之行施,每与国家有妨害。

君主每欲专制,而达到此之最善途径,必先为人民所爱。此格言甚佳。且就一定视点观之,亦甚确实。然不幸宫廷笑柄,即自此出。自人民爱情所得之权力甚大,固无庸疑,但此为暂时的及有条件的,且首长决不以此为满足。最良之君主,常欲得为恶之权力,而不失去主人之地位。政谈家每言君主谓人民之强力即君主之强力,若人民发达众多及强固,实君主自身最大之利益。君主每不以此言为实。君主之利益,首在人民之柔弱穷困,不能与君主抵抗。当人民完全服从之时,首长时或以为人民当强盛;因人民之权力即己之权力,有是可以对抗邻国。但此种利益终为次属。而君主所采格言,每为直接于己有利者。沙弥尔(Samuel)②对希伯来人所为,及马查威里(Machiavelli)③之所述,皆此种政谈者之代表,其名为君主尽忠告,其实则为人民说法。马查威里所著《君主论》,实共和人民应读之书也。

大概言之,君主政体宜于极大之国家。试即君主政体详察之,可见行政团体之人数愈多,则首长与国人之比率愈减,以至相等或为一,是为民主政体。政府减小,此同比率增大,若政府在一人之手,则此比率达最大限。首长及人民之区别极远,乃至国家无结合力。欲其能相结合,则须有王公、伟人、贵族以补其缺隙,此皆与一小国家不相宜。此等秩序,适足以

———————————————

① 今译阿基米德(Archimedes),古希腊科学家。——编者
② 公元前 11 世纪以色列著名法官和预言家。——编者
③ 今译马基雅维利(Machiavelli),意大利政治思想家。——编者

致其灭亡耳。

善治大国固难,以一人善治之尤难,即君主任命省长之事可见。

君主政体不及共和政体,有根本上不可免之缺失,即在共和国民意所属以居高位之人,必为开通有才能者,此人亦能谨慎尽职。在君主政体之下,居高位者必为行恶之小人,卑贱之奴隶,狡猾之阴谋家。其人小有才足以获得宫廷之高职,既获得后,所以表示于众者,无非溺职之事。首长之任命多错误,决不如人民之选择。故君主政体之下,有才能之人,决不能任职。而在共和政体之下,庸碌之人,决不能出身。继世君主任事之后,常为此等小人阁员所误,至于失败。财帑既穷,其权力亦随之而坠失矣。

欲君主国之施政良善,其国土之广大,当与主治者之才能成正比例。战胜易而主治难。有得力之杠杆,则全世界可以一手指动之。然非得赫枯勒(Hercules)①之肩膊,则不能支持。无论国家之小至如何,君主必比是更小。而君主则常以为国太小不能容之,施政又复不善。每进行一己之图画,则忘却人民之利益,滥用一己之才能,致人民于不幸,较之无才能之君主更下更恶。故国家疆域之大小,每依君主才能之大小如何。而在共和国家元老之天才,有一定之界限,国土亦常有一定之区域,故行政之事,容易发达。

一人专政之最不便处,尤在难于得相当继嗣之人。若在民主、贵族二种政体,皆无此弊。一君主既死,他君主当继之,每因选择继嗣问题,费时不少,是时最易起风潮。苟非公民不以私利益为重,今致阴谋腐败之事,乘之而起,既由卖国以得位者,必复卖其国以取偿其所失去之财。政以贿行,必为早晚所不能免之事,在君主下所享之平和,反不及政权交代时所受之扰乱也。

此等恶害将如何阻止之乎?皇冠既为一定家族之所嗣续,承续法亦已定立,以妨止君主死去时之纷争。选举之制,以摄政之不便代之。不欲

---

① 今译赫拉克勒斯(Hercules),希腊神话中的大力神。——编者

得明良之行政,而欲得安静之外观;不欲选择贤君,而徒奉其死君之子以为主。虽怪物愚兽,亦所不择。君位交替时所冒危险,实自设反对之机会。狄翁西司(Dionsius)之子对答其父之言,至可寻味。其子有不名誉之行为,其父责之曰:"予岂曾为此等事,以为前例?"其子答曰:"汝父曾未为君王也。"

一人既居主治之地位,所遇一切事皆足以剥夺其正义及良知。人谓教幼主主政为至难之事,此种教育似于彼无益,不如先教其服从。历史上最有名之君主,从未学主政。盖此事可不学而能。君主须能服从,不须能主政。古人有言:"君主辨别善恶最便捷之道,在设己身处于被治之地位,能赞成此事否。"

因无集合性之结果,君主政体极不稳固,政策随时变换,一依君主或代理君主摄政者之性质而异,不能向一定之目的或永久之途径进行。国家之大势,飘流于多种格言多种计画之中。他二种政体皆无此弊。故君主之朝廷多侫幸,贵族之元老院多哲智,共和国则更以坚固之决心,合规矩之方法,以向一定之目的进行。君主政府虽经改换,其国务员及君主所守之格言同,惟与其先君大异耳。

又因无集合性之结果,君主政体之政客,每倡各种伪说,以人民政府比家族政府,以国君比家族之父,此谬误前既经指出矣。彼等又谓君主政体有种种道德,而视君主之地位为固然。谓君主政府优于他种,因其最强有力故。又谓君主体无团体意思,且较公共意思为强固,故为政体之最良者。

柏拉图谓据君主之本性,实为希有之人格,因自然及幸运实默启之,以得王冠。若受皇室教育者,适致腐败,则对于曾受主治教育之继嗣者,当有何种期望乎?故反对君主政府之有良君主者,适为自欺。惟研究此种政体,当预设其君主为无能而劣恶者,因承受王位者以此种为最多,或既受王位后,将至如是也。

此种困难,已为多数著书家之所见及。然彼等不因是而废其主张,谓欲免此困难,在服从而无所怨。上帝必惩罚恶君,吾侪当静忍之,以俟天罚尔。此说亦非无可听,惟予以为此说宜于讲坛,不宜于著书。是何异于一医生自谓有奇术能疗病,而其全技不外劝病人忍耐乎? 吾侪非不知遇有恶政府当忍耐,惟正当问题在求得良政府耳。

第七章　混和政体

质而言之,世界实无单简之政府,一首长之外,必有从属之行政员。民主政府亦须有首长,行政之各部分,其人数每自多而少,惟有时多数须依赖少数,有时少数须依赖多数,是其异尔。

有时分布平均,政府之各部分,彼此相依赖,有如英伦;或各部分之权势独立,有若波兰。后一种政体不良,因政府不统一,国家亦缺乏集合性也。

单简政府善乎? 混和政府善乎? 此问题为政治家最多争论者,予前此分论政体时所下答语,即可以答之。

单简政府较之混和政府为佳,即因其单简故。但当行政权与立法权不十分依倚之时,即当首长及主权体之比率大于人民及首长之比率之时,政府必须分拆以救正之。于是其各部分对于国人之威权不甚弱,足以辖治,对于主权体不甚强,致足以凌夷之。

此不便之事,又可以设置中间行政员以去之,中央政府不变,有是足以保两权之平衡,而维持其权利。若是之政府,乃调和而非混和。

他种不便之事,亦可以同法救正之。若政府过于柔弱,可设法庭以使其集中。是为民主政体之所常用。前者将政府分拆使其减弱,后者则使其加强。因在单简政府,每有过强或过弱之弊;而混和政府,则使其强力持平也。

第八章　论每一政体非与每一国相宜

自由非一切气候之产物,故非一切人民皆有自由。是为孟德斯鸠所定之原理。吾人愈思之愈觉其真,愈经辩论,其新证据愈多。

在世界之一切政府内,公人皆有消费而无生产,其消费之物品,究自何处来乎?由国人之工作来,个人生产之所余,以供给公家之需要。故惟当人类工作之所生产,多过于所需要之时,人民之国家乃能维持。

此生产所余,在世界一切国家内,非皆相同。有所余极多者,有所余甚少者,有绝无所余者,有生产不足者,此比例数依下数事定之,即气候之善恶,土地工作之方法,生产之本性,居民之身体强弱,及其消费之多寡,以及其他相似关系。

就他一方论之,政府之本性不相同,消费之多少亦异。其差异更依他一原理,即公共之贡赋,自其财源移去愈远,则人民之负担愈重。人民负担之轻重,不在纳税数之多少,而在此数复归人民所历路途之远近。若流通之路方便,归还容易,则纳税多亦不妨。人民恒富,财政常发达。若人民之纳税虽少,而此少数不复还归人民,有出无入,人民不久即力竭,常为乞丐,国家亦永无致富之一日。

由是言之,人民与政府相距愈远,其赋税之负担愈重。故在民主政体,人民之负担最轻;在贵族政体已较加重;在君主政体为最重。可知君主政体惟宜于富裕之国民,贵族政体宜于财富及疆土皆中等者,民主政体宜于小而贫之国家。

就此事愈加思索,愈可见自由国家及君主国家之差异,在自由国家赋税皆用于公益,在君主国家则公私交杂。公财加多,则私财减少,君主政体非欲被治之国民得所,乃欲其多不幸而易受治耳。

由是言之,任在一种气候内,有种种自然原因,以造成一定之政体,而与其气候相适合;且使此国内得一定种类之居民,在硗瘠不毛之地,生产与工作不足相酬,其土地荒芜而不加耕种,或为野蛮人之所居,由人之劳力,仅得必需之物,以供给野蛮人;故其地无政治可言。若生产仅超过劳力,则其地宜为自由国民之所居。若土地极肥沃,生产极多,劳力极少,其地必乐以君主主治。国人之余积,皆以供君主奢侈之需,盖以此为私人挥霍,不如为政府吸取也。此虽有例外可言,然此等例外,实足以证实常规,如君主政体之施行,无论迟速,必起革命。既革命后,又恢复自由秩序之原状也。

普通法律,必须与特别原因之变更其效果者相别。谓南方皆当为共和国,北方皆当为专制国,固属不实;如谓依气候之影响,专制主义宜于南方,野蛮宜于寒地,良政治宜于中部,亦属非是。就此可见原理虽不误,而其应用则待讨论。有如寒地亦有肥沃者,南方地亦有硗瘠者。观察事体者,不就其一切关系查之,斯有困难耳。如上所述工力、富源、消费等件,不可不连合计算也。

设两地方之面积相等者,其出产之比率若五比十;而前者人民之消费与后者相比,若四比九;即前者之剩余为五分之一,后者之剩余为十分之一。而两者之剩余相比,若两者之出产反比,即出产为五者之剩余,为出产为十者之二倍。

但此非出产二倍之问题。无论何人,无认寒地国与热地国之肥沃相等者。如假设为相等,谓英伦与西西利等,波兰与埃及等,更向南则有阿非利加及印度,更向北则无物。若其出产相等,则其耕作之法必大异。在西西利抓土已足,在英伦则应特别加意。凡为欲得同样出产而加工之故,其剩余必甚少。

除此之外,同数之人,在热地所消费者必较少,人民因气候之关系,须节慎以得健康。欧洲人至热地,若生活之法不变,必皆因泻痢及不消化致死。沙丁(Chardin)①谓:"吾侪与亚洲人相比,实为食肉动物如狼者。"或谓:波斯人寡食之原因,为其国农事不兴。予所信实与之相反。以为居民所需不多,故农产物甚少尔。若其节食为国贫之结果,则必贫者食少,而在波斯则一般人民皆如是。且在各省消费之多少,必依土地之硗沃而定,在波斯则举国皆然。波斯人之自夸其生活之法,以为是实在基督教人之上,视面色已可知。波斯人面色平滑,肌肉清美。其国人有阿墨林种

---

① 今译让·夏尔丹(Jean Chardin),法国旅行家。——编者

(Armenians)①,依欧罗巴人之法生活,其面色粗而多瘢,其身体笨重。

离赤道愈近,人民食物愈少,其寻常食品不过稻米、包谷、粟米及其他土产物,食肉者极少。印度数百万人,每日食费不过数文。即以欧洲言之,北方人、南方人嗜好亦大异。德国人一餐所食,足抵西班牙人八日之需。国人之奢侈,大概以消费一类为甚。英国宴客,满桌皆肉品,在意大利则以糖食及花卉为最多。

衣服之奢侈,其差异亦相似。在季节变迁急剧之气候内,衣服当较良较单简。若人民仅以衣服为外饰品者,则贵华丽而不贵适用,而衣服不过为奢侈品。如在那卜缘(Naples),人民每日衣金绣之衣。以适卜西利浦(Posilippo),而不着袜,居室之差异亦然。其地不受气候之害者,屋室务为华美。在巴黎、伦敦,居室贵暖热适用;在马德里则会客室极美丽而无窗牖,其寝室极陋。

热地所产食品,大概滋养品甚多,是为第三差异。而第二者亦受其影响。意大利人所以多食蔬菜者,因其佳良富于滋养料,且气味香美也。法国之蔬菜,止长于水边,滋养品甚少,陈列桌上,殆视若无物。其占据地面甚少,所值殆不足偿工力。据经验所得,巴巴利(Barbary)②所产小麦,较之法国所产,在他点虽为下等,而所得面粉较多;法国所产者,较之北方所产者又较多。自赤道以及北极,大概依渐差异,出产量虽同,而滋养料则较少。岂非显明之损失乎?

由此等差异,又起他一种差异,而适足以互相发明者,即热国需居民不如寒国之甚,而出产则足以供多数之人民,剩余颇多,故利于专制政体。同数之居民,所占据面积愈大,则反乱之事愈难。凡一举动,不易得同意而秘密之,政府易发觉其计画而阻绝其交通。若居民丛集,则政府篡夺主权之权力较少。某首领在一室会议,其安全恰如君主之在议场集商。群众之在空地会聚,尤敏捷于军队之赴操场。专制政府之利便,即在能自

---

① 今译亚美尼亚人。——编者
② 即北非伊斯兰各国。——编者

远处操纵。既得支点,其权力向远界增加,有如杠杆。人民之权力反之,以集中而强;若散处远地,则蒸发消散。有如火药散在地上,每粒发火,不相连属。人民最稀少之地,最宜于暴君。野兽所居,止在荒旷之沙漠也。

第九章　良政府之标识

今欲问何为最良政府? 是实不能解决不能确定之问题。国民因绝对及相对之地位,有种种连合情形,故此问题之决答,亦有种种。

若欲问一定人民被治之良否,有何标识? 是为他事,且为事实问题,可以决定。

但此问题至今尚未解决,因各人自有决定之法。善服从之国人,谓公众安宁为良政府之标识,主张自由之公民,谓是为个人之自由。前者谓最良之政府当严厉,后者谓当温和。一党谓罪人当严罚,他党谓当防阻;一党谓当使邻国知所畏,他党谓当与之不相知识;一党谓国内当多资财,他党谓人民止须足食。虽有诸点能彼此相合,而终有不相合之处。因道德量既无确法以测度之,虽人民于良政府之标识能同意,而对于其价值,终不免有异意也。

予之意见,以为是有最单简之标识,何以人民不认识之,且对于此标识不同意,未免于不质实。一国之分子安全发达,是为政治结合之目的。而安全发达最的确之标识,为民数众多。除此标识之外,不必他求,其他事项皆相等。人民在一政府之下,不借外助,不借外人归化,不借殖民,其公民之数增加繁殖,则此为最良之政府无疑。若人民减少凋落,则其政府为最恶无疑。是所望于司计算测度比较之统计学者。

(卢骚按:据此原理可以数世纪内之事,为人种发达之参考。在某国民中之文学美术发达者,每为人称赞过甚,而多不深究其文明之隐微,不考察其不幸之结果。达西都司（Tacitus）①有言："愚昧之人,每谓奴隶事之一部分为文明。"著书者所说愚昧之自家利害,岂决不能自书册所载格言发见乎? 无论其所云如何,凡国家之人数少,决非良好之征。虽诗人受禄十万佛郎,亦不足谓为好时代。国家首长之安静不惊,不能即谓为全民族之幸福。在人数众多之国家尤甚。数府县内虽遭破坏,与人数稀少无关。骚动或内乱,每使首长不安,然此非国民之真不幸。若徒为首长谋,讨论谁能压制此国民,则国民真堕落耳。国民之真发达或真灾害,有永久之条件定之。若甘受压制,则无物不亡。首长以暇时为破坏之事,实为灾害,而强名为平和,有如法国遇大骚乱。巴黎暴徒藏刀于囊,以至国会,是不能阻法国民在自由荣幸中为快乐和美之生活。希腊古时繁盛之时,每在内乱期中血流成河,全国之人数不减。马查威里有言："在谋杀、放逐及内乱中,佛罗伦司（Florence）②之共和国愈强盛。"公民之道德规矩独立,为使国家加强最有效之物,而扰乱不足以弱之。稍有变动,适足以激引人心之能力。人种发达之真原因为自由,非平和也。）

第十章　政府之妄为及其衰亡之倾向

特别意思,每常与公共意思相冲突,故政府每常与主权相冲突。政府效力愈大,宪法愈多改变。若此时无他种团体意思反抗首长,以成平衡,则首长不久必压抑主权体,而破坏社会契约。是为自政群产生时所有遗传不能免之恶害,常具破坏此政群之倾向,有如人身必不能避老年及死亡也。

政府之衰亡有二途,其一为政府缩小,他一为国家解散。

政府缩小,即自多数归于少数,有如自民主政体变为贵族政体,且自

① 今译克劳狄·塔西佗（Claudius Tacitus）,罗马帝国高级官员,以历史著述著名。——编者
② 今译佛罗伦萨（Florence）,意大利城市。——编者

贵族政体变为君主政体,是为自然倾向。若自少数退步变为多数,则为其衰耗之征。以近世纪之事征之,相反之进步,实为不可能者。

[卢骚按:温尼司(Venice)当为泽地时之缓缓造成及进步,实为此种历史最明显之前例。彼经一千二百年后,至一一九八年,大会议闭歇,为政体变改之第二级。其迟缓实可惊。一六一二年,有一书名(*Squittinio della Liberta Veneta*)①出现,主张君主,谓古昔之斗徐(Doges)②,虽经选举,而实非温尼司之主权体。]

人有举罗马共和国为例,以反对予说者。谓罗马自君主政体变为贵族政体,且自贵族政体变为共和政体,其取道适相反。予之意见实与此大不相同。

罗模鲁司(Romulus)③最初之制度,为混和政府,然不久即变为专制政体。其国家因有特别原因,早时灭亡,如新生婴儿未及成人即夭死。当达坤(Tarquins)④被逐之时,实为共和产生之时。然其初并未具正式之形,因未去贵族阶级故,其功仅及半。而遗传贵族政体,为贵族政体中之最恶者,留遗于罗马,以与民主政体相冲突,其政府流动不定。据马查威里之说,直至保民官(Tribunes)成立时,乃成为真正政府,且成为真正之民主政体。其人民不惟为主权体,且为行政官及司法官;而元老院仅为次级之政务处,使政府和缓与集中,各合其度;而所谓执政官(Consuls)者,虽为贵族,虽为行政长官,虽为战时具绝对威权之将军,而在罗马不过人民长耳。

自此时后,罗马政府乃依天然倾向,急变为贵族政府。是时所谓贵族者已经废除,其贵族政治,非仅以贵族为限,如温尼司及格罗亚(Genoa)者,乃以贵族及平民合同组织元老院。当其取夺主动权之时,为政务处。名称虽异,其实则一。盖一国民内有首长主治,其主长所取之名称虽不

---

① 今译《威尼斯自由论》。——编者
② 即总督。——编者
③ 传说中的罗马城建立者,罗马第一个国王。——编者
④ 即塔希干王朝。——编者

同,然皆为贵族政体也。

当贵族政府失职之时,罗马起内乱,组织独裁政府(Triumvirate)。西拉(Sylla)①、该撒(Julius Caesar)②、奥古司都(Augustus)③于事实上为君主。后至提贝里乌(Tiberius)时,国家遂亡。故罗马历史,非与予之原理相反,实相成也。

政体之改变,必其能力衰竭,不能自保;其组织懈弛,强力尽绝,以至不能自存。故当国家能力减退之时,须设法使其集中,否则必归于灭亡。

国家之解散有下二途:

第一首长行政不依法律,而谋篡夺主权,遂激起大变,国家必解散,而以政府组成之新国家代之。其政府对于人民,为其主人及暴主。当政府既篡夺主权之后,社会之结合即破坏。具天然自由之公民,非依道德服从,乃依强力之压迫而服从。

政府之执政者,本应集合以行使行政权,若欲分离以篡夺主权,亦必得与上同之结果。因是亦背犯法律,且破坏秩序更大也。是时首长增多,国家因政府分离,必被破坏,或国体遂变。

当国家破裂政府失职之时,无论如何,皆名为无政府。大概民主政体降为暴民政体,贵族政体降为少数专制政体,而君主政体则降为暴君政体。暴君政体字义不明了,须加解释。

寻常所谓暴君者,乃君主以暴力主治,不依正义及法律。以狭义言之,暴君乃以私人篡取王家威权,而本不具有此项权利者。是为希腊人解释暴君之法。凡不据法律以取得威权者,不问为良君或恶君,皆名暴君。而暴君实与篡主同义。

欲与异事以异名,予名篡夺君权之人为暴君,篡夺主权之人为专制君主。暴君者,不依法律以取得君权,复依法律以主治者也。专制君主者,

---

① 今译苏拉(Sylla),罗马独裁者。——编者
② 今译尤利乌斯·恺撒(Julius Caesar),罗马独裁者。——编者
③ 即盖维斯·屋大维·奥古斯都(Gaius Octavius Augustus),罗马第一个皇帝。——编者

自脱于法律之外者也。故暴君非即为专制君主,而专制君主必常为暴君。

第十一章 政群之解散

虽组织极良之政府,亦不免于解散。是为其自然不可免之倾向。斯巴达与罗马尚不免于灭亡,其他国家更何有永存之望?若欲制造一永久之宪法,断不可梦想其垂留无穷期。欲成功者,不为不可能之事,勿以人工恒久不变自夸。人类之事,实无恒久不变者。

政群如人类身休,当初生时,即其起始就死之期,而承受自灭之原因。但二者之构造强弱不同,故自保之时期长短亦异。人身构造为天然之工作,国家构造为人为之工作。人类无延长寿命之法,而有延长国家寿命之法,即与以最良而合于实用之组织是也。组织最良之国家,虽亦有其最后之运命,但非有急变以促其速死,其寿命必较其他国家更长。

政府生活之原则,为其主权、立法权为国家之心,行政权为国家之脑,其他一切部分之运动,皆由此得。脑部有麻木不仁,而个人尚能生活者,其人生活如愚兽。惟心脏之作用既息,则动物必不能生。

国家之存在,不因法律而在立法权。昨日之法律,不必拘束今日。但沈默不言,即为默许;而主权不施行其废弃法律之权,即可设为继续承认此种法律。主权体既一次宣告其意思,不经取消,此意思即当然存在。

人民之所以重视古昔法律者,即因其为古时遗物之故。但必此古法律有特长,故能永保。苟非主权体承认其保存之价值,则其被遗弃何止千次?此等法律不惟不加柔,且在组织良善之各国内,更加强焉。因世人重视古时遗物之成见,其尊敬之心日加。凡在一国家内,其法律因年久而变弱者,必其国已无立法权,其国亡无日矣。

第十二章 主权维持之法

主权体除立法权外,无他权力,故其行为惟凭法律。而法律为公共意思之真正作用,惟当人民集合之时,主权体之作用乃见。人民全体集合,实一种幻像,但在今日为幻像,而在二千年以前则不然。岂人民之本性已变乎?

在道德事件所能为之事之界限,实非如吾侪所意料之狭。吾侪之柔弱,吾侪之愆恶,吾侪之成见,每与此界限抵触,低劣之灵魂,不信有伟大人物。卑贱之奴隶,闻自由一名词,则作怪容以哂笑之。

由已为之事,可思度能为之事。今姑置古希腊之共和国不说,但罗马共和国曾为一大国家,而罗马市曾为一大都市。据罗马最后之调查,执兵器者四十万人,罗马全国之公民,多过四百万。属民、外国人、妇人、小儿及奴隶之数,尚未合计。

由此可知以此都会及其近处之许多人民,频频集会,实为至难之事。但罗马人民每星期内必集会一次或数次,集会时不惟行使主权之权利,且行使政府职务一部分之权利。集会时讨论公务,判决事由。人民在大会场,几常为行政员,而非仅为公民。

追溯诸民族之往时,可见古昔政府之多数,虽为君主政体,如马西吨及佛郎克者,亦有相似之会议。故集合之困难问题,可据此种不可磨灭之事实以解决之。实有之事,即可能之事也。

第十三章　主权维持之法(续前)

集会之人民,对法律团体,与以制裁,以确定国家之宪法,建设永久之政府,或获得选举行政员之权。尤为未足,除遇特别发生事件非常开会之外,尚须有确定按期之集会,不能因事废止或迁延者,既至法定日期,人民自依法会合,不须有某种形式的召集。

除依法律所定按期的集会以外,凡各种人民集会,非因行政员之专司此事依一定形式召集者,皆为非法定的集会。此集会中所办之事,不生效力。盖虽集会之通告,亦须自法律出也。

法定之集会,无论频数如何,依多种论议而定,不能以确切之章程拘束之。大概一政府所具力量愈多,主权体之施行亦须愈数。

或谓上所云云,施于一市甚良,若一国之包有甚多市者,当如何? 主权不当分析乎? 或以主权集中于一市,而以其余服从之乎?

予以为二者皆非必要。第一,主权为单简而不可分折者,分折即破坏之;第二,市之地位不大于国民,尽可依法律从属他者。因政群之元素在服从与自由相合,而属民与主权体乃互有关系之名词,若合成一名词,即名公民。

予又以为联合数市为一国,决非善事,欲联合有效,必须免除许多天然不便之事。因大国家所致之嫌怨,固不足持以为反对主张小国家者;但小国家何以得充足之势力,以反抗大国,实一疑问。然历史上亦不乏先例,如希腊诸市之反抗大波斯王,及近世荷兰及瑞士之反抗墺大利皇室是也。

若国家不能减小至合宜之界限,则尚有救正之一途;即国家不定立都城,使政府迁居各处。国内之财产,亦不聚积一市矣。

国内之民数,各处平均,扩张同样之权利,各处富庶相等,则国家将为最强者,行政将为最善者。城墙者,为乡间房屋之残砖所作成。当都城内宫室兴起之时,予每见村乡全部皆颓废也。

第十四章　主权维持之法(续前)

当人民依法律集合为主权体之时,政府之解释法律权即停止,行政权断歇。虽最下等之公民,亦神圣不可侵犯,如最高行政官。因被代表人所在之处,无须有代表人也。罗马之议政会(Comitia)因不知此例,常起许多骚扰。盖是时执政官为人民之议长,保民官为发言者,而元老院则完全无权也。

当行政权断歇之时,国家首长承认其上级主人之临场,或应当承认之,因是每生恐怖。此人民总会为政群之遮牌及政府之围墙者,无论在何时代,皆为国家首长最惧之物。因是常有种种危惧、反对、阻害、约束,以使公民对此等总会生嫌恶心。若公民为贪吝怯懦狭隘者,且好偷安甚于爱自由者,必不能经受政府屡用之威力。至反抗力常加不息,主权之威力必终归于消灭。多数国家之前时衰落灭亡,即由于是。

但有时在主权威力及专制政府之间,有他一种中间权力,于下章论之。

第十五章　人民代表

当国家职务即公民重要事务之一观念停息之时,人民以银囊助国家,而不以本身助之,其国家即已濒于危险。战争已起,人民居家中,以金钱雇用兵队;当应赴议会之时,人民居家中,另举代表以代之。因懒惰及富裕之结果,遂致用兵士以奴隶其国家,用代表以售卖之。

此其原因为偏嗜商务美术,孜孜为利,娇柔偷安,以金钱市买他人为之服役。牺牲其利益之一部分,以增加其安便。施用金钱之结果,为得桎梏。"理财"二字,每为奴隶所用,公民所不取。国家之真自由者,必每事躬亲,而不以金钱代之。不惟不雇人代尽义务,且出资以求自为焉。予之意见与寻常迥异,以为强迫工役与自由相反,不如赋税之甚也。

在组织良善之国家,公民心理皆以为公务重于私事,个人经营公共发达之事既多,则私事之数自然减少,故个人之用力于此者甚稀。市之国家行政良善者,各人皆勇于趋赴公会。在恶政府之下,则人民之对公会,漠不关心,以为公共意思,在此不能发挥,避之若浼,故尽全力以经营私事。良法律为更良法律之先导,恶法律为更恶法律之前趋。人有谈及公事者,闻者辄谓:"是与我有何关系?"此种之国家,虽谓为已亡可也。

爱国心之消乏,私人利益之奔竞,国土广大,务以战胜为事;政府溺职,乃致国民公会,以代表充之。在某种国家之内,称是为第三阶级。盖以二种私人利益为第一、第二级,而以公众利益为第三级也。

主权既不可放弃,本此同理,亦不可代表。主权非他,即公共意思,是乃不可代表者。无论同异如何,皆不容有中间传导体。人民所举之人,不能为人民代表,且非人民代表。是不过为一种委员,不能决定何事。每种法律,非人民本身议定者无效,即不成为法律。英吉利国民每自命为自由,其实大误,其所谓自由者,惟选举下议院之议员而已。议员既选举以后,英国民即为奴隶,不成为何物。其自由之时间极短,选举既终了以后,即无所谓自由矣。

代表制之理想,为近世所发生者,起原于封建政府。是为一种背道违法之政府。在此种政府之下,人类堕落,人类之名亦卑贱。古时之共和国乃至君主国内,无所谓人民代表,彼等曾不识此名词。在罗马所举保民官(Tribune),为最神圣者,亦无代行人民职务之权。此等保民官亦自视为一平民。在格拉西(Gracchus)①之时,人民之一部分在屋顶投票,已酿出许多困难。凡在权利及自由完全之国,决无此等不便之事。聪智之国民,每事能鉴别其真价值。保民官之所不敢为者,以次级官吏(Lictor)为之,此次级官吏亦无自居代表之患。

欲解释保民官之代表性质,须先知政府如何代表主权。法律非他,即宣告公共意思之具,故就立法权而论,人民不能代表;而就行政权而论,则此为应用法律之一种强力,不惟可以代表,且应当代表。国民多矣,详确研究之,其实有法律者甚稀。罗马之保民官,不具行政权,就其职权而论,实不具代表罗马人民之性质,惟分占元老之权利耳。

在希腊国,凡人民所当为者,皆自为之。人民常在公众会场集会,生活于温和气候之内,不贪吝,以奴隶充一切工役,而自为关于自由之大事。凡利益不同者,所保持之权利亦不同。居寒烈天气中者,需求必多,一年有六个月不能至公众集会场。是时声音嘶竭,在空场中发言,人不能闻。人民求利心甚于求自由心;惧贫乏心,亦甚于惧为奴隶心。

然则自由须奴隶以维持之乎?是为非常之事。凡事之与自然适合者,必有所不便,在人治社会较其他尤甚。人民有必须剥夺他人之自由,乃能自保其自由者。且非奴隶为极苦之事,公民之自由,必不完全。是为

---

① 即格拉古兄弟,罗马保民官。——编者

最不幸之状况,斯巴达之地位即如是。近世民族不畜奴隶,而自为奴隶。与奴隶以自由,而自己失去自由。对于此事,无所庸其夸骄,予于此见有卑怯,未见有人道也。

予非谓奴隶为必要,且畜养奴隶权为合法律也。予前此既反对此事,予仅引此以明近世民族自称为自由,而有代表,古昔民族无之。无论如何,凡一民族既有代表,即不能自由,不复存在。

据各种论断之结果,可见国家非极小,必不能保存其主权体,而实行其权利。或问国家既极小,岂能免于被征服?予此后当进论大国民之对外权,可与小国家之方便政策良好秩序并存,而不相妨害之理。

第十六章　论政府之制设非契约

立法权既确定之后,行政权即须确立。行政权依立法权之特别规定以施行之,根本上不相同,故二者须相分离。若主权体兼有行政权,则法律与事务混淆,必至不能明晓何者为法律,何者为非法律,政群混乱。本以阻止暴力为建设目的者,遂不免为暴力之俘获物矣。

据民约,凡公民皆一切平等,皆可以提议何事当为。但己身所不欲为之事,无权命令他人为之。此种权利为政群生活动作所不可缺者,主权体即以此权利授诸首长,使其建设政府。

或谓此种建设之器具,即人民及其上所置首长之契约。依此契约所定条件,首长有主治之义务,人民有服从之义务。此种契约之方法,极为稀奇。今试论此种地位能常保持否。

第一,最高之威权,除放弃外,不能变改之。若欲立一界限,即与破坏之无异。欲主权体上承认一种优越权,是为戾理违法。主权体更服从一主人,与复还于完全自由无异。

次之,人民与某人所立契约,为特别条例。因是此契约不能为法律,亦非主权之一种条例,即为非法律的。

复次,立约之二造,惟当依自然法律,其彼此履行条件,不须何种保证;其履行之条件,每与人治世态相反。凡具有权力之人,常能实行之。所谓契约者,为人所立条文,其对他人可为下言:"予以一切财产授汝,其条件为汝可任意以他物相偿。"

国家内惟有一种契约,即集会契约,其他皆不在此内。且凡其他公众契约,皆与此相抵触。

第十七章　政府之制设

政府制设之条件,究以何种普通意义为基乎? 此种条件为复杂者,或为他二种条件之所合成,即定立法律施行法律是也。

据第一条件,由主权体决定主治体之形状当为如何。此种条件即法律,显然无疑。

据第二条件,人民当指名首长。当政府成立之后,即以托之。此指名为特别条件,非第二法律之结果,而为第一法律之结果,且为关于政府职务之事。

所难知者,当政府未存在之先,如何可得政府之条件;且人民或为主权体,或为属民,如何可在一定境地内,成为首长或行政员耳。

于此发见政群之奇异性质,似相反而实相成者:即主权忽变为民主政体之时,无显著之变更;惟因公众对公众起一种新关系,公民即成为行政员,由普通行为变为特别行为,由法律变为施行法律之事。

此关系之变,更非空想之无实行前例者。在英国议院中,几无日无之。即英国下院在一定机会,变为大委员会,以便讨论事务。主权体之会场,数分钟后即变为单简之委员会,大委员会所决告事件,其后又对下院本体报告之。

是为民主政府之特具利益,以公共意思之特别行为,即成立为事实。此后临时政府继续握权,依已采之政体,或用主权体之名建设法律所载之政府。一切事件,皆依定例。除此所设原理以外,任以他法制建政府,皆不合法。

第十八章　豫防政府暴篡之法

由前章及第十六章之解释，可知建设政府之条件，非契约而为法律。承受行政权之寄附者，非人民之主人，而为其司事，人民可随意任免之。官吏之对于人民，非契约问题，而为顺从问题。官吏为国家服务，惟尽其公民之义务，决无讨论条件之权利。

由是言之，人民建设继嗣的政府，或为君主，以属一家族；或为贵族，以属公民之一阶级；皆非契约，不过人民给与行政部一种临时政体，以便随意操纵之尔。

政体改变，常多危险，故非与公安决不相容之时，不可轻易变置已建设之政府。但此种谨慎之处，乃政策之格言，而非权利之定例。国家以民治权归诸元首，不过如以军事权归诸大将而已。

欲将正式合法之行为，与纷扰之骚乱相别，及全部人民之意思，与一部分人之喧扰相别，所需一切形式，颇难观察。对于一定让与之事，据严确之正谊所不敢辞拒者，则为尤难。一国之首长，每因保持权力之故，取得大利益，而人民不能加以篡夺之名。因其外形为行施其权力，而实易扩张之。借维持公安之名，以妨害秩序良好之集会。故无论当人民含默不言之时，或激起其不规则行动之时，皆任意操纵，以威禁人发言，而施罚于发言者。有如罗马之十二人议会，其选举期本为一年，后增为二年，复欲继续至无穷期，而不许公民会议之召集。世界上之政府，皆可用此同法，既为公众权力所寄托之后，不久即篡夺主权。

予前所述按期集会，即防止或延缓此种弊害者。集会之不须有形式的召集者尤佳。因国家首长非侵犯法律及为国家之公敌，不能加以干涉也。

以维持民约为目的之集会，当以二种前提开之。无论何人，不能阻害之。且二者须分别表决：

第一，"主权体欲维持现在之政体否？"

第二，"人民欲以行政权交于现在之执政者否？"

予今所信者，予既已证实之。因在国家内无一种根本法不可废弃，虽民约亦然。因若一切公民集会以同意破弃此约，即为合法之破弃。格娄偷司谓每人皆可否认其所属之国家，离去此国，即可复得自然之自由及财产。一人分离，可为之事，而谓一切公民集合不能为之，岂非背理之甚者？

第四书

第一章　论公意不可破坏

以多数之人相集合，成为单一体，惟具一种意思，即公共之保卫及普通幸福，于是国家之威力强厚而单简。其原理清明，其利害无混淆，亦无冲突。公众之幸福，既随处显著，只须良感觉以认识之。平和、统一、平等，皆政治阴谋之敌。正直简单之人，不受欺诳，凡欺惑巧诈之事，无从加之，且无受人引诱之理。世界最快乐之国民，每有乡人成群坐栎树下，以判决国事，悉得其当。其他国民以巧诈阴谋相尚，且以自亡者，岂可以语此乎？

于是受治之国家，需法律甚少，当必须定立新法律之时，公众亦皆承认之。最先提议之人，仅概论前此所缺者为何，不须结徒党，逞雄辩，乃能使法律通过。因各人已先有决意，其所为必为余人所赞同也。

有理想之人，亦有被欺之时。彼见国家之建设最初即不良者，决不能继行某种政策。而巴黎及伦敦之人民，决不至为狡奴说客之所劝说。然彼不知克龙威儿（Cromwell）将为本城（Berne）之人民罚为苦工，包佛侯（Duke of Beaufort）将为日内瓦人所鞭挞也。

但当社会之结合松懈时，国家变弱，私人之利害渐著。小团体之势力，被于国家，公共之利害，遂致损害，而互相分歧，票决不一致。所谓公意者,实非公意。反对辩论,纷然竞起,虽最良之教诲,亦有人反驳之。

当国家濒于危亡之时,形式空存。社会结合,在人心中已完全破裂。最卑下之利害,被神圣之名,指为公益。公共之意思,湮没不彰,一切以秘密之动机为指导。公民无直捷发表意见者,有若国家已不复存在。不正当之命令,只以私人利害为目的者,强以法律名之。

当是之时,公众之意思岂非既破坏乎?曰:否。公意固定不改,且常纯洁,惟被屈下不扬尔。个人之利害,既自公共之利害出,则不能完全与此分离甚明。惟其所为有害于国家之事,以为与己所欲得之利益无关,除特别利益以外,彼亦非不欲由公益以得私利,与他人同。虽以票决权售卖金钱之时,其心中亦非无公意存在,惟避而不理耳。其过失恰如置本问题不顾,而以他词答之,故表决时当云"是与国家有益",而彼乃云"是与某人或某党有益,故此种动议须通过"。故凡公会中之法律,实发表公意者,每以讨论为名延搁之。

主权行为之单简表决权,即公民之决不可失去者。又如发言、动议、分议、讨论等权,为政府所欲专有者,皆当详论之。但是当有专书载之,兹不能详。

第二章　表决

由上章所述,可见由处置公事之法,实可表现政群之性质及健康。议会愈协和,表决愈近于一致,则公共意思愈发展。若讨论长久,意见不一,争喧不已,是为私人利害增长及国家衰亡之征。

若国内有二种或多种阶级,则此象不显。有如罗马有贵族(Patricians)及平民(Plebeians),虽在共和极盛之日,亦常起纷争。但此例外之事,为外形的而非真实的。当是之时,罗马政群之遗传弊害,为合二种国家为一,其分离之二体,显然可见。但虽在极不宁之时,苟平民不受元老之干涉,其表决每以多数平静通过。其公民惟有一种利害,其人民惟有一种意思。当贵族与平民冲突之时,议会遂不能一致。公民降为奴隶,不复有自由,亦不复有意思。表决之事,惟以恐惧或谄谀二者相交代,更无所谓讨论,惟赞谀或詈骂而已。罗马帝政时代之元老院实如是。有时以豫防法为之,极为可笑。达西都司(Tacitus)谓当奥都(Otho)①为元老时,曾以法难威推柳司(Vitellius)②,令人作大声,使其为主席时不辨人言为何。

依此论之,可推得一种原理。依此原理,可操纵计算表决及比较意见之法,即由公共意思确定之难易,为国家堕落之多少是也。

于此有一法律,据其本性,本须一致公认者,是为民约。因人群结合,为世间最情愿之行为。每人生而自由,为本身主,无论据何种托词,不能使人为奴隶,而不问其本愿如何。欲断定奴隶之子生而为奴隶,与断定其生而非人无异。

若当缔结民约之时,有反对者,其反对决不能破坏民约,惟自居于民约外而已。是为公民间之外国人。国家既成立以后,居住此国内,既为承认此契约。因居住此境土内,当然服从其主权也。

除最初契约外,多数之表决,其余当服从之,是为民约之结果。或问人既自由,何以当迫其服从他人之意,即反对者当服从其不同意之法律,何谓自由?

予谓此问题实不合于理。公民对于一切法律皆应承认,虽为一己反对者,或敢犯此即受罚者亦然。国家内一切分子不变之意思,即公共意思。人民据此事为公民及自由。当一种法律提出国民会议之时,其问题非彼等赞成或反对此提议否,而为此提议与公意相合否。投票之人,皆对此问题发表其意见。计算票数,即为宣告公意之证。若多数反对我之意见欤,是必我有错误,即我所谓为公意者,实非公意。若我一人之私见不幸而得多数,则我所为者非即我所欲者,我亦未得自由也。

此事假设公意之标识常为多数,否则吾侪无论反对或赞成,皆无自由可言。

---

① 罗马皇帝,出生于执政官家族。——编者
② 今译维特利乌斯(Vitellius),罗马皇帝。——编者

当公众表决之时,如何以私意代公意,前于述此防止之法已详之。此后第四章更当进论之。就发表公意表决之比例数言,前已于第一书第五章确定其原理。一票之差,已足以破坏一致,但在不一致及平等之间,尚有不等之分级。其每级之数目,可据政群之条件及需要以定之。

支配此比例数者有二原理:其一为决议事愈重要,则多数之意见愈当近于一致;其他一为讨论之事项欲进行愈速,意见之分歧宜愈少,表决时之多数,一票已足。第一原理宜于法律,第二原理宜于事务。无论如何,以最良之比例数结合,即为多数决定之证。

第三章　选　举

予既言首长及行政员选举之事,为复杂行为,共有二法,即投票与抽签。各种共和国皆采用此二法。至今温尼司选举斗徐,尚用此二者混和之法也。

孟德斯鸠言:"抽签法为民主政体之本性。"其言予赞同之。彼又言:"抽签法不弃遗一人,故每一公民皆有为国服役之希望。"予谓其理由不若是。

若吾侪知选举首长谓政府之职务,而非主权之职务,则益可见抽签法为民主政体之本性,盖其行为单简,办法较善也。

在真民主国内,行政员为一种负担,而非一种利益,不可以任加于一个人。抽签所决定之人,乃以此种负担依法律加之,因其条件对于一切人皆平等,其选择不依人意。法律之普通性,不能以特别运用变改之。

在贵族政体之国中,首长选择之事,其政府自操之,多行票选法。

温尼司选举斗徐即行政主任之法,不惟不破坏分级制,实增巩之。其法宜用于混和政府。而温尼司之政府,实非真贵族政体。如人民无分预闻政府之事,而贵族之数极多,贫穷之贵族(Barnobotes),决无为行政员者,徒拥空号及参预大会议之权利而已。此大会议之人数,与日内瓦之普通议会同,其会员所享特权与日内瓦之寻常公民同。以此二共和国之极相反者除去不说,日内瓦之平民,即温尼司之贵族;日内瓦之土民及居民,即温尼司之公民及人民;日内瓦之乡民,即米伦(Mainland)之属民。简而言之,除国疆外,温尼司之政府,实非较日内瓦更为贵族的。温尼司无终身首长,日内瓦不用抽签选举制,是其差异也。

真民主国之用抽签制者,无引避之人,其感想及财产之性质能力,一切平等,无庸选择。但世界无真民主政体,予前既言之。

若以选举与抽签法相合,则前者当用于据此地位须有特别天才者,有如陆军;后者当用于须有良感觉、正谊、纯直诸性,即已足者,有如法官。在制度良善之国家,凡公民莫不具此诸性。

在君主政府,则抽签法及票举法,皆无所用。君主据其固有之权利,为单独首长及单独行政官。其选择属官,可随己意,圣比儿(Abbe'de Saint Pierre)曾提议增加法国参议会之人数,以票举法选举会员。彼实不知其提议与变更政体无异也。

予当更说明人民大会拣票聚票之法,但罗马政治史,实足以阐明一切予所欲定之原理。今于下章叙述罗马二十万人会议办理公私事之详状,是亦读者之所当知也。

第四章　罗马公民大会

罗马古昔之记载,多无信征。今日所知之事,大概近于异谣。大抵国民所经年代,于后人最有教益者,即其建设史,最多欠缺。据每日之经验,可知帝国之革命,以何者为原因。但是国民已不在成立进行时期,故其成立状况,仅可以他事推解之耳。

据已成之习惯言之,可推证此种习惯必有原始。由各种传说以溯其源,最大势力之所惠许,最强理性之所确证,庶可信其不伪。是为予所据原理,以研究世界最自由最有权力之国民,曾行使其最高权者。

罗马既成立以后,即为共和国。建国者之陆军,以阿尔奔(Albans)、沙宾勒(Sabines)及外国人组织之,分为三级。由是得族(Tribes),由族分为十分族（Curia），由分族分为小族（Decuria）。其上有分族长（Curiones）及小族长（Decuriones）。

除此之外，自每族出百武士，名 Centuria。可知城中人名分族之故，由于军事。盖此罗马小城，已似具有伟大之天性。最初取一种适合之政策，以为他日世界之首都也。

分级之后，未几即起不便之结果，阿尔奔及沙宾勒二族之情状不变，而外国人因迁入之故，其数渐增，以至超过他二族之上。塞如乌司（Servius）防救此危险弊害之法，为改变分级之法。不依种族而依各族所占居之城内区域，分为四级，依罗马城内之四山名之。此法不惟救正现在之不平等，且可防止于将来。是不惟为地方分级，亦为人类分级。彼禁止此一区之居民移居地区，以防人种之杂乱。

塞氏又增加三种武士之数为十二种，仍保存旧名。以单简明敏之法，使武士团与人民相别，而后者不怨。

除此城内四级之外，塞氏又分城外居民为十五区，各居一村。其后人民增加，其数增至三十五。其至共和国终局之时，皆为此数。

因城乡分别之故，遂引起应当注意之事。因是在他国无前例，而罗马保存习俗及生长为帝国，皆由于此也。读者必谓城内居民不久得权势及荣誉，必卑视乡民，其实不然。古昔之罗马人，最喜乡间生活。罗马之建造者，以乡间工作及军事工作与自由联合。城内流行物则为美术、商业、奇巧、豪富、奴隶之属，罗马人之嗜好从之。

罗马之伟大人物，常为居乡耕田者。共和国之拥护人，每在乡间。此种最有价值之贵族，为全国人所崇敬。罗马人常喜乡间单简劳苦之生活，而厌弃城中懒惰生活。虽城内贫贱之平民，移居乡间执田工之后，即为受尊敬之公民。华罗（Varro）[1]有言：吾侪心志高尚之先祖，即用乡间苦工养成耐劳苦之勇士。战争时任防护之事，平和时为供给之事。卜林雷

---

[1]　今译瓦罗（Varro），罗马历史学家。——编者

(Pliny)①言:罗马居乡之人极可崇敬。因居乡者皆良人,凡不良之人,皆移居城中,以为不名誉之标识。沙宾勒族人克劳底乌司(Appius Claudius)②初至罗马,因受尊敬之故,编入乡民籍,后即以地为姓。且罗马之自由人,皆属乡民籍,无占城籍者。在共和期内,此等自由人虽为公民,无一人为行政员者。

此格言虽佳,但推行过远,政府必致变更,而弊害必自此而起。

第一,监查官有权任意移置公民归于何族,故公民之多数,可随意遣置。此种准许绝无利益,而为监查官职最大事件。

次之,伟大有权力之人,既皆得乡籍;而自由人之成为公民者,实多居城中诸族中,不久至无区域以容之。互相混和,非司统计者,几不能辨别之。"族"之一字,乃至由真实的变为人格的,不过一虚语而已。

复次,居乡者彼此相亲,在公民会议中为最有权力者。每以国家售于买票之人。

以分族言之,每一族分为十分族。是时罗马人民之全部皆居市城中,共为三十分族。各有庙宇,各有神灵,各有官吏,各有僧徒。其节日名Compitalia,与其后乡民所有节日名Paganalia者相似。

塞如乌司之新分级法,得数三十,不能平均归为四族。塞氏亦不愿与彼等相接,而所谓分族者,实与族无关系,为罗马居民之他种分级。但分族或在乡民间,或在他种人民间,不成问题。因所谓族者,已成为一种纯粹的民事制度。而征兵已有他法,军人分级,一依罗母禄(Romulus)之制,即各公民虽列族籍,而非即列入分族籍也。

塞如乌司又为第三种分级法,与前二者无关。据其效力言,则为各种中之最重要者。彼分全罗马之人民为六级,不依区域,不依人种,而以财产为衡。第一级为富人,最后一级为贫人,中四级各以财产为差。此六级又分为一百九十三团,名武士团(Centuria)。其分配之法为第一级几过全

---

① 今译普林尼(Pliny),罗马作家。——编者
② 传说中罗马十人会议领袖,十二铜表法修订者。——编者

数之半,而贫人级不过一团。即人数最少之级,出武士最多。贫人级即第六级之数,虽过于罗马居民之半,而仅成为一团。

塞如乌司复与以军事之外观,以泯其迹。于第二级设被甲之二武士团,于第四级设造兵之二武士团,除最后一级外,老幼有别,以有执兵之义务者,与因年龄为法律免许服役者相别。是比调查财产之手续更烦。彼又定集会在讲武场(Campus Martius),凡达兵役年龄者,皆携兵器集会于是。

其后级不分老幼之原因,为执兵卫国之荣誉,不以许与最下级之人民。凡有保护国家权之人,须有相当之家室。如今日君主国之无数兵队,皆以乞丐充选。如是之兵队,以之保护自由,岂不为罗马军人之所嘲讪乎?最后之贫人级中,又分为贫人(Proletarü)及极贫人(Capite Censi)。前者非绝无所有,有时尚自此级选出公民,当必要时,亦自此级征集兵士。后者则绝无所有,最为人所贱视。自此级征兵,以马留司(Marius)①为始。

欲决定此第三分级法之得失如何,予意是为古昔罗马习俗单简之征。不顾私利,专务农事,贱视商业,崇尚武功,皆为此制可实行之原因。若如近世国民之专逐私利,心神无停息,运用阴谋,迁徙不定,财产得失急剧,则此制行至二十年,必至国家起大变矣。细心考察之,罗马人之道德及监查事业,实较此制度更有势力,能改正罗马之缺失。又罗马之富人,亦多因奢侈之故,改编入贫民籍者。

因是之故,罗马人虽分为六级,而论者谓为不过五级,因第六级不出军人,武场会议亦无表决权,在共和国中几为无用,不值计算也。

罗马人民之分级如是,今论其在会场所生效力。此种议会依法律召集时,名公民会议,在罗马之公会场或讲武场行之。

有分族会议(Comitia Curiata)、武士会议(Comitia Centuriata)及大族会议(Comita Tributa)之分。第一种会议为罗母禄所创,第二种会议为塞如乌司所倡,第三种会议为人民所选之保民官所创。除公民会议外,法

---

① 马留司(Marius),罗马大将,曾七任执政官。——编者

律不受制限,官吏不可选举。凡为公民者,皆属于分族、武士族或大族,故凡为公民者,皆有表决权。而罗马人民以法律论(de jure),以事实论(de facto),皆为主权体。

欲公民会议之为法定集会,且在此会议内有法律效力,必须有三种条件:第一,召集此种会议之团体或行政员,须具有对于此事之必要威权;第二,此会议召集之日期,必为法律所许;第三,预兆须佳良。

第一条件之理由,不须解释。第二条件为便利之故,若开会日为节庆日或集市日,则乡民至罗马皆有私务,无暇至会场。第三条件元老每用以阻止骄傲暴乱之人民,有时静制保民官好骚动者之热心。惟保民官每有方法自免,不受此制限耳。

公民会议所决断之事,不惟为定立法律、选举首长二者。罗马人民实取得政府之最重要职务。欧罗巴之运命,即自此会议决定之。因事物之互异,故会议形式不同,一依所决断之事项而异。

欲制定此诸种形式,由比较已足。罗母禄设立分族会议,本欲以人民制限元老,又以元老制限人民,以使主治权平等。罗马人民因是得以公众之威权,与贵族之权力及富资成为平衡。但以君主政体之精神言之,贵族据其隶属者之势力,获得表决多数之利益较多。此项关于保护人及被保护人之优美制度,就政策及人道言之,皆为良制。不然,贵族一级与共和精神大相反,将不能保存。罗马以此良制给与世界,实为光荣。此良制度后虽无仿效者,但因此决不起何种弊害也。

因分族会议,直至塞如乌司时皆居王下,而达昆(Targuin)王统非合法律者,故此时之法律,通名分族法律(Leges curiatae)以别之。

共和时代之分族会议,每以居城四族为限,故赴会者皆罗马市民,与居贵族首之元老及以平民组织居中族社会公民首之保民官皆无关系。故其名誉遂坏。其衰落时代,凡分族会议所当为之事,以赴会之三十次官为之。

武士会议最有利于贵族,其权殆全操于元老之手。元老所欲,莫不于此会议达之。凡罗马执政官(Consul)、监查官及其他行政官,皆于此选举。所有一百九十三武士团组成罗马人民之六级者,第一级已出九十八团。其表决数已多过他五级数票时,每当此级票数毕,即不复数。少数之议决,即认为全体之议决。故武士会议,凡事从第一级之多数,非从全体表决之多数也。

此种过大权力之调和方法有二:第一,保民官及平民之多数属富人级,故能使第一级内贵族之势力得其平衡;第二,第一级之票虽先计算,而当选举时,常以抽签法使他一级从先投票,他日复召集他级依次投票以决定之。依民主政体原理,以投票救济阶级之弊。

此法实行,尚有其他利益。盖选举既分为两日,由乡间来之公民,有余暇以调查豫先推出候补人之成绩,事理明悉之后,乃投选票。但有时以紧急为托词,废此法不用,而以二次选举于一日内行之者。

全族会议(Comitia Tributa)为罗马真正人民会议,惟以保民官召集之。保民官于此选举,所谓平民法律为 Plebiscita,于此通过。不惟与元老院之事情无关,且元老无权赴会。元老既无此会议之表决,而须服从其所定法律,即由此观之,元老之自由,不及最下之公民。一切公民既不能干预元老院之事,而元老院之命令,则可据此会议使其无效。若贵族据所有公民之权利,干预会议,亦不过以个人资格。此会议之表决,依人数定之,虽最贱之平民,其权力与元老院长相等。

除为计算表决之故,使若是其大之人民分级,成为一定次序外;此分级所具之形状,非全无实质者。每对其设立之目的,具相当之结果。

今姑不详尽言之,但由前所解释者,可知全族会议利于平民政治;武士会议利于贵族政治;若分族会议,则以罗马市民占多数,惟利于暴君及恶谋,不足信赖,常用奸伪以免其计画之暴露。夫分族会议既无乡民,全族会议复无元老及贵族,故罗马人民之威严,惟于武士会议发见之,是为最完全者。

古昔罗马人聚集表决之法,甚为单简,与其他习俗同。惟不及斯巴达之更单简耳。表决时每人以大声报告,一专员簿记之。每一族赞成之多数,即决定此族之表决权。在分族会议及武士会议皆如是。当罗马市民崇尚忠直之时,皆用此法。无论何人,皆以对于不正之事、无价值之人投票为羞。及后人民腐败,售卖表决。其表决方法乃改为秘密,使买票者保其信用,卖票者免卖国之名。

希遂鲁(Cicero)①常痛责此事之变迁,且指为共和灭亡之一部原因。予虽知希遂鲁发此言用力之所在,然与彼意见不同。予意适与彼相反,以为罗马共和衰亡之原因,乃此变迁不完足之所致。强健者之卫生法,不宜于病人;良国民之法律,不宜于治腐败之人民。此格言之良例,莫善于温尼司共和国之经过。且与温尼司相似之国,今尚有存者,其法律惟宜于最无价值之人而已。

罗马表决法之变迁,即以投票纸分配于公民投之。其表决如何,他人不能知。收集票纸,计算票纸,比较号数等,皆有新定形式,然仍不能使司此事者之忠信心无可疑。此后更有条例规定之,然皆无所用。

当共和末年,每强迫使用便宜方法,以补法律之缺。有时以灾异恐吓之,但以此施于人民而不以施于主治者;有时召集紧急会议,使候补者无奔就之暇;有时确知人民已运动成熟,可为不良之决议,乃召集大会。至后遇事皆寓野心。但此弊害丛生之时,此伟大国民,仍好守旧法。民选行政官,议决法律,判决诉讼,其处置公私事务之敏捷,一如元老院。此实令人赞羡者。

第五章　保民官职

当国家各部关系不确定,或有他种破坏原因,使其关系变迁之时,须设一种特别行政官,不与他部分混和,而借此可与各部分复归于真实关系。在首长及人民间,或首长及主权体间,或同时在二者之间,居于调和地位。

此种团体,予名之为保民官(Tribuneship),为法律及立法权之保障。

①　今译西塞罗(Cicero),古罗马作家、政治家。——编者

有时用以保护主权体,以抵抗政府,如罗马之保民官。有时维持政府以抵抗人民,如温尼司之十人会议。有时保持各部分之平衡,如斯巴达之尔福(Ephors)。①

保民官职非国家之一部分,故无与于立法权,亦无与于行政权。而其本体之权力极大,因不能作为何事,故能阻止各事。是为法律之防御者。较之首长为执行法律者,主权体为建立法律者,其地位愈为神圣,愈为尊崇。就罗马观之,可见罗马骄傲之贵族,每贱视人民,而对于人民所选出之保民官,无特别尊严者,每迫而屈服之。

保民官若强弱得宜,实为良制度之最强保障。若权力稍过,则足以倾倒一切。据其本性,必不至失于弱,因其固有之权力,必不至放弃也。

若保民官本为调和政权者,而篡取之;本为防护法律者,而欲自为之,则保民官退化为暴主。有如斯巴达之尔福,本具极大之权力,当道德能保存时,尚无危险。及其道德初丧失时,遂速就腐败。诸保民官杀阿齐(Agis)②,其继嗣者复仇杀诸保民官,因是共和国遂致倾覆。自克累奥门(Cleomenes)③之后,斯巴达遂不足计数。罗马之衰落,与此略同。保民官之权渐增大,复有为自由所立之法律助之,遂为罗马皇帝用为护牌,以破坏罗马温尼司之十人会议,至后为流血场,贵族及人民皆畏之,不尽防护法律之本职,惟阴谋杀击,为人之所不敢闻。

保民官之人数加多则变弱,与政府同。罗马之保民官最初二人,后加至五人,后又欲倍其数,元老院允许之。盖豫知如是则有他法操纵之也,其后果然。

豫防此坚固团体篡夺之法,为不使保民官常任其职,而使其于一定时期内停止职务。此时期不可过长,以免弊害得闲而起,可以法律定之。于必要之时,可开特别委员会。

---

① 即监查官。——编者
② 今译阿基斯(Agis),斯巴达王。——编者
③ 斯巴达王。——编者

此法似不致招人反对,如予前此言保民官,非国家机关之一种,除去之亦无害。新建设之一种行政官,其权力非得自前人,而得自法律之所允许,故为有效也。

第六章　独裁制

法律之刚性,不能应紧急时之变故,有时甚有弊害。当非常之时,或足致国家于危亡。秩序之谨严,形式之迂缓,所需时间,或为境况之所不许,事变千百,为立法者所不及预料。凡事不能先见,故豫防之法,实不可缺也。

故政治制度不可过于固定,以致无停止其效力之权。虽斯巴达,亦许法律有失效之时。

非遇大危险,不可改变公共之秩序。非与国家之安宁有大关系,不可干涉法律之神圣权。果当此等稀罕且明显事件发生之时,为公共安宁之故,不能不取特别行为,以国事托于最重要之一人。依危险之本性,此种委托之法有二:

若增加政府之活动力,即足以救正此弊,则可以大权集中于政府一二人之手。此时非法律之威权有所变更,不过行政之形式有所变更耳。若遇危险极大,法律之依常式进行,尚有碍于公共之安宁,则当指名一最高首长。此人有停止法律及短时间停止主权体之权。是时公共意思,甚为明了。盖人民之最初意志为国家不致灭亡,此时停止立法权,非欲废弃之。行政官使其不言,不能使其言。彼统治人民,而非代表人民,故除制立法律以外,无事不可为。

第一法罗马元老院曾用之,据神圣形式兼任执政官,而维持共和国之安宁。第二法罗马二执政官用之,以指名一独裁人。开此先例者为阿尔巴(Alba)。

(卢骚按:独裁人之指名,于夜间秘密为之。因罗马人深耻以一人置于法律之上也。)

罗马当共和之初,常流于独裁治。因国家之根基不巩固,不能以其制度之强力自维持也。

当是之时,罗马之道德甚强,故不须多种豫防之法,为他时代所不能免者。是时不虞独裁者滥用其威权,或定期已过,盘踞不去。反之,时人犹虞独裁者具若是大权,负担太重;独裁者亦奉还职权,惟恐不速,以为以己身代法律,其职司过于高峻危险也。

古时此最高行政制之误用,使予不满意者,为危险不在滥用而在堕落。独裁权或得自选举,或得自让与,皆属形式上之事。所可惧者,当必要之时,其权不确定,人民惯视之若一种空名,仅用为空虚之礼式而已。

当共和末期,罗马人甚为谨慎。其对于独裁权,不似前者之轻与,然其恐惧心颇无根据。是时罗马都城甚弱,对于居其中之行政官,固自有其安全。独裁人能防护公共自由,而不能侵犯之。罗马之拘链,非在罗马铸之,而在罗马之军队铸之。马留司(Marius)对西拉(Sylla),奔拜(Pompey)①对该撒(Caesar),皆抵抗力极小,可知在内之威权,不足以反抗在外之强力明矣。由此错误所起之大过失,即卡体林(Catiline)②事件之不指任独裁人可见。因是为罗马市内问题,至多亦不过意大利数省问题,若由法律予一独裁人以无限威权,其乱谋可立破。此乱谋幸为数种偶然事件集合之故,致被压止,是亦人类智力之所不能先见者也。

是时罗马元老不采独裁治,而以一切权力托于执政官。希遂鲁(Cicero)为欲行为之有效也,曾就物质之点过用其威权。其初人无闲言,后竟责以反背法律,当负致人民流血之责任。若为独裁制,则此责怨无自起矣。希遂鲁富辩才,人皆折服。希遂鲁为罗马人,爱其国,亦爱己身之光荣,不敢取最确当之制,以救其国家,以得此事件之完全信用。希遂鲁因是为罗马之救国者受荣,又为犯法律者受罚,虽复任为执政官,盖为国

---

① 即庞培(Pompeius),罗马军事家和政治家。——编者
② 今译喀提林(Catiline),罗马贵族,公元前 63 年发动政变,企图夺取政权。
　　——编者

人之所恕也。

无论独裁权之如何托付,其任期总须极短,而绝不能复行延长。当十分危急之时,国家之存亡关系,即在短时间以内。此事既过,即独裁权无用,留之即变为暴君。罗马独裁人之任事期,不过六个月,其多数皆不俟满期先行退任。若任期能延长,则彼等必复欲再三延长之,有如二十人会议,变为一年。独裁人之任期,须恰为彼被选所处置事件之必要,不能有余时间,使得想定他种计画也。

第七章　监查制

公意以法律宣告,舆论则以监查制宣告。舆论为法律之一种,而监查官专司其事,如国务员,于特别场合行为如元首。

监查院非判决舆论之机关,不过宣告之而已。若离去此位置,则其决断失其效力。

国民之性质及其尊敬之事物,无庸分别,因是皆依同一原理,互相混和也。世界之一切国民,非依本性决定选择愉乐之事,而依其舆论。舆论改良,习俗改良,为本身修洁之事,人民依本意判决之事,每即好之。而此判决常不免于错误,故指导其判决,使归于当,实为重要问题。判决习俗者,亦判决何为荣誉;判决荣誉者,依据舆论以为法律。

国民之舆论,自制度出。法律虽不能操纵道德,道德实自立法之事而生。立法事有弊害,则道德必堕落。故法律之权力所不能为之事,监查官之判决亦不能为之。

由是可知监查制可用以保存道德,而决不能恢复道德。法律有力之时,监查官可设;若法律已失其权,则无事可为。盖法律既无力,则关于法律之事,必亦无力矣。

监查制之维持道德,在防止舆论之腐败。应用得宜,能保存舆论之健全;且有时当其摇动之时,能使其固定。法兰西帝国时代决斗时,滥用赞成人。后法王以命令废止之,谓:"怯懦者乃用赞成人。"此种判决,既为公众倡,舆论遂从之。若更有一命令,谓决斗之事即为怯懦,未尝不合于理,而与舆论相反,必被嘲笑,因其判决已前定也。

予尝谓舆论不受制限,似不宜设专职以代表之。监查制在今日已全失效力,虽罗马人及来西对孟(Lacedaemonians)常用之,不宜赞之太过也。

一性质不良之人,曾于斯巴达议会献策。尔福不顾,更令一有道德之人献同一之策。虽不加以毁誉,而一则受荣,一则受辱。沙摩岛(Samos)有醉人侮辱尔福会场。次日有命令出,指沙摩人为恶人,其罚实严于实刑也。斯巴达人所谓何者为荣誉,何者为非荣誉,希腊皆不从其判决。

第八章　宗　教

人之最初,有神而无君;有僧权而无政府,其理想如卡里古纳。然在彼时代,其思想是也,是必经最长时期,乃能使人之感想变移,取其同群中之一人以为主人,相安无事。

既以神置于政治社会之首,则有若干国民,即有若干神。二国民之彼此相外或相仇者,必不能承认同一之主人;二军队之彼此互战者,必不能顺从同一之首领。由国民分异之故,乃成多神。神教及人治之不相容,其本性相同,后当论之。

…………

第九章　结　论

予既述明政治权利之原理,而为国家定立基础;所当复论者,为国家之对外关系,包有国际法、商法、战争权、战胜权、公权、联盟、协商、缔约等等。但是皆为新问题,非予此短书所能详载,予当以狭小之范围自限也。

据《足本卢骚民约论》,中华书局 1918 年

六

达尔文物种原始[1]

[英]达尔文

序 词

达尔文之以天择说解释物种原始,为十九世纪最大发明之一。其在科学界之价值,与哥白尼之行星绕日说,及牛敦之吸力说相等,而对于人类社会国家影响之巨大,则远过之。复摘录毕生研究所得,著为本书,于一八五九年十一月二十四日出版。至今举世推尊达尔文为进化论之初祖,其理历久愈明。故本书之价值,无俟赘述。今所欲言者,则予译此书之一段小历史而已。

予最初译本书前之略史一节,载于壬寅年横滨《新民丛报》。次年复译本书之第三章及第四章为单行本,流传甚广。乃续译第一、二、五章,并略史印行之,名《物种由来》第一卷,于一九〇四年春间出版,至一九〇六年再版。次年予游学欧洲,遂无余暇复顾此书。至一九一六年归国居北

---

① 今译《物种起源》,该书原著者为英国生物学家达尔文,讨论了育种学、生态学、古生物学、生物地理学、动物行为学、形态学、胚胎学和分类学等许多领域的大量现象,揭示出各种生物之间具有亲缘关系,物种并不是固定不变的,而是通过"伴有修改的代传"而发生变化。该书为奠定生物进化理论基础的重要著作。马译1920年9月由中华书局初版。1927年4月7版,1928年5月8版,1932年9月10版。曾收入"新文化丛书"。初版分4册装订,共664页。——编者

京,颇欲续译之,成数页而止。直至一九一八年,服役于广东无烟火药工
场,所新制火药既成功,颇多闲暇,乃续译第六章至第十五章,凡七月余而
毕。复检视第一卷旧译,则错误太多,惭愧几无以自容。盖是为予二十二
岁时所为,于博物学既无所得,英文亦多误解,旧译既不可复用,乃将前五
章重译之,又历三月余乃脱稿。重译此书,几费予一年之精力。所以不惮
烦以为此者,盖以补予少年时之过。且此书为全世界文明国所尽翻译,吾
国今既不能不为文明国,为国家体面之故,亦不可无此书译本。予固知自
民国成立以来,国人堕落,不复读书,然国人终有悔过读书之一日,此等重
要书类,诚有四五十种流行国内,国民之思想,或起大变化欤。

民国八年七月二十四日

工学博士马君武序于广东无烟火药工场

第三章 生存竞争

一、生存竞争与自然淘汰之关系

当进论此章本旨之前,不可不略述数言,以明生存竞争与自然淘汰相
关之理。前章既言有机物在自然界中,不免有个体之差异,是为不可驳诘
之事。若任何特性明显变种之存在,为世人所承认,则多数疑种或名为物
种,或名为亚种,或名为变种。例如英国所有疑种植物二三百,无论如何
分列,皆无甚大关系。惟个体变异及少数特性明显变种之存在,虽为作工
必要之始基,而欲知物种在自然界如何而起,则所助甚少。有机组织之一
部分对于他一部分,及对于生活境遇,一有机物之对于他一有机物,何以
得一切所须顺化,臻于完全。此美丽之共同顺化,就啄木鸟及寄生植物可
以显见之;就四足动物毛上或鸟类羽上所附着之下等寄生物,就潜水蜣螂
之构造,就依微风吹送之带毛子实,皆可略见。简而言之,此美丽之顺化,
固在任一处及有机物之每一部分,皆可见也。

或问变种即予所名为初生物种者,何以最后变为良好分明之物种,彼

此相异,甚于同物种中之诸变种? 又物种之成为有区别诸属者,彼此相异,甚于属中之诸物种? 此物种之诸部,何由而起? 凡此一切结果,于次章将更完全述之,皆起于生存竞争之故。为有此竞争也,则因任何原因所致之轻微变异,苟稍有益于一物种之诸个体,则因其对于他有机物及对于生活之物理境遇之关系,非常复杂之故。若是之个体,常得保存,且大概遗传之于其后裔。因任何物种,有许多个体按期产生,惟仅有少数能存活,故后裔之具此项遗传者,乃得存活之最良机会。此种原理,即每一轻微变异,若有利益,即被保存者,予名之为自然淘汰,又名天择,以明其对于人力淘汰之关系。而斯宾塞(Herbert Spencer)所用最宜者存一名词,则更为确切。有时亦便宜相等,吾侪既见因人力淘汰每能产出甚大之结果,且能使有机物适于自己之用,其道在聚集自然发现之轻微而有用之变异,惟在自然淘汰,则其作用永不止息,其权力较之人类之弱小效力,优尚几不可量度。因自然之工,固大于人为之力也。其理俟后论之。

今将略详论生存竞争之理。若欲专论此旨,更为详尽,则当俟予此后所著他书。康斗勒(De Candolle)及来勒(Lyell)已为哲学之详证,谓一切有机物皆有剧烈之竞争。就植物言,则门雀司特大学校长赫伯特(Herbert)之专论此事,皆据其园艺知识之结果,其精神能力,殆非人所能及。夫仅以字义承认生活之普通竞争固至易,而常记忆此决议于心,则为至难。(至少予见其如是。)若非以此常记于心,则对于分配、稀少、繁多、灭绝、变异之各种事实,将所见不明,或全然误解。吾侪常以喜色视自然界之外观,以为食物充盈,而不见或忘却鸟类之环绕吾侪而鸣者,多依虫类或子实为生活,每每死亡不绝;且忘却此等鸟类或其卵体雏体,常为鸷禽及猛兽之所残食;又忘却食物今虽充盈,而在每年内之一切时季,不常如是也。

二、生存竞争一名词之广义

今于此当预言予之用此名词,乃依比喻之广义,包容生物之彼此依赖,且包容(是为更重要者)其子孙之发育,而不仅关于其个体之生活。就二犬类言之,若在凶年,其彼此竞争以得食物及生活之事,乃可真见。一植物之在沙漠边者,虽可云其赖湿气以得生活,惟可云彼乃抵抗亢旱,以为生活之竞争。一植物每年生子实达千数,其能长成之平均数,乃不过一子实,可云是乃与同种及他种植物已铺满地面者竞争。寄生树之生活,乃依赖苹果及少数他树。就甚广义言,彼乃与此等树竞争,因若是许多寄生树生于同树之上,则心使其衰弱死亡也。惟数寄生树之密生于同枝上者,又可云其彼此竞争,因寄生树之子实,为鸟类所传播,其生存即依赖鸟类。以比喻言,其引诱鸟类来采食以传播其子实,可云是须与他种生果之植物竞争。凡此数义,彼此相通,予为便宜之故,皆以"生存竞争"一名词概括之。

三、增加之几何速率

一切有机物,皆以甚高之速率增加,生存之竞争,自不能免。各生物在自然生活期中,生产数卵或数子实者,在其生活之某时期内,或在某时季某隔年内,每受破灭之祸。不然,据几何级数增加之原理,其数将多至非常,以至无地可容其生产也。于是个体之生产,多过于其能存活之数。是必在每一场合内,皆有生存之竞争。或一个体与同种之他一个体竞争,或与异种之他个体竞争,或与生活之物理境遇竞争,是为马尔泰司(Malthus)之原理,以加倍之力应用于动植物二界者。在此场合内,既不能以人工增加食物,复无良法制限婚姻,某物种今虽能增加其数,速率大小不等,而一切不能如是,因是非此世界之所能容也。

每一有机物,皆以甚高之速率,自然增加。若不受破坏,则唯一配偶之子孙,不久即遍于地球,此定例为一切之所不能外。虽生产甚迟之人类,二十五年即增加一倍。依此速率,则不及千年,地球之上,已无其子孙之立足地。林纳司(Linnaeus)曾计算若一年期之植物,仅生产二子实。(其实无一植物生产之少若是。)其子实亦按年生二子实,由此类计,则在二十年内,所得植物之数,将达一百万。象为一切已知动物中生产最迟者,予尝计算其自然增加之最小速率,可安全假定其三十岁时起始生产,直至九十岁,共产六子,且活至一百岁,如是至七百四十或七百五十年后,自唯一配偶所产之象,其数几达一千九百万。

　　对于此事,吾侪尚有更良之显据,较胜于理论之计算者。即多数见于记录之事,在自然界有各种动物,若二三继续时季内,境遇优良,则其增加之速,实为可惊。其尤使人感动之证据,为多数家养动物在世界诸处变为野生者,有如生产甚迟之牛马,在南美洲及最近在澳洲,增加极速,若非其记载显有实据,人将疑为不可信。又有数种植物,如毛蓟(Cardoon)及高蓟(Tall thistle)在拉卜拉塔(La Plata)平原,今已为最普通者。数平方英里之内,殆无他种植物杂生,是皆自欧洲输入者也。据予所闻于发孔雷博士(Dr. Falconer)之言,自美洲发现以后,其植物之输入印度者,分布之广,已自叩谋林海角(Cape Comorin)达于喜马拿亚(Himalaya)。若是之事,以及其他可举称者,动植物之生产性,突然暂时增加,至于此极,当非人意想所及。其明显之解释,为生活境遇非常优宜,因是其老幼皆少所死亡,其新产者几一切皆能生育,据几何级数增加之理,已足以单简解释其在新乡土内何以增加甚速,散布甚广,绝不足怪也。

　　在自然界内,每一生长完全之植物,无岁不产生子实。在动物界则每岁不配偶者殆居极少数。故吾侪可确言一切动植物皆依几何速率增加,其所生存之处,将不久即一切充满。此依几何级数增加之倾向,必在生活之某时期内,有所死亡,以阻遏之。吾侪习见家养之巨大动物,不见其多所死亡。若致引起误解,惟不可忘其被屠杀以为食物者每岁以千计。在自然界内,其依他种原因致死亡者,为数当相等也。

　　有机物有每年产卵或子实数千者,亦有仅产极少数者。其唯一之差异,为生产迟缓者若处优良之境遇,则其传遍甚大之一区域,不过多需数年。冠鸢(Condor)每年仅产二卵,鸵鸟则产二十卵。而在同地方内,冠鸢之数每较多。发马海鹰(Fulmar petrel)每岁仅产一卵。乃为世界种鸟类之至多者。一苍蝇所产之卵,动盈数百。其他如虱蝇(Hippobosca)者仅产一卵,然因此差异,不能决定此二物种在一区域内所能存在之个体若干。凡物种所依赖食物之量,变动无常,则产卵之多,颇关重要,因由是其数可增加甚速也。惟卵或子实生产多数,最关重要者,乃在生活之某时期内,死亡甚多。且此时期在许多场合皆甚早,故不能不多产以为之备。若一动物以任何方法能保护其卵或稚体,则虽所生产为少数,其平均数仍能保持。若有多数死亡,则非生产甚多,其种将致灭绝也。若一树平均生活千年,而每千年内仅产一子实,苟此子实不致死灭,而必能萌芽于合宜之地位,则此树之数,当不致于减少。故任何动物或植物之平均数,皆与卵数或子实数仅间接相依赖而已。

就自然界观之,以上所述,必须常记于心,勿忘每一有机物皆务增加其数。如其所能,且每一生物皆在生活之某时期内,为生活之竞争,且在每一代或相间时期内,其幼者或老者必死亡甚多,减少阻害,免轻死亡。其工虽甚微,此物种之数,必即能增加至任何量数矣。

四、阻止增加之本性

阻止各物种增加自然倾向之诸原因,颇难明了,试就极强健之物种观之。其数甚多者,每务更为增加,此阻止力确为如何,吾侪殆不能举一实例。就人类言,所知虽较任何他动物为详,然吾侪仍不能详说其故,因是回想,此固不足奇矣。关于阻止增加之事,已有数著作家著书论之,予甚望将来能著一书详论此事。且就南美洲之猛暴动物,尤加详焉。今于此仅略有所论,使读者注意于主要诸点而已。卵及甚幼稚之动物,似受害最甚。然亦不常如是。在植物则子实之受害者极多。据予所观察,子实初萌芽时,在已为他植物所据之地,受害最甚。初生之植物,又常为诸多仇敌之所残害。例如在长三英尺阔二英尺之地,挖起除净,已不受他植物之阻害,以种莠菜发生者三百五十七,其为螺类及六足虫类所致死者,已在二百九十五以上。若将已割过或为四足动物所食尽之草地,任其生长,则较强之植物,将杀灭较弱之植物。虽已生长完全,亦复如是。例如在已割之小草地上(长三英尺,阔四英尺),有草二十种,其中有九种死亡,因其他诸种自由生长之故。

每一物种所能增加之极端界限,固依食物之量而定。惟一物种之平均数,尤常不依所得食物,乃依其为其他诸动物所捕食如何而决定者。鹧鸪(Partridges)、栗鸡(Grouse)及野兔在任何大田庄内之能繁殖否,与蚕虫之能驱除否有重要之关系。此说几无可疑。若在此后二十年内,英国不射杀野物一头,而同时不驱除蚕虫,则野物之少,当更甚于今日。现时野物之被射杀者,每年固不止数十万也。反之,在其他动物若象者,为猛兽所捕食者甚少,幼象在其母保护之下者,在印度虽虎亦罕敢犯之。

关于一物种平均数之决定,气候实大与有力。极寒或极旱之时季,为一切阻止力中之最有效者。予估计(由春季鸟巢大减少之数计之)一八五四——一八五五年冬季予所居处鸟类死亡之数,为全数五分之四。试思人类遇传染病死至十分之一,已为非常之灾,则此为极巨之死亡可知。气候之作用,初视之似与生存之竞争无关系,惟气候之主要作用。为减少食物,故无论同种或异种之诸个体,凡依同类之食物生活者,皆因是起极剧烈之竞争。惟气候虽直接起作用。例如极寒,是必极弱之诸个体。或因冬季进行,获食最少者,受害最甚。吾侪若旅行自南而北,或自湿地以至旱地,必见某物遂渐稀少,最后乃全消灭。气候之变换,几不可觉。吾侪每归其全部效力于彼之直接作用,此误解也。各物种虽甚繁多,在生活之某时期内,常受死亡之祸最甚。加害者即同地方同食物之诸仇敌或诸共同竞争者。若气候稍变,而此等仇敌或共同竞争者稍获利益,则其数增加。因每一区域内已有居住者布满,故其他物种必致减少。若吾侪向南旅行,见一物种之数减少,则此物种既受害,他物种必已获益,其原因可以确知。稍向北旅行,亦复如是。因向北则一切物种之数皆减少,其共同竞争者亦然。若更复向北,或开一高山,则因气候直接有害作用之故,物体常甚短小,与向南或下山所遇者异。若既至寒带区域,或至雪山顶上,或至沙漠,则完全对于自然元素为生活之竞争矣。

气候亦能间接起作用以利于其他物种。吾侪明见许多植物在此间花园者,能任受此间气候,而决不能成为土生,因彼等不能与此间之植物竞争,且不能抵抗本地动物之加害也。

若一物种处适宜之境遇,在一小区域内,增加极繁,传染病(在野生动物大概如是)常兴焉。且是为一种有界限之阻止,与生活之竞争无关系。惟此所谓传染病者,恒起于寄生微虫,因某种原因而生。其一部分之原因,为动物群居,易于散布,故利于发生,是为寄生物及其所寄生者之一种竞争也。

　　反之,在许多场合,同物种与仇敌之数比较,必须其个数极多,乃能自为保存。吾侪所以能在田间种植谷实菜子等,乃由子实与来食此之鸟类比较,其数过多。此等鸟类在一时季内虽得食物甚多,其增加之数,不能与子实供给之数成比例,因其数受冬季之阻止也。惟以少数小麦或其他相类之植物,种于此花园中,则甚难获得子实。凡曾试为此事者皆知之,予于是常不能获得唯一子实。据此所述,同物种须繁多以得保存之见解,可以解释自然界某种特别事实,即极稀少之植物,在某生存之少数地点内,为数甚繁。又有某种植物,常丛集而生,虽在其分布之极端界限内,亦个体甚繁。在此等场合,吾侪可信一植物惟当生活境遇极优使其得以丛生之时,乃能生存。而此物种乃不至于灭亡,且杂交之良效果,及亲近自交之恶效果,于此亦必显其作用。惟予于此不欲就此事多述尔。

五、一切动植物争自存彼此相对之复杂关系

　　同在一地方内竞争之有机物,其间诸阻止力及诸关系,有甚复杂而出于世人期望之外者,恒多见于记载。予将举一实例,虽甚单简而甚有趣味者。司塔浮帅而(Staffordshire)有予亲戚之地产一所,足供予之研究。其处有甚大之荒地一所,植物不生,为人力之所未加。惟有数英亩之具同一性质者,二十五年以来,已绕以围栏,中植苏格兰松。此荒地既种植部分之土生植物,乃起甚著之变化,甚于自极异之土地经过至他一土地,普通所见者。不惟荒地植物之比例数全变,且有十二种植物,于此繁植[草类及苔草类(Carices)不计],是皆此荒地上所未有者。其对于六足虫类之效力,必更巨大。因此园地内常有六种食虫之鸟来集,为荒地上向来所未见。荒地上亦常来二三种食虫之鸟,于此可见唯一树类输入之后,其效力如何巨大。除此地筑围栏以免牛类阑入外,其他皆无所为。惟围栏一事,如何重要,予曾于沙累(Surrey)、近粉痕(Farnham)之处见之。是处有极阔荒地,除少数苏格兰老松在远山顶以外无他物。最近十年内,乃有人将大地段绕以围栏,此松事有多数自行发生,既甚密集,几不能一切皆能生活。予确察此等幼树非经种植,窃怪其数之多,乃更就数地点观察之,凡未围荒地数百英亩中,除老树以外,无一新生者。惟就荒地之矮树详察之,乃见多数新生之树及小树,常为牛群之所嚼下。在平方三英尺一地段上,离老树约三百英尺之一地点,予见有小树三十二株,其一具二十六年轮者。历年以来,常务长出矮树之上,而皆归于失败。及其地既有围篱,幼松乃得健全生长,殊不足怪。惟此荒地既极广阔,植物之所不生,牛群乃于此勤求食物,恒有所得,是则为人所意想不及尔。

牛群能决定苏格兰松之生存,既如上论。兹更论世界数处之六足虫类能决定牛群之生存者。其最奇之实例,当为在巴拉圭(Paraguay)之所见,虽其国之南北向有成群之野牛、野马、野狗,而在巴拉圭本国则无之。据阿揸拉(Azara)及能格(Rengger)之说,其原因为巴拉圭产一种蝇类,其数甚繁。当此等动物初生之时,此蝇类即产卵于其脐下。此蝇类之增加甚多。然必有某法常阻止之。是或为其他寄生之六足虫类,若巴拉圭之食虫鸟类减少,此寄生六足虫类当增多;生牛脐下蝇类之数,于是减少,则牛马之类,可以成为野生。而植物界将有大变更(予在南美洲许多部分曾实见之),六足虫类复将受甚大之影响,是如予在司塔浮帅而之所见,因有食虫鸟之故,其关系复杂之范围,乃愈加增也。其实在自然界下之诸关系,尚不单简如是。战争之中,复有战争。战争继续,胜负叠见。惟诸力常保平衡,虽仅少之差异,已足以使一有机物战胜其他。而自然界之外面,于长期内仍为均一。吾侪之愚陋太甚,成见太深。故闻一有机物之灭绝,即不免惊异过甚。既不知其原因,乃呼洪水以破灭此世界,或创造定律,以定生物经过之时间,多见其不知量也。

予将更举数例,以示动植物在自然界所处阶级相去甚远者,乃有复杂之关系,使其互相钩连。予此后将有机会以示外国植物有名山桔梗(Lobelia fulgens)者,因其构造特别,为虫类所不顾,遂无一子实产生。一切兰花科植物(Orchidaceous plants)皆必须六足虫类移取雄蕊,乃能受胎。据予所得经验,土蜂(Humble-Bees)为继母花(Heartsease)受胎之所必须,因其他蜂类皆不来顾此花也。予又见数刍类(Clover)之受胎,必须蜂类,例如白刍(Trifolium repens)二十串,结实二千二百九十,其他二十串不使蜂类来近者,不结一实。又红刍(Trifolium pratense)一百串结实二千七百,其同数不使蜂类来近者,亦不结一实。来顾红刍者惟土蜂,其他蜂类,不能达到其具糖汁之所。或谓蛾类亦能使刍花受胎。然予意是对于红刍尚属可疑,因其重量不足使翼状花冠下坠也。故可推论在英国之土蜂全属若归灭绝或甚稀少,则继母花及红刍亦将甚稀少或全消灭。土蜂之数,又与田鼠数大有关系,是常破坏土蜂之窝巢。牛门(Col. Newman)者,久注意于土蜂习惯之人也,谓"土蜂在英国由是被毁者,多过于三分之二"。鼠数与猫数有关系,无人不知。牛门又言:"近村落及小城市之处,予见土蜂窝较各处皆甚多,予意是为有多数食鼠之猫之故。"故在一区域内猫数多者,因鼠及蜂之关系,遂能决定此区域内一定花类之多少焉。

　　每一物种在生活之诸异期内,在诸异季或诸异年内,莫不受许多殊异之阻止。某一种或某数种阻止,大概最为有力,而皆以决定此物种之平均数,乃至决定此物种之生存,亦有绝异之阻止力。在不同地方内,对同一物种显其作用者,试就一河岸上诸植物及诸矮树观之。铺被纷繁,吾侪每易将其成比例之数目及种类,归其故于偶然,是实不免大误。当美洲大森林斩伐之后,每有绝异之植物,生于其地,是人人之所闻者。又北美联邦之南部,有古时印度人所筑墙堡,前此必已除尽树木,今则种类之分歧比例,其美丽与周围之幼林无异。此数种树木,数百年以来,必已为极剧烈之竞争,每年散布子实以数千计。不宁惟是,六足虫类与六足虫类有竞争;六足虫类、螺类及其他动物,与猛兽鸷鸟复有竞争。一切皆务增加,一切皆彼此相食。或食此等树木,食其子实,食其幼树。或有他种植物最初铺被地上,而阻止此等树木之生长。夫以羽毛盈握,向空掷去,则一切必依定律落于地上。惟每一羽毛,必当落下,其问题甚为单简。以比无数动植物之原动反动,经数百年以后,乃决定诸树木成为比例之数目及种类。今方生长于古昔印度人墙堡之上者,其复杂为何如也。

　　一有机物之与他一有机物相依赖,如寄生物之与其被寄生者相依赖,大概在自然阶级内相去甚远。有时同一食物之动物,亦可云其彼此为生存之竞争,如蚤斯及食草之四足兽是也。惟竞争之最烈者,乃在同物种中之诸个体。因彼等居同一地方,需同一食物,且受同一危险,在同物种之诸变种,其竞争之烈,大概与此相等。且吾侪常见其竞争不久即已决定,例如以小麦之数变种同种一处,其混合之子实,复同一处种之,则其中某变种最宜于此土地及气候。或自然生产最多者,将战胜其他,而结实最多,数年之内,即驱除其他诸变种而代之矣。虽极相近之诸变种,如颜色不同之甘豆(Sweet peas)者,若互相混合,则每年必须将所收获之子实分离。种植之时,复依比例混合,否则较弱之种,必常减少其数,以至消灭。羊之诸变种亦然。某山居变种与其他山居变种杂居,必使其饿死,故不能同畜一处。医药用之血蛭(Leech),若将诸变种同畜一处,结果亦同。又家养动植物之任何变种,若原始混合比例(不使杂交),经过六代以来,任其竞争,与生物之在自然界内相似。且其子实或幼体,每年不依比例数保存,则其力量、习惯及体质,尚能恰相同一否,是实可疑也。

六、生活竞争以同物种之诸个体及诸变种间为最烈

同一属中诸物种所具之习惯及体质,以至构造,虽不尽相似,而通常皆如是。若彼等互起竞争,其竞争大概较之诸异属之物种为更烈。最近所见,如北美联邦诸部分有一种燕子分布甚远,他一种遂大减少。又如苏格兰诸处最近食寄生子之喜鹊大增,善鸣之喜鹊遂大减。在最异气候之下,一鼠种驱逐他一鼠种而夺其地位,是吾侪之所常闻者。在俄罗斯自亚洲小蟑蟀入境以后,旧有大蟑蟀随处皆被驱逐。在澳洲则蜜蜂输入以后,旧有无针之小蜜蜂,竟致灭绝。野芥菜(Charlock)之一种,能驱逐其他一种,是人所知。其他事件,不遑殚述。由是可知凡相类近之物体充满自然生计界之同一地位者,其竞争至为剧烈。然在生活之大战场中,一物种何以战胜他一物种,吾侪或无一事可以确言也。

由上所述,可用演绎法得一最重要之系言,即每一有机物之构造,每以最关根本而不甚显著之方法,与其他一切有机物有关系。此等物体,或与彼对于食物或居处相竞争,或捕食之,或为彼所捕食。是可就虎之齿爪构造,及虎体毛上附着寄生物之足与爪之构造见之。惟在狮齿花(Dandelion)之美丽具毛子实,及水蚤(Water-beetle)平扁具短齿之足,初视之皆以为其关系仅限于空气与水而已。惟具毛子实之利益,尤与陆地已铺满其他植物者有关系。此等子实因是可迁播远处未被占据之地，水蚤之足，虽使其善于潜水，然因是可与其他水居六足虫类竞争，以捕获食物，且免他动物之来捕食也。

许多植物之初子实内，常聚积滋养料，切视之似与其他植物无关系。惟由此等子实产生之幼小植物，当在长草间播种之时，生长非常强壮，可知滋养料在子实中之主要用途，为便利幼小植物之生长，而能与四周环绕生长之其他植物竞争也。

就植物之在其分布范围中间者视之，其数何以不能增加二倍以至四倍？吾侪固知其对于稍暖或稍冷、稍湿或稍干之气候，有力抵抗，因其在其他稍暖、稍冷、稍湿、稍干之地方能分布也。当是之时，可明见若欲此植物有增加其数之能力，则必须对于其竞争者或残食此之动物，略有优异。在地里分布范围内，若其体质就气候所有变化，是显然为此植物之利。惟可信植物或动物之能传播至远处者，仅居少数，其多数则专为气候之所摧残。及至生活范围之极端界限，如寒带或沙漠边界，竞争之事，乃得止息。地方虽极寒或极旱者，仍有少数物种或同种之诸个体相竞争，以务得极暖或极湿之地点也。

由是可见一植物或一动物若置于新地，与新竞争者相遇，虽气候与其前此乡土无异，而生活境遇大概已起根本之变化。若其平均数在新乡土内增加，则必已依异法变更之，与在其本生乡土所用者不同。因其对多数不同之竞争者或仇敌，固须有所优异也。

人固可试悬想与任何物种以一项利益，使胜其他一物种。然吾侪实不知所为当如何。由是可断言吾侪对于一切有机物之交互关系，实不明了。此断言虽属必要，而颇难获得之。吾侪所能为者，即须常记忆每一有机物皆务为几何比率之增加，每一有机物在生活之某时期内，在每年之某季内，在某代或某隙时内，必遇生活之竞争，受害最大。试回想此竞争，吾侪可以一种确信自慰。盖自然界之战争，非永不止息者，不必恐惧。死亡之速，实不可逃，强壮健康及有幸运者，自当生活繁殖也。

据《达尔文物种原始》，中华书局，1920 年

马君武译事年表

1881 年

7 月 17 日,酉时,出生于广西恭城。原名道凝,又名同,字厚山;留学日本后更名和,字贵公,号君武。曾用笔名贵公、马贵公、马悔等。祖籍湖北蒲圻(今湖北赤壁)。

1899 年(18 岁)

是年,改名和,英文作 Mahoe。

1902 年(21 岁)

5 月 22 日,翻译完成英国达尔文的 *The Origin of Species* 结尾一章 "A Historical Sketch of the Recent Progress of Opinion on the Origin of Species",以《新派生物学(即天演学)家小史》为题,刊横滨《新民丛报》第 8 号。

8 月 5 日,翻译完成日本福本诚的《法兰西近世史》,由上海作新社刊印发行。书前有壬寅二月晦所作序。

11 月 4 日,翻译完成英国斯宾塞的《女权篇》、英国达尔文的《物竞篇》,由少年中国学会出版,在日本印刷,上海开明书店、文明书局、广智书局联合发行,题作《斯宾塞女权篇 达尔文物竞篇合刻》,为"少年中国新丛书"第一种。署"桂林马君武译"。

同日,翻译完成英国克喀伯专门介绍无政府主义的著作《俄罗斯大风潮》,由少年中国学会出版,日本印刷。上海开明书店、文明书局、广智书局等联合发行。后被收入"少年中国新丛书",为该丛书第二种。译者署"独立之个人"。

12 月,于东京上野译成英国弥勒约翰的《弥勒约翰自由原理》一书。又译成达尔文《物种原理》一、二章。

1903 年(22 岁)

2 月 27 日,所译英国弥勒约翰的《弥勒约翰自由原理》由译书汇编社编辑,日本东京株式会社秀英舍印刷;由上海开明书店、文明书局、广智书局等联合发行。收入"少年中国新丛书",为该丛书第四种。书前有梁启超序。

3 月 27 日,发表《译嚣俄〈重展旧时恋书之作〉》、《天然之秩序与人为之秩序》[节译自法国那盖(Alfred Joseph Naquet)的《共和原理》],刊《新民丛报》第 28 号。

6 至 7 月,翻译英国斯宾塞原著《斯宾塞社会学原理》,由少年中国学会编,日本印刷,上海开明书店、文明书局、广智书局联合发行。收入"少年中国新丛书"第五种。

是年,译出《达尔文物种原始》(卷一),由上海文明书局和开明书店联合发行。内收 *The Origin of Species* 一至五章。

是年,开始翻译诗歌。1903—1905 年,马君武笔耕不辍,翻译了贵推的《米丽容歌》、虎特的《缝衣歌》、裴伦的《哀希腊歌》,以及《重展旧时恋书之作》和《临终之感想》(另一译名为《菲律宾爱国者黎沙儿绝命词》),其他译诗有贵推《阿明临海岸哭女诗》和科学译作及戏剧译作中附带的译诗。

1904 年(23 岁)

3 至 4 月,节译英国达尔文的《物种原始》第一、二、三章,合并旧译《生物学家小史》,集成《达尔文物种由来》(又题作《达尔文天择篇》),由留学生编译社编译,日本印刷,上海开明书店、文明书局、广智书局等联合发行,后收入"少年中国新丛书",为该丛书第三种。1906 年再版,深受读者欢迎。

1905 年（24 岁）

是年冬,所译裴伦的《哀希腊歌》十六章,首刊《新文学》;后刊《大中华杂志》;1914 年出版《马君武诗稿》亦收此诗。

1907 年（26 岁）

是年,翻译英国虎特的《缝衣歌》,首刊于巴黎出版的留学生所编刊物上。《缝衣歌》为一首歌谣体长诗,计十一节,译者将其处理成一首整齐的五言古诗,每节八句。

1909 年（28 岁）

5 至 6 月,始译德国胡沙克(Eugen Hussak)的《矿物学》。

1910 年（29 岁）

6 月,翻译美国温特渥斯(George Albert Wentworth)的《平面几何学》,由上海科学会编译部印行。

是年,翻译德国贵推的《阿明临海岸哭女诗》,原诗为《少年维特之烦恼》一书中的一个片断。

1911 年（30 岁）

4 至 5 月,所译德国胡沙克的《矿物学》由上海科学会编译部编辑发行,日本东京印刷;1931 年 3 月上海商务印书馆出版第 3 版。翻译者署"桂林马君武"。

7 月 30 日,于德国柏林为所译德国季培特(Ludwig Kiepert)的《微分方程式》作序。后该书由上海科学会编辑部编辑发行。1921 年 4 月修订本由上海商务印书馆印行。

是年 4 月 3 日,翻译美国伦孙的《中等化学教科书》,由上海科学会编译部出版。

1912 年(31 岁)

3 月,翻译德国劳恩司坦(Laneustein)的《实用力学》,由上海科学会编译部印行。

6 月,节译奥地利菲里波维(E. Von Philippovich)的《国民生计政策》,由中华书局初版。

1913 年(32 岁)

8 月,编译美国温特渥斯的《汉译温特渥斯三角法》,由上海商务印书馆出版。署"桂林马君武"。

9 月,编译美国温特渥斯的《立体几何学》,由上海商务印书馆再版印行。

是年冬至 1914 年秋间,翻译德国著名诗人兼戏剧家许雷的名作《威廉退尔》。马君武的《威廉退尔》全译本最初以"国民戏曲"为题,首刊在 1915 年 1 月 20 日由中华书局发行、梁启超主编的《大中华杂志》创刊号,一直连载至 1915 年 6 月 20 日第 1 卷第 6 期。

1914 年(33 岁)

6 月 29 日,发表所译《论油力及水力是否为煤炭之劲敌——寄德弗雷 Von Oskar Goveffrov 为汉堡屯煤》,刊天津《大公报》"欧洲通信"栏,署"翻译者工学博士马君武"。

6 月,自编《马君武诗稿》,由上海文明书局出版发行,自署"桂林马君武"。该书共收诗 102 首,前半部为旧体诗,后半部是他早期翻译的外国诗。所收诗截至 1912 年。他是 20 世纪初翻译外国诗歌最多的一位。

6 月 30 日、7 月 1 日,发表所译《论汽船工艺之进步亦可乘以越大海洋否?——巴遂华大佐(Major Professor Dr. Von Parsevel)通信》,刊天津《大公报》"欧洲通信"栏,署"翻译者工学博士马君武"。

9月,自德文转译俄国著名小说家列夫·托尔斯泰的社会小说《心狱》(节选),由中华书局初版。封面冠作者画像,并有一段简介文字。1916年9月出版了第3版,到1933年共出了4版,1948年出了第5版。后收入中华书局"小说汇刊"。

是年12月15日和1915年2月15日,发表所译英国裴伦著《哀希腊歌》,刊《正谊杂志》第6、7号。

1915 年(34 岁)

1月20日至6月20日,于瑞士翻译德国许雷的戏剧《威廉退尔》,连载于梁启超主办的《大中华杂志》第1卷第1期至第6期。马君武开创了德语文学中译之先河。

7月20日、8月20日,以文言自德文转译俄国列夫·托尔斯泰的短篇小说《绿城歌客》,刊《大中华杂志》第1卷第7、8期。次年收入胡寄尘主编《小说名画大观》。

是年,时在德国波鸿化工场实习的马君武,利用课余时间翻译出版《实用主义植物学教科书》《实用主义动物学教科书》和《赫克尔一元哲学》。

1916 年(35 岁)

8月,编译《德华字典》,由上海商务印书馆出版。封面署"工学博士马君武著",1920年4月再版,1930年商务印书馆重版,1940年5月昆明印行第5版,1941年11月中华书局印行第6版。

是年10月1日、11月1日、12月1日,1917年1月1日,翻译德国杰出生物学家、达尔文主义者、自然科学唯物主义代表、无神论者赫克尔的《赫克尔一元哲学》(又称《宇宙之谜》)。

1917 年（36 岁）

3 月 20 日，发表译文《赫克尔一元哲学》，连载于《新青年》第 2 卷第 2 至第 5 号；又刊《环球》第 2 卷第 1 期；1920 年 8 月由中华书局分上下册出版。

6 月 30 日，发表译文《炼锑法》，刊《矿业杂志》第 1 卷第 2 期。

9 月 30 日，发表译文《结晶学》（附图表），刊《矿业杂志》第 1 卷第 3 期。

1918 年（37 岁）

2 月，翻译法国卢骚的《足本卢骚民约论》，由中华书局出版，32 开，平装，收入“哲学丛书”；1927 年 5 版；1933 年 7 版；1936 年 12 月 8 版。全书共 162 页，分译序、原作者序言、第一书、第二书和第三书。

2 月，翻译德国司瑞尔（Schmeil）的《实用主义动物学教科书》，由上海商务印书馆初版；1923 年 12 月 3 版。

10 月，翻译德国司瑞尔的《实用主义植物学教科书》，由上海商务印书馆初版；1922 年 12 月 3 版。

是年，翻译德国赫克尔的《自然创造史》，并写了《达尔文》一书，系统地介绍达尔文学说。

1919 年（38 岁）

7 月 24 日，历时 1 年，于广东省无烟火药厂重译英国达尔文的《物种原始》脱稿，并撰《达尔文物种原始·译序》，1920 年 9 月由中华书局初版。1927 年 4 月 7 版，1928 年 5 月 8 版，1932 年 9 月 10 版。曾收入“新文化丛书”。初版分 4 册装订，共 664 页。

12 月，翻译美国伦孙的《实用有机化学教科书》，由上海商务印书馆印行，译者署“德国柏林大学工学博士马君武”。1925 年 3 月 5 版。

1920 年（39 岁）

4 月，开始系统翻译奥地利菲里波维的《国民生计政策全书》，前后历时 4 年 2 个月完成全书的翻译工作。

8 月 6 日,译成奥地利菲里波维的《农业政策》,并作《序文》。

8 月,翻译《赫克尔一元哲学》,由中华书局初版,收入"新文化丛书"。是年 10 月再版,1921 年 2 月 3 版,1921 年 10 月 4 版,1929 年 11 月 8 版,1932 年 9 月 10 版。

9 月,译毕《达尔文物种原始》,由中华书局出版;10 月再版。该书系 *The Origin of Species* 全译本。1922 年 2 月 4 版,1927 年 4 月 7 版,1928 年 5 月 8 版,1932 年 9 月 10 版,1936 年 12 版。

12 月,广州《南方》杂志第 1 卷第 4 号"西洋诗号"刊登了一叶辑《拜伦哀希腊诗之三种译文》。三家分别是马君武、苏曼殊和胡适。

1921 年(40 岁)

4 月,翻译奥地利菲里波维的《农业政策》,由中华书局初版印行。1928 年 3 月 6 版;1928 年 12 月 7 版;1936 年 10 版。系"国民生计政策"第一书。收入"新文化丛书"。

10 月,参与翻译孙中山的《国际共同发展中国实业计划书》,由上海民智书局出版。

1922 年(41 岁)

6 月,翻译美国温特渥斯的《平面几何学》,由上海科学社会编译部编辑,商务印书馆发行,署"桂林马君武译";1922 年 9 月 5 版;1924 年 5 月 6 版;1928 年 2 月 7 版;1932 年 8 月 1 版;1939 年长沙再版。

7 月,翻译奥地利菲里波维的《工业政策》,由中华书局初版印行。为"国民生计政策"第二书。该书 1928 年 2 月 5 版,同年 9 月 6 版,1930 年 3 月 7 版,1931 年 2 月 8 版。

是年,译出德国赫克尔《生命之不可思议》,由上海商务印书馆出版,收入"共学社丛书·哲学丛书"。这是一部传播和捍卫达尔文进化论的名著。

1923 年（42 岁）

7 月,翻译奥地利菲里波维的《国外商业政策》(上册),由中华书局初版印行,署"工学博士马君武译"。1924 年 4 月再版,1927 年 6 月 4 版,1928 年 9 月 5 版,1931 年 2 月 6 版。为"国民生计政策"第三书。收入"新文化丛书"。

12 月 8 日,德国汤姆斯演讲、马君武翻译、庄前鼎笔述《中国今日最需要之化学工业》刊上海《南洋周刊》第 3 卷第 10 期。

12 月,翻译《汤姆斯教育在职工教育馆之演讲:理论及实验化学在最近时期内之发达》,刊《同德医药学》第 6 卷第 6 期"欢迎汤姆斯纪念号"。

1924 年（43 岁）

2 月,翻译奥地利菲里波维的《商业政策》(下册,另题《国外商业政策》),由中华书局初版印行。为"国民生计政策"第四书。1928 年 9 月 5 版,1931 年 2 月 6 版,后收入"新文化丛书"。

4 月,翻译奥地利菲里波维的《交通政策》,由中华书局初版印行。为"国民生计政策"第五书,后收入"新文化丛书"。1927 年 1 月 3 版,同年 6 月 4 版,1928 年 9 月 5 版,1929 年 9 月 6 版,1931 年 2 月 7 版。

4 月,所译《赫克尔一元哲学》由中华书局印行第 5 版,署"工学博士马君武译"。收入"新文化丛书"。

7 月 31 日,翻译林特讲的《市政》,刊于《通俗旬报》第 29 期。

1925 年（44 岁）

3 月,翻译奥地利菲里波维的《收入及恤贫政策》,由中华书局初版印行。1927 年 9 月 3 版,1928 年 9 月 4 版,1930 年 5 月 5 版。收入"新文化丛书"。

5 月 7 日,发表译诗《拜伦哀希腊》之节选,刊天津南开大学学生会出版股编《南大周刊》第 17 期。

12 月,所译德国许雷五幕国民戏曲《威廉退尔》由中华书局推出单行本。初于 1915 年连载于《大中华杂志》,1929 年 11 月 3 版,1941 年 3 月 4 版。译文为文言,卷首有"译言"和"人名表"。

1926 年(45 岁)

11 月 15 日,翻译波波维奇的《交通政策之道路》,刊于《道路月刊》第 19 卷第 1 号。

1928 年(47 岁)

是年,开始翻译英国达尔文的《人类原始及类择》,原题为《人类起源及性的选择》。至 1929 年译毕。

1929 年(48 岁)

11 月,所译《赫克尔一元哲学》由中华书局印行 8 版。收入"新文化丛书"。

1930 年(49 岁)

4 月,译述英国达尔文的《人类原始及类择》由上海商务印书馆出版。收入"万有文库·汉译世界名著",全书共 9 册,908 页,32 开,有精装、平装 2 种,有序;1932 年精装单行本于 11 月初版,1060 页,32 开,分精装、平装本;1939 年 12 月简编本于长沙再版,收入"万有文库"第 12 集简编第 500 种。这是一个有删减和增添的译本。

5 月,苏州中学教员英文研究会编《高中英文选》第二册,由中华书局出版;1935 年 11 月出版第 18 版。其中收有马君武译《哀希腊歌》。

10 月,编译《达尔文》,由上海商务印书馆出版。收入"万有文库"第 1 集 1000 种。全书计 100 页。本书部分内容依据达尔文所作《日记》以及有关回忆录或传记。全书共九章,第一章译自达尔文本人 1877 年或 1878 年所撰 *Recollections*,第二至七章译自达尔文所著 *Autobiography*,第九章译自达尔文之子佛兰西斯(Francis Darwin)所撰 *Reminiscences of My*

Father's Everyday Life。只有第八章是"著",但从内容上看,其中也有译的内容。

1931 年(50 岁)

3 月,所译德国胡沙克著《矿物学》,由上海商务印书馆印行第 3 版。

11 月,祁述祖编《诗选》,由南京书店出版。内收马君武译虎特《缝衣歌》("Song of Shirts")一首。

1933 年(52 岁)

是年,编译《足本卢骚民约论》,由中华书局出版。

1935 年(54 岁)

9 月,翻译德国赫克尔著《自然创造史》,由商务印书馆印行。收入"万有文库"第 2 集,该书有 8 册,共 901 页,32 开,后收入王云五主编"万有文库·汉译世界名著";1936 年 4 月又出一种单行本,"18(文前) + 901(正文)"页,32 开,封面标明"汉译世界名著";1958 年再版,952 页。

1936 年(55 岁)

2 月,所译《足本卢骚民约论》由中华书局印行第 8 版。

2 月,所译奥地利菲里波维《工业政策》第 10 次印行。

1940 年(59 岁)

8 月 1 日,下午 6 时,在桂林城郊广西大学校舍病逝,终年 59 岁。

8 月 2 日,广西动员委员会第 22 次会议决议:成立马君武先生治丧处。治丧处下设三股七组,负责公祭和追悼会。公祭结束后即编印出版《马君武先生纪念册》。《马君武先生纪念册》辑录了《新文学》和《马君武诗稿》两书中的所有诗作和译诗。

中华譯學館·中华翻译家代表性译文库

许　钧　郭国良／总主编

第一辑

鸠摩罗什卷

玄　奘卷

林　纾卷

严　复卷

鲁　迅卷

胡　适卷

林语堂卷

梁宗岱卷

冯　至卷

傅　雷卷

卞之琳卷

朱生豪卷

叶君健卷

杨宪益　戴乃迭卷

第二辑

徐光启卷

李之藻卷

王　韬卷

伍光建卷

梁启超卷

王国维卷

马君武卷

冯承钧卷

刘半农卷

傅东华卷

郑振铎卷

瞿秋白卷

董秋斯卷

图书在版编目（CIP）数据

中华翻译家代表性译文库. 马君武卷 / 张旭，张鼎程
编. —杭州：浙江大学出版社，2021.5
ISBN 978-7-308-20840-6

Ⅰ.①中… Ⅱ.①张… ②张… Ⅲ.①马君武（1881—
1940）－译文－文集 Ⅳ.①I11

中国版本图书馆 CIP 数据核字（2020）第 238479 号

中華譯學館 莫言題

中华翻译家代表性译文库·马君武卷

张　旭　张鼎程　编

出 品 人	褚超孚
总 编 辑	袁亚春
丛书策划	张　琛　包灵灵
责任编辑	黄静芬
责任校对	黄梦瑶　张培洁
封面设计	闻江文化
出版发行	浙江大学出版社
	（杭州市天目山路 148 号　邮政编码 310007）
	（网址：http://www.zjupress.com）
排　　版	浙江时代出版服务有限公司
印　　刷	浙江新华数码印务有限公司
开　　本	710mm×1000mm　1/16
印　　张	29.5
字　　数	383 千
版 印 次	2021 年 5 月第 1 版　2021 年 5 月第 1 次印刷
书　　号	ISBN 978-7-308-20840-6
定　　价	88.00 元

浙江大学出版社市场运营中心联系方式　（0571）88925591；http://zjdxcbs.tmall.com